(학교 현장에 꼭! 필요한)
알짜배기 교직 실무의 모든 것!

학교 현장에 꼭! 필요한
알짜배기 교직 실무의 모든 것!

초판 1쇄 발행 2024년 10월 17일
초판 4쇄 발행 2025년 10월 15일

지은이	송성근 이강길 홍종기 천경호 박상준 조현빈 하우영
펴낸이	김헌준
편 집	류석균
디자인	전영진
펴낸곳	소금나무
	주소 (07314) 서울시 영등포구 신길로 214, B 101-1호 ㈜시간팩토리
	전화 02-720-9696 팩스 070-7756-2000
	메일 sogeumnamu@naver.com
	출판등록 제2025-000036호(2025.03.11.)

ISBN 979-11-989090-0-8 93370

이 책의 저작권은 지은이에게 있으며, 무단 전재와 복제를 금합니다.
잘못된 책은 구입하신 곳에서 교환해 드립니다.
책값은 뒤표지에 있습니다.

소금나무는 ㈜시간팩토리의 출판 브랜드입니다.

학교 현장에 꼭! 필요한

알짜배기 교직 실무의 모든 것!

글 이강길 홍종기 천경호 박상준 조현빈 하우영
기획 송성근

소금나무

PROLOGUE

교직 생활을 하면서 항상 느끼는 점이 있습니다.
'교사는 늘 연구하고 공부해야 한다.'

교사로서 알아야 하고 신경 써야 하는 것이 한두 개가 아닙니다. 경력이 오래된 교사라도 자신이 알고 있는 분야에 대해서 단편적으로 알고 있을 뿐 모든 분야의 이론과 정보를 파악하고 있기는 어렵습니다. 학생 지도와 관리뿐만 아니라 학교 조직의 일원으로서 처리해야 하는 실무 사항부터 관련 법규 파악까지 그 내용은 광범위합니다.

교직 생활을 하면서 걱정되는 부분이 있습니다.
'내가 모르고 있다가 챙겨야 할 것을 놓치지는 않을까?'

앞서 말한 모든 내용을 파악하고 있어야 한다면 교사로서의 부담감은 엄청날 것입니다. 하지만 광범위한 내용 중에서도 교직 생활을 하면서 꼭 알아야 하는 내용은 관심을 기울이고 공부해야 합니다. 기본적으로 알아야 하는 내용을 미처 파악하지 못하고 있다가 본의 아니게 자기 자신뿐만 아니라 주변 사람(학생, 학부모, 동료 교사, 관리자 등)에게 피해를 줄 수 있습니다.

교직 생활을 하면서 든든한 부분이 있습니다.
'모르면 물어보면 된다.'

기본적으로 알아야 하는 내용 이외에 시기적으로 알아둬야 하는 내용, 일이 생겼을 때 알아야 하는 내용 등은 관련 담당자나 관리자에게 물어보면 해결을 할 수 있습니다. 학교는 혼자서만 일하는 공간이 아닙니다. 상호 협력하고 도우며 부족한 부분을 채워주는 공동체입니다. 그러기에 어려움이 있는 부분에 대해 우리는 늘 열린 마음으로 질문을 받고 대답을 해줘야 합니다.

'교직 실무'는 다양한 분야와 범위를 포함합니다. 그러한 내용 중에서도 다년간 학교에서 근무하고 있는 교사들의 경험을 바탕으로 학교 현장에서 꼭 필요한 내용만을 자세하게 설명해 주는 연수를 만들고 싶었습니다. 모르고 있다가 주변 사람에게 피해를 줄 수 있는 내용에 대해 언제든지 친절하게 답해 줄 수 있는 연수를 만들고 싶었습니다.

본 과정은 분야별로 유능한 전문가를 초빙하여 학교 현장에서 실무를 처리할 때 겪게 되는 어려움을 해소해 주고, 질 높은 학교 교육 활동을 진행할 수 있도록 다양한 정보를 제공해 줍니다. 최신 경향을 반영한 '교직 실무' 핵심 내용의 연수를 통하여 교원으로서의 업무 및 학생 교육에 대한 전문성을 제고할 수 있습니다.

본 과정을 구성해 주신 이강길 교장 선생님, 홍종기 교감 선생님, 천경호 선생님, 박상준 선생님, 조현빈 선생님, 하우영 선생님께 진심으로 감사드립니다. 아울러 연수를 총괄해 주신 〈티처빌〉, 연수를 제작해 주신 〈구상〉, 교재를 출간해 주신 〈소금나무〉에 감사함을 전합니다.

"선생님에게 든든한 동료가 되고 싶습니다."
- 기획자, 쏭쌤 송성근

목 차

프롤로그 ... 004

PART 1 학사 실무

1차시	학교생활기록부	... 010
2차시	학적 관리(1) [입학·취학, 면제, 유예, 유급, 명예졸업]	... 017
3차시	학적 관리(2) [재취학, 재입학, 편입학, 귀국학생 등의 학적 처리 방법]	... 024
4차시	학교생활기록부 기재 요령(1) [학교폭력 조치사항, 출결 관리]	... 030
5차시	학교생활기록부 기재 요령(2) [교과학습발달상황]	... 038
6차시	학교생활기록부 기재 요령(3) [행동특성 및 종합의견, 학교생활기록부의 정정]	... 048
7차시	나이스(NEIS) 개요	... 057
8차시	나이스(NEIS) 실제	... 067
9차시	공문서 작성의 기초	... 071
10차시	K-에듀파인	... 079

PART 2 교육 관련 법규 및 학교 조직

11차시	교육 관련 법규에 대한 이해	... 086
12차시	학교운영위원회	... 094
13차시	학교 내 각종 위원회	... 102
14차시	교직단체에 대한 이해	... 108

PART 3 인사 실무

15차시	교원의 임용	... 116
16차시	계약제교원	... 125
17차시	교원의 복무	... 135
18차시	교원의 휴가와 특별휴가	... 142
19차시	교원의 휴직과 복직	... 153

20차시	교원의 상훈과 징계	… 163
21차시	교원의 승진 및 평정	… 171
22차시	교원의 보수체제와 수당	… 183
23차시	교원의 호봉 및 승급	… 190

PART 4 교육과정과 수업

24차시	미래 사회의 변화와 2022 개정 교육과정	… 200
25차시	2022 개정 교육과정의 주요 변화	… 204
26차시	무엇을 가르쳐야 하는가? (학습의 전이)	… 211
27차시	어떤 학습 경험을 주어야 하는가? (깊이 있는 학습)	… 218
28차시	질문이 이끄는 수업 (탐구 질문)	… 223
29차시	2022 개정 교과 교육과정 문해 (내용 체계와 성취기준)	… 229
30차시	교육과정 문해를 통한 교육과정 설계	… 237
31차시	교육과정 통합	… 243
32차시	학교자율시간	… 248
33차시	진로연계교육	… 256

PART 5 평가

34차시	무엇을 평가해야 하는가? (평가의 목적과 내용)	… 264
35차시	학습자 역량 수준을 어떻게 판단할 것인가? (성취 수준의 판단)	… 270
36차시	평가 도구 제작 1 (수행평가 문항 만들기)	… 278
37차시	평가 도구 제작 2 (지필평가 문항 만들기)	… 287
38차시	교육과정·평가 분야의 최신 동향 (IB 프로그램)	… 302

PART 6 학급 경영

39차시	리질리언스와 자기 결정성	… 310
40차시	지능이원론과 발달의 결정적 시기	… 314
41차시	의미 만들기 (Distress보다 Eustress)	… 318

| 42차시 | 칭찬과 비판 그리고 긍정적 자기상 | … 321 |
| 43차시 | 실행기능과 인지부하 | … 324 |

PART 7 생활지도

44차시	학교폭력보다 우정	… 330
45차시	갈등과 다툼보다 용서와 사과	… 334
46차시	하지 말아야 할 것보다 해야 할 것	… 338
47차시	훈화보다 대화	… 341
48차시	교사보다 친구	… 345

PART 8 학부모 관계

49차시	부정성 편향과 부모님께 보내는 편지	… 352
50차시	가족 숙제와 자녀에게 편지 쓰기	… 356
51차시	생일 프로젝트	… 359
52차시	학부모 상담	… 362
53차시	학부모 공부 모임	… 365

PART 9 미래 교육

54차시	소프트웨어·인공지능 교육과 학교 현장의 변화	… 372
55차시	디지털 전문가로 거듭나는 에듀테크 소양 쌓기	… 380
56차시	EBS 이솦을 AI·SW·디지털 리터러시 수업에 활용하기	… 386
57차시	모두를 위한 지속가능발전교육 (Education for Sustainable Development, ESD)	… 391
58차시	다문화·세계화로 달라지는 학교의 모습과 교육	… 399
59차시	모두를 위한 다문화 교육	… 404
60차시	저출생으로 달라지는 학교의 모습과 교육	… 411

PART 1

학사 실무

1차시

학교생활기록부

1. 학교생활기록부란
▶ 학생의 학교생활 태도 및 학습 성장 변화를 담아내는 학생 종합 성장 보고서
▶ 교사가 학생의 성장과 학습 과정을 상시 관찰·평가한 누가기록 중심의 종합 기록
▶ 학생의 학업성취도 및 인성 등을 종합적으로 관찰·평가하여 학생지도 및 상급학교의 학생 선발에 활용할 수 있는 자료로 관리되는 법정 장부
▶ 학생에 대한 기록으로 준영구 보존하며 관리

2. 학교생활기록부의 법적 근거

「초·중등교육법 [시행 2025. 8. 14.]」
제25조(학교생활기록) ① 학교의 장은 학생의 학업성취도와 인성(人性) 등을 종합적으로 관찰·평가하여 학생지도 및 상급학교의 학생 선발에 활용할 수 있는 다음 각 호의 자료를 교육부령으로 정하는 기준에 따라 작성·관리하여야 한다.
1. 인적사항 2. 학적사항 3. 출결상황 4. 자격증 및 인증 취득상황 5. 교과학습발달상황 6. 행동특성 및 종합의견 7. 그 밖에 교육목적에 필요한 범위에서 교육부령으로 정하는 사항
② 학교의 장은 제1항에 따른 자료를 제30조의4에 따른 교육정보시스템으로 작성·관리하여야 한다.

「초·중등교육법시행규칙 [시행 2025. 4. 28.]」

제21조(학교생활기록의 기재내용 등) ① 법 제2조에 따른 학교(이하 "학교"라 한다)의 장이 법 제25조제1항에 따라 같은 항 제1호부터 제6호까지의 자료를 학교생활기록으로 작성하는 경우 그 기재 내용은 다음 각 호와 같다.

제23조(학교생활기록 작성·관리 실태 점검) ① 학교의 장은 교육부장관이 정하는 바에 따라 학교생활기록의 작성·관리실태를 점검해야 한다.

제25조(학교생활기록 작성·관리 세부지침) 제21조부터 제24조까지의 규정에서 정한 사항 외에 학교생활기록 작성·관리등에 필요한 사항은 교육부장관이 정한다.

「학교생활기록 작성 및 관리지침 [시행 2025. 7. 13.] [교육부훈령 제530호]」

제1조(목적) 이 지침은 「초·중등교육법 시행규칙」 제25조에 따라 초등학교·중학교·고등 학교에 적용하는 학교생활기록의 작성 및 관리 방법에 필요한 사항을 규정함을 목적으로 한다.

제4조(처리요령) ① 학교생활기록의 자료 입력 및 정정 업무는 당해 업무를 담당하는 사용자가 수행함을 원칙으로 한다.

② 사용자는 직접 관찰·평가한 내용을 근거로 자료를 입력해야 한다.

③ 문자는 한글로(부득이한 경우 영문으로), 숫자는 아라비아 숫자로 입력한다.

④ 학교생활기록부 작성에 필요한 보조부는 각 학교의 실정에 맞게 계획을 수립하여 전산입력·관리하되, 창의적 체험활동상황, 행동특성 및 종합의견의 누가기록 방법은 시도교육감이 정한다.

⑤ 학생이 전·편입학, 재취학할 경우 원적교의 장은 재학 당시까지의 상황을 입력한 학교생활기록부 전산자료를 전·편입학, 재취학하는 학교로 이송한다.

3. 학교생활기록부 작성 시 유의사항

▶ 학교생활기록부는 학생의 성장과 학습 과정을 상시 관찰·평가한 누가기록 중심의 종합기록이어야 함.

▶ 학교생활기록부에는 학교교육계획이나 학교교육과정에 따라 학교에서 실시한 각종 교육활동의 이수상황(활동내용에 따른 개별적 특성이 드러나는 사항 중심)을 기재하는 것이 원칙임.
  - 학교교육계획 이외의 체험활동은 교육관련기관(교육부 및 소속기관, 시·도교육청 및 직속기관, 교육지원청 및 소속기관)에서 주최하고 주관한 행사, 봉사활동 실적 등만 학교장이 승인한 경우에 한해 기재 가능
▶ 다음은 사교육 유발 요인이 큰 사항으로 '행동특성 및 종합의견'을 포함하여 학교생활기록부의 어떠한 항목에도 기재할 수 없음.
  - 각종 공인어학시험 참여 사실과 그 성적 및 수상 실적
  - 교과·비교과 관련 교외대회 참여 사실과 그 성적 및 수상 실적*
    * 학교장의 참가 허락을 받아 참여한 각종 교외대회에서의 수상 실적도 기재 불가
    * 교내대회는 '수상경력' 항목에만 입력할 수 있음. (중·고)
  - 교외 기관·단체(장) 등에게 수상한 교외상(표창장, 감사장, 공로상 등도 기재 불가)
  - 교내·외 인증시험 참여 사실이나 그 성적
  - 모의고사·전국연합학력평가 성적(원점수, 석차, 석차등급, 백분위 등 성적 관련 내용 일체) 및 관련 교내 수상 실적 (고)
  - 논문을 학회지 등에 투고 또는 등재하거나 학회 등에서 발표한 사실
  - 도서 출간 사실
  - 지식재산권(특허, 실용신안, 상표, 디자인 등) 출원 또는 등록 사실
  - 어학연수, 봉사활동 등 해외 활동 실적 및 관련 내용
  - 부모(친인척 포함)의 사회·경제적 지위(직종명, 직업명, 직장명, 직위명 등) 암시 내용
  - 장학생·장학금 관련 내용
  - 구체적인 특정 대학명, 기관명[1] (기구, 단체, 조직 등 포함), 상호명, 강사명[2] 등
    1) 기관명
      • 교육관련기관(교육부 및 소속기관*, 시·도교육청 및 직속기관, 교육지원청 및 소속기관**에 한함)의 경우, 기관명을 입력할 수 있음.
        * 교육부 소속기관: 대한민국학술원, 국사편찬위원회, 국립국제교육원, 국립특수교육원, 교원소청심사위원회, 중앙

교육연수원(총 6개 기관)

** 시·도교육청 및 직속기관, 교육지원청 및 소속기관: [참고자료 4](고등은 [참고자료 5]) 참조

※ 교육관련기관이 직접 운영하는 기구, 단체, 조직 등 포함

- 봉사활동 실적의 '장소 또는 주관기관명'에는 구체적인 장소 또는 주관기관명 입력

2) 강사명

- 특정 강사명은 강사로 활동하고 있는 사람 모두를 지칭하는 것이 아니라 학생들이 참여한 강의(또는 교육활동)의 강사를 말함.

- 교내대회 참여 사실과 그 성적 및 수상 실적
  ※ '수상경력' 이외 항목 입력 불가 (중·고)

- 자격증 명칭 및 취득 사실
  ※ '자격증 및 인증취득사항' 이외 항목 입력 불가 (중)

▶ 학교생활기록부에는 학생이 재학(또는 졸업 예정)한 고등학교를 알 수 있는 내용*은 '인적·학적사항', 수상경력의 '수여기관', 봉사활동 실적의 '장소 또는 주관기관명'을 제외한 어떠한 항목에도 기재할 수 없음. (고)

  * 학교명, 재단명, 학교 축제명, 학교 별칭 등 학교를 알 수 있는 내용 일체

▶ 학교생활기록부에 '항목과 관련이 없거나 기록해서는 안 되는 내용의 기재', '단순 사실을 과장하거나 부풀려서 기재', '사실과 다른 내용을 허위로 기재'하는 등 학교생활기록부의 신뢰도를 저하시키는 사례가 발생하지 않도록 특히 유의해야 함.

- 학교생활기록부 서술형 항목에 기재될 내용을 학생에게 작성하여 제출하도록 하는 행위 금지

  ※ 학교생활기록부 허위 사실 기재는 '학생 성적 관련 비위'로 간주되어 「교육공무원 징계양정 등에 관한 규칙」을 적용하며 징계의 감경에서도 제외됨.

  ※ 학교생활기록부의 서술형 항목은 교사가 직접 관찰·평가한 내용을 근거로 입력하며, 학교교육계획에 따라 실시한 교육활동 중 교사 지도하에 학생이 직접 작성한 자료*는 활용할 수 있음.

  * '학교교육계획에 따라 실시한 교육활동 중 교사 지도하에 학생이 직접 작성한 자료'로 학생부 기재 시 활용 가능한 자료는 아래 사례로 한정함.

  ① 동료평가서 ② 자기평가서 ③ 수업산출물(수행평가 결과물 포함) ④ 소감문 ⑤ 독후감

- 학생부 내 서술형 항목 입력을 위해 학생·학부모 등에게 상기 ①~⑤의 자료에

▶ 해당하지 않는 일체의 자료를 요구하거나 제공받아서는 안 됨.
▶ 학부모 등의 학교생활기록부 기재 및 수정 관련 부당 요구는 「부정청탁 및 금품 등 수수의 금지에 관한 법률」 제5조제1항제10호에 해당하는 위법 행위임.
▶ 「학고생활기록 작성 및 관리지침」 제3조제3항에 따라 학교생활기록부 입력 및 정정권한과 관련하여 업무의 편의나 관행을 이유로 담당이 아닌 교사에게 입력 및 정정권한을 부여하는 행위를 금지해야 함.

4. 학교생활기록부 영역별 입력 주체

▶ 학교생활기록부 항목별 입력 주체를 명확히 하여 학교생활기록부 기재와 관리의 책무성 제고

> 「학교생활기록 작성 및 관리지침 [시행 2025. 7. 13.] [교육부훈령 제530호]」
> 제4조(처리요령) ① 학교생활기록의 자료 입력 및 정정 업무는 당해 업무를 담당하는 사용자가 수행함을 원칙으로 한다.
> ② 사용자는 직접 관찰·평가한 내용을 근거로 자료를 입력해야 한다.

항목			입력 주체
출결상황 특기사항		[초·중·고]	학급담임교사
학교폭력 조치상황 관리		[초·중·고]	학급담임교사
창의적 체험활동 상황	자율·자치활동(1~4학년)	[초]	학급담임교사
	자율활동, 봉사활동(5~6학년)	[초]	학급담임교사
	자율·자치활동*(2~3학년은 자율활동)	[중·고]	학급담임교사
	자율활동	[중·고]	학급담임교사
	진로활동	[초·중·고]	학급담임교사
	동아리활동	[초·중·고]	해당 동아리 담당교사
일상생활 활동상황** 특기사항		[초·중·고]	영역별 담당교사
교과학습 발달상황	세부능력 및 특기사항	[초]	교과담당(전담)교사, 학급담임교사
	과목별 세부능력 및 특기사항	[중·고]	교과담당교사
	개인별 세부능력 및 특기사항	[중·고]	학급담임교사

자유학기활동상황	[중]	해당 활동별 담당교사
독서활동상황	[중·고]	교과담당교사, 학급담임교사
행동특성 및 종합의견	[초·중·고]	학급담임교사

*1~4학년의 봉사활동실적은 학급담임교사와 해당 동아리 담당교사가 입력함. [초]
** 특수학교 1~4학년(초)/1학년(중·고) 재학생 중 '기본교육과정'을 이수한 학생에 한하여 적용됨. [초·중·고]
※ 위의 표에 표시된 학년은 2025학년도를 기준으로 한 것임.

▶ 학교생활기록부 정정 시 학교생활기록부 정정대장 결재 절차에 따라 발견 학년도 담임교사가 정정처리를 하며, 졸업생 및 학업 중단 학생의 경우에는 업무담당자가 정정

5. 감사에서 자주 지적되는 사항(유의사항, 처리요령)

사례1

○○학교 교사 ◇◇◇은 비담임교사임에도 불구하고 담임교사만이 입력 가능한 행동특성 및 종합의견 수정 5건, 교과를 담당하지 않은 학급 학생의 교과학습발달상황 개인별 세부능력 및 특기사항 1건, 정규 교육과정 시수가 아닌 내용을 창의적 체험활동 자율 활동 특기사항에 9건, 총 15건을 임의로 입력함.

사례2

2015학년도 ○학년 ○반 ○○○ 학생 등 33명의 학교생활기록부 '행동특성 및 종합의견'란을 기록·관리하면서, 누가기록한 행동특성, 진로적성검사, 인성검사 등 각종 심리검사 결과, 창의적 체험활동상황, 교과학습발달상황 등을 바탕으로 학생을 총체적으로 이해할 수 있도록 잠재력, 인성, 인지적 특성, 자기주도적 학습능력, 창의성, 예체능활동 등을 종합적으로 입력하지 아니하고, 단순히 '성실함, 착함, 최선을 다함, 차분함, 리더십이 뛰어남' 등 인성요소별로 추상적인 표현으로 기록하여 학생의 다양한 분야에 대한 노력과 관심 분야, 성실하고 착한 학생의 인성적 부분의 묘사 등을 구체적이고 객관적으로 입력하지 아니하였음.

사례3

○○초등학교는 학교생활기록부 기재 내용에 대한 확인을 위해 3회 이상 확인한 근거(내부기안)가 없으며, 타 학교로 전출한 학생의 전출 처리에서 확인된 2명의 학생만 창의적 체험활동의 이수 시간 정정을 위해 학업성적관리위원회를 열었고 나머지 29명의 학생은 수정하지 않음.

사례4

○○활동영역에서 2016학년도 ○-○반 ○번 ○○○ 등 10명, ○-○반 ○번 ○○○ 등 6명, 2017학년도 ○-○반 ○번 ○○○ 등 14명, ○-○반 ○번 ○○○ 등 13명, 총 43명에 대하여 동일한 문구로 반복하여 기재하였음. 그 결과, ○○활동에 학생이 변화하는 모습을 전체적으로 잘 드러내지 못하는 등 학교생활기록부의 신뢰도를 저하시켰음.

[참고 문헌]

교육부(2024), 학교생활기록부 기재요령
교육부(2024), 학교생활기록부 현장점검 도움자료
교육부(2019), 무릎탁! 학생부 길잡이 3부 (감사사례)
교육부 학교생활기록부 종합 지원포털(https://star.moe.go.kr)

2차시

학적 관리(1)
(입학·취학, 면제, 유예, 유급, 명예졸업)

1. 관련 근거

- 「교육기본법」 제8조(의무교육), 제9조(학교교육)
- 「초·중등교육법」 제12조(의무교육), 제13조(취학 의무), 제14조(취학 의무의 면제 등)
- 「초·중등교육법 시행령」 제15조(취학아동명부의 작성 등), 제28조(취학의무의 면제·유예), 제29조(유예자의 학적관리 등)

2. 시기별 학적 처리에 사용하는 용어

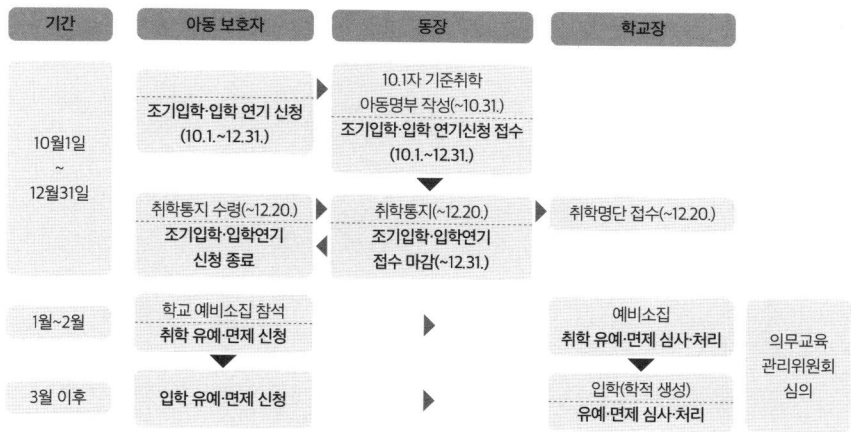

3. 학적 처리에 사용하는 용어

▶ 입학: 학교에 들어감(1학년 신입학).

- 당해 학년 수업일수의 3분의 2 이상 남은 시점까지 1학년으로 처음 학교에 들어오는 경우를 말함.
- 외국인 학생이 1학년으로 신입학하면 국내 학생과 동일하게 입학으로 처리함.

▶ 취학: 처음으로 의무교육에 해당하는 학교의 적정 학년에 들어감.
- 의무교육 대상자가 아닌 경우도 처음으로 의무교육기관에 들어오는 경우에는 취학으로 처리함.
  (예) 외국인 학생이 처음으로 초등학교 6학년에 들어오는 경우 '취학'으로 처리

Q 1학년 입급 시기별에 따른 학적 용어는 어떻게 되나요?
A 수업일수 191일의 1/3은 63.66…

수업일수 191일 기준	수업일수의 1/3인 63일까지 입급	수업일수 64일 이후 입급
	입학	취학

※ 위의 경우 1학년에서 취학했을 경우에는 수업일수 부족으로 진급이 불가능할 수 있음.

▶ 면제: 「초·중등교육법」 제14조에 따라 취학 및 교육 의무를 면함.

「초·중등교육법 시행령」 제28조(취학 의무의 면제·유예)
① 법 제14조에 따라 취학 의무를 면제 또는 유예받으려는 아동이나 학생의 보호자는 해당 아동이나 학생이 취학할 예정이거나 취학 중인 학교의 장에게 취학 의무의 면제 또는 유예를 신청하여야 한다.
② 제1항에 따라 취학 의무의 면제 또는 유예 신청을 받은 학교의 장은 의무교육관리위원회의 심의를 거쳐 취학 의무의 면제 또는 유예를 결정한다.
③ 제1항에도 불구하고 아동이나 학생의 보호자가 행방불명 등 부득이한 사유로 취학 의무의 면제 또는 유예를 신청할 수 없는 경우에는 해당 아동이나 학생이 취학할 예정이거나 취학 중인 학교의 장이 그 사유를 확인한 후 의무교육관리위원회의 심의를 거쳐 취학 의무의 면제 또는 유예를 결정할 수 있다.
④ 초등학교 및 중학교의 장은 제2항 또는 제3항에 따른 취학 의무의 면제 또는 유예의 결정을 하는 경우에는 교육감이 정하는 질병이나 그 밖의 부득이한 사유

가 있는 경우에 한정하여 하여야 한다.
⑥ 취학 의무의 유예는 1년 이내로 한다. 다만, 특별한 사유가 있는 경우에는 다시 유예하거나 유예 기간을 연장할 수 있다.

- '면제'는 의무교육을 받을 의무를 면하는 것으로 사망(명예졸업에 해당하는 사유 외), 유학(미인정유학 제외), 정당한 해외 출국 등의 사유로 인해 국내에서 취학 의무를 이행할 수 없는 경우 해당함(의무교육기관에만 해당).
  ① 정당한 해외 출국이란 이민, 가족의 해외취업, 공무원 및 상사주재원인 부모의 해외파견, 연구 수행 목적의 교환 교수 등에 의해 가족이 동행하여 외국으로 출국한 경우임.
  ② 부 또는 모 등 부양의무자 중 1인과 출국하여 외국에 체류한 경우는 부 또는 모의 공무상 해외파견 및 이에 준하는 경우여야 하며, 증빙자료(해외파견 관련 소속기관 공문 등), 거주 기간(재외국민등록부등본상의 체류 기간), 실제 체류 기간(출입국에 관한 사실증명), 재학 기간 등 증명이 가능한 경우로 제한함.
  ③ 면제 후 파견 국가에서 발생한 정쟁 등 불안, 면제 사유와 직결되는 불가항력적인 이유로 정당한 해외 출국을 지속할 수 없어 조기 귀국한 경우에는 학교장이 부득이한 사유로 판단하여 당해 학년도에 재취학으로 처리할 수 있음(관련 증빙자료 첨부하여 보관).
  ④ 의무교육 대상이 아닌 자(외국인, 학령초과자 포함)가 의무교육기관에 취학 이후 학업을 중단하는 경우에는 '면제'로 처리함.
▶ **취학유예**: 「초·중등교육법 시행령」 제28조에 따라 해당 학년도에 취학하여 교육받을 의무를 다음 학년도까지 보류함.
  - 입학 전 유예자(면제자)가 발생한 경우에는 보호자, 읍·면·동의 장 및 교육장에게 각각 그 내용을 통보해야 함(「초·중등교육법 시행령」 제28조제5항).
    ※ 보호자의 행방불명 등의 경우는 읍·면·동의 장과 교육장에게만 통보
    ※ 「대안교육기관에 관한 법률」 제5조 및 제10조에 따라 시·도교육감에게 등록한 대안교육기관에 재학 중인 경우 취학유예 처리

▶ 유예: 재학 중 교육감이 정하는 질병이나 그 밖의 부득이한 사유가 있는 경우와 「대안교육 기관에 관한 법률」 제5조 및 제10조에 따라 시·도교육감에게 등록한 대안교육기관에 재학 중인 경우에는 교육받을 의무를 다음 학년도까지 보류함(학칙에 따라 '정원외학적관리'할 수 있음).

※ 대안교육기관의 시도교육감(타 시도 포함) 등록 여부는 해당 시도교육청 대안교육기관 담당 부서에 확인 필요

> **「대안교육 기관에 관한 법률 [시행 2022. 1. 13.]」 제10조(취학 의무 유예)**
> ① 대안교육기관에 재학 중인 「교육기본법」 제8조제1항에 따른 의무교육 대상자에 대해서는 「초·중등교육법」 제13조에 따른 취학 의무를 대통령령으로 정하는 바에 따라 유예할 수 있다.
> ② 대안교육기관의 장은 제1항에 따라 취학 의무를 유예하려는 학생에 대한 인적사항을 해당 학생의 취학예정 또는 취학 중인 학교의 장에게 통보하여야 한다.
> ③ 제1항에 따라 취학 의무를 유예받은 학생이 다시 취학하려면 대통령령으로 정하는 바에 따라 학습능력을 평가한 후 학년을 정하여 취학하게 할 수 있다.

- 학교의 장은 정원 외로 학적이 관리되는 학생에 대하여 통지 기간 내에 차년도 취학을 통지함.
  ① 통지 기간(「초중등교육법 시행령」 제25조제5항)
  • 취학 의무를 유예받은 학생: 그 유예 기간이 종료되기 1개월 이전부터 유예 기간 종료일까지
  • 장기결석 학생: 학년도 시작 2개월 이전부터 1개월 이전까지(1월 중 통지)
  ② 등기 등 수신인의 수취를 확인할 수 있는 방법을 활용하여 입학기일 등 향후 취학 일정 등을 통지·안내

▶ 생활기록부 기록의 예: 대안교육기관 재학으로 유예한 경우

학적사항	2023년 02월 10일 □□초등학교 제6학년 졸업 2023년 03월 02일 ○○중학교 제1학년 입학(2024년 03월 28일 유예)
특기사항	2024.03.28. 대안교육기관 재학으로 인한 유예 2024.03.29. 정원 외 학적관리

질의 회신 사례 1

Q 본교 입학일부터 시·도교육감에게 등록한 대안교육기관에 재학하여 입학과 동시에 유예처리를 해야 하는 학생이 있습니다. 이 학생의 학교생활기록부 서술형 항목은 각각 어떻게 기재해야 하나요?

A 학업중단자(유예·면제 등)의 경우, 학업중단일까지의 특기사항을 입력해야 하므로 '창의적 체험활동상황'과 중학교 '자유학기활동상황'은 '(해당 사유)로 활동 내용이 없음.' 등으로 입력하고, '과목별 세부능력 및 특기사항'은 '(해당 사유)로 특이사항 없음.' 등을 입력(중학교는 자유학기만 해당)해야 합니다. 그리고 '행동특성 및 종합의견'의 경우 '(해당 사유)로 관찰 내용이 없음.' 등으로 입력합니다. 또한, 여기서 '해당 사유'는 2024 학교생활기록부 기재요령내 기재예시를 참고하여 의미의 변동이 없는 범위에서 사안에 맞게 입력하면 됩니다.

질의 회신 사례 2

Q 학기 중 시·도교육감에게 등록한 대안교육기관 재학으로 유예하는 학생이 있습니다. 이 학생의 학교생활기록부 서술형 항목은 각각 어떻게 기재해야 하나요?

A 학기 중에 유예하는 학생의 경우에는 학교생활기록부 기재요령에 따라 유예일까지의 특기사항을 기재하면 됩니다.

▶ 유급: 해당 학년 교육과정 미수료에 따라 상급 학년으로 진급하지 못하거나 졸업 요건을 충족하지 못함.
  - 유급은 출석일수 부족으로 해당 학년 교육과정을 미수료하여 상급학년으로 진급하지 못한 것으로 다음 학년도 1학기 시작일부터 다시 학업을 수행해야 함.
    ① 출석일수 부족은 당해 학교 수업일수 3분의 2이상 출석하지 못한 것을 말함.
      (예) 수업일수가 191일인 경우, 191의 3분의 2는 127.33…으로 계산되나 소수점 이하를 올림하여 128일 이상 출석 못 한 경우에는 유급대상자로 선정

* 수업일수 191일의 2/3은 127.33⋯일

수업일수 191일 기준	출석일수가 128일 이상	출석일수가 128일 미만
	진급	유급

② 유급으로 인하여 중복된 기간 동안의 내용은 학교생활기록부 정정대장으로 삭제함(학년이력, 인적·학적사항, 학교폭력 관련 조치사항은 제외).

[유급·재입학·편입학·복학 학생의 학교생활기록부 입력 방법]

2022.07.12.자로 ○○고등학교 3학년에서 학업 중단하고, 2024.05.10.자로 ○○고등학교 3학년으로 재입학하는 경우에는 2022.05.10.~2022.07.12.까지의 내용은 삭제함.

	2022.05.10.		2022.07.12. 3학년 자퇴
이전 내용 인정	중복 기간 삭제		
		새로 수행하는 사항 입력	
	2024.05.10. 3학년 재입학		2024.07.12.

2023.11.07.자로 ○○고등학교 2학년에서 학업 중단하고, 2024.08.23.자로 ○○고등학교 2학년으로 재입학 후 다시 2024.10.16.자로 학업 중단을 한 경우에는 2023.08.23.자 이후의 내용은 삭제하되, 재입학 이후의 기간(2024.08.23.~2024.10.16.) 동안 수행한 내용만을 입력함.

	2023.08.23.		2023.11.07. 2학년 자퇴
이전 내용 인정	중복 기간 삭제		이후 내용 삭제
	새로 수행하는 사항 입력		
	2024.08.23. 2학년 재입학		2024.10.16. 2학년 자퇴

※ 유급·재입학·편입학·복학 등에 따라 학생의 중복 기간 자료를 삭제하는 경우, 삭제 전 출력물을 객관적 증빙 자료로 보관

▶ **명예졸업** : 학칙에서 정하는 바에 따라 학교장이 명예졸업으로 인정한 경우를 말함.

※ 명예졸업 업무 처리 절차
① 심의 주체: 학업성적관리위원회
② 심의 절차: 심의 신청 → 학업성적관리위원회 개최 및 심의 → 명예졸업 인정 시 교육정보시스템에 명예졸업 대상자로 등록 → <u>당해 학년도 졸업일을 기준으로 명예졸업 처리</u>

▶ 생활기록부 기록의 예 : 학칙에 따라 명예졸업으로 인정된 경우

학적사항	2023년 03월 02일 □□초등학교 제1학년 입학 2025년 02월 07일 □□초등학교 명예졸업
특기사항	2024.07.05. 학교교육활동 중 사망

- 2학년(2024.07.05.) 학교교육활동 중 사망하여 명예졸업으로 인정된 경우

[참고 문헌]
교육부(2024), 학교생활기록부 기재요령
교육부(2023), 학교생활기록부 종합지원센터 질의·회신사례집
서울특별시교육청(2022), 의무교육단계 아동학생 취학이행 및 독려를 위한 시행지침

3차시 학적 관리(2)
(재취학, 재입학, 편입학, 귀국학생 등의 학적 처리 방법)

1. 관련 근거

「초·중등교육법」 제14조(취학 의무의 면제 등)

「초·중등교육법 시행령」 제29조(유예자의 학적관리 등)

「초·중등교육법 시행령」 제74조(편입학)

「조기진급 등에 관한 규정」 제5조(조기진급·졸업·진학 평가위원회)

2. 학적 처리에 사용하는 용어

▶ 재입학 : 고등학교에서 학업을 중단한 자가 중단 이전의 학교에 재학 당시 학년 또는 그 아래의 학년으로 다시 입학함(의무교육에 해당하는 학교 및 특수교육 대상학생은 불가).

[예시: 학업을 중단하였다가 재학 당시 학년으로 들어온 경우]

학적사항	2022년 02월 15일 ○○중학교 제3학년 졸업 2022년 03월 02일 □□고등학교 제1학년 입학(2022년 04월 18일 자퇴) 2023년 03월 02일 □□고등학교 제1학년 재입학
특기사항	2022.04.18. 가정 사정으로 자퇴

2022.03.02.	2022.04.18. 자퇴	
중복 기간 삭제		
	새로 수행하는 사항 입력	
2023.03.02. 1학년 재입학	2023.04.18.	

▶ **편입학**: 의무교육 대상이 아닌 자로서 학업을 중단한 자가 중단 이전의 학교에 재학 당시 학년의 차상급 학년으로 다시 입학하거나 다른 학교로 다시 입학함(의무교육 대상이 아닌 자가 학업 중단 이전과 동일 또는 하위의 초·중학교 학년으로 다시 입학하는 경우에도 편입학으로 처리).
- 편입학할 수 있는 자는 편입학하는 학년의 이전 학년까지의 과정을 수료한 자 및 이와 동등이상의 학력이 있다고 인정되는 자이어야 함(「초·중등교육법 시행령」 제74조).
- 고등학교의 장은 편입학하고자 하는 자(중학교를 졸업한 자 또는 「초·중등교육법 시행령」 제97조에 따라 이와 동등한 학력을 인정받은 자)와 산업체 특별학급에서 1년 이상(고등학교 2학년 2학기 이후 편입학 시 1학기 이상) 학습한 경험이 있는 자가 편입학 신청 시 「조기진급 등에 관한 규정」 제5조에 따른 조기진급·졸업·진학 평가위원회가 실시하는 신청인의 학교 외 학습경험에 관한 심의 및 교과목별 이수인정평가의 결과에 따라 학년을 정하여 편입학하게 할 수 있음(「초·중등교육법 시행령」 제98조의4(고등학교 학년결정 입학)).

질의 회신 사례(입학(편입학) 가능 여부)

Q 초등학교에서 유예 후 정원 외 학적관리되던 학생이 초등학교 졸업학력 검정고시를 치르지 않고 중학교 1학년(또는 2~3학년)에 입학(재취학)이 가능한지 또는 중학교에서 유예 후 정원 외 학적관리되던 학생이 중학교 졸업학력 검정고시를 치르지 않고 고등학교 1학년(또는 2~3학년)에 입학(편입학)이 가능한지 궁금합니다.

A 중학교 입학은 초등학교 졸업자 또는 이와 동등한 학력을 가진 자, 고등학교 입학은 중학교 졸업자 또는 이와 동등한 학력을 가진 자만 할 수 있습니다. 따라서 초등학교 또는 중학교에서 정원 외 학적관리 중인 학생이 상급학교로 입학(재취학 또는 편입학)하기 위해서는 초등학교 또는 중학교 졸업자와 동등한 학력을 보유했는지 확인이 필요합니다. 만약 초등학교 또는 중학교를 졸업한 사람과 같은 수준의 학력을 인정받을 수 있다면 상급학교 입학(재취학 또는 편입학)이 가능합니다.

▶ **재취학**: 의무교육 대상자로서 '면제, 유예, 정원외학적관리' 중인 자(의무교육을 중단한 자)가 다시 의무교육을 받고자 의무교육에 해당하는 학교에 다니게 됨.
- 의무교육대상자가 의무교육을 중단하였다가 의무교육연령 내에 다시 의무교육을 받고자 하는 경우에는 학년, 학교 및 학교급을 달리하여도 재취학으로 처리함.
- 유예·면제된 자가 재취학할 때 거주지 이전 등의 사유로 학구가 변동된 경우에는 타교에 재취학할 수 있음.

※ 동일 학교급에 한해 원적교에서 재취학 학교로 교육정보시스템으로 학교생활기록부 관련 자료가 전송(재취학 학교에서 학교생활기록부를 신규 생성하지 않도록 유의)

> 「초·중등교육법 시행령 [시행 2024. 2. 1.]」 제29조(유예자의 학적관리 등)
> ② 초등학교 및 중학교의 장은 다음 각 호의 어느 하나에 해당하는 사람이 다시 학교에 다니거나 취학하려는 경우 「조기진급 등에 관한 규정」 제5조에 따른 조기진급·졸업·진학 평가위원회가 실시하는 교과목별 이수인정평가의 결과에 따라 학년을 정할 수 있다. 〈개정 2017. 11. 28.〉
>   1. 법 제14조제1항에 따라 취학 의무가 면제 또는 유예된 의무교육대상자
>   2. 제1항제2호에 해당하는 학생 중 학적이 정원 외로 관리되는 학생

3. 귀국학생 등의 학적 처리 방법

▶ '귀국학생 등'이란

> 「초·중등교육법 시행령」 제19조(귀국 학생 및 다문화학생 등의 입학 및 전학)
> ① 다음 각 호의 어느 하나에 해당하는 아동이나 학생(이하 이 조에서 "귀국학생 등"이라 한다)의 보호자는 제17조 및 제21조에 따른 입학 또는 전학 절차를 갈음하여 거주지가 속하는 학구 안에 있는 초등학교의 장에게 귀국학생 등의 입학 또는 전학을 신청할 수 있다.
>   1. 외국에서 귀국한 아동 또는 학생
>   2. 재외국민의 자녀인 아동 또는 학생
>   3. 「북한이탈주민의 보호 및 정착지원에 관한 법률」 제2조제1호에 따른 북한

이탈주민인 아동 또는 학생
　　4. 외국인인 아동 또는 학생
　　5. 그 밖에 초등학교에 입학하거나 전학하기 전에 국내에 거주하지 않았거나 국내에 학적이 없는 등의 사유로 제17조 및 제21조에 따른 입학 또는 전학 절차를 거칠 수 없는 아동 또는 학생

▶ 귀국학생 등의 학년을 결정할 때, 다음 각 호에 해당하는 경우에는 남은 수업일수가 당해 학년도 수업일수의 3분의 2 이상에 미달하여도 해당 학년 수료에 영향을 받지 아니함.
　- 학년 배정을 받아 재취학·편입학하는 경우
　-「조기진급 등에 관한 규정」제5조에 따른 조기진급·졸업·진학 평가위원회가 실시하는 교과목별 이수인정평가의 결과에 따라 학년을 정하여 재취학·편입학하는 경우
▶ 귀국학생 등의 해당 학년 수료기준 출석일수는 '입급일부터 학년 종료일까지 남은 수업일수'의 3분의 2 이상임.
▶ 귀국학생 등이 외국학교에서 수학한 같은 기간의 기록은 학년을 결정하는 참고자료로 해당 학년의 정규교육과정을 이수한 기록이 아니므로 해당 학교의 학교생활기록부에 입력하지 않음.
▶ 외국인인 학생과 정당한 해외 출국으로 면제된 학생이 국내학교에 재취학·편입학하고자 할 때, 외국학교의 재학 기간과 교육과정 이수 내용을 근거로 학년을 결정하는 경우에는 교과목별 이수인정평가를 실시하지 않음.
　※ 의무교육대상자가 의무교육을 중단하였다가 의무교육연령 내에 다시 의무교육을 받고자 하는 경우에는 학년, 학교 및 학교급을 달리하여도 재취학으로 처리(국내 학적이 생성된 적이 없는 학생이 당해 학년 수업일수의 3분의 2 이상 남은 시점까지 1학년으로 처음 들어오는 경우는 입학으로 처리)
▶ 귀국학생 등이 취학·재취학·편입학 시 해당 학교에 제출하는 서류와 학년 배정 방법
1) 제출 서류
　- 아포스티유 확인을 받은 재학증명서(입·퇴학연월일 및 재학 학년 명시, 학교장 서

명 또는 날인), 아포스티유 협약국이 아닌 경우에는 영사관(대사관)의 공증 필요

※ 교육부의 「귀국학생 등의 학적서류 처리절차 간소화 안내」(2014.08.22.)에 따라 외국 소재 초·중·고 학력인정학교(교육부(www.moe.go.kr)의 [정책]-[초·중·고 교육]에 학력인정 학교 목록 안내)에서 유학을 한 경우, 취학·재취학·편입학 시 제출해야 할 서류에 대해 아포스티유 또는 영사확인 절차를 생략하고 학교장 발급서류만으로 갈음(관련 문의: 교육부 교육복지정책과)

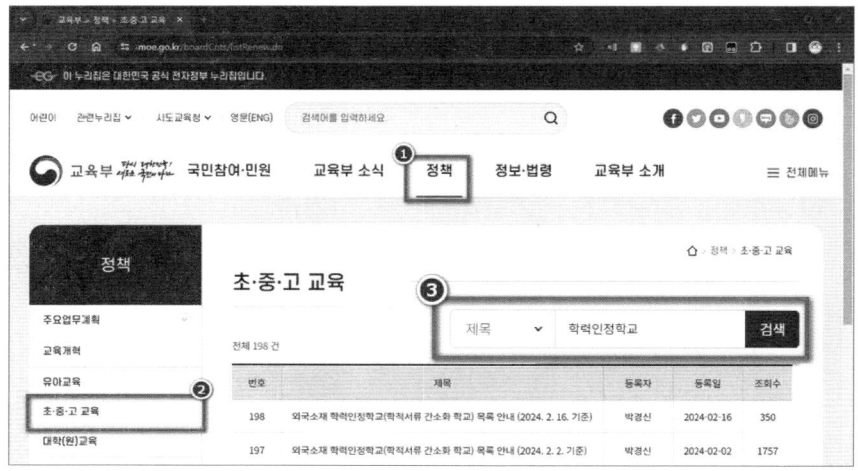

[외국소재 학력인정학교목록 조회 화면]

※ 교육부 홈페이지 미탑재 학교일 경우 민원인이 해당국의 정규교육기관임을 소명(소재국 관할 교육청의 학력 인정 학교 목록 등)하거나 종전처럼 아포스티유 또는 영사관 공증절차를 거쳐 확인

- 성적증명서 / - 국내 이전 학교 학교생활기록부(해당자)
- 출입국에 관한 사실증명 / - 주민등록등본(귀국일자 이후 발행된 것)
- 「감염병의 예방 및 관리에 관한 법률」 제27조에 따른 예방접종증명서
- 기타 시·도교육청의 지침*에 따른 서류(반드시 관할교육청의 서류 확인 필요)
  *(예) 서울특별시교육청 귀국자 편입학 시행계획

2) 학년 배정 방법

▶ 학년 배정은 외국학교 재학증명서상의 재학 기간과 성적증명서상의 교육과정 이수 내용을 우리나라 학제(12학년제)에 맞추어 계산하여 정하되, 외국학교 입학 전 국내 학교의 최종 재학 학년에 외국학교 재학 기간을 합산하여 우리나라 학제에 맞추어 계산함.

- 9월에 1학기가 시작되는 나라에서 수학하여 학제 차이로 인해 한 학기가 중복

된 경우에는 귀국 후 국내학교에 재취학·편입학할 때 한 학기 올려주고, 한 학기 월반이 되었을 경우에는 국내학교에 재취학·편입학할 때 한 학기 내려서 학년을 배정함.
- 국내학교에서 이수하지 못한 학기 수만큼 외국 정규학교에서 이수하여야 하며, 이수 학기가 부족한 경우에는 아래 학년(학기)으로 입급함.
- 국내학교의 재학 학기보다 하위 학년(학기)을 이수한 경우에는 정상적인 학기 이수로 볼 수 없음. 다만, 학제 차이로 인하여 한 학기 내려가거나 올라갈 수 있음.
- 외국 정규학교 이수 기간은 최소 6개월(한 학기) 이상인 경우에는 인정됨(「국외유학에 관한 규정」 제2조제1호).

※ 외국인 학생이 처음으로 의무교육에 해당하는 학교의 적정 학년에 들어오는 경우에는 취학으로 처리(당해 학년 수업일수의 3분의 2 이상 남은 시점까지 1학년으로 처음 들어오는 경우에는 입학으로 처리)

질의 회신 사례 (학년 배정 방법)

Q 부모의 공무상 해외파견으로 인해 자녀가 의무교육 면제 대상이 될 경우, 다시 귀국 후 국내 학교에 재취학할 때 학년 배정 방법은 어떻게 되는지요?

A 정당한 해외출국으로 면제 후 국내학교에 재취학하고자 하는 학생은 외국학교의 재학 기간과 교육과정 이수 내용을 근거로 학년을 결정합니다. 이때 학년 배정은 외국학교 재학증명서 상의 재학 기간과 성적증명서 상의 교육과정 이수 내용을 우리나라 학제(12학년제)에 맞추어 계산하여 정하되 외국학교 입학 전 국내 학교의 최종 재학 학년에 외국학교 재학 기간을 합산하여 우리나라 학제에 맞추어 계산합니다. 또한, 9월에 학기가 시작되는 나라에서 수학하여 학제 차이로 인해 한 학기가 중복된 경우, 귀국 후 국내학교에 재취학할 때 한 학기 올려주고, 한 학기 월반이 되었을 경우에는 국내학교에 재취학할 때 한 학기 내려서 학년을 배정하게 됩니다.

[참고 문헌]
교육부(2024), 학교생활기록부 기재요령
교육부(2021, 2022), 학교생활기록부 종합지원센터 질의·회신사례집

4차시
학교생활기록부 기재 요령(1)
(학교폭력 조치사항, 출결 관리)

1. 관련 근거

> 「학교생활기록 작성 및 관리지침」 제16조의2(학교폭력 조치상황 관리)
> 「학교폭력예방 및 대책에 관한 법률」 제17조제1항에 따른 가해학생에 대한 조치사항을 입력한다.

▶ 중대한 '학교폭력'에 대해 엄정한 대처를 기조로 하는 『학교폭력 근절 종합대책』(2023.04.12.)에 따라 기존에 분산 기재했던 '학교폭력 가해학생에 대한 조치사항'을 2024학년도 1학년부터 학교생활기록부 '학교폭력 조치상황 관리'에 일원화하여 입력

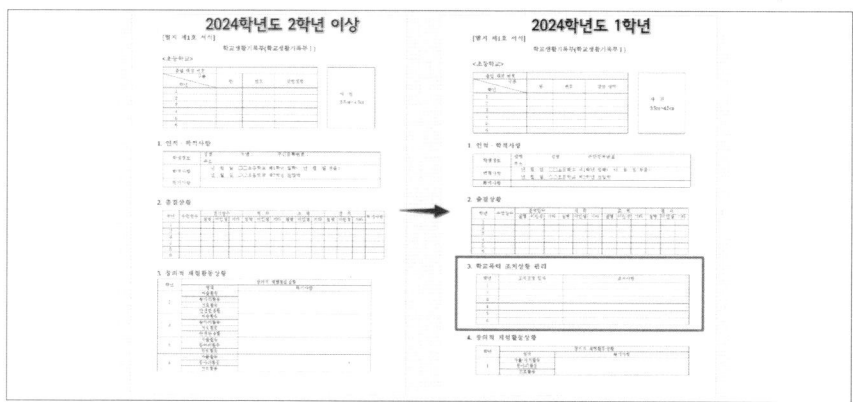

[학교폭력 조치사항 관리 항목 신설]

※ 2024년 2~6학년 학생의 경우, 학교폭력 가해학생에 대한 조치사항은 이전의 훈령을 적용받아 기존의 방식대로 '학적사항' 및 '출결상황'의 특기사항, '행동특성 및 종합의견'에 입력

▶ 일원화 서식 적용 시기

학년도	2024	2025	2026	2027	2028	2029
적용 학년	1학년	1~2학년	1~3학년	1~4학년	1~5학년	1~6학년

※ 2024학년도 이전의 학업 중단 학생이 올해 1학년으로 재취학·편입학할 때 '학교폭력 가해학생에 대한 조치사항'이 기재되어 있을 경우에는 그 내용을 '학교폭력 조치상황 관리'에 정정 절차를 거쳐 옮겨 적어야 함.

2024학년도 1학년으로 재취학·편입학 시 학업 중단 이전에 기재된 조치사항 { 학적 특기사항 출결 특기사항 행동특성 } 학교폭력 조치상황 관리

2. 출결 관리

「초·중등교육법 시행령」 제45조
① 법 제24조제3항에 따른 학교의 수업일수는 다음 각 호의 기준에 따라 학교의 장이 정한다. 다만, 학교의 장은 천재지변, 연구학교의 운영 또는 제105조에 따른 자율학교의 운영 등 교육과정의 운영상 필요한 경우에는 다음 각 호의 기준의 10분의 1의 범위에서 수업일수를 줄일 수 있으며, 이 경우 다음 학년도 개시 30일 전까지 관할청에 보고하여야 한다.
1. 초등학교·중학교·고등학교·고등기술학교 및 특수학교(유치부는 제외한다): 매 학년 190일 이상
2. 공민학교 및 고등공민학교: 매 학년 170일 이상
② 초등학교·중학교·고등학교 및 특수학교의 장은 제1항제1호의 기준에 따라 수업일수를 정하려면 법 제31조제1항에 따른 학교운영위원회의 심의를 거쳐야 한다.

▶ '수업일수'란에 「초·중등교육법 시행령」 제45조에 따른 수업일수를 입력함.
  - 학교의 수업일수는 「초·중등교육법 시행령」 제45조(수업일수) 규정에 의한 다

은 각 호의 기준에 따라 학교의 장이 정함. 다만, 학교의 장은 천재지변, 연구학교의 운영 또는 제105조에 따른 자율학교의 운영 등 교육과정의 운영상 필요한 경우에는 다음 각 호의 기준의 10분의 1의 범위에서 수업일수를 줄일 수 있음.

① 초등학교·중학교·고등학교·고등기술학교 및 특수학교(유치부 제외): 매 학년 190일 이상

② 공민학교 및 고등공민학교: 매 학년 170일 이상

- 학생의 각 학년 과정의 수료에 필요한 출석일수는「초·중등교육법 시행령」제45조의 규정에 의한 수업일수의 3분의 2 이상으로 함(「초·중등교육법 시행령」제50조제2항).

① 학생의 출석일수가 당해 학교 당해 학년 수업일수의 3분의 2 미만이 될 경우에는 각 학년과정의 수료에 필요한 출석일수 부족 등으로 수료 또는 졸업 인정이 되지 않아 원칙적으로 당해 학년도 재입학·전입학·복학이 불가능함.

② 학생과 학부모가 재입학·전입학·복학을 요구할 경우에는 당해 학교의 장은 학교의 교육 여건 등을 고려하여 학생의 학습권 보호 차원에서 재입학·전입학·복학을 허가할 수 있음. 이때 학교에서는 허가에 앞서 학생, 학부모에게 당해 학년도에는 출석일수 부족으로 수료 또는 졸업이 되지 않음을 정확히 주지 및 확인시켜 주어야 함.

▶ '결석'은 학칙에 따라 출석하여야 할 날짜에 출석하지 않았을 때 처리함.

- 학적을 새로 부여받은 자의 당해 학년 결석일수는 원적교의 당해 학년 결석일수와 합산하되, 중복되는 기간의 결석일수는 제외함.

● 출석인정 결석
- 지진, 폭우, 폭설, 폭풍, 해일 등의 천재지변 또는 법정 감염병 등(학교 내 확산 방지를 위해 학교장이 필요하다고 인정하는 비법정 감염병을 포함)으로 출석하지 못한 경우
- 병역 관계 등 공적의무 또는 공권력의 행사로 인하여 출석하지 못한 경우
- 학교장의 허가를 받은 '학교·시·도(교육청)·국가를 대표한 대회 및 훈련 참가, 산

업체 실습과정(현장실습, 현장실습과 연계한 취업), 교환학습, 교외체험학습, 「학교보건법」 제8조에 따른 등교중지' 등으로 출석하지 못한 경우
- 「초·중등교육법 시행령」 제31조제1항(학생의 징계)에 따른 학교 내의 봉사, 사회봉사, 특별교육이수 기간인 경우
- 「초·중등교육법」 제28조제7항(학업중단숙려제)에 따른 상담, 진로 프로그램 등 숙려제 참여 인정 기간인 경우
- 다음 경조사로 인하여 출석하지 못한 경우

구분	대상	일수
결혼	• 형제, 자매, 부, 모	1
입양	• 학생 본인	20
사망	• 부모, 조부모, 외조부모	5
	• 부모의 조부모(증조부모, 외증조부모), 　부모의 외조부모(진외증조부모, 외외증조부모) • 형제·자매 및 그의 배우자	3
	• 부모의 형제·자매 및 그의 배우자	3

※ 경조사로 인한 출석인정 결석은 그 사유가 발생한 날을 포함하여 전후에 실시하는 것을 원칙으로 함. 사망의 경우에는 그 사유가 발생한 날을 포함하지 아니하고 그다음 날부터 처리할 수 있음.

※ 경조사로 인한 출석인정 결석 기간 산정 시 토요일, 공휴일, 재량휴업일은 불포함하며 해당기간 내에서 학생은 상황에 따라 출석할 수 있음.

- 기타 부득이한 사유로 학교장의 허가를 받아 결석하는 경우

질의 회신 사례(경조사, 출석인정 결석)

Q 목요일에 할아버지께서 위독하셔서 결석한 학생이 있습니다. 그런데 그날 돌아가시지 않았고, 금요일에 중요한 수행평가가 있어서 해당 학생이 학교에 출석하였습니다. 이후 토요일에 해당 학생의 할아버지께서 돌아가셔서 다시 월요일부터 수요일까지 결석하였는데, 이 경우 해당 학생의 경조사에 따른 출석인정 결석 처리는 어떻게 해야 하나요?

A 조부모 사망 시 출석으로 인정할 수 있는 기간은 토요일, 공휴일, 재량휴업일을 제외한 5일입니다. 목요일부터 경조사(사망)로 인한 출석인정 결석 처리가

가능하며 이 경우 재량휴업일이 없다면 그다음 주 수요일까지 출석인정 결석 처리 가능합니다. 경조사 출석인정 결석 기간 중 수행평가 등의 사유로 학생이 희망하여 출석했더라도 출석인정 결석 가능 기간이 연장되지 않으며, 최초 주어진 5일의 기간 내에서만 인정됨을 유념하시기 바랍니다.

● 질병으로 인한 결석
  ① 결석한 날부터 5일 이내*에 의사의 진단서 또는 의견서(병명, 진료 기간 등이 기록된 의사 소견서, 진료 확인서 등의 증빙서류)를 첨부한 결석 신고서를 제출하여 학교장의 승인을 받은 경우

  * 결석 신고서를 제출하는 '결석한 날로부터 5일 이내'라고 하는 것은 '결석을 시작한 날로부터 기한(5일 또는 부득이한 경우 학교장이 정한 기한) 내를 의미

  ② 상습적이지 않은 2일 이내의 결석은 질병으로 인한 결석임을 증명할 수 있는 자료(학부모 의견서, 처방전, 담임교사 확인서 등)가 첨부된 결석 신고서를 결석한 날로부터 5일 이내에 제출하여 학교장의 승인을 받은 경우
  ③ 병원학교 및 원격수업 등 방송·정보통신매체를 이용하여 수업 받는 건강장애 학생이 결석한 경우
  ④ 의사의 진단서 또는 의견서를 통해 기저질환(천식, 아토피, 알레르기, 호흡기질환, 심혈관질환 등)을 가진 민감군으로 확인된 학생이 미세먼지와의 관련성이 드러나는 소견 또는 향후 치료의견 등이 명시된 의사의 진단서(소견서)를 첨부한 결석 신고서를 결석한 날로부터 5일 이내에 제출하여 학교장의 승인을 받은 경우
  ⑤ 의사의 진단서 또는 의견서를 통해 만성질환 등 장기적 치료가 필요한 것으로 확인된 학생이 의사의 진단서(소견서)를 첨부한 결석 신고서를 결석한 날로부터 5일 이내에 제출하여 학교장의 승인을 받은 경우
  ⑥ 환경부로부터 가습기살균제 건강피해자 증명서를 발급받은 학생이 의사의 진단서(소견서)를 첨부한 결석 신고서를 결석한 날로부터 5일 이내에 제출하여 학교장의 승인을 받은 경우

※ ④~⑥의 경우, 결석 신고서 제출 시 첨부하는 증빙서류는 학기 초 최초 제출한 의사의 진단서(소견서)로 해당 학기 질병 결석 증빙을 갈음할 수 있음.

● 미인정결석
- 「학교폭력예방 및 대책에 관한 법률」 제17조제1항제6호에 따른 출석정지
- 「교원의 지위 향상 및 교육활동 보호를 위한 특별법」 제18조제1항제4호에 따른 출석정지
- 「초·중등교육법 시행령」 제31조제1항제4호(학생의 징계에 따른 등교중지)에 따른 출석정지
- 「초·중등교육법 시행령」 제31조제6항(학생의 징계에 따른 가정학습)의 가정학습 기간
- 범법행위로 인한 책임있는 사유*로 결석한 경우(관련 기관 출석, 체포, 도피, 구속(구인, 구금, 구류 포함), 교도소 수감 등)
  * 범법행위의 피의자로서 수사기관(경찰, 검사)의 수사 대상이 된 경우
- 태만, 가출, 출석 거부 등 고의로 결석한 경우
- 기타 합당하지 않은 사유*로 결석한 경우
  * 학원수강(예술·체육계 포함)으로 인한 결석, 학칙으로 정한 교외체험학습 기간을 초과한 결석, 해외 어학연수로 인한 결석 등

● 기타결석
- 부모·가족 봉양, 가사 조력, 간병 등 부득이한 개인사정에 의한 결석임을 학교장이 인정하는 경우
- 공납금 미납을 사유로 결석한 경우
- 「공직선거법」 및 「정당법」에 따라 결석한 경우
  ① 공직에 선출되어 의정활동(본회의, 상임위원회 회의 당일 참석)을 사유로 수업일수의 10%를 초과하여 결석한 경우
  ② 후보등록자 본인이 선거운동을 사유로 결석한 경우
  ③ 정당의 발기인 또는 당원으로서 정당활동을 사유로 결석한 경우
- 기타 합당한 사유에 의한 결석임을 학교장이 인정하는 경우

> **질의 회신 사례(기타결석, 출결상황 특기사항)**
>
> Q 학생이 부모님을 간병하기 위해 기타결석을 했습니다. 혹시 기타결석의 사유를 미기재하는 방법이 있을까요? 장기결석 중 질병결석의 경우 개인정보를 보호할 필요가 있다고 판단되는 질병의 경우에는 정해진 절차를 거쳐 사유를 입력하지 않을 수 있는데 기타결석도 동일한 절차를 통해 입력하지 않는 사유를 결정해도 될까요?
>
> A 학교생활기록부 기재요령에서는 개인정보를 보호할 필요가 있다고 판단되는 '질병결석'의 경우에만 사유를 입력하지 않는다고 명시하고 있습니다. 따라서 기타결석의 경우에는 1일이라도 반드시 그 사유를 입력해야 하며, 사유를 기재하지 않을 수 있는 관련 규정 및 지침은 없습니다.

▶ '지각'은 학교장이 정한 등교시각까지 출석하지 않은 경우로 학교장이 정한 등교시각 이후부터 하교시각 사이에 등교를 하면 지각으로 처리함.
▶ '조퇴'는 학교장이 정한 등교시각과 하교시각 사이에 하교한 경우를 말함.
▶ '결과'는 수업시간의 일부 또는 전부에 불참하거나 학교장이 정한 시각 이후에 수업에 참여한 경우 등을 말함.
  - 지각, 조퇴, 결과의 사유는 각각 결석 사유와 동일하게 질병, 미인정, 기타로 처리
  - 같은 날짜에 지각, 조퇴, 결과가 발생된 경우에는 학교장이 판단하여 어느 한 가지 경우로만 처리
  - 같은 날짜에 결과가 1회 이상이라도 1회로 처리
  - 학적을 새로 부여받은 자의 당해 학년 지각·조퇴·결과 횟수는 원적교의 당해 학년 각 횟수와 합산하되, 중복되는 기간의 각 횟수는 제외
▶ '특기사항'에는 개근 또는 질병·미인정으로 인한 장기결석, 기타결석의 사유 등을 입력함.
  - 장기결석: 결석 종류별로 사유 입력
    ※ '장기결석'은 같은 종류로 연속하여 출석하지 않은 경우로, 그 기간은 7일 내외의 범위(최대 3일의 범위에서 조정 가능)에서 학교장이 정함.

※ 학교장이 정한 기간의 장기결석 중 질병결석인 경우에도 사유를 입력하되, 개인정보를 보호할 필요가 있다고 판단되는 질병의 경우에는 학업성적관리위원회의 심의를 통해 사유를 입력하지 않음.

- 기타결석: 1일이라도 사유 입력
- 단기결석: 횟수가 많으면 이를 누계하여 주된 사유 입력
- 지각·조퇴·결과: 입력하지 않으나 횟수가 많은 지각·조퇴·결과는 사유 입력
  (예) 감기 질병조퇴(13회), 부 간병으로 인한 기타조퇴(10회), 병원 정기진료로 인한 질병지각(15회)

  ※ 입력할 수 있는 단기결석·지각·조퇴·결과 횟수는 학교장이 정함.

[참고 문헌]
교육부(2024), 학교생활기록부 기재요령
교육부(2023), 학교생활기록부 종합지원센터 질의·회신사례집

5차시
학교생활기록부 기재 요령(2)
(교과학습발달상황)

1. 교과학습발달상황 관리의 법률적 체계

「초·중등교육법」제9조(학생·기관·학교 평가)
① 교육부장관은 학교에 재학 중인 학생을 대상으로 학업성취도를 측정하기 위한 평가를 할 수 있다.

▼

「초·중등교육법 시행령」제10조(학생의 평가)
법 제9조제1항의 규정에 의한 학생의 학업성취도 평가에 관하여 필요한 사항은 교육부장관이 정한다.

▼

「학교생활기록 작성 및 관리지침」제15조(교과학습발달상황)
[시행 2024. 3. 1. 교육부훈령 제477호]
① 교과학습발달상황의 평가는 별표 9 '교과학습발달상황 평가 및 관리'에 따라 시행한다.

▼

시·도교육청의 학업성적관리 시행지침

▼

단위학교 학업성적관리규정

2. 교과학습발달상황 평가 및 관리

(1) 평가의 목표 및 방침

▶ 시도교육청 및 학교는 교과학습의 평가 및 관리의 객관성·공정성·투명성·신뢰도를 제고하기 위하여 노력해야 함.

▶ 학교는 교육과정의 성취기준에 기반한 평가 계획에 따라 교수·학습과정에서 학생의 변화와 성장에 대한 자료를 다각도로 수집하여 적절한 피드백을 제공하는 과정중심 평가를 통해 교수·학습의 질을 제고함.

▶ 학년협의회를 운영할 수 없는 학교는 교과협의회를 운영할 수 있음.

▶ 교과학습의 평가는 학교 및 교과의 특성에 따라 다양한 방법으로 실시할 수 있으며, 성취기준에 기반하여 수업시간 중에 실시함. (초)
▶ 수행평가는 성취기준에 기반하여 수업시간 중에 실시함. (중·고)
▶ 평가의 세부적인 사항은 시·도교육청의 '학업성적관리 시행지침'에 따라 학교의 '학업성적관리규정'으로 정하여 실시함. (초)
▶ 지필평가와 수행평가의 실시 비율, 서·논술형 문항 출제 비율 등 평가의 세부적인 사항은 시·도교육청의 '학업성적관리 시행지침'에 따라 학교의 '학업성적관리규정'으로 정하여 실시함. (중·고)
  ※ 학생의 발달 특성 및 과목의 성격 등을 고려하여 지필평가는 서·논술형 문항만으로도 평가할 수 있음.
▶ 학년(교과)협의회 운영과 관련된 사항은 시·도교육청의 학업성적관리 시행지침으로 정함. (초)
▶ 「공교육 정상화 촉진 및 선행교육 규제에 관한 특별법」 제8조제3항에 따라 (중·고: 지필평가, 수행평가 등 학교 시험에서) 학생이 배운 학교교육과정의 범위와 수준을 벗어난 내용을 출제하여 평가하지 않음.

(2) 주요 용어 정리
▶ 본 훈령에서 '지필평가'는 '중간 또는 기말고사(1회, 2회 고사 등)'와 같은 '일제식 정기고사'를 의미하며, '문항정보표'의 구성에 따라 '선택형'과 '서답형'으로 구분함. 단, 시·도교육청 공동으로 실시하는 '영어듣기평가'는 수행평가로 간주할 수 있으며, 학교에서 형성평가 및 수행평가의 일환으로 실시하는 '선택형' 및 '서답형' 문항으로 구성된 평가는 본 훈령의 '지필평가'에 해당하지 않음.
  ※ 지필평가 문항 중 선택형 문항(진위형, 배합형, 선다형), 서답형 문항(완성형, 단답형, 서술형, 논술형)의 구분은 「중·고등학교 학생평가 안내서(톺아보기)」 자료 참고

▶ '수행평가'에서 사용하는 용어는 다음과 같은 의미를 가짐.
  - 학습과제: 학습자들에게서 성취되기를 기대하는(초: 학습자들이 성취하기를 기대하는) 교육과정상 각 교과 교육목표와 관련되는 것으로, 실제 생활에 가치 있고 중요하며 유용한 과제를 의미
  - 수행: 학생이 단순히 답을 선택하는 것이 아니라 학생 스스로 답을 구성하는

것, 산출물이나 작품을 만들어내는 것, 태도나 가치관을 행동으로 드러내는 것 등을 모두 포함
  - 관찰: 학습자가 수행하는 과정이나 그 결과를 평가자가 읽거나, 듣거나, 보거나, 느끼거나 하는 활동을 모두 포함
  - 판단: 평가자가 관찰한 것을 객관성·합리성·타당성·신뢰성 등이 있는 기준을 준거로 점수화하거나 문장화하는 것을 의미

    ※ 수행평가 과제 유형은 「중학교 학생평가 안내서(톺아보기)」 자료 참고

    (예) 서술·논술, 구술·발표, 토의·토론, 프로젝트, 실험·실습, 포트폴리오 등

▶ '성취기준의 재구조화'는 교육과정 성취기준을 실제 평가의 상황에서 준거로 사용하기에 적합하도록 보다 구체적이고 명료하게 하는 것을 의미함. 다만, 성취기준을 통합하거나 일부 내용을 압축하여 재구조화 할 경우에는 성취기준의 내용요소 일부가 임의로 삭제되지 않도록 유의해야 하며, 일부 내용요소를 추가해야 하는 경우에는 학생의 학습 및 평가 부담이 가중되지 않도록 학년(군), 학교급 및 교과(군) 간의 연계성을 충분히 고려해야 함.

(3) 평가 계획 수립

▶ 교고·학습의 평가(중·고: 지필평가와 수행평가)를 위하여 학기(학년) 평가 계획을 학년별·교과별(필요시 학급별)로 수립하되, 다음의 내용이 포함되도록 함.
  - 평가의 목적, 평가의 방향과 방침, 평가 유의사항 등
  - 평가(중·고: 지필평가와 수행평가)의 영역, 요소, 방법, 시기 등 (중·고: 횟수, 반영 비율)
  - 교과목별 기준 성취율과 성취도 (중·고)
  - 평가의 세부기준(채점기준), 결시자와 학적 변동자 처리 기준 등 (초)
  - 수행평가의 세부기준(영역별 배점과 채점기준), 결시자와 학적변동자 처리 기준 등 (중·고)

▶ '평가의 영역'은 평가를 실시하고자 하는(평가에서 측정하고자 하는) 영역을 의미하며, 이때 영역은 '교육과정의 영역, 핵심개념, 기능 등'을 활용하여 교과 및 학교의 특성에 따라 결정할 수 있음.

▶ 학년별·교과별·학급별 평가 계획은 학기 초에 학생 및 학부모에게 공개해야 하며, 평가 실시 전에 평가 방법 및 채점기준 등 평가 운영과 관련된 세부적인 사항을 학생에게 안내하여 학생들이 해당 평가의 평가 방법 및 평가 요소를 인지하도록 해야 함. 세부적인 채점기준을 모두 공개하기 어려운 경우에는 채점기준에 포함된 평가 요소를 안내하도록 하며, 평가 계획이 변경되는 경우에는 학업성적관리위원회의 심의를 받아 변경사항을 확정하고, 평가 실시 전에 변경사항을 학생과 학부모에게 안내해야 함.

※ 학교는 지필평가 기출문제를 공개하되, 공개범위와 방법은 학업성적관리위원회를 통해 학교장이 정함.

※ 평가 요소는 교육과정 성취기준 도달의 증거로, 학생들이 보여주기를 기대하는 핵심 내용을 구체적으로 기술한 평가 내용을 말함.

3. 학업성적관리위원회의 설치 및 운영

▶ 학업성적 평가 및 관리의 객관성·공정성·투명성과 신뢰도를 높이고, 학교생활기록부의 전산처리 및 관리, 이에 따른 활동을 강화하기 위하여 「초·중등교육법 시행규칙」 제24조에 따른 학업성적관리위원회를 둠.

※ 학교별 '학업성적관리위원회'는 의무적으로 설치·운영해야 하며, 학업성적관리의 중요성을 감안하여 그 활동을 강화해야 함. 다만, 학교의 형편에 따라 명칭을 달리하거나 타 위원회와 통합 운영할 수 있음.

▶ 위원장은 학교장으로 하며, 학업성적관리위원회의 업무를 총괄함. 부위원장은 위원 중 학교장이 정한 사람으로 하며, 위원장을 보좌하고 위원장 유고시 위원장을 대행함.

▶ 위원의 수는 학교 규모에 따라 정하며, 교직원 중에서 교무분장 업무를 고려하여 학교장이 임명함.

▶ 학부모의 의견 수렴과 학업성적관리의 투명성 등을 확보하기 위하여 학교장은 약간 명의 학부모 위원을 위촉할 수 있음.

※ 평가의 공정성 확보를 위해 학부모위원에게 사전 공개가 불가한 안건은 학부모위원의 참여 제한

▶ 위원의 임기는 학년도를 기준으로 매년 3월부터 차년도 2월까지로 함.

▶ 학업성적관리위원회는 다음의 사항을 심의함.
 - 학교 학업성적관리규정 제·개정
 - 각 교과(학년)협의회에서 제출한 지필평가 및 수행평가의 영역·요소·방법·시

- 기·횟수·반영 비율 등과 성적처리 방법 및 결과 활용
- 창의적 체험활동상황의 평가 기준 및 방법
- 학업성적 평가 및 관리의 객관성·공정성·투명성과 신뢰도 제고 방안(평가의 기준·방법·결과의 공개, 홍보, 평가결과 후속조치(이의제기 등))
- 학교생활기록부의 기재방법 및 기재내용 등에 관한 사항
  (예) 장기결석 일수(지각·조퇴·결과 횟수 포함), 과목별 세부능력 및 특기사항 입력 대상 범위, 자유학기 활동상황의 평가 기준 및 방법, 개인정보 보호를 위해 출결특기사항에 입력하지 않을 질병, 자율동아리 입력대상 학생 범위 등
- 학교생활기록부 정정을 위한 증빙자료의 객관성 여부 등을 포함한 정정에 관한 사항
- 고등학교의 교과목별 기준성취율에 따른 분할점수 산출 방식 등에 관한 사항
- 기타 학교 학업성적관리 관련 업무
  (예) 국가대표 학생선수의 출석인정 결석 기준초과 인정 범위, 수행평가 결과물의 보관 기간 등

▶ 위원회의 회의는 다음과 같이 운영함.
- 회의는 학기 초 및 심의사항이 발생했을 때 개의하며, 세부적인 개최 시기 등은 시·도 교육청의 학업성적관리 시행지침에 따라 학교장이 결정
- 위원회의 회의는 재적인원의 과반수 출석으로 개의
- 회의가 종료되면 회의 결과를 작성하고, 위원들의 확인을 받아 보관

질의 회신 사례 1(학기 중 학업 중단 학생의 교양교과의 이수 처리)

Q 학기 중 학업 중단(유예, 면제, 장기결석에 따른 정원 외 학적관리 등)자의 경우 교양교과(환경, 보건, 진로와 직업)의 이수(P) 처리를 한 후 학적 처리해야 하나요?

A 학기 중 전출 또는 학업 중단 시점이 모든 평가(학기말 성적산출 기준)가 완료되기 이전으로 학기말 최종 성적처리가 불가능한 경우 교양교과의 이수처리는 하지 않습니다. 다만, 평가의 세부적인 사항은 시·도교육청의 학업성적관리 시행지침에 따라 학교의 '학업성적관리규정'으로 정하여 실시하므로 소속 시·도교육청의 지침을 확인하기 바랍니다.

> **질의 회신 사례 2(자유학기에 전출학생의 교과학습발달상황 기록)**
>
> Q 자유학기 시작 2주일 만에 전출 가는 학생의 경우 과목별 세부능력 및 특기사항을 모두 입력해야 하나요?
>
> A 자유학기에 전출하는 학생의 경우 모든 과목에 대해 교과학습발달상황의 과목별 세부능력 및 특기사항을 입력해야 합니다.

4. 교과학습발달상황 기재 요령

(1) 표준 가이드라인

▶ 과목별 성취기준에 따른 성취수준의 특성 및 학습활동 참여도, 자기주도적 학습에 의한 변화와 성장 정도를 중심으로 기재함.

▶ 방과후학교 활동은 기재하지 않음. (중·고)

▶ 정규교육과정의 교과 성취기준에 따라 수업 중 연구보고서(소논문) 작성이 가능한 과목*은 특기할 만한 사항이 있는 과목 및 학생에 대하여 연구보고서(소논문) 실적(제목, 연구 주제 및 참여인원, 소요시간)을 제외하고 '세부능력 및 특기사항'을 기재할 수 있음. (고)

  * 연구보고서(소논문) 작성 가능 과목: 수학과제 탐구, 사회문제 탐구, 융합과학 탐구, 과학과제 연구, 사회과제 연구

(2) 세부능력 및 특기사항

▶ 세부능력 및 특기사항은 모든 학생에 대해 구체적이고 세부적인 능력과 태도를 입력함. (초)

▶ 과목별 세부능력 및 특기사항의 입력대상 범위는 교육적인 차원을 고려하여 학업성적관리위원회의 심의를 통해 정하되, 자유학기에 이수한 모든 과목(교양 과목 포함)은 모든 학생을 대상으로 입력함. (중)

▶ 과목별 세부능력 및 특기사항은 모든 교과(군)의 모든 학생을 대상으로 입력함. (고)

  - 교과수업에 참여하지 못한 학생은 그 사유를 '세부능력 및 특기사항'에 입력
    (예) 순회교육대상학생의 경우: 순회교육으로 특이사항 없음.

(예) 장기결석생인 경우: 장기결석으로 특이사항 없음.

(예) 위탁학생의 경우: 위탁학생으로 특이사항 없음.

※ 위탁교육기관, 병원학교·원격수업 기관의 활동 내용이 있는 경우, 해당 기관의 자료를 그대로 입력하되 자료 입력 내용은 학교생활기록부 기재요령의 각종 유의사항을 준수하여 입력

▶ '세부능력 및 특기사항'은 학생참여형 수업 및 수업과 연계된 수행평가 등에서 관찰한 내용을 입력함. (중·고)

※ 과목별 세부능력 및 특기사항은 교과담당교사가 교육정보시스템 [성적-성적처리-과목별세부능력 및 특기사항]에서 학기별로 입력할 수 있으며, 동일 과목에 대해 1학기와 2학기에 내용을 각각 입력하는 경우에는 교육정보시스템에 '(1학기)', '(2학기)'와 같이 '(학기명)'이 자동으로 입력됨(2학기는 다음 줄에 표기).

※ 대입수시 전형자료 생성 시에는 3학년의 과목별 세부능력 및 특기사항 중 '3학년 1학기(조기 졸업생은 2학년 1학기).' 내용만 생성·제공되고, '2학기' 선택 후 입력한 내용은 반영되지 않음에 유의해야 함.

※ 교육정보시스템에서 자동으로 과목별로 한 줄씩 띄어 등록됨.

※ 지필평가와 수행평가 결과를 토대로 과목별 성취기준에 따른 성취수준의 특성 및 참여도 · 태도 등 특기할 만한 사항을 구체적이고 객관적으로 입력함.

※ 개인별 세부능력 및 특기사항은 학급담임교사가 교육정보시스템의 [성적-성적처리-개인별세부능력 및 특기사항]에서 입력함.

▶ '개인별 세부능력 및 특기사항'에 입력하는 사항은 다음과 같음. (중·고)

항목	내용
한국학교	한국학교의 성적 산출 방식이 국내 학교와 다른 경우
학력인정 대안학교	학력인정 대안학교의 성적 산출 방식이 전입교와 다른 경우
전·입학, 귀국 등에 따른 미이수 교과목 보충 학습 과정	전·입학, 귀국 등에 따라 공통과목을 이수하지 못하여 온·오프라인의 방법으로 보충 학습 과정을 실시했는데 당해 학기에 관련 과목이 개설되지 않은 경우
영재교육	당해 학기에 관련 과목이 개설되어 있지 않은 경우
발명교육	당해 학기에 기술·가정, 과학 교과 모두 개설되지 않은 경우
방송통신고등학교의 학교 외 학습경험 인정에 따른 과목 이수	당해 학기에 관련 과목이 개설되어 있지 않은 경우
수업량 유연화에 따른 학교 자율적 교육활동	특정 과목의 세부능력 및 특기사항으로 한정하기 어려운 경우
교육감이 지정한 교육기관의 방송·정보통신매체를 활용한 수업 (온라인 수업)	교육감이 지정한 교육기관의 방송·정보통신매체를 활용한 수업을 수강하였으나 당해 학기에 관련 과목이 개설되어 있지 않은 경우 (성적의 일부 또는 전부가 산출되지 않은 과목에 한하여 이수내용 기재)

▶ 교육감이 지정한 교육기관 등에서 「초·중등교육법 시행령」 제48조제4항에 따라 방송·정보통신매체를 이용한 수업을 전부 또는 일부 받은 학생은 위탁학생에 준하여 성적을 처리함.

▶ 「영재교육 진흥법」에 따른 영재교육기관(영재학교, 영재학급, 영재교육원)에서 수료한 영재교육 관련 내용은 관련 교과의 '세부능력 및 특기사항'에만 입력함(근거 법령: 「영재교육진흥법 시행령」제36조제1항·제2항).

▶ 발명교육센터에서 운영하는 교육과정을 수료한 학생의 교육 실적은 「발명교육의 활성화 및 지원에 관한 법률 시행령」 제10조제2항·제3항에 따라 관련 교과(실과 또는 과학)의 '세부능력 및 특기사항'에만 입력함.
  • 영재교육기관(영재학교, 영재학급, 영재교육원) 이수내용을 입력할 경우에는 구체적인 기관 명칭은 입력하지 않음.
  • 입력 예시 : 영재교육원에서 1학년 과정 정보 영역(120시간) 110시간을 이수함. / 발명교육센터에서 실시한 '발명·특허 기초과정(20시간)'을 수료함.
    ※ 2024학년도 대입(졸업생 포함)부터 상급학교 진학 시 영재·발명교육 실적은 제공하지 않음.

(3) 교과학습발달상황 기재 시 유의사항

▶ 교과학습발달상황의 '세부능력 및 특기사항'란 입력 불가 항목은 다음과 같음.
  - 각종 공인어학시험 참여 사실과 그 성적 및 수상 실적
  - 교과·비교과 관련 교외대회 참여 사실과 그 성적 및 수상 실적(학교장의 참가 허락을 받아 참여한 각종 교외대회에서의 수상 실적도 기재 불가)
  - 교외 기관·단체(장) 등에게 수상한 교외상(표창장, 감사장, 공로상 등도 기재 불가)
  - 교내·외 인증시험 참여 사실이나 그 성적
  - 모의고사·전국연합학력평가 성적(원점수, 석차, 석차등급, 백분위 등 성적 관련 내용 일체) 및 관련 교내 수상 실적 (고)
  - 논문을 학회지 등에 투고 또는 등재하거나 학회 등에서 발표한 사실
  - 도서 출간 사실, 지식재산권(특허, 실용신안, 상표, 디자인 등) 출원 또는 등록 사실
  - 교내대회 참여 사실과 그 성적 및 수상 실적
  - 이외 '학교생활기록부 작성 시 유의사항'에서 기재 금지한 사항 일체

- K-MOOC, MOOC, KOCW
- 자율탐구활동으로 작성한 연구보고서(소논문) 관련사항 일체는 기재할 수 없으며, 탐구보고서 등으로 편법적 기재 금지 (고)

    ※ 대회와 관련하여 대회의 명칭을 단순행사로 변경하여 입력하는 행위 불가('세부능력 및 특기사항'을 포함하여 '수상경력' 이외 학교생활기록부 어떠한 항목에도 변경 입력 불가)

▶ 단순 독후활동(감상문 작성 등) 외 교육활동을 전개하였다면, 도서명을 포함하여 그 내용을 다른 영역 (교과학습 발달상황, 창의적 체험활동 등)에 입력할 수 있음.

▶ 2024학년도 대입(졸업생 포함)부터 상급학교 진학 시 영재·발명교육 실적은 제공하지 않음.

> **질의 회신 사례(독서활동상황)**
>
> Q '춘향전'의 경우 저자가 '작자미상'이라고 나오는데, 그대로 써야 할까요? 아니면 저자가 있는 동일명의 다른 책으로 바꾸어 써야 할까요?
>
> A 구전소설과 같이 저자를 명확히 알 수 없는 도서의 경우 ISBN에 저자가 '작자미상'으로 등록되어 있으므로 그대로 입력할 수 있습니다. 학생이 실제로 읽은 책이 아닌 다른 저자의 책을 기재할 수는 없습니다.

> Q 단순 독후활동 외의 교육활동을 한 경우 '과목별 세부능력 및 특기사항', '창의적 체험활동상황의 영역별 특기사항' 등에 입력 가능한 것으로 알고 있습니다. 동일한 도서에 대해 '서로 다른 과목의 과목별 세부능력 및 특기사항'이나 '창의적 체험활동상황의 영역별 특기사항'에 영역 간 중복 입력이 가능한가요? 그리고 2학년의 '과목별 세부능력 및 특기사항'에 입력된 도서를 3학년의 '과목별 세부능력 및 특기사항'에 중복 입력이 가능한가요?
>
> A 입력할 수 있습니다. 동일한 도서에 대해 중복 기재할 수 없는 영역은 '독서활동상황'입니다. 전체 학년 동안 동일한 책을 '독서활동상황'란 내에 중복하여 입력하지 않습니다. 따라서 단순 독후활동(감상문 작성 등) 외 교육활동을 각 영

역(학년)별로 서로 다른 '교육적 목적 및 교육활동의 내용'으로 전개하였다면, 도서명을 포함하여 그 내용을 해당 영역(학년)인 '과목별 세부능력 및 특기사항'과 '창의적 체험활동상황의 영역별 특기사항'에 각각 입력할 수 있습니다.

[도움 자료]

[한국교육과정평가원 학생평가지원포털(https://stas.moe.go.kr), 학생평가 톺아보기]

[참고 문헌]
교육부(2024), 학교생활기록부 기재요령
교육부(2023), 학교생활기록부 종합지원센터 질의·회신사례집
한국교육과정평가원 학생평가지원포털(https://stas.moe.go.kr)

6차시
학교생활기록부 기재 요령(3)
(행동특성 및 종합의견, 학교생활기록부의 정정)

1. 행동특성 및 종합의견

(1) 관련 근거

■ 훈령 제477호(2024학년도 1학년)

> **제16조(행동특성 및 종합의견)**
> ① 행동특성 및 종합의견은 수시로 관찰하여 누가 기록된 행동특성을 바탕으로 총체적으로 학생을 이해할 수 있는 종합의견을 담임교사가 문장으로 입력한다.
> ② 〈삭제〉

■ 훈령 제393·433호(2024학년도 2학년 이상)

> **제16조(행동특성 및 종합의견)**
> ① 〈'훈령 제477호'와 동일〉
> ② 행동특성 중 학교폭력과 관련된 사항은 「학교폭력예방 및 대책에 관한 법률」 제17조에 규정된 가해학생에 대한 조치사항을 입력한다.

(2) 유의사항

▶ '행동특성 및 종합의견'은 모든 학생에 대해 입력하며 행동특성을 포함한 각 항목에 기록된 자료를 종합하여 학생을 총체적으로 이해할 수 있도록 학급 담임교사가 문장으로 입력하여 학생에 대한 일종의 추천서 또는 지도 자료가

되도록 작성

※ 학급담임교사가 직접 관찰이 불가능한 경우에는 그 사유를 입력할 수 있음.

※ 행동특성과 관련된 내용은 시·도교육감이 정한 방법에 따라 누가기록하여 관리함.

※ 교육정보시스템을 이용하여 누가기록하는 경우에는 [학생생활-행동특성및종합의견-행동특성및종합의견]의 {누가기록} 탭에서 입력함.

▶ 학교교육활동에서 지속적으로 관찰된 학생의 행동특성 누가기록을 참고해 입력하고, 학생의 성장 정도, 특기사항, 발전 가능성 등을 구체적으로 작성함. 학생의 부정적인 행동특성의 입력은 변화 가능성을 함께 입력함.

(3) 학교생활기록부 기재 요령
▶ 학생의 학습, 행동 및 인성 등 학교생활에 대한 상시 관찰·평가한 누가기록을 바탕으로 다양한 분야에서의 구체적인 변화와 성장 등을 종합적으로 기재
▶ 종합의견은 학기를 구분하여 입력할 수 있으며, 학기별로 입력하는 경우에는 교육정보시스템에 '(1학기)', '(2학기)'와 같이 직접 입력
▶ 체육·예술활동은 학교교육활동을 통해 종합적으로 입력 가능
▶ 『2015학년도 외고·국제고·국제중 입학전형 개선(안)』 발표(2014.01.08.)에 따라 2014학년도부터 「영재교육 진흥법」에 따른 영재교육기관(영재학교, 영재학급, 영재교육원)에서 수료한 영재교육 관련 내용은 '행동특성 및 종합의견'에 입력하지 않고 관련 교과 교과학습발달 상황의 '세부능력 및 특기사항'에 입력(근거 법령:「영재교육진흥법 시행령」 제36조 제1항·제2항)
▶ 학교교육계획에 따라 실시한 봉사활동의 경우, 교사가 직접 관찰·평가한 학생의 특기사항은 필요시 '행동특성 및 종합의견'에 기재 가능

질의 회신 사례 1(학업중단, 장기결석)

Q 장기결석으로 인해 출석일수가 0일인 학생이 휴학(유예 등의 학업중단)을 하였습니다. 이러한 경우 학교생활기록부 기재요령에는 창의적 체험활동상황란의 입력 예시로 '장기결석으로 활동 내용이 없음.'이라는 문구가 제시되어 있습니다. 그러나 행동특성 및 종합의견에 관해서는 해당 예시가 명시되어 있

지 않습니다. 해당 학생의 경우 행동특성 및 종합의견을 반드시 기재해야 하는 것인지, 창의적 체험활동상황란과 유사하게 '장기결석으로 관찰 내용이 없음.'으로 기재해도 되는지 궁금합니다.

A 행동특성 및 종합의견은 휴학(유예 등의 학업중단)하는 학생의 경우에도 반드시 기재해야 하는 항목입니다. 출석일수가 0일인 학생으로 모든 항목의 입력 자료가 없는 경우(교사의 관찰·평가가 불가능한 경우) 창의적 체험활동상황의 특기사항, 교과학습발달상황의 세부능력 및 특기사항 등의 입력 방법을 참고하여 '장기결석으로 관찰 내용이 없음.' 등과 같이 입력 가능합니다.

질의 회신 사례 2(독서활동)

Q 학년 초 학교교육계획서 내의 연간 교내상 운영 계획에 따라 다독상을 시상합니다. 이 경우 다독상이 시상 계획에 있다는 이유로 행동특성 및 종합의견에 '다양한 분야의 독서를 찾아 즐겨 읽고~' 등과 같은 '독서에 대한 일반적인 태도와 관련된 내용'을 기록할 수 없나요?

A 기록할 수 있습니다. 수상경력 외의 서술형 항목에 '다독상과 관련된 준비과정 및 참가 사실에 대한 내용'은 기재할 수 없으나 학교교육과정 이수 중 '학생의 평소 독서 습관과 활동'에 대해 관찰하고 누가 기록한 행동특성이라면 행동특성 및 종합의견에 기재할 수 있습니다.

질의 회신 사례 3(누가기록)

Q '행동특성 누가기록' 횟수에 대한 관련 지침이나 규정이 있나요?

A '행동특성 누가기록'은 반드시 입력해야 하나 학생부 기재요령에 누가기록의 횟수에 대한 규정은 명시된 바 없습니다. 다만, 학교생활기록부 내 '창의적 체험활동상황, 행동특성 및 종합의견의 누가기록 입력·관리 방법'을 시·도교육감이 정하도록 하였으므로 시·도교육청의 지침을 확인하시기 바랍니다.

> **질의 회신 자료 4(누가기록)**
>
> Q '행동특성 누가기록'에 없는 내용을 행동특성 및 종합의견에 입력해도 되나요?
> A 누가기록에 없는 내용도 입력할 수 있습니다. 단, '행동특성 및 종합의견'란에는 수시로 관찰하여 누가기록된 행동특성뿐만 아니라 각 항목에 기록된 자료를 종합하여 학생을 총체적으로 이해할 수 있도록 작성해야 합니다.

2. 학교생활기록부의 정정

▶ (정정의 원칙적 금지) 학교의 학년도는 「초·중등교육법」 제24조에 따라 3월 1일부터 시작하여 다음 해 2월 말일까지로 하며, 매 학년이 종료된 이후에는 당해 학년도 이전의 학교생활기록부 입력자료에 대한 정정은 원칙적으로 금지함.
  - 당해 학년도 이전의 학교생활기록부 입력 자료에 대한 정정은 원칙적으로 금지하나 객관적인 증빙자료가 있는 경우에 한해서 학업성적관리위원회의 심의 절차를 거쳐 학교생활기록부를 정정할 수 있음. 다만, 인적·학적사항의 '학생정보'의 정정은 학업성적관리위원회의 심의 절차 없이 증빙자료만으로 학교생활기록부를 정정할 수 있음.
  - 객관적 증빙자료란 다음 기준을 모두 충족하는 자료를 말함.
    ① 해당 증빙자료가 해당 학년도에 작성되었는지를 객관적으로 확인할 수 있는지 여부
    ② 해당 증빙자료가 훈령과 지침(기재 요령)에 명시된 항목별 입력 주체가 작성한 것임을 객관적으로 확인할 수 있는지 여부
  - 이전 학년도 학교생활기록부 입력 자료에 대한 정정은 원칙적으로 금지하나 내용의 의미 변화가 없는 단순 오·탈자의 정정은 가능하며, 이때 증빙서류는 단순 오·탈자가 포함된 쪽의 정정 전의 출력물로 함.
  - 입력자(사용자)는 그 입력 내용에 대하여 책임을 져야 하며 잘못된 자료가 발견된 경우에는 자료입력 당시 사용자가 자료검사에 대한 책임을 가지며, 발견 학년도의 담임교사가 정정함. 정정입력이 완료되면 입력 내용을 출력하여 그

출력물과 각종 보조자료의 내용과 대조·확인 작업을 실시하여 이상 여부를 확인함.

※ 졸업생과 학업 중단 학생의 학교생활기록부 정정은 업무담당자가 수행

(1) 정정대장 기재 및 관리 방법

▶ 정정사항은 학년도 단위로 작성하여 증빙서류와 함께 합철하며, 일련번호는 학년도간 일련번호를 기재함. 정정 대상자가 졸업생이면 졸업대장번호를 병기함.

일련 번호	정정 연월일	정정 대상자			정정 사항			결재 및 입력 확인			
		학년도·학년·반·번호 (졸업대장번호)	성명	항목	오류내용 (정정 전)	정정내용 (정정 후)	정정 사유	담임 (담당)	담당 부장	교감	교장

▶ 학급 담임(담당)교사는 반드시 정정 대상자의 정정사유 증빙서류를 첨부하여 학교 학업성적관리위원회의 심의 절차를 거친 후, 학교생활기록부 정정 대장 서식의 결재 절차에 따라 정정 처리해야 함. 다만, 학생 본인 및 가족(보호자 포함)의 질병명을 삭제할 경우에는 증빙서류 없이 사유를 '개인정보 보호'로 하여 학교장 결재를 거쳐 정정할 수 있음.

▶ 각종 보조부의 내용에 오류가 있으면 당해 학교의 규정에 따라 보조부의 정정 결재부터 시행한 후 학교생활기록부를 정정함. 다만, 교육정보시스템에서 제공하는 학교생활기록부 정정 결재 절차를 거친 경우에는 보조부의 결재를 시행한 것으로 봄.

▶ 학교생활기록부 정정대장은 교육정보시스템에서 제공하는 결재 절차를 거쳐 학기 중에는 전자문서로 관리하다가 매 학년도 말 처리가 종료되면 출력하여 증빙서류와 함께 준영구 보관하되, 기록물이 훼손되지 않도록 보관에 유의해야 함.

▶ 졸업생으로서 전산 입력이 불가능하면 정정사유 증빙서류를 첨부하여 학교 학업성적관리위원회의 심의 절차를 거친 이후, 학교생활기록부 출력물에 두 줄을 긋고 정정하여 학교장 날인을 받아야 함. 관련 서류는 학교생활기록부

출력물 뒤에 첨부하고, 기 제작된 전산매체에 정정내용을 구별할 수 있는 설명서를 첨부해 라벨을 붙여 정정된 내용을 추후에도 파악할 수 있도록 조치해야 함.

(2) 학교생활기록부의 정정 기재 요령

▶ 학교생활기록부의 입력 내용에 대한 책임은 자료입력 당시의 사용자(학급담임교사, 업무담당교사 등)에게 있으며, 정정은 발견 학년도 학급담임교사가 함.
  ※ 학교생활기록의 자료 입력은 교육부훈령 제477호에 따른 항목별 입력 권한에 따름.

▶ 학교생활기록부의 당해 학년도 입력이 완료되면 학교생활기록부Ⅱ 출력물과 각종 보조부의 내용을 3회 이상 대조·확인 작업을 철저히 하여 오류가 없도록 함.
  ※ 당해 학년도 학교생활기록부 대조·확인 작업은 당해학교별로 별도의 계획을 수립하여 실시하되, 대조·확인 방법은 학교별로 정하여 실시함.

▶ 학교생활기록부 정정대장은 학년도 단위로 작성·관리함.
  ※ 동일 학년도에는 재학생과 졸업생이 하나의 정정대장 사용

▶ 학교생활기록부 정정대장은 교육정보시스템에서 전자결재 후 학기 중에는 전자문서로 관리하다가 매 학년도 말 처리가 종료되면 출력하여 증빙서류와 함께 준영구 보관함.
  ※ 학교생활기록부 정정대장 출력 시 1면에 1쪽씩 출력

▶ 교육정보시스템의 전자결재를 사용하는 경우, 학교생활기록부 정정 전 출력물과 정정입력 후 출력물을 첨부하지 않음(결재 시 교육정보시스템에서 정정 전 내용과 정정 후 내용 확인 가능). 단, 유급·재취학·편입학 등에 따라 학교생활기록부의 중복 기간 자료를 삭제하는 경우에는 삭제 전 출력물을 객관적 증빙자료로 보관함.

▶ 유예, 면제 등 재학 중이 아닌 학생에 대한 학교생활기록부도 객관적인 증빙이 있는 경우에는 정정할 수 있음.
  ※ 학년도 수정은 학적반영을 취소하여 수정하고, 이전 학년도 정정은 학교생활기록부 정정대장을 이용하여 정정

▶ 학교생활기록부 정정대장 작성은 정정 항목별로 구분하여 작성함.

▶ 학교생활기록부 정정대장 작성 시 정정사항의 오류내용, 정정내용, 정정사유는 구체적으로 입력하여 정정한 내용을 쉽게 파악할 수 있도록 함.
  ※ 오류내용에는 정정 전의 내용을, 정정내용에는 정정 후의 내용을 입력하되, 기재 예시에 준하여 입력
▶ 학교생활기록부 정정대장은 반드시 학교장의 결재를 받아야 함.
▶ 학교생활기록부 정정대장 결재는 담임(담당), 담당부장, 교감, 교장의 4단 결재를 거치며 대결 또는 전결로 처리하지 않음.
  - 부득이한 경우, 해당 건의 정정을 위한 학업성적관리위원회 참석 위원 중 학교장이 정한 자를 포함하여 4단 결재를 실시, 이러한 사항에도 불구하고 4단 결재가 불가능한 경우에는 결재 단계를 축소할 수 있음.
    ① 4단 결재가 부득이한 경우: 교감 미배치교, 담임과 담당부장이 동일인인 경우 등(장기연수, 출장 등의 사유에 따른 장기간 공석은 결재가 부득이한 경우에 해당되지 않음)
    ② 4단 결재가 불가능한 경우: 모든 학업성적관리위원회 참석 위원 인원을 결재 단계에 포함하였음에도 교원 수의 부족으로 4단 결재가 불가한 경우
  - '담당부장'은 학교생활기록부 업무를 관리하는 부서장이며, 결재 단계에 동일인이 2회 이상 포함될 수 없음.
  - 결재 시에는 학업성적관리위원회 심의결과가 정정사항에 정확히 반영되어 있는지를 반드시 확인해야 함.
▶ 학교생활기록부 정정대장의 일련번호는 학교장의 결재완료 순으로 보관함.
▶ 교육정보시스템에서 학교장 결재가 완료된 학교생활기록부 정정대장은 기결문서취소 지원이 안 되며, 학교생활기록부 정정대장도 수정할 수 없음.
▶ 학교생활기록부 정정대장은 전입교와 입학전형을 실시하는 상급학교에 온라인으로 「학교생활기록 작성 및 관리지침」 별표 10의 1조의 서식으로 전송됨. 다만, 고등학교에서 입학전형을 실시하는 상급학교에 온라인 제공 시 인적·학적사항의 학생 정보, 학교폭력 관련, 질병명의 정정내용은 온라인으로 전송되지 않음.

3. 감사에서 자주 지적되는 사항

사례 1

○○중학교에서는 2015학년도 졸업생 2명의 학교생활 세부사항 기록부(학교생활기록부Ⅱ)의 행동특성으로 기록된「학교폭력예방 및 대책에 관한 법률」의 제17조의 제1항 조치사항(제1호, 제2호, 제3호)이 졸업 후 현재까지 삭제되지 않은 사실이 있다.

사례 2

○○교에서는 2015학년도 O-O반 OOO외 3명의 출결상황의 '특기사항' 란에 입력된「학교폭력예방 및 대책에 관한 법률」제17조제1항제6호의 조치사항과 O-O반 OOO의 제3호 조치사항을 학교폭력대책자치위원회의 삭제 대상자 심의·확정 후 학교생활기록부 정정 업무 담당자가 학업성적관리위원회 심의 없이 삭제한 사실이 있다.

사례 3

○○중학교에서는「학교생활기록 작성 및 관리 지침」에 따라 학교생활기록부 정정대장은 결재 후 매 학년도 말 출력하여 증빙서류와 함께 준영구 보관하여야 함에도 2012학년도 3학년 학생 2명의 부 성명 정정 시 학교생활기록부 정정대장에 증빙자료를 첨부하지 않은 사실이 있다.

사례 4

○○학교는 학교생활기록부 정정을 행정실무사가 실시한 사실이 69건 있으며, 담당(담임) 교사가 처리하여야 하는 정정대장 결재를 대신 처리한 사실이 있다.

질의 회신 사례

Q 학교생활기록부를 점검하던 중 이전 학년도 서술형 항목에 학교생활기록부에 기재할 수 없는 교외대회 참여 사실, 특정 기관명 등이 입력되어 있는 것을 발견하였습니다. 학교생활기록부 정정으로 이전 학년도에 입력된 학교생활기록부 기재 불가 사항을 삭제하고자 할 때 어떤 증빙자료가 필요하나요?

A 이전 학년도 학교생활기록부 입력 자료에 대한 정정은 원칙적으로 금지합니다. 다만, 학교생활기록부 기재 불가 사항에 대한 정정의 경우에는 내용의 의미 변화가 없는지 등을 학업성적관리위원회의 심의를 거쳐 정정 가능 여부를 판단하시기 바라며, 이때 정정의 증빙자료는 오류 내용이 입력된 학년도의 학교생활기록부 기재 요령을 사용할 수 있습니다.

[참고 문헌]
교육부(2024), 학교생활기록부 기재요령
교육부(2023), 학교생활기록부 종합지원센터 질의·회신사례집

7차시

나이스(NEIS) 개요

<활동 소개>

NEIS(교육행정정보시스템)에는 학교생활기록부 관리 외에 학교에서 이루어지는 다양한 업무를 처리할 수 있는 기능들이 포함되어 있다. 업무를 시작하기 전에 미리 설정해 두면 업무의 효율을 높여 줄 수 있는 기능과 개인의 복무를 관리하는 방법을 살펴보자.

활동 1. 테마 설정

1. 4세대 지능형 나이스 시스템을 실행하면 [기본메뉴 및 승인사항] 메뉴가 나타난다.

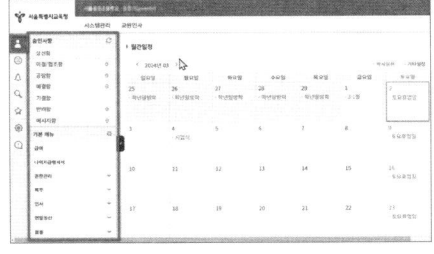

2. [개인설정 > 테마설정] 메뉴에서 화면의 색상이나 글자 크기를 설정할 수 있다.
   - <적용예시> 칸에서 설정을 미리 확인할 수 있고, 설정을 적용하기 위해서 [저장] 단추를 클릭한다.

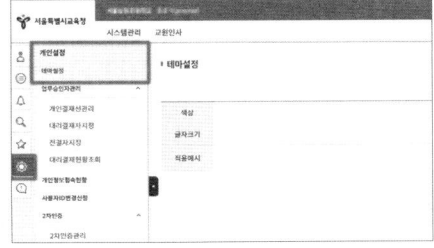

활동 2. 기본메뉴 설정

1. [기본메뉴 및 승인사항] 아이콘을 클릭해서 나타나는 메뉴 중 [기본메뉴] 옆의 톱니 모양 아이콘(⚙)을 클릭한다.

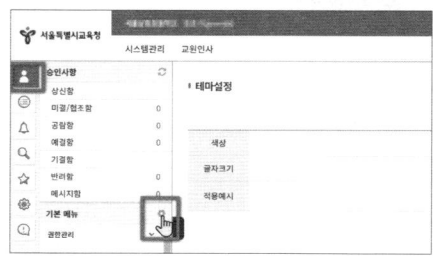

2. [사용 여부]에서 현재 자주 사용하지 않거나 사용하지 않는 메뉴를 선택 해제하고 [저장]하면 기본 메뉴에 나타나지 않는다.

3. 메뉴명 앞에 있는 선택 상자(□)를 선택하고 [최상단] [위] [아래] [최하단] 단추를 클릭하면 선택된 메뉴의 순서를 바꿀 수 있다.
   - 바꾼 메뉴의 순서를 반영하기 위해서 [저장] 단추를 클릭한다.
   - 자주 사용하는 메뉴를 위쪽으로 배치해 놓으면 작업의 효율을 높일 수 있다.

4. [기본메뉴]에서 보이지 않도록 했거나 순서를 바꾼 설정을 원래대로 되돌리기 위해서는 [초기화] 단추를 클릭하고 기본메뉴 설정 화면을 닫는다.

활동 3. 메뉴검색

1. [메뉴검색] 아이콘을 클릭하고 메뉴명 전체 또는 일부를 입력하여 검색하면 원하는 메뉴를 바로 실행할 수 있다.

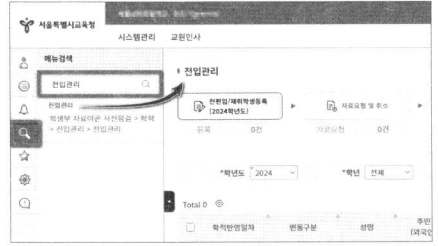

활동 4. 즐겨찾기

1. 작업화면 우측의 즐겨찾기(별 모양) 아이콘을 클릭해서 활성화시키면 해당 메뉴를 즐겨찾기에 등록할 수 있다.

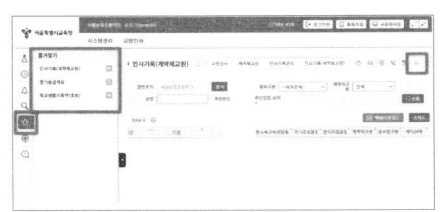

- 메뉴를 즐겨찾기에 등록해 두면 해당 메뉴를 단계별로 찾아가지 않고 바로 실행시킬 수 있다.
- 즐겨찾기에 등록된 메뉴는 메뉴 오른쪽의 즐겨찾기 삭제 아이콘을 클릭하여 삭제할 수 있다.

활동 5. 개인복무관리 - 여러 복무 한 번에 상신하기

1. [기본메뉴 > 복무 > 개인근무상황관리] 메뉴를 실행한다.

2. 새로운 복무를 상신하기 위해 [신청] 단추를 클릭한다.

3. 첫 번째 복무를 설정하고 [행추가] 단추를 클릭하면 첫 번째 복무 신청을 마무리 하지 않은 상태에서 바로 새로운 복무를 추가하여 신청할 수 있다.
   - 근무상황신청에서는 출장을 제외한 연가, 병가, 특별휴가 등의 복무를 한꺼번에 신청할 수 있다.

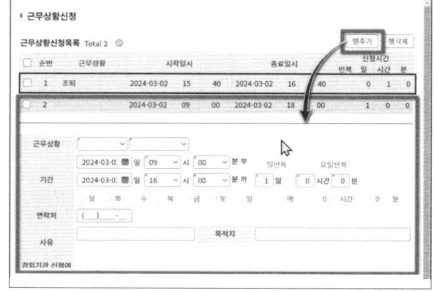

활동 6. 개인복무관리 - 복무 대리신청

1. [기본메뉴 > 복무 > 개인근무상황관리] 메뉴를 실행한다.
2. 동료 교원의 복무를 대신 신청하기 위해서 [대리신청] 단추를 클릭한다.

3. 동료 교원의 이름을 입력하여 조회하고, 복무를 입력하여 신청한다.
   - 대리신청에서도 여러 건의 복무를 한꺼번에 설정하여 신청할 수 있다.

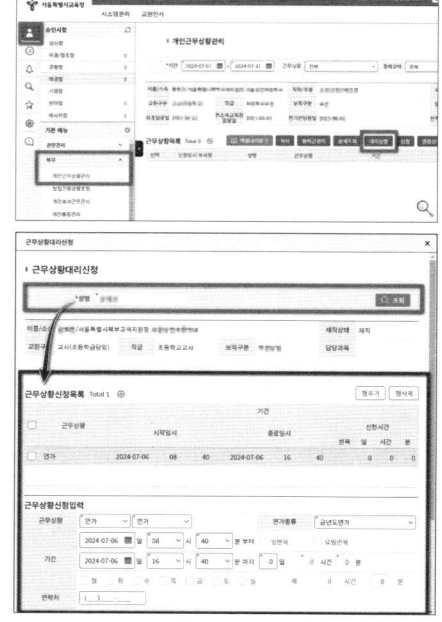

활동 7. 개인출장관리

1. [기본메뉴 > 복무 > 개인출장관리] 메뉴를 실행한다.
   - 4세대 나이스에서는 모든 종류의 출장을 '개인출장관리' 메뉴에서 관리한다.
2. 새로운 출장을 등록하기 위해서 [신청] 단추를 클릭한다.

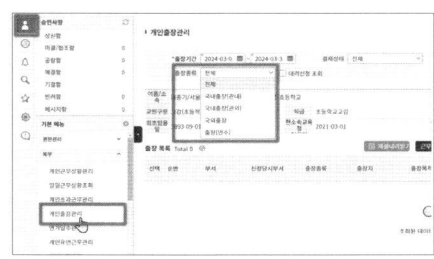

3. 출장 동행자를 등록하기 위해서 [추가] 단추를 클릭한다.

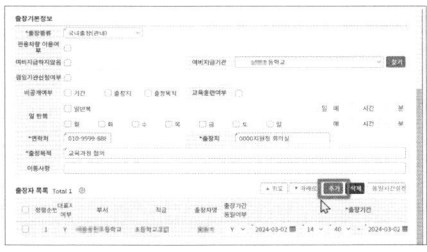

4. 출장에 동행할 동료 교원의 이름을 입력하여 조회하거나 아래쪽 출장자 목록에 나타나는 직원 목록에서 선택한 뒤 [추가] 버튼을 클릭한다.

5. 출장 동행자별로 출장시간을 설정하여 상신할 수 있다.

활동 8. 개인결재선관리

1. 화면 좌측의 개인설정(톱니 모양) 아이콘을 클릭한다.
2. [개인설정 > 업무승인자관리 > 개인결재선관리] 메뉴를 실행한다.
3. 새르운 결재선을 등록하기 위해서 [등록] 단추를 클릭한다.

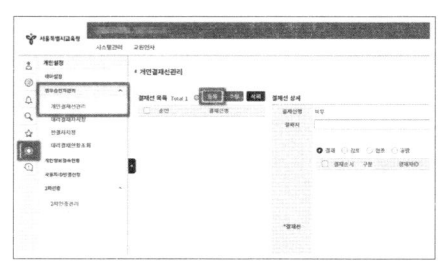

3. 등록하려는 결재선명을 입력하고 [저장] 단추를 클릭한다.
   - 처리하려는 업무명을 결재선명으로 입력하면 결재선을 사용할 때 편리하다.

4. 새로 생성한 결재선명을 선택하고 [결재자지정] 버튼을 클릭한다.

5. 결재 종류(결재, 검토, 협조, 공람)를 먼저 선택하고, 해당 결재를 하게 될 사용자를 사용자 목록에서 선택한다.
6. 사용자를 결재자 목록에 등록하기 위해서 사용자 목록에서 해당 사용자를 더블클릭하거나 선택한 후 [선택▼] 단추를 클릭한다.
7. 결저자 등록을 마쳤으면 화면 아래쪽의 [저장] 단추를 클릭한다.

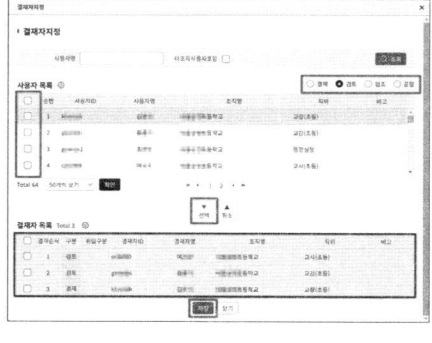

8. 등록된 개인결재선을 사용하기 위해서 {기안문서상신} 창에서 [개인결재선] 단추를 클릭한다.

9. {개인 결재선 지정} 창에서 처리하려는 업무에 맞는 결재선을 선택하고 [지정] 단추를 클릭한다.

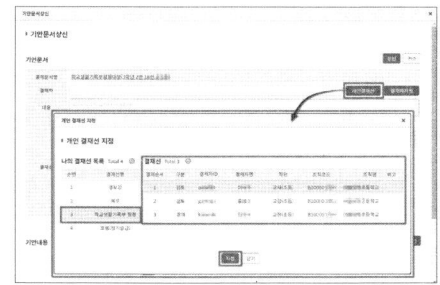

8차시

나이스(NEIS) 실제

<활동 소개>

  학교생활기록부는 학생의 학교생활 태도 및 학습 성장 변화를 담아내는 학생 종합 성장보고서이며, 교사가 학생의 성장과 학습 과정을 상시 관찰·평가한 누가기록 중심의 종합기록이다(학교생활기록부 종합 지원포털).

  NEIS에는 교사의 학생에 대한 교과 및 행동 특성에 대한 관찰 내용을 누가기록 할 수 있는 기능이 구현되어 있다. 이를 활용하면 학생 개개인의 특성에 맞는 신뢰도 높은 학교생활기록부를 기록하는 데 도움을 받을 수 있다.

활동 1. 교과평가의 절차

1. 교과평가 입력
   - 각 과목의 영역별 단계형 평가 결과를 [성적 > 학생평가 > 교과평가] 메뉴에서 입력한다.
   - 교과평가를 입력하기 위해서는 [성적 > 평가계획]에서 과목별 평가계획을 먼저 입력해야 한다.

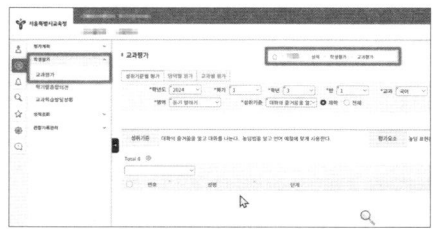

2. 학기말종합의견 입력
   - 과목별 단계형 평가 기록을 바탕으로 [성적 > 학생평가 > 학기말종합의견] 메뉴에서 1학기와 2학기말에 각 과목별 학기말 종합의견을 문장으로 기록한다.

- 참고자료 [조회/가져오기] 버튼을 이용하면 각 과목의 영역별 평가결과와 관찰내용를 확인하거나 과목별 학기말 종합의견에 가지고 올 수 있다.

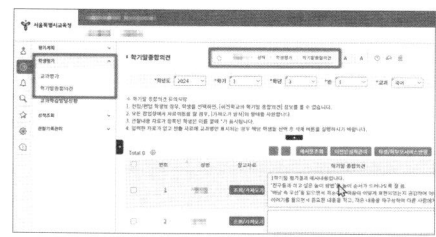

3. 교과학습발달상황 반영
   - [성적 > 학생평가 > 교과학습발달상황] 메뉴에서 1학기와 2학기말에 입력한 학기말종합의견을 학교생활기록부의 교과학습발달상황에 반영한다.
   - 각 과목의 1, 2학기말 종합의견을 일괄 반영하기 위해서 학생을 선택하고 [일괄저장] 단추를 클릭한다.
   - {교과학습발달상황 - 일괄저장} 창에서 과목별로 반영하거나 전체 과목을 선택해서 교과학습발달상황에 반영할 수 있다.

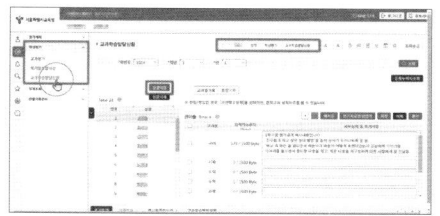

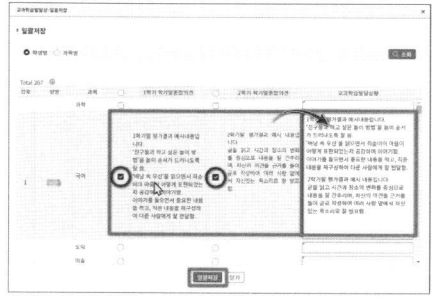

활동 2. 관찰기록관리

1. 학생들의 개별적 특성이나 평가결과에 대한 특기사항을 [성적 > 관찰기록관리 > 관찰내용관리] 메뉴에서 관찰한 내용을 누가기록하여 관리할 수 있는 기능이다.
   - 관찰내용은 과목별로 '수업내용'

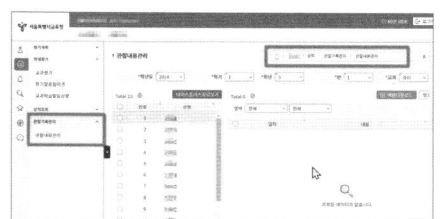

이나 '평가내용'으로 구분하여 누가기록하여 관리할 수 있으며, 학기말 종합의견을 문장으로 작성할 때 활용할 수 있다.

2. 교과(과목)를 선택한 후에 학생 목록을 [조회]하고, 관찰내용을 기록할 학생을 선택한다.

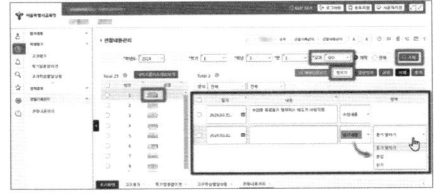

3. [행추가] 단추를 클릭해서 새로운 '관찰내용'을 입력한다.
   - 관찰내용은 '수업내용'과 '평가내용'의 영역으로 나누어 기록할 수 있다.
   - '평가내용' 영역의 경우, 해당 과목의 평가영역별로 관찰내용을 기록하여 관리할 수 있다.

4. 기록된 관찰내용을 활용하기 위해서 [성적 > 학생평가 > 학기말종합의견]에서 '교과(과목)'를 선택한 후 학생 목록을 조회한다.

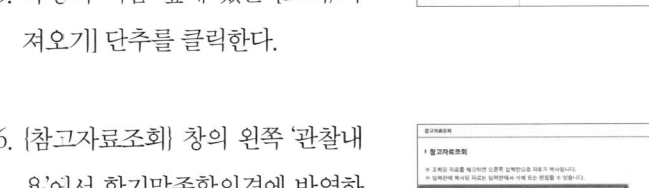

5. 학생의 이름 옆에 있는 [조회/가져오기] 단추를 클릭한다.

6. {참고자료조회} 창의 왼쪽 '관찰내용'에서 학기말종합의견에 반영하려고 하는 관찰내용을 선택하면 우측의 학기말종합의견에 복사된다.
   - {참고자료조회} 창에서는 관찰내용뿐만 아니라 과목별 교과평가(단계형 평가) 결과도 조회하여 활용할 수 있다.

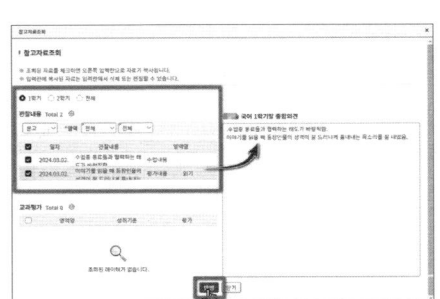

활동 3. 행동특성및종합의견 누가기록 관리

1. '행동특성및종합의견'은 학생을 수시로 관찰하여 누가기록된 행동특성을 바탕으로 총체적으로 학생을 이해할 수 있는 종합의견을 문장으로 입력해야 한다.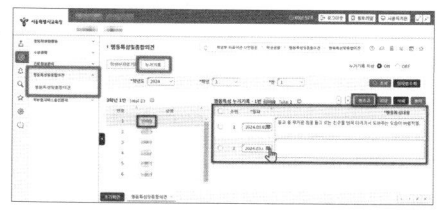
2. [학생생활 > 행동특성및종합의견 > 행동특성및종합의견] 메뉴에서 〈누가기록〉 탭을 선택한다.
3. 누가기록할 학생을 선택하고 [행추가] 단추를 클릭하여 새로운 입력창을 추가한다.
4. 행동특성을 관찰한 날짜를 입력하고, 관찰 내용을 기록한다.
    - '행동특성 누가기록'에는 학교생활기록부에 반영할 관찰내용 뿐만 아니라 평소 학생에 대한 생활지도 내용 등을 기록하여 학생이나 학부모와의 상담자료로 활용할 수 있다.

5. 학교생활기록부에 반영되는 '행동특성 및 종합의견'란에 행동특성 누가기록을 활용하기 위해서 [학생생활 > 행동특성및종합의견 > 행동특성및종합의견] 메뉴에서 〈학생부자료기록〉 탭을 선택한다.
6. 행동특성 및 종합의견을 기록할 학생을 선택한다.

7. {기록 및 이력조회} 창에서 〈누가기록〉 탭을 선택한다.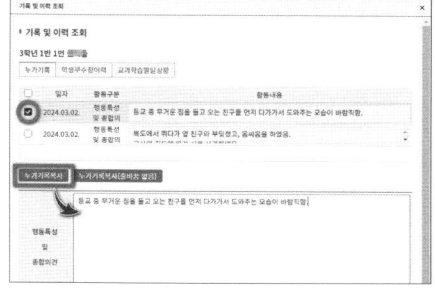
8. 기록되어 있는 행동특성 누가기록 중 반영하려고 하는 항목을 선택하고 [누가기록복사] 단추를 클릭한다.

활동 4. 이전 학년도의 출결 자료 확인

1. 이전 학년도 학급별 출결현황 조회
   - [학적 > 출결관리 > 출결현황 및통계] 메뉴에서 <학급별출결현황> 탭을 선택한다.
   - 조회하려는 학년도, 학급, 기간을 입력하고 [조회]한다.
   - 출결현황을 확인하려는 학생을 선택하면 [개인별 출결 현황] 창이 열리며, 이 창에서 해당 학생의 출결상황을 확인할 수 있다.
   - 해당 메뉴는 조회하려고 하는 학년도의 자료권한을 별도로 부여받아야 한다.

2. 결석자 및 학생별 이전 학년도 출결현황 조회
   - [학적 > 출결관리 > 출결현황 및통계] 메뉴에서 <결석자및개인별출결현황> 탭을 선택한다.
   - 조회하려는 학년도, 기간, 조회의 기준이 되는 결석일수를 입력하고 [조회]한다.

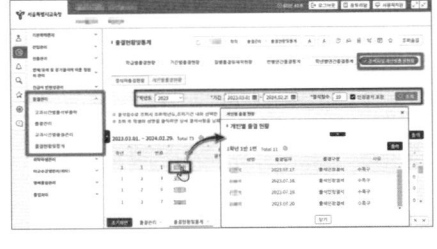

   - 출결현황을 확인하려는 학생을 선택하면 [개인별 출결 현황] 창이 열리며, 이 창에서 해당 학생의 출결상황을 확인할 수 있다.
   - 조회의 기준이 되는 결석일수를 조정하면 NEIS에 입력·관리해야 하는 미인정 결석학생이나 장기결석에 따른 정원 외 관리해야 하는 학생 등을 조회하여 관리할 수 있다.

활동 5. 학생 명렬표 이용하기

1. 학급운영 시 필요한 다양한 형태의 명렬표를 생성하기 위해 [학적 > 기본학적관리 > 명렬표출력] 메뉴를 선택한다.

2. 명렬표를 생성하려는 학년, 학급을 선택하고 [조회]한다.
3. 학년, 반, 번호, 성명으로 이루어진 명렬표에 필요한 항목을 추가하기 위해 [명렬표내용선택] 단추를 클릭한다.

4. [명렬표내용선택] 창의 왼쪽에서 명렬표에 필요한 항목을 선택하고 [▶추가] 단추를 클릭한다.
5. 선택한 항목을 확인하고, [선택] 단추를 클릭해서 명렬표 내용을 조회한다.
   - 명렬표에 추가하여 조회할 수 있는 항목은 다음의 7개 항목이다(학생개인번호, 주민등록번호(외국인등록번호), 성별, 생년월일, 우편번호, 주소, 이전학적정보).

6. 조회된 명렬표를 다양한 서식을 적용해 활용하기 위해서 [엑셀내려받기]나 [출력] 버튼을 클릭해 엑셀파일이나 PDF파일 형식으로 저장할 수 있다.

7. 학생의 사진으로 명렬표를 생성하기 위해 [학적 > 기본학적관리 > 명렬표출력] 메뉴에서 [사진명렬표출력] 단추를 클릭한다.

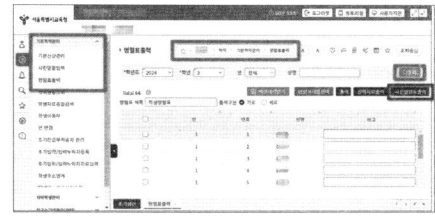

- 사진명렬표는 학년 전체나 학급별로 조회하여 출력하거나 PDF 파일로 저장할 수 있다.

9차시

공문서 작성의 기초

<활동 소개>
공문서 작성 기준을 이해하고 공문서를 작성할 수 있으며, K-에듀파인의 기능을 익히고 효율적인 업무처리 방법을 찾을 수 있다.

활동 1. 공문서 작성 기준

1. 2020 행정업무 운영 편람
   - 행정 효율과 협업 촉진에 관한 규정(대통령령)에 따라 학교를 포함한 공공기관에서 작성하는 공문서의 표준화와 효율화를 위해 행정안전부에서 작성 배포한다.
   - 행정안전부 배포 주소: https://url.kr/zxevnj
   [행정안전부 홈 > 정책자료 > 간행물]

활동 2. 공문서 바로잡기

〈수정사항〉
- 제목은 간명하게: 개최 계획 알림 → 개최 알림
- 고압적 표현은 피하고 적절한 경어 사용: 바람 →바랍니다.
- 본문과 첫째 항목은 왼쪽 기

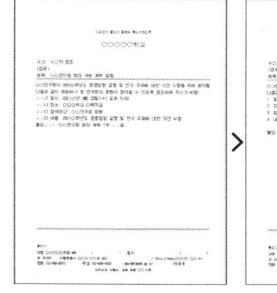
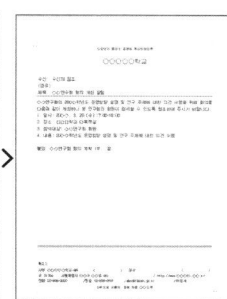

학사 실무   071

본선부터 시작
　　- 첫째 항목은 1, 2, 3으로 시작
　　- 시·분은 24시각제 숫자로 표기하되, 시·분 글자는 생략하고 쌍점(:)으로 구분

〈예시〉(공문서 수정을 위한 내용 발췌)
- 일반 기안문의 구성

　(2020 행정업무 운영 편람 47쪽)

　1) 일반기안문

　(규칙 제3조제1항, 별지 제1호서식)

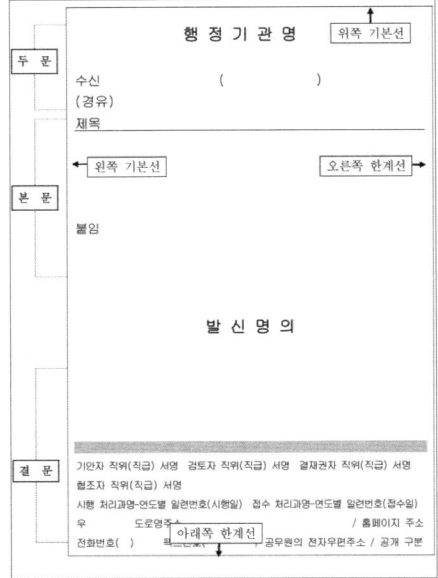

- 제목 및 관련 문서, 첨부물의 표시(2020 행정업무 운영 편람 51쪽)

　다. 본문(규칙 제4조제3항)

　1) 제목: 그 문서의 내용을 쉽게 알 수 있도록 간단하고 명확하게 기재한다.

　2) 관련되는 다른 공문서의 표시: 문서생산기관의 명칭과 생산등록번호를 적고, 괄호 안에 생산날짜와 제목을 표기한다.

　　(예) ○○부 ○○○과-123(2021. 12. 21., "○○ 행사 관련 협조 요청")

　3) 첨부물의 표시(규칙 제4조제4항) 문서에 서식·유가증권·참고서류, 그 밖의 문서나 물품이 첨부되는 때에는 본문이 끝난 줄 다음에 "붙임"의 표시를 하고 첨부물의 명칭과 수량을 쓰되(예1) 첨부물이 두 가지 이상인 때에는 항목을 구분하여 표시한다(예2)

```
(예1)
(본문)················································· 주시기 바랍니다.

붙임∨∨○○○계획서 1부.∨∨끝.
```

```
(예2)
(본문)················································· 주시기 바랍니다.

붙임∨∨1.∨○○○계획서 1부.
     2.∨○○○서류 1부.∨∨끝.
```

- **본문 작성 시의 표현**(2020 행정업무 운영 편람 59쪽)

  나. 기안문의 작성 시 고려사항

    2) 작성 시 유의사항

      다) 성실성(호감 가는 글)

        ① 문서는 성의 있고 진실하게 작성한다.

        ② 상대방에게 불쾌감을 주거나 무시하는 듯한 표현은 피하고 적절한 경어를 사용한다.

        ③ 감정적이고 위압적인 표현을 쓰지 않는다. 상급기관이 하급기관에 보내는 문서에 "…… 할 것", "…… 하기 바람" 등과 같이 위압감을 주는 문구를 쓰게 되면 조직 상하 간의 관계를 경직시켜 원활한 의사소통에 지장을 초래하기 쉽기 때문에 바람직하지 않다. 조직구조상 지휘·감독관계에 있다 하더라도 상호 간에 존중한다는 의미에서 "…… 하시기 바랍니다."와 같은 표현을 사용하는 것이 좋다.

- **항목의 구분 및 띄우기**(2020 행정업무 운영 편람 43쪽)

  다. 항목의 구분

    1) 항목의 표시(규칙 제2조제1항)

문서의 내용을 둘 이상의 항목으로 구분할 필요가 있으면 다음 구분에 따라 그 항목을 순서대로 표시하되, 필요한 경우에는 '□, ○,   , •' 등과 같은 특수한 기호로 표시할 수 있다.

구분	항목기호	비고
첫째 항목	1., 2., 3., 4., …	하., 하), (하), ㉻ 이상 계속되는 때에는 거., 거), (거), 거, 너., 너), (너), 너… 등 단모음 순으로 표시 * 가→나→다→…파→하→거→너→더→… 퍼→허→고→노→도→ …
둘째 항목	가., 나., 다., 라., …	
셋째 항목	1), 2), 3), 4), …	
넷째 항목	가), 나), 다), 라), …	
다섯째 항목	(1), (2), (3), (4), …	

▶ 특수한 기호를 활용하여 항목을 표시할 경우, 전자적으로 입력하기 어렵거나 전자화 과정에서 오류가 많이 발생할 수 있는 특수기호는 사용하지 않는다.

2) 표시위치 및 띄우기(2020 행정업무 운영 편람 59쪽)

```
수신vv○○○장관(○○○과장)
(경유)
제목vv○○○○○
―――――――――――――――――
1.v○○○○○○○○○○○○○○○○○○○○○○○○○○○○○○
   ○○○○○○○○○
vv가.v○○○○○○○○○
vvvv1)v○○○○○○○○○○○○○○○○○○○○○○○○○○○○○○
        ○○○○○○○○○
vvvvvv가)v○○○○○○○○○○○○○○○○○○○○○○○○○○○
           ○○○○○○○○○
2.v○○○○○○○○○○○○○○○○○○○○○○○○○○○○○○
   ○○
```

※ 2타(vv 표시)는 한글 1자, 영문·숫자 2자, 스페이스 바(Space Bar) 2번에 해당

가) 첫째 항목기호는 왼쪽 기본선에서 시작한다.
나) 둘째 항목부터는 바로 위 항목 위치에서 오른쪽으로 2타씩 옮겨 시작한다.
다) 항목이 두 줄 이상인 경우에 둘째 줄부터는 항목 내용의 첫 글자에 맞추어 정렬함이 원칙이나, 왼쪽 기본선에서 시작하여도 무방하다. 단, 하나의 문서에서는 동일한 형식(첫 글자 또는 왼쪽 기본선)으로 정렬한다.

(예1) 항목 내용의 첫 글자에 맞춘 경우

```
수신vv○○○장관(○○○과장)
(경유)
제목vv○○○○○
─────────────────────────────────

1.v○○○○○○○○○○○○○○○○○○○○○○○○○○○○○○○○
vvv○○○○○
2.v○○○○○○○○○○○○○○○○○○○○○○○○○○○○○○○○
vvv○○○○○
```

(예2) 왼쪽 기본선에서 시작하는 경우

```
수신vv○○○장관(○○○과장)
(경유)
제목vv○○○○○
─────────────────────────────────

1.v○○○○○○○○○○○○○○○○○○○○○○○○○○○○○○○○
○○○○○
2.v○○○○○○○○○○○○○○○○○○○○○○○○○○○○○○○○
○○○○○
```

라) 항목기호와 그 항목의 내용 사이에는 1타를 띄운다.

마) 항목이 하나만 있는 경우에는 항목기호를 부여하지 아니한다.

- **날짜 및 시간의 표시**(2020 행정업무 운영 편람 41쪽)

  가. 숫자 등의 표시

  1) 숫자(영 제7조제4항): 아라비아 숫자로 쓴다.

  2) 날짜(영 제7조제5항): 숫자로 표기하되 연, 월, 일의 글자는 생략하고 그 자리에 마침표를 찍어 표시한다. 월, 일 표기 시 '0'은 표기하지 않는다.

  (예) 2021.12.12. (×) → 2021. 12. 12. (○) - 한 타 띄우고 표기

  　　　1985.09.06. (×) → 1985. 9. 6. (○) - '0'은 표기하지 않음

  3) 시간(영 제7조제5항): 시·분은 24시각제에 따라 숫자로 표기하되, 시·분의 글자는 생략하고 그 사이에 쌍점(:)을 찍어 구분한다.

  (예) 오후 3시 20분(×) → 15:20(○), 오전 7시 9분(×) → 07:09(○)

  4) 금액(규칙 제2조제2항): 금액을 표시할 때에는 아라비아 숫자로 쓰되, 숫자 다음에 괄호를 하고 한글로 기재한다.

  (예) 금113,560원(금일십일만삼천오백육십원)

활동 3. 공문서 작성의 실제

1. 새 문서를 작성하기 위해 [업무관리 > 문서관리 > 기안 > 공용서식] 메뉴를 선택한다.

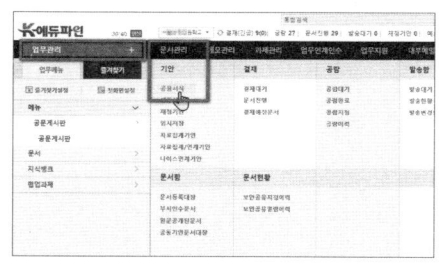

2. 공용서식 목록 중 결재자와 협조자 숫자에 따른 양식을 선택한다.
   - 보통의 기안문은 "일반기안문 서식"을 이용한다.
   - 연수 실습을 위해서 '일반기안

문 서식(결재4, 협조4)' 양식을 선택한다.

3. 〈결재정보〉 탭에서 문서의 제목, 과제카드, 결재경로, 수신자 등의 정보를 입력한다.
   - ① [과제카드 선택] 문서의 종류에 따른 과제카드를 선택할 수 있다.
   - ② [결재경로지정] 교내 사무위임전결규정을 확인하고 업무에 따른 결재경로를 지정한다.

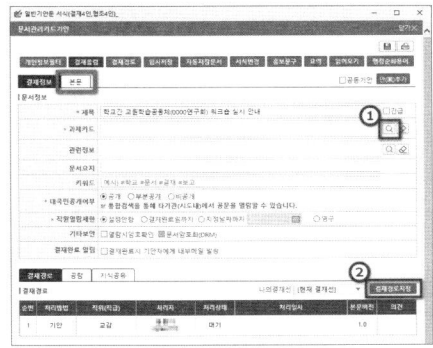

4. 공문서의 내용을 작성하기 위해 〈본문〉 탭을 클릭한다.

- 작성 예시 공문서의 개요

```
학교간 교원학습공동체(0000연구회)워크숍
-관련공문: ㅇㅇㅇㅇ교육청 ㅁㅁㅁㅁㅁㅁ
 과-9876(20ㅇㅇ. 3. 2.)
-일시: 20ㅇㅇ년 3월 20일 오후3시~오후5시
-장소: ㅁㅁㅁㅁ학교 다목적실
-워크숍주제: 0000연구회 운영방향 협의
-참석자 명단: 0000연구회 명단.hwp
```

5. 위 개요에 따라 공문서의 내용을 입력한다.

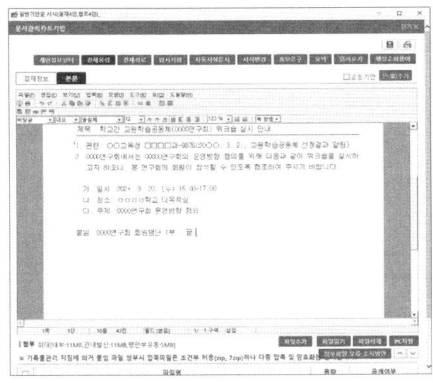

활동 3. K-에듀파인 결재선 지정

1. 화면 오른쪽 위에 있는 [개인설정] 아이콘을 클릭한다.
2. 개인설정 메뉴 중에서 [나의결재선관리] 메뉴를 선택한다.
3. 새로운 결재선을 등록하기 위해

[추가] 단추를 클릭한다.

4. 나의 결재선 [제목]을 입력한다.
5. 결재선에 추가할 사용자를 선택하고 [결재자 추가] 단추를 클릭한다.
6. 결재자를 모두 추가한 후 [저장] 단추를 클릭해서 결재선을 저장한다.

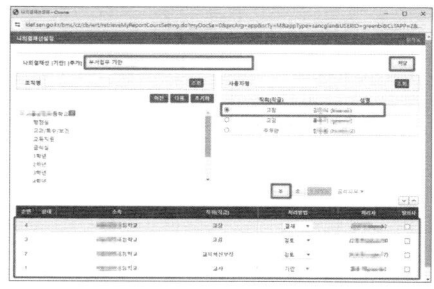

7. 저장된 결재선은 공문서 기안 화면의 [결재정보] 탭에서 "나의 결재선"을 클릭해서 미리 등록해 두었던 결재선 중 업무에 따른 결재선을 선택하여 사용한다.

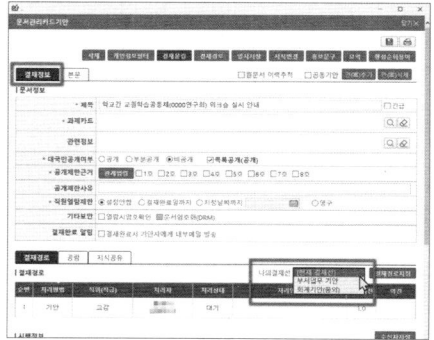

활동 4. 연속결재

1. 결재하려고 하는 문서들을 선택한다.
2. [연속결재] 단추를 클릭한다.
3. 과제카드를 지정하고 [문서처리]를 하면, 현재 문서의 결재창이 닫히지 않고 두번째로 선택했던 문서가 바로 표시된다.

10차시

K-에듀파인

<활동 소개>

　K-에듀파인에서 학교회계 업무 처리 절차를 이해할 수 있으며, 사업에 필요한 비용 지출을 위한 품의를 상신할 수 있다. 또한 조직 내의 사용자에게 공문서를 편리하게 공람하기 위한 개인수신그룹을 등록할 수 있다.

활동 1. 사업관리카드 확인하기

1. K-에듀파인 시스템에서 [학교회계] 메뉴를 선택한다.

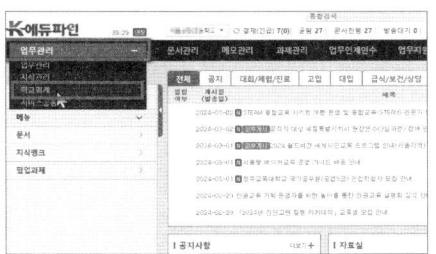

2. 학교회계의 메인메뉴 중 [사업관리 > 사업관리카드 > 사업관리카드(담당)] 메뉴를 선택한다.
3. 담당 업무의 예산 배정현황을 조회하기 위해 [조회] 단추를 클릭한다.
   - 업무에 따른 학교 예산의 지출권한이 부여되었는지를 확인할 수 있다.
   - 담당 업무에 따른 예산이 조회되지 않을 경우에는 행정실에 해당 예산의 권한을 요청한다.

활동 2. 회계 기안(품의 복사)

1. [사업관리 > 사업담당 > 품의/정산 > 품의목록] 메뉴를 선택한다.

2. 화면에 조회된 품의 목록 중에서 현재 처리하려는 업무와 같은 예산을 사용한 품의를 선택한다.
   - 같은 예산에 대해서 권한을 가진 다른 사용자가 전에 작성했던 품의가 모두 조회된다.

3. [품의복사] 단추를 클릭해서 기존에 작성했던 품의를 복사한다.

4. 복사된 품의를 클릭해서 열어준다.
5. 문서의 제목과 개요를 새롭게 작성하려는 품의(회계기안) 내용으로 수정한다.

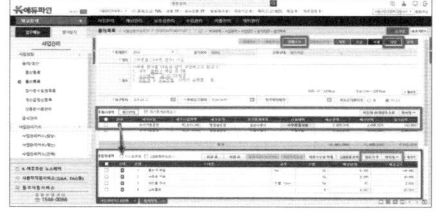

6. [예산내역] 목록에서 지출하고자 하는 예산을 먼저 선택한다.
7. [품목내역]에서 필요 없는 항목은 [행삭제 -] 단추를 클릭해 삭제하고, 추가로 필요할 경우에는 [행추가 +] 단추를 클릭해서 항목을 추가하여 품목 내역을 작성한다.
   - 행삭제를 했을 경우에는 바로 삭제되지 않고 항목의 상태란에 D 표시되고, 품의를 [저장]해야 삭제가 실행/반영된다.
8. 품의 내용을 모두 수정하였으면 [저장] 후 [결재요청] 단추를 클릭해서 상신한다.

활동 3. 회계기안(신규)

1. 빈 회계기안 양식을 열기 위해서 [사업관리 > 사업담당 > 품의/정산 > 품의목록] 화면에서 [신규] 단추를 클릭한다.

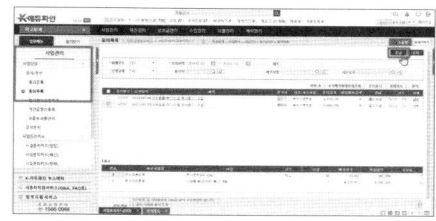

2. 업무관리기안문 중 회계 지출기안문과 관련된 문서로 회계기안문의 관련 문서와 개요내용을 작성하는데 활용한다.

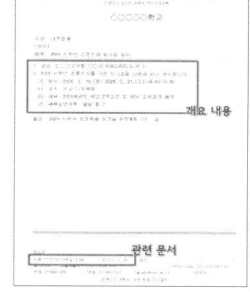

3. 기존 기안문을 참고해 회계기안문의 개요내용을 작성한다.
   - 회계기안문도 공공기관에서 생성하는 공문서이기 때문에 일반적인 공문서의 작성방법에 따라 작성한다.

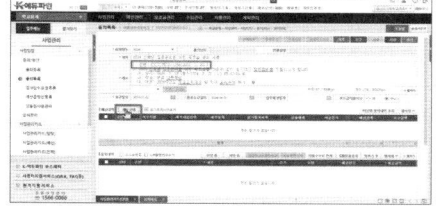

4. 사업과 관련된 예산을 선택하기 위해 [예산선택] 단추를 클릭한다.

5. 본인에게 부여된 사업 관련 예산 중 해당 사업과 관련된 예산을 선택하고 [확인] 단추를 클릭한다.

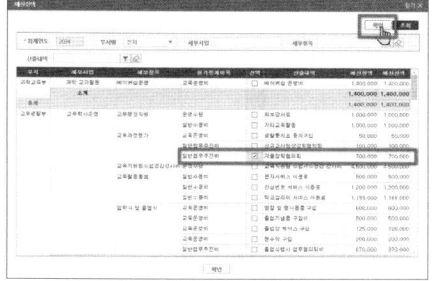

6. [품목내역]에서 [행추가 +]단추를 클릭해서 새로운 품목 항목을 생성한다.
7. 지출하고자 하는 품목을 모두 입력한 후 [품목내역] 아래쪽에 산출되는 〈요구금액〉을 복사하여 개요내용을 보충한다.
8. 내용을 모두 입력한 뒤에는 [저장] 단추를 클릭해서 회계기안문을 저장한다.
   - 신규 회계기안문을 작성할 때에는 회계기안문을 [저장]해야 [결재요청] 기능이 활성화된다.
9. [결재요청] 단추를 클릭해서 작성한 기안문을 상신한다.

10. 결재 진행 중 화면이 닫혔거나 상신했던 회계기안문을 회수하기 위해서는 [업무관리 > 문서관리 > 기안 > 재정기안] 메뉴를 선택한다.

11. 재정기안문 목록 중에서 결재 진행 중이던 문서를 선택해서 결재를 계속 진행하거나 [반송]을 클릭해서 해당 문서를 회수할 수 있다.

활동 4. 개인수신그룹관리(공람그룹)

1. 화면 오른쪽 위에 있는 [개인설정] 아이콘을 클릭한다.
2. 개인설정 메뉴 중에서 [개인수신그룹관리] 메뉴를 선택한다.

3. [개인수신그룹관리] 화면에서 [신규] 단추를 클릭한다.

4. [개인수신그룹등록] 창에서 수신그룹명을 입력한다.
5. 수신그룹유형 중 "공람"을 선택한다.
6. 〈수신기관목록〉의 조직도에서 새롭게 생성하는 공람 수신그룹에 등록할 사용자들을 선택한다.

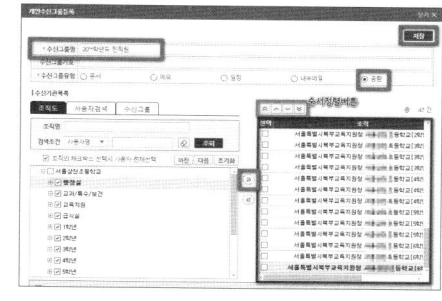

7. [오른쪽 이동] 버튼을 클릭한다.
   - 개인수신그룹목록 상단의 순서정렬 버튼으로 순서를 변경할 수 있다.
   - 개인수신그룹의 사용자를 추가, 제거, 순서 변경한 경우에는 화면 상단의 [저장] 버튼으로 저장해야 반영된다.
   - 사용할 개인수신그룹은 저장 후 개인수신그룹관리 화면에서 반영 버튼이므로 반영여부를 변경해야만 사용할 수 있다.

8. 새로 등록된 "수신그룹"을 선택하고 [반영] 버튼을 클릭한다.
   - '반영여부'가 "반영" 상태이어야 사용할 수 있다.
   - '공개여부'가 "공개"이면 조직 내의 다른 사용자가 등록해둔 사용자그룹을 [조직사용자수신그룹조회] 버튼을 이용해 복사해서 사용할 수 있다.

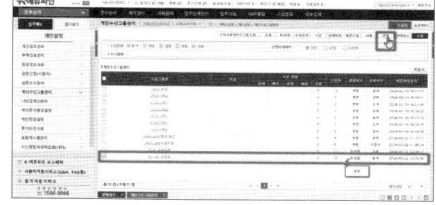

활동 5. 개인수신그룹(공람) 사용

1. 접수된 문서를 결재하거나 기안 중인 문서를 공람하기 위해서 '결재정보 > 공람 > 탭'을 순서대로 선택한다.
2. [공람지정] 단추를 클릭해서 [공람] 창을 연다.
3. [공람] 창에서 〈공람그룹〉 탭을 선택한다.

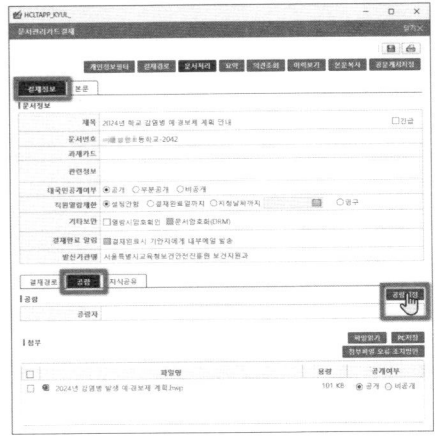

4. 해당 문서를 공유할 사용자들이 들어 있는 개인수신그룹(공람)을 선택하고 [오른쪽으로 추가] 버튼을 클릭한다.
5. [확인] 단추를 클릭해서 공람 대상자 지정을 반영한다.

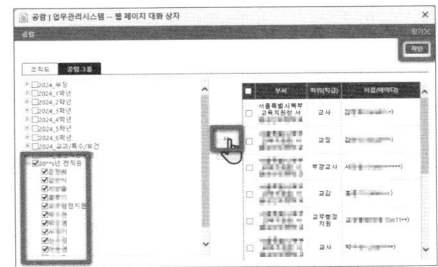

PART 2

교육 관련 법규 및 학교 조직

11차시 교육 관련 법규에 대한 이해

1. 법의 개념

(1) 법, 법률, 법령 등

구분	개념
법	국가의 공권력에 의해 그 이행이 강제되는 규범
법률	국회의 의결을 거쳐 대통령이 서명 공포한 법
법령	법률과 명령(대통령령, 총리령, 부령)
법규	국민의 권리와 의무를 규정하여 활동을 제한한 법률이나 규정
교육법규	교육에 관한 사항을 규정하고 있는 모든 법령

(2) 법의 위계
- ▶ 순서: 헌법 〉 법률 〉 명령(대통령령, 총리령, 부령) 〉 조례 〉 규칙 순
- ▶ 성문법: 국가법령과 자치법령
  - 국가법령: 헌법, 법률, 명령(대통령령, 총리령, 부령)
  - 자치법령: 조례(지방의회), 교육규칙(교육감), 규칙(지방자치단체장)

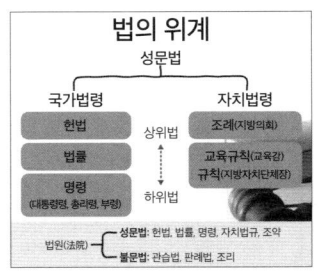

(3) 법 적용의 우선순위
- ▶ 상위법 우선의 원칙: 모든 법률은 상위법이 하위법에 우선하여 적용되며, 헌

법은 법률에, 법률은 시행령에 우선하여 적용됨.
▶ 특별법 우선의 원칙: 특별법에 일반법과 다른 특별한 규정이 있는 경우, 당해 특별법이 적용되고, 그 외의 경우는 일반법이 적용됨.
　- 일반법: 사람, 장소, 사물에 대하여 보편적으로 적용되는 법
　　(예) 민법, 형법, 국가공무원법 등
　- 특별법: 특수한 사람, 장소, 사물에 대하여 제한적으로 적용되는 법
　　(예) 상법, 군형법, 교육공무원법 등
▶ 신법 우선의 원칙: 특정한 법률이 개정되거나 그 내용이 바뀔 경우에는 이전에 적용되던 구법이 적용되지 않고 새로 개정된 신법이 우선 적용됨.

(4) 법 적용·해석상 논란 시 처리 방법
▶ 기존의 관련 질의·회신 및 선례(감사 지적 사례, 소송 판례 등) 검토
▶ 교육부, 교육청, 교육지원청 등의 관련 부서에 질의(서면, 전화 등)
▶ 유권해석 의뢰(지도·감독기관의 경우)

(5) 법률 및 판례 찾기

사이트명	제공 정보
법제처(https://www.moleg.go.kr/)	- 법령 / - 각 지방자치단체의 자치법규
국가법령정보센터(https://www.law.go.kr/)	- 법령 / - 각 지방자치단체의 자치법규
교육부(https://www.moe.go.kr/)	- 교육부 소관 법령 정보 및 판례
각 시·도 교육청 홈페이지	- 교육 조례 및 교육규칙
대법원 종합법률 정보(https://glaw.scourt.go.kr/)	- 법령, 판결문, 판례
헌법재판소(https://www.ccourt.go.kr/)	- 법령, 판결문, 판례

2. 교육법규의 개요
(1) 교육법규의 개념
▶ 교육에 관한 법규범
▶ 구체적으로 교육정책이나 교육제도와 그 운영에 관한 사항을 규정한 제 법규

※ 교육활동은 법에 근거하고 법의 테두리를 벗어나서는 안 되며, 교육법에 의해 교육이 보호되고 존중된다는 사실을 이해해야 함.

(2) 교육법규의 기본원칙

▶ 교육제도의 법률주의
  - 헌법에 교육에 관한 중요사항은 반드시 법률로 정하도록 원칙 확립
  - 교육제도의 법률주의의 목적
    • 국가의 백년대계인 교육이 일시적인 특정 정치 세력에 의하여 영향을 받거나 집권자의 통치상의 의도에 따라 수시로 변경되는 것을 예방
    • 장래를 전망한 일관성이 있는 교육체계를 유지·발전

▶ 지방교육자치의 원칙
  - 「지방교육자치에 관한 법률」 및 동법 시행령이 1991년에 제정·공포
  - 교육행정에 있어서 지방분권의 원칙 적용

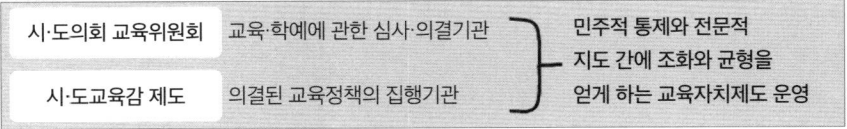

▶ 교육의 권리 및 학문의 자유
  - 교육권의 보장: 적극적인 헌법상의 구체적인 권리로서 직접 보장
  - 취학의무: 의무교육제도의 확립
  - 교육과 학문의 자유: 교원의 교육을 하는 자유(교육권, 수업권)와 국민 일반에게 주어진 교육의 자유(학습권, 수학권) 등
  - 교육의 기회 균등
    • 성별, 종교, 신념, 사회적 신분 등에 의한 차별 금지
    • 의무교육의 무상원칙: 수업료 무상, 교과서 무상, 무상급식제 등
    • 학교 유형의 다양성 확대: 특성화 중·고교 신설·운영, 특수목적고 운영
  - 교육의 중립성: 교육의 정치적 중립, 공교육의 종교적 중립

(3) 분야별 교육법규 현황

순	관련 법규	관련 법(령)	순	관련 법규	관련 법(령)
1	교육제도	헌법, 교육기본법, 초·중등교육법, 고등교육법 등	7	학업성취도·기관평가	초·중등교육법, 사립학교법 시행령 등
2	학사실무	초·중등교육법, 사립학교법 시행령 등	8	사무관리	행정 효율과 협업 촉진에 관한 규정
3	장학실무	초·중등교육법, 초·중등교육법시행령 등	9	교육자치	지방교육자치에 관한 법률, 지방재정교부금법
4	교육과정	유아교육법, 초·중등교육법 등	10	학교의 설립·경영	초·중등교육법, 사립학교법 등
5	인사·복무	교육공무원법, 국가공무원법 등	11	학교회계	초·중등교육법, 평생교육법 시행령 등
6	교육관계자	교육기본법, 사립학교법 등	12	교원단체	교원지위향상 및 교육활동 보호를 위한 특별법, 교원의 노동조합 설립 및 운영 등에 관한 법률

3. 주요 교육법규

(1) 헌법

▶ 국가의 최고의 법으로 다른 법령의 구체적 규정의 방향과 내용을 제시하고, 다른 법령을 해석하는 기준

▶ 교육 관련 헌법 규정(31조 교육의 기본권)

- 교육을 받을 권리(학습권, 수학권)
  • (제1항) 모든 국민은 능력에 따라 균등하게 교육을 받을 권리를 가진다.
- 의무교육의 무상과 보호자의 의무
  • (제2항) 모든 국민은 그 보호하는 자녀에게 적어도 초등교육과 법률이 정하는 교육을 받게 할 의무를 가진다.
  • (제3항) 의무교육은 무상으로 한다.
- 교육의 자주성·전문성·정치적 중립성 및 대학의 자율성
  • (제4항) 교육의 자주성·전문성·정치적 중립성 및 대학의 자율성은 법률이 정하는 바에 의하여 보장된다.
- 평생교육의 진흥
  • (제5항) 국가는 평생교육을 진흥하여야 한다.

- 교육제도의 법률주의
    - (제6항) 학교교육 및 평생교육을 포함한 교육제도와 그 운영, 교육 재정 및 교원의 지위에 관한 기본적인 사항은 법률로 정한다.

(2) 교육기본법
▶ 교육에 관한 국민의 권리·의무 및 국가·지방자치단체의 책임 규정
▶ 교육제도와 그 운영에 관한 기본적인 사항 규정
▶ 교육과 관련된 기본법 규정
- 교육이념(제2조): 홍익인간(弘益人間)의 이념 아래 인격 도야(陶冶), 자주적 생활능력, 민주시민의 자질을 갖추어 인간다운 삶, 민주국가의 발전, 인류공영(人類共榮)의 이상을 실현하는 데에 이바지하게 하는 것을 목적으로 함.
- 학습권(제3조): 모든 국민은 평생 학습하고, 능력과 적성에 따라 교육 받을 권리를 가짐.
- 교육의 기회균등(제4조): 모든 국민은 성별, 종교, 신념, 인종, 사회적 신분, 경제적 지위 또는 신체적 조건 등을 이유로 교육에서 차별을 받지 아니함.
- 교육의 자주성(제5조): 국가와 지방자치단체는 교육의 자주성과 전문성을 보장해야 하며, 지역 실정에 맞는 교육을 실시하기 위한 시책을 수립·실시해야 함.
- 교육의 중립성(제6조): 교육의 정치적·종교적 중립 원칙을 말함.
- 의무교육(제8조): 6년의 초등교육과 3년의 중등교육으로 함.
- 학교교육(제9조): 학교교육의 단계, 학교의 공공성, 문화의 유지·발전과 평생교육에 대한 학교의 책무, 창의력 개발, 인성의 함양 등 전인적 교육을 중시함.

(3) 초·중등교육법
▶ 주요 핵심 사항
- 지도·감독(제6조): 국립학교는 교육부장관의 지도·감독을 받으며, 공·사립학교는 교육감의 지도·감독을 받음.
- 학교 규칙(제8조): 학교장은 법령의 범위에서 학교 규칙을 제·개정할 수 있음.
- 의무교육(제12조): 국가는 의무교육을 실시하여야 하며, 이를 위해 필요한 조

- 치를 강구해야 함.
- 학생의 징계(제18조): 학교장은 교육을 위하여 필요한 경우에는 법령과 학칙으로 정하는 바에 따라 학생을 징계하거나 그 밖의 방법으로 지도할 수 있음(단, 의무교육을 받고 있는 학생은 퇴학시킬 수 없음).
- 교직원의 구분 및 임무(제19조~제20조)

교직원별	임무
교장	교무를 총괄하고, 민원처리를 책임지며, 소속 교직원을 지도·감독하고, 학생을 교육
교감	교장을 보좌하여 교무를 관리하고 학생을 교육하며, 교장이 부득이한 사유로 직무를 수행할 수 없을 때에는 교장의 직무를 대행
수석교사	교사의 교수·연구 활동을 지원하며, 학생을 교육
교사	법령에서 정하는 바에 따라 학생을 교육
행정직원	법령에서 정하는 바에 따라 학교의 행정사무와 그 밖의 사무를 담당

- 교육과정, 수업 등 학사운영(제23조~제24조)

구분	관련조항	주요내용
교육과정	제23조	- 학교는 교육과정을 운영하여야 함. - 국가교육위원회는 제1항에 따른 교육과정의 기준과 내용에 관한 기본적인 사항을 정하며, 교육감은 국가교육위원회가 정한 교육과정의 범위에서 지역의 실정에 맞는 기준과 내용을 정할 수 있음. - 학교의 교과는 대통령령으로 정함.
수업	제24조	- 학교의 학년도는 3월 1일부터 시작하여 다음 해 2월 말일까지로 함.

- 학교운영위원회의 설치(제31조): 학교운영의 자율성을 높이고 지역의 실정과 특성에 맞는 다양하고도 창의적인 교육을 할 수 있도록 초등학교·중학교·고등학교·특수학교 및 각종학교에 학교운영위원회를 구성·운영해야 함.
- 각급학교의 교육 목적(38조, 41조, 45조, 55조)

학교급별	관련조항	교육목적
초등학교	제38조	국민생활에 필요한 기초적인 초등교육 실시
중학교	제41조	초등학교에서 받은 교육의 기초 위에 중등교육 실시
고등학교	제45조	중학교에서 받은 교육의 기초 위에 중등교육 및 기초적인 전문교육 실시

| 특수학교 | 제55조 | 신체적·정신적·지적 장애 등으로 인하여 특수교육이 필요한 사람에게 초등학교·중학교 또는 고등학교에 준하는 교육과 실생활에 필요한 지식·기능 및 사회 적응 교육 실시 |

(4) 국가공무원법
▶ 공무원이 국민 전체의 봉사자로서 민주적이고 능률적인 행정을 하도록 제정된 법률
▶ 교육공무원법은 특정직공무원에 대한 인사특례를 정한 법률로 교육공무원에 대한 특별법

(5) 교육공무원법
▶ 정의: 교육을 통해 국민 전체에 봉사하는 교육공무원의 직무와 책임의 특수성이 비추어 그 자격·임용·보수·연수 및 신분보장 등에 관해 교육공무원에 적용할 국가공무원법 및 지방공무원법에 대한 특례를 규정한 법
▶ 주요 핵심 사항
  - 교장 등의 임용(제29조의 2): 교육부장관의 제청으로 대통령이 임용하며, 임기는 4년, 1차에 한하여 중임 가능
  - 공모에 따른 교장 임용 등(제29조의 3): 고등학교 이하 각급학교의 장은 학교운영위원회 또는 유치원운영위원회의 심의를 거쳐 공모를 통하여 선발된 사람을 교장 또는 원장으로 임용하여 줄 것을 임용제청권자에게 요청 가능
  - 수석교사의 임용(제29조의 4)
    • 교육부장관이 임용하도록 되어 있으나 교육감에게 권한이 위임되어 있음.
    • 최초로 임용된 때부터 4년마다 업적평가 및 연수실적 등을 반영한 재심사를 받아야 함.
    • 임기 중에 교장·원장 또는 교감·원감 자격을 취득할 수 없음.
  - 초빙교원(제31조)
    • 학교운영위원회 심의를 거쳐 교사 자격증을 가진 사람 중에서 해당 학교에 특별히 필요한 사람을 교사로 초빙하려는 경우에는 임용권자에게 초빙교사

로 임용하여 줄 것을 요청할 수 있음.
- 임용권자는 임용이 요청된 사람 중에서 해당 학교의 초빙교사를 임용할 수 있음.
- 교육공무원의 정년(제47조): 정년은 62세로 하되, 「고등교육법」 제14조에 따른 교원인 교육공무원의 정년은 65세

(6) 기타 교사가 알아야 할 사례별 법규

사례	관련 법
수업 중 저작자료 활용으로 저작권 침해에 대한 손해배상 청구소송	저작권법, 저작권법 시행령, 저작권법 시행규칙
복무, 휴직 관련 법령을 준수하지 못해 불이익을 당하는 사례	국가공무원법, 교육공무원법, 공무원 복무규정
학교안전사고로 인한 정신적, 물질적 피해 사례	학교안전사고 예방 및 보상에 관한 법률
학교폭력 사건이 발생하여 분쟁 조정이 필요한 경우	학교폭력예방 및 대책에 관한 법률

[참고 문헌]
서울특별시교육청(2023), 2023 교육공무원 인사실무 매뉴얼
티처빌원격교육연수원, 알기 쉬운 교직실무_교안

12차시

학교운영위원회

1. 학교운영위원회의 개요

(1) 개념
▶ 학생과 학부모 및 지역사회의 요구를 학교 교육에 적극 반영함으로써 학교운영에 대한 정책 결정의 민주성·합리성·투명성을 제고하고, 학교의 자율성과 책무성을 강화하는 제도

(2) 특징
▶ 단위학교 차원의 교육 자치 기구로서 학교 내외의 구성원이 학교운영의 중요한 의사결정에 함께 참여하는 학교공동체이며, 개별 학교가 처해 있는 실정과 특성에 맞게 개성 있고 다양한 교육을 꽃 피울 수 있는 제도적 장치

(3) 연혁

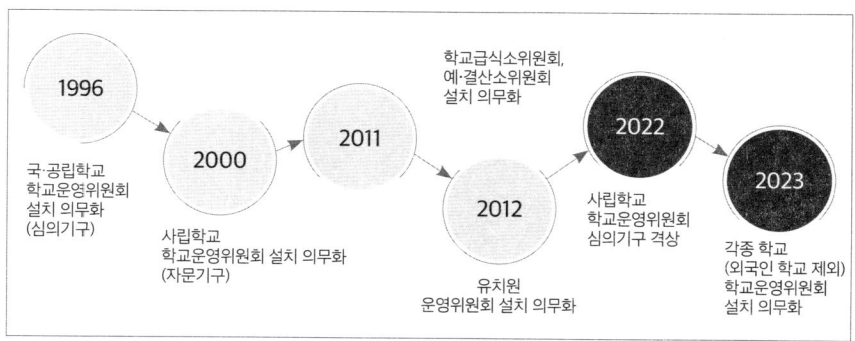

(4) 관계 법령 구조

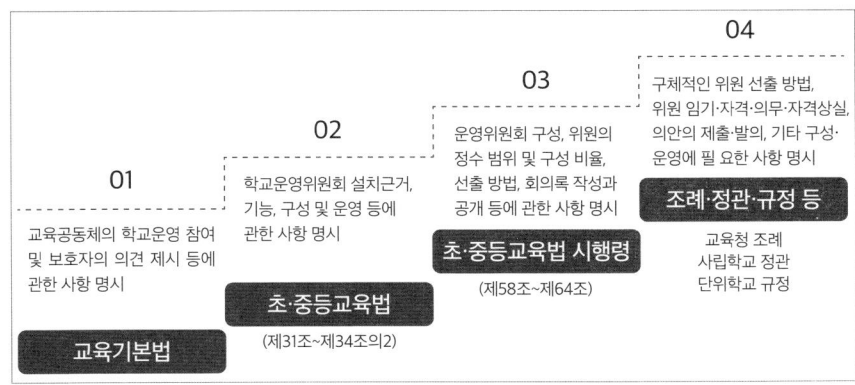

(5) 법적 성격
▶ 독립된 위원회: 학교장(집행기관)과는 독립된 기구
▶ 법정위원회: 「초·중등교육법」 및 「유아교육법」 등에 근거하여 설치·운영하는 기구
▶ 심의기구: 학교운영에 관한 주요사항에 대해 심의하는 기구

※ 초·중등교육법 개정(2022.3.1.시행)에 따라 사립학교의 학교운영위원회 심의기구로 격상, 초·중등교육법 개정 (2023.4.19.시행)에 따라 각종 학교의 학교운영위원회 설치 의무화

(6) 설치 대상 학교: 국·공·사립의 초·중·고등학교와 특수학교 및 각종 학교

※ 방송통신 중·고등학교는 해당 고등학교의 운영위원회로 대체

2. 학교운영위원회의 구성

(1) 구성 및 조직
▶ 구성
  - 학부모위원: 해당 학교의 학부모를 대표하는 자
  - 교원위원: 해당 학교의 교원을 대표하는 자
  - 지역위원: 학교운영에 이바지하고자 하는 지역 인사
▶ 조직: 위원장, 부위원장, 운영위원, 간사
  - 위원장 및 부위원장 선출

- 위원장 및 부위원장의 임기는 1년이며, 연임 가능
- 연임을 강요하거나 후보자 추천 절차 생략 금지, 후보자 1인의 경우에도 투표 절차를 거쳐 선출
- 위원장 및 부위원장은 무기명투표로 선출하며, 재적위원 과반수 득표로 당선

※ 재적위원 과반수 득표자가 없으면 학교운영위원회 규정에 따라 선출

(2) 구성 절차

단계	내용
학교운영위원회 규정(정관) 점검 및 개정	• 위원 정수 및 구성 비율 확인(3월 1일 학생 수 기준) • 필요시 규정(정관) 개정
학교운영위원회 구성 계획 수립	• 학교운영위원회 구성 계획 수립 • 학부모 및 교직원에게 선거 등 홍보
선출관리위원회 구성	• 학부모위원 및 교원위원 **선출관리위원회 각각 구성** • 구성 인원: 5명 이상 7명 이내
학부모위원 선출	• **임기만료일 10일 이전에 선출**(3월 21일까지) • 선출공고, 후보자 등록, 선거인명부 작성, 투·개표 ※ 학부모 전체회의 직접 선출 원칙(서신, 우편, 전자투표 이용 가능)
교원위원 선출	• **임기만료일 10일 이전에 선출**(3월 21일까지) • 선출공고, 후보자 등록, 선거인명부 작성, 투·개표 ※ 교직원 전체회의(학교장은 당연직 교원위원)
지역위원 선출	• **임기만료일 전일까지 선출**(3월 30일까지) • 학부모위원 또는 교원위원의 추천을 받아 무기명투표로 선출 • 선출관리위원회에 지역위원의 공개모집 요청 가능
위원장 및 부위원장 선출	• 교원위원이 아닌 위원 중에서 **무기명투표로 선출**(4월 15일까지) • 후보자 1인의 경우에도 반드시 투표로 선출(재적위원 과반수 득표로 당선)
학교운영위원회 구성완료 및 홍보	• 가정통신문, 학교 홈페이지 등을 통하여 홍보 실시
소위원회 구성	• **학교급식소위원회**와 **예·결산소위원회**는 반드시 구성·운영(서울의 경우)

(3) 정수 및 구성 비율

▶ 정수: 5인 이상 15인 이내의 범위에서 다음의 학생 수를 기준으로 학교의 규모 등을 고려하여 학교운영위원회 규정으로 정함.

학생수	200명 미만	200명 이상 1,000명 미만	1,000명 이상
위원의 정수	5인 이상 8인 이내	9인 이상 12인 이내	13인 이상 15인 이내

※ 학생 수 기준일: 새 임기의 학교운영위원회가 구성되는 해의 3월 1일(신입학 예정 학생 수 포함)

▶ 구성 비율: 다음 표에 의해서 해당 학교 학교운영위원회 규정으로 정함.

구분	일반학교	산업수요 맞춤형고 및 특성화고
학부모위원	40~50%	30~40%
교원위원	30~40%	20~30%
지역위원	10~30%	30~50%

※ 초등학교와 병설유치원이 학교운영위원회를 통합 설치하는 경우, 위원정수는 유치원 교원대표 1명, 학부모대표 1명 이상을 반드시 포함(유아교육법 제19조의3 제4항)

(4) 자격

▶ 학부모위원: 당해 학교에 재학하고 있는 자녀를 둔 학부모
▶ 교원위원: 당해 학교에 재직하고 있는 교원
▶ 지역위원
   - 당해 학교 소재 지역을 생활근거지로 하는 예산, 회계, 감사, 법률 등 전문가
   - 당해 학교 소재 지역을 생활근거지로 하는 교육행정공무원
   - 당해 학교 소재 지역을 사업활동의 근거지로 하는 사업자
   - 당해 학교를 졸업한 자
   - 기타 학교운영에 이바지하고자 하는 자

(5) 자격 상실 요건(시·도 조례에 따라 차이가 있음)

▶ 학부모위원
   - 자녀 학생이 졸업 및 전학·퇴학한 경우
     ※ 자녀 학생이 졸업한 경우는 해당 학년도 말까지 위원의 자격 유지

- 위원이 제출한 신상 자료에서 주요 내용에 거짓 사실이 발견되는 경우
▶ 교원위원: 소속을 달리하는 경우
　※ 휴직의 경우, 자격은 유지, 직무는 정지
▶ 지역위원: 위원이 제출한 자료에서 주요 내용에 거짓 사실이 발견되는 경우
▶ 공통 자격 상실 사유
　- 회의 소집 통지를 받고도 사전 연락 없이 3회 연속 회의에 불참하는 경우
　- 사직서를 위원장에 제출하는 경우
　- 「국가공무원법」 제33조의 공무원 결격 사유가 있는 경우
　- 다른 학교의 위원을 겸하는 경우
　- 지위를 남용하여 해당 학교와의 거래 등을 통해 재산상의 권리·이익을 취득하거나 다른 사람을 위해 그 취득을 알선한 경우

(6) 임기(시·도별로 차이가 있음)
▶ 운영위원의 임기 개시일은 4월 1일, 보궐위원의 임기는 전임자의 남은 기간
▶ 신설학교 최초 위원 임기는 1년 이상 2년 6개월 이내로 규정 가능
　(예) 서울: 2년(1차에 한하여 연임 가능), 경기도: 1년(2회에 한하여 연임 가능)

3. 학교운영위원회의 기능

(1) 학교운영위원회의 심의·자문 사항
▶ 「초·중등교육법」에서 정한 심의 사항(법 제32조)

국·공립 학교	기능(초·중등교육법 제32조)	사립학교	
		개정 전	개정 후
	학교헌장과 학칙의 제정 또는 개정	자문(요청 시)	자문
	학교의 예산안과 결산	자문	심의
	학교교육과정의 운영방법		
	교과용 도서와 교육 자료의 선정		
	교복·체육복·졸업앨범 등 학부모 경비 부담 사항		
	정규학습시간 종료 후 또는 방학 기간 중의 교육활동 및 수련 활동		

심의	「교육공무원법」 제29조의3제8항에 따른 공모 교장의 공모 방법, 임용, 평가 등	제외	
	「교육공무원법」 제31조제2항에 따른 초빙교사의 추천		
	학교운영지원비의 조성·운용 및 사용	자문	심의
	학교급식		
	대학입학 특별전형 중 학교장 추천		
	학교운동부의 구성·운영		
	학교운영에 대한 제안 및 건의사항		
	그 밖에 대통령령이나 시·도의 조례로 정하는 사항		

▶ 「초·중등교육법 시행령」에서 정한 심의 사항
- 법 [별표 2] 중 중등학교 정교사(2급) 자격 제9호에 따른 임용권자의 대상자 추천(영 제41조제2항)
- 산학겸임교사 등 임용에 관한 사항(영 제42조제3항)
- 수업일수에 관한 사항(영 제45조제2항)
- 학교의 휴업일에 관한 사항 및 토요일 또는 관공서의 공휴일에 학교 행사 개최에 관한 사항(영 제47조제1항, 제4항)
- 학생의 안전대책 수립에 관한 사항(영 제57조의2)

▶ 조례에서 정한 심의 사항(조례 제11조, 서울의 경우)
- 학교규정의 제·개정
- 교복 및 체육복의 선정, 수학여행, 방과후 프로그램, 학생수련활동(학생야영수련활동을 포함) 등 학부모가 경비를 부담하는 사항

  ※ 특정 서클 등에서 특정 학생을 대상으로 하는 사항은 제외

- 지역사회교육에 관한 사항과 학부모 및 일반인을 대상으로 한 평생교육 프로그램의 설치·운영에 관한 사항
- 학부모, 교직원, 학생, 지역주민으로부터 제출된 학교운영 등과 관련된 건의사항
- 학교시설의 개방 및 이용에 관한 사항 중 6개월 이상 장기 사용의 경우
- 국가 또는 지방자치단체의 보조금 및 지원금의 신청에 관한 사항
- 학교복합시설 설치에 관한 사항

- 그 밖에 학교운영에 관한 위원들의 제안사항과 학교장이 심의 요청한 사항

▶ 학교운영위원회의 심의·의결 사항
- 학교발전기금의 조성·운용 및 사용에 관한 사항(법 제32조제3항)
    ※ 심의·의결의 효력: 그 결정이 행정청을 구속하며 의결이 없으면 유효한 행정청의 의사결정이 이루어질 수 없음.

▶ 학교운영위원회 보고 사항
- 학교장은 매 분기마다 발전기금의 집행계획 및 집행내역을 학교운영위원회에 서면으로 보고하여야 함(영 제64조제5항).
- 운영위원회는 매 학년도 말에 예·결산 내용을 포함한 운영위원회의 활동상황 보고서를 작성하여 학교 홈페이지, 가정통신문 등을 통하여 공개하고, 다음 회의 시 보고하여야 함(조례 제20조제3항).

▶ 기타 학교운영위원회 심의 사항
- 법률, 법령, 조례에 의한 안건은 반드시 심의
- 관련 공문에 명시가 되어 있으면 확인 후 심의
- 학부모 수익자 경비 부담 발생 여부에 따라 심의
- 정확하게 심의 여부를 확인하기 어려운 경우라면 안건 상정 처리

(2) 심의결과의 시행 및 시정명령
▶ 심의결과의 시행 및 서면보고(영 제60조 및 제63조)
- 학교장은 운영위원회의 심의·자문 결과를 최대한 존중
- 운영위원회의 심의 결과와 다르게 시행하고자 하는 경우에는 국·공립학교의 장은 시행 전 7일 이내에 이를 학교운영위원회와 관할청에 서면으로 보고
- 학교장은 운영위원회의 심의·자문을 거치는 경우에는 교육활동 및 학교운영에 중대한 차질이 발생할 우려가 있거나 천재·지변 기타 불가항력의 사유로 운영위원회를 소집할 여유가 없는 경우에는 운영위원회의 심의·자문을 거치지 아니하고 이를 시행
- 학교장이 위와 같이 운영위원회의 심의·자문을 거치지 아니하고 시행한 때에는 관련 사항과 그 사유를 지체 없이 운영위원회와 관할청에 서면으로 보고

▶ 관할청의 시정명령 및 신청

- 국·공립학교: 관할청은 학교장이 정당한 사유 없이 운영위원회의 심의·의결 결과와 다르게 시행하거나 심의·의결 결과를 시행하지 아니하는 경우 또는 심의를 거쳐야 할 사항을 심의를 거치지 아니하고 시행하는 경우에는 법 제63조의 규정에 의한 시정을 명할 수 있음.
- 사립학교: 관할청은 사립학교의 장이 정당한 사유 없이 학교발전기금의 조성·운용 및 사용에 관한 사항에 대하여 운영위원회의 심의·의결을 거치지 아니하거나 심의·의결의 결과와 다르게 시행하는 경우 또는 심의·의결의 결과를 시행하지 아니하는 경우나 심의 또는 자문을 거치지 아니하고 시행하는 경우에는 법 제63조의 규정에 의한 시정을 명할 수 있음.

[참고 문헌]
서울특별시교육청(2023), 2023 학교운영위원회 이해 및 실무(연수원)
서울특별시교육청(2023), 2023 교육공무원 인사실무 매뉴얼
서울특별시교육청(2024), 2024 학교운영위원회 업무편람

13차시
학교 내 각종 위원회

1. 각종 위원회의 개요
(1) 필요성: 학교장 독단의 의사결정으로 운영하는 학교경영을 방지하는 차원
▶ 학교장의 일방적인 업무지시가 아닌 위원회 운영을 통해 교사 의견을 충분히 반영하는 교육 풍토 조성 및 교직원이 주인의식을 가지고 학교교육과정운영에 자율적으로 참여하는 학교 풍토 조성
▶ 구성원들의 경험과 생각, 집단사고를 통한 소통과 창의성을 소중히 여기는 풍토 조성
▶ 학교장의 철학과 소신을 바탕으로 교사에게 권한과 책임을 부여하여 학교 발전 도모 및 학교교육활동의 민주화 이룩

(2) 운영: 학교 공동체 구성원에게 자신의 역할과 임무를 충실히 수행할 수 있는 기회 제공 및 구성원 간 상호 신뢰 구축을 통해 교육력 극대화의 바탕

(3) 종류 및 기능
▶ 설치 근거
  - 법정위원회: 개별법령(법률, 대통령령, 부령, 조례, 행정규칙[훈령, 예규, 고시 등])의 규정에서 설치하도록 한 위원회
  - 비법정위원회: 교육부 지침, 교육청 지침, 학교자체판단에 의해 설치하도록 한 위원회

▶ 법률에 근거한 위원회

위원회명	설치 근거	구성	기능 및 역할
학교운영위원회	「초·중등교육법」 제31조	위원장(교원위원이 아닌 위원 중에서 무기명투표 선출), 5인 이상~15인 이하 범위에서 학교의 규모 등을 고려	학교운영 전반에 걸친 사항을 심의하고 자문하는 기구
학교폭력 전담기구	「학교폭력예방 및 대책에 관한 법률」 제14조	위원장(호선), 교감, 전문상담교사, 보건교사 및 책임교사, 학부모(구성원의 1/3 이상)	학교폭력에 대한 실태조사와 학교폭력예방 프로그램 구성·실시
학교도서관 운영위원회	「학교도서관진흥법」 제10조	위원장, 부위원장, 교사, 학부모, 학생, 외부위원을 포함하여 10인 이내 ※ 시도교육청의 지침 및 규정에 따라 구성 조정 가능	학교도서관 운영계획 수립 등 도서관 운영에 필요한 사항
정보공개심의 위원회	「공공기관의 정보공개에 관한 법률」 제12조	위원장(학교장이 지명하거나 위촉), 5명 이상~7명 이하	정보 공개 여부 등을 심의
개별화교육 지원팀	「장애인 등에 대한 특수교육법」 제22조	위원장, 보호자, 특수교육교원, 일반교육교원, 진로 및 직업교육담당교원, 특수교육관련서비스 담당 인력 등	특수교육대상자에 대한 개별화 교육계획 작성 등

▶ 대통령령에 근거한 위원회

위원회명	설치 근거	구성	기능 및 역할
학교급식소위원회 예·결산소위원회	「초·중등교육법 시행령」 제60조의2	국립학교는 학칙, 공립학교는 시·도의 조례	- 학교운영위원회 산하 소위원회로 법령에 설치가 명시된 기구 - 학교 급식 심의/학교 예결산 심의
교원능력개발평가 관리위원회	「교원 등의 연수에 관한 규정」 제22조	위원장(호선), 교원, 학부모 및 외부 전문가 등 (5명 이상~11명 이하)	- 교원능력개발평가에 필요한 사항 심의
조기진급·졸업·진학 평가위원회	「조기진급 등에 관한 규정」 제5조	위원장(교감), 교사, 학부모 및 교육 관련 전문가 (5명 이상~15명 이하)	- 개별 교과목의 조기이수 인정 평가 - 상급학교 조기입학 자격 부여 평가

위원회명	설치 근거	구성	기능 및 역할
영재교육대상자선정심사위원회	「영재교육진흥법시행령」 제16조	위원장(호선), 15인 이내	- 영재교육대상자의 선정에 관한 사항 - 영재학교 학생의 교육과정 이수의 인정, 조기진급 및 조기졸업에 관한 사항
의무교육관리위원회	「초·중등교육법시행령」 제25조의2	위원장(학교장), 외부 전문가 1명 이상 포함 (5명 이상~7명 이하)	- 영제21조 제7항에 따른 전학의 추천에 관한 사항 - 영제28조제2항·제3항에 따른 취학의무의 면제·유예 결정에 관한 사항

▶ 교육부령, 지침 등에 근거한 위원회

위원회명	설치 근거	구성	기능 및 역할
학교교육과정위원회	초·중등학교 교육과정 총론 (교육부 고시)	교장, 교감, 교원, 학부모, 학생 대표, 외부위원(별도 위촉)	- 학교장의 교육과정 운영 및 의사결정에 관한 자문의 역할
학업성적관리위원회	「초·중등교육법 시행규칙」 제24조 (교육부령)	[서울] 교장(위원장), 교감(부위원장), 교원, 학부모위원 위촉 가능	- 학교생활기록의 작성·관리 관련 업무의 공정하고 적정한 처리
성희롱·성폭력 고충심의위원회	성희롱·성매매·성폭력·가정폭력 예방 및 방지를 위한 2023년 폭력예방교육 운영 안내 (여성가족부)	위원장(학교장이 지명), 남성 또는 여성의 비율이 전체위원의 10분의 6을 초과하지 않도록 구성, 외부위원 최소 2명 이상 위촉	- 성희롱·성매매·성폭력·가정폭력 사안 심의
학생봉사활동추진위원회	교육부 지침	[서울] 5명 이상 교감(위원장), 부위원장 위원 중에서 호선, 봉사활동 업무 담당 교원은 당연직 위원	- 봉사활동 계획 심의 - 예시나 기준이 없는 봉사활동이나 봉사활동 초과시간에 대한 인정 여부 등 심의
가산점대상자선정위원회	시도 지침	[서울] 3~7인 이내 위원장 호선	- 교육청에서 제공된 선정 기준을 참고로 해당학교의 실정을 반영하여 세부 기준 및 배점 결정
다면평가관리위원회	「교육공무원 승진규정」 제28조의4(평정자 등)	교감(위원장), 3명 이상~7명 이하	- 다면평가자 선정 기준 마련 - 정성평가의 학습지도와 관련한 평가지표 및 정량평가 평가지표의 추가·삭제 및 수정의 업무 수행

| 교원인사자문위원회 | 「교육공무원 인사관리규정」제34조 (교육부 훈령) | 단위학교 자율 | - 합리적이고 민주적인 인사행정 구현 목적 |

▶ 시도교육청 지침, 단위학교의 필요에 근거한 위원회
  - 교재교구선정위원회, 학습준비물구입선정위원회, 교육복지위원회, 공적심사위원회, 성과급심사위원회, 교내자율장학위원회, 겸직심사위원회, 학교전염병발생비상위원회, 안전관리종합대책협의회, 정보화기자재선정위원회, 교육용 S/W선정위원회, 학업중단예방관리위원회, 학교평가위원회, 학교규칙제·개정위원회, 생활규정제·개정위원회, 학생표창심사위원회, 장학생심사위원회, 방과후학교소위원회, 생활교육위원회, 에너지절약추진위원회, 가산점대상자선정위원회, 부장협의회 등

(4) 조직·운영의 문제점
▶ 교사들의 업무 부담: 위원회수는 많으나 교사의 수 한정으로 교사의 수업권 침해 발생과 더불어 많은 회의 준비, 회의 참석, 회의록 작성, 결과 보고 등 업무 부담 과중
▶ 형식적으로 운영되는 위원회: 학교장의 의사결정을 자문하거나 실질적인 도움을 주어야 하나 관심 부족, 업무 부담 등으로 형식적으로 운영
▶ 소속한 위원회의 역할과 기능에 대한 전문성 부족
  - 교사의 전문성과 흥미 또는 관심 분야를 고려하여 위원으로 위촉해야 하나 실질적으로는 경력, 성비, 교과, 학년 등을 고려하여 배정함.
  - 위원들의 전문성 부족 및 관심 부족 등으로 이어져 자리만 채우는 경우가 많음.
▶ 교육청에 위원회를 통합적으로 관리하는 부서의 부재
  - 부서별로 업무추진과 관련하여 지침으로 위원회 조직·운영 요구
  - 학교의 위원회 수 증가에 따라 단위학교의 부담 가중
▶ 교육청의 위원회 설치의 의무화 요구는 학교장의 소신있는 행정을 못 펼치게 함.
  - 단위학교의 자율경영을 지향하나 위원회를 두도록 요구하는 것은 학교 자율화를 저해함.

(5) 정비 및 통합(예시)
▶ 문제점에 대한 해결책: 각종 위원회를 통합 정비하여 운영하고, 각 위원회의 역할에 대한 전문성 역량 강화
▶ 각종 위원회명을 통합위원회명으로 통합(38위원회 → 6위원회)
▶ 법정위원회를 중심으로 성격이 유사한 위원회를 단위학교에 맞게 통합

통합위원회명	위원회조직	통합 정비한 위원회
학교운영 위원회	• 위원정수: 5~10인 이내 • 구성: 교원, 학부모, 지역인사	학교운영위원회 / 교복선정위원회 / 예·결산소위원회 / 급식소위원회 / 학생복지심사위원회 / 교육복지위원회 / 방과후학교 소위원회 / 개별화교육지원팀
인사자문 위원회	• 위원정수: 5~10인 이내 • 구성: 교감, 학년별 1명	인사자문위원회 / 공적심사위원회 / 학생표창심사위원회 / 성과급심사위원회 / 장학생심사위원회 / 다면평가관리위원회 / 겸직심사위원회 / 가산점대상자선정위원회
학교폭력 전담기구	• 위원정수: 5~10인 이내 • 구성: 교감, 학부모, 외부인사	학교폭력전담기구 / 성희롱·성고충심의위원회 / 규정개정심의위원회 / 생활교육위원회
교육과정 위원회	• 위원정수: 5~10인 이내 • 구성: 교감, 교사, 간사	교육과정위원회 / 학생봉사활동추진위원회 / 교원능력개발평가관리위원회 / 영재교육대상자선정심사위원회 / 교내자율장학위원회
의무교육관리 위원회	• 위원정수: 5~10인 이내 • 구성: 학교장, 교감, 학부모, 외부인사	의무교육관리위원회 / 학업성적관리위원회 / 생명존중위원회(예, 서울) / 학교전염병발생비상위원회 / 안전관리종합대책협의회
교재교구선정 위원회	• 위원정수: 5~10인 이내 • 구성: 교감, 교사, 간사	교재교구선정위원회 / 정보공개심의위원회 / 학습자료구입선정위원회 / 도서선정위원회 / 학교체육소위원회 / 학교도서관운영위원회 / 학교육S/W선정위원회 / 에너지절약추진위원회

2. 학교 내 각종 위원회의 활성화 방안
▶ 학교장은 학교장의 권한을 각종 위원회에 배분, 각종 위원회의 결정 사항을 최대한 존중
▶ 각종 위원회를 통폐합함으로써 교사들의 업무 경감
▶ 교사들의 1인 1위원회 활동을 권장하여 다수의 교사가 참여
▶ 각 의원회 위원들이 각종 위원회 활동을 전문적으로 수행해 나갈 수 있는 능력 신장을 위해 해당 분야 관련 연수 기회 및 관련 자료 제공
▶ 학부모들이 위원회에 적극적으로 참여할 수 있도록 위원회에 대한 홍보와 소

수의 학부모가 많은 수의 위원회를 독점하지 않고 골고루 참여할 수 있는 방안 강구

[참고 문헌]

서울강남초,개봉초·구암초·남성초등학교(2023), 2023학년도 학교교육계획
서울특별시교육청(2023), 2023 교육공무원 인사실무 매뉴얼
전국 학교도서관 운영 매뉴얼(2023 개정판)
서울특별시교육청(2024), 2024 학교업무 경감 및 효율화 추진 계획
티처빌원격교육연수원, 알기 쉬운 교직실무_교안

14차시

교직단체에 대한 이해

1. 교직단체의 개요

(1) 교직단체의 개념
▶ 교원 상호간의 단결과 자주적 운영을 통하여 회원들의 상호 유대 강화, 복지 향상, 자질 및 능력 함양 등 공동의 목표를 추구하는 이익단체

(2) 교직단체의 성격
▶ 대변단체: 교원들의 다양한 의견과 주장을 수렴하여 국가사회의 정책에 반영하고 교육과 사회의 발전에 기여
▶ 압력단체: 교원들의 지원단체로서 교원은 물론이고 청소년의 권익 신장과 교육의 발전을 도모하기 위한 직능단체로서의 중요한 역할과 기능 수행
▶ 전문단체: 교원들 자신의 전문적 자질 및 지위 향상, 효과적인 성취를 위하여 교원 및 교육정책에 능동적으로 참여

(3) 교직단체의 역할

구 분	역할
교원의 전문적 자질 함양	전문직에 종사하는 교원으로 구성되어 있기 때문에 무엇보다도 일차적 관심은 구성원 각자의 자질 함양
교원의 사회 경제적 지위 향상	교원의 경제적 처우 향상과 근무 여건 개선 및 복지 향상 등을 위해서 단결하고 조직적인 활동
교원의 교육정책 형성 과정에 참여	교원의 다양한 의견과 주장을 수렴하고, 교육 및 교원 정책의 결정이나 집행, 평가 과정에 참여하여 교원들의 대변단체의 역할 수행

교직단체의 이상 사회 실현	교육의 진흥과 문화의 창달 및 이상 사회의 실현을 목적으로 하며, 물질적 이익 추구보다는 정신적 가르침을 통한 개인의 인격 완성과 우리 모두가 바라는 이상 사회의 실현을 위해 노력

2. 교직단체의 종류

▶ 「교육기본법」에 의한 교원단체: 한국교원단체총연합회
▶ 「교원의 노동조합설립 및 운영 등에 관한 법률」에 의한 교원노조
　- 전국교직원노동조합, 교사노동조합, 한국교원노동조합, 자유교원조합, 대한민국교원조합
▶ 교직단체 비교

구 분	교원단체 (한국교총)	교원노조 (전교조, 교사노동조합연맹, 한교조, 자교조, 대한교조)
설립 근거	- 「교육기본법」제15조 (교원단체) - 「민법」제32조(비영리법인의 설립과 허가)	- 「교원의 노동조합설립 및 운영 등에 관한 법률」제4조 (노동조합의 설립)
가입 대상	유·초·중등교원, 대학교원 및 교육전문직	- 초·중등교사, 유치원교사, 대학교원 • 강사, 교(원)장, 교(원)감, 교육전문직원 제외 - 교원으로 임용되어 근무하였던 사람으로서 노동조합 규약으로 정하는 사람
교섭·협의 구조	- 중앙: 교육부장관 - 시·도: 교육감 ※ 국·공·사립 구분 없음	- 국·공립의 경우 　• 전국: 교육부장관 　• 시·도: 교육감 - 사립의 경우 　• 설립·경영자가 전국 또는 시·도 단위로 연합하여 교섭 - 대학교직원노조 　• 교육부장관, 교육감, 학교장 단위 가능
교섭 대상	「교원지위향상을 위한 특별법」제12조 (교섭·협의사항) - 교원의 처우개선, 근무조건 및 복지후생, 전문성 신장에 관한 사항	※ 「교원의 노동조합 설립 및 운영 등에 관한 법률」제6조(교섭 및 체결 권한 등) - 임금, 근무조건, 후생복지 등 경제적·사회적 지위 향상에 관한 사항

비교섭 대상	「교원지위향상을 위한 특별법」제12조 (교섭·협의사항) - 교육과정 - 교육기관 및 교육행정기관의 관리·운영	※ 별도의 비교섭 사항의 명시는 없으나,「교원의 노종조합 설립 및 운영 등에 관한 법률」제7조에 의거 (교섭·협의사항) - 법령·조례 및 예산에 의하여 규정되는 내용 - 법령 또는 조례에 의한 위임을 받아 규정되는 내용은 단체협약으로서의 효력이 없음
교섭·협의 시기	- 1년 2회(1월, 7월) - 특별히 필요하다고 판단된 때 당사자 협의에 의해	※「노동조합 및 노동관계조정법」제32조 - 협약 유효 기간: 최대 3년
복수단체	별도 규정 없음	복수노조 허용

3. 교직단체별 주요 내용

(1) 한국교원단체총연합회

▶ 역사: 1947년('조선교육연합회' 결성), 1948년('대한교육연합회'로 개칭), 1989('한국교원단체총연합회'로 개칭)

▶ 설립의 법적 근거
- 「교육기본법」제15조(교원단체)
  • 교원은 상호 협동하여 교육의 진흥과 문화의 창달에 노력하며, 교원의 경제적·사회적 지위를 향상시키기 위하여 각 지방자치단체와 중앙에 교원단체를 조직할 수 있다.
- 「민법」제32조(비영리 법인의 설립과 허가)
  • 학술, 종교, 자선, 기예, 사교 기타 영리 아닌 사업을 목적으로 하는 사단 또는 재단은 주무관청의 허가를 얻어 이를 법인으로 할 수 있다.
- 「교원 지위 향상을 위한 특별법」제11조(교원의 지위 향상을 위한 교섭·협의)
  • 교원단체는 교원의 전문성 신장과 지위 향상을 위하여 교육감이나 교육부장관과 교섭·협의한다.

▶ 조직

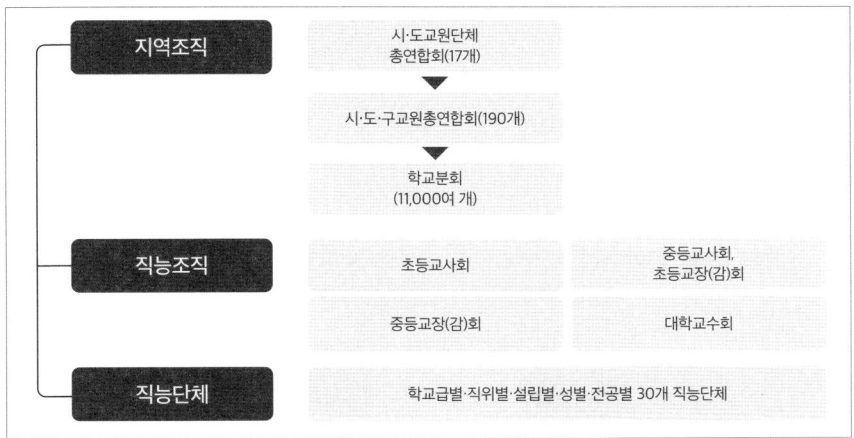

▶ 회원 자격
- 아래 자격 기준을 갖추고 임용된 교원과 교육기관, 교육행정기관 및 교육연구기관의 장학직, 연구직
  - 「초·중등교육법」 제21조(교원의 자격) 및 별표
  - 「사립학교법」 제52조(자격)
  - 「고등교육법」 제16조(교원 등의 자격기준)
  - 「고등교육법」 제17조(겸임교원 등)

▶ 임원 구성
- 회장: 모든 회원이 직접 선출하며, 임기는 3년
- 부회장: 모든 회원이 직접 선출하고, 임기는 3년
  - 구성: 총 5명(유·초등학교 교원 2명, 중등학교 교원 2명, 대학 교원 1명)
  ※ 여회원이 1명 이상이어야 하며, 유·초등학교, 중등학교 부회장 중 각 1명은 교사로 함.

(2) 전국교직원노동조합
▶ 역사: 1999년 7월 1일 이전에는 교원노조활동은 인정되지 아니함, 1989년(전국교직원노동조합 결성), 1999년(전국교직원노동조합설립), 2013. 10. 24. ~ 2013. 11. 13.(제1차 법외노조화), 2013. 11. 14. ~ 2014. 6. 19.(임시합법화), 2014. 6.

20. ~ 2014. 9. 19. (제2차 법외노조화), 2014. 9. 20. ~ 2016. 1. 21. (임시합법화), 2016. 1. 22. ~ 2020. 9. 4. (제3차 법외노조화), 2020. 9. 5.~현재(재합법화)

▶ 설립의 법적 근거
  - 「교원의 노동조합 설립 및 운영 등에 관한 법률」 제4조(노동조합의 설립)
  - 교원의 노동조합 설립에 관한 사항 규정
  - 교원에 적용할 「노동조합 및 노동관계조정법」에 대한 특례 규정
  - 1999년 1월 29일 제정 및 1999년 7월 1일 시행

▶ 조직

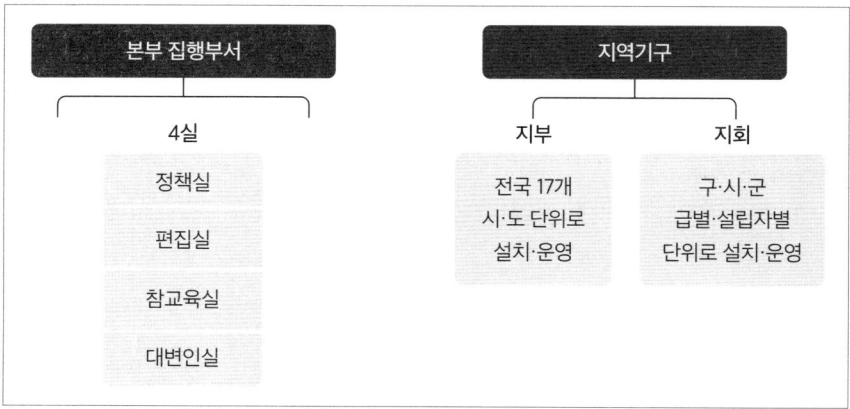

▶ 조합원 자격
  - 「유아교육법」 제20조 제1항에 따른 교원
  - 「초·중등교육법」 제19조 제1항에 따른 교원
  - 「고등교육법」 제14조 제2항 및 제4항에 따른 교원(강사는 제외)

▶ 가입 범위(「교원의 노동조합 설립 및 운영 등에 관한 법률」 제4조의2)
  - 교원
  - 교원으로 임용되어 근무하였던 사람으로서 노동조합 규약으로 정하는 사람

▶ 임원 구성
  - 위원장과 사무총장: 조합원의 직접·비밀·무기명 투표로 선출
  - 나머지 위원: 전국대의원대회에서 여성부위원장을 포함한 5인 이내의 부위원장과 감사위원장

(3) 기타 교직단체
▶ 한국교원노동조합(한교조)
  - 역사: 1999년 7월 1일 한국교원노동조합 설립신고(전국 단위)
  - 설립 목적: 푸른교육을 구현하고 교원으로서 존엄성을 유지하며 교직의 전문성 확립을 기함으로써 창조적이고 민주적인 교육문화 창달에 기여
▶ 자유교원조합(자교조)
  - 역사: 2006년 3월 31일 서울자유교원조합 설립신고, 2006년 5월 4일 자유교원조합 설립신고(전국연합체)
  - 설립 목적: 자유민주주의 이념의 교육활동 실천, 학생 및 학부모 권리 존중과 교육여건 개선, 자율과 책임의 교육혁신 추구, 합리적·평화적인 상생의 노동조합운동 전개
▶ 대한민국교원조합(대한교조)
  - 역사: 2008년 12월 5일 대한민국교원조합 설립신고(전국단위)
  - 설립 목적: 화해와 협력의 교단문화 창출, 자유민주주의적 가치를 기반으로 한 글로벌 교육 경쟁력 회복, 전교조형 이념 활동 지양, 글로벌 인재 양성을 위한 새로운 교원 패러다임 구축
▶ 교사노동조합연맹
  - 역사: 2017년 12월 16일 교사노조연맹 창립
  - 설립 목적: 중앙집중형 단일조직 형태의 교원노조가 아니라 참여민주주의 진전과 지방자치 시대로의 진전이란 상황 발전에 맞추어 분권형 노동조합을 지향하고, 교육현장 문제 해결을 중심에 둔 새로운 교원노조운동을 표방

4. 교직단체의 필요성
▶ 교원들의 상호 협력과 교육의 진흥에 기여하며, 교원의 경제적, 사회적 지위 향상
▶ 교육정책의 형성과 실행에 참여하고, 교원의 권익을 대변하고 보호
▶ 교원의 전문성과 자질을 신장하고, 교육의 질을 개선하기 위한 교육연구와

교육혁신 수행
▶ 교육의 이상 실현을 위해 국내외의 다른 교직단체와 협력 및 연대
▶ 교권에 대한 신뢰 회복, 교원의 복지 증진을 위한 노력, 각종 학부모 민원에 대한 대응력 강화
 - 이를 위해서 교원 각자 본인의 교육철학과 신념을 기반으로 교육정책을 실행할 수 힘의 원천이 될 수 있는 교직단체 가입 권장

[참고 문헌]
한국교원단체총연합회 홈페이지(https://www.kfta.or.kr/)
전국교직원노동조합 홈페이지(https://www.eduhope.net/)
티처빌원격교육연수원, 알기 쉬운 교직실무_교안

PART 3

인사 실무

15차시

교원의 임용

1. 법의 개념

(1) 공무원의 분류(「국가공무원법」 제2조, 「지방공무원법」 제2조)

국가공무원				지방공무원		
경력직 공무원			특수경력직 공무원	경력직 공무원		특수경력직 공무원
일반직 공무원	특정직 공무원		정무직 공무원, 별정직 공무원	일반직 공무원	특정직 공무원	정무직 공무원, 별정직 공무원
	교육공무원	법관, 검사, 외무공무원, 경찰공무원, 소방공무원, 군인 등			교육전문직원 (2012.12.12.개정), 대학 근무 교육공무원	
	교원	교육전문직원				
	교장, 교감, 교사, 교수	장학사(관), 교육연구사(관)				

2. 교육공무원의 임용

(1) 정의: 교육공무원의 신분을 부여하여 근무하게 하는 모든 인사 활동

(2) 종류
- ▶ 신분의 발생: 신규채용, 특별채용
- ▶ 신분의 변경: 승진, 승급, 전직, 전보, 겸임, 파견, 강임, 휴직, 직위해제, 정직, 복직

▶ 신분의 소멸: 퇴직, 면직, 해임, 파면

(3) 임용의 원칙
▶ 임용은 자격, 재교육성적, 근무성적, 그 밖에 실제 증명되는 능력에 의해 행함.
▶ 임용은 교원으로서의 자격을 갖추고 임용을 원하는 모든 사람에게 능력에 따른 균등한 임용의 기회가 보장됨.

(4) 임용의 결격사유
▶ 국가공무원법상 결격사유(「국가공무원법」제33조)
  - 피성년후견인
  - 파산선고를 받고 복권되지 않은 자
  - 금고 이상의 실형을 선고받고 그 집행이 종료되거나 집행을 받지 아니하기로 확정된 후 5년 미경과자
  - 금고 이상의 형을 선고받고 집행유예 완료 후 2년 미경과자
  - 금고 이상의 형의 선고유예기간 중에 있는 자
  - 법원의 판결 또는 다른 법률에 따라 자격 상실 또는 정지된 자
  - 징계로 파면 처분을 받은 때로부터 5년이 지나지 아니한 자
  - 징계로 해임 처분을 받은 때로부터 3년이 지나지 아니한 자
▶ 성인에 대한 성폭력범죄 해당자
  - 성폭력범죄 행위로 파면·해임되거나 100만원 이상의 벌금형이나 그 이상의 형 또는 치료감호를 선고받아 그 형 또는 치료감호가 확정된 자
▶ 공직선거법 위반자(「공직선거법」제266조)
  - 형의 집행유예의 선고를 받은 자로서 형 확정 후 10년이 경과되지 아니한 자
  - 100만원 이상의 벌금형의 선고를 받은 자로서 그 형이 확정된 후 5년이 경과되지 아니한 자
▶ 임용시험 부정행위자(「교육공무원임용령」제11조의4)
  - 2년간 시험에 응시 불가
▶ 마약·대마 또는 향정신성의약품 중독자(2023. 4. 19. 시행)

(5) 성비위징계 교원 담임 배제(「교육공무원법」제17조)

▶ 관련법령(2020. 12. 22. 신설, 2021. 6. 23. 시행)
  - 「교육공무원법」 제17조(보직 등 관리의 원칙) 제3항, 제4항 신설
  - 「사립학교법」 제66조의6(보직 등 관리의 원칙) 제1항, 제2항 신설
▶ 성비위 등으로 징계 받은 교원은 학급 담임 배제
▶ 담임 배제 기간: 징계 처분 받은 날로부터 다음 기간 경과 전의 기간
  - 파면·해임: 10년, 강등: 9년, 정직: 7년, 감봉·견책: 5년

(6) 임용의 시기

▶ 임용 시기
  - 임용장(임용 통지서)에 기재된 일자(임용 일자 소급 불가)
  - 단, 사망으로 인한 면직: 사망한 다음 날
▶ 임용 일자
  - 정기인사: 3월 1일, 9월 1일
  - 정년퇴직, 명예퇴직(특별승진): 2월 말일, 8월 말일
  - 수시 인사(결원 보충 인사): 임명장 교부(전수)일
▶ 임용 일자 소급 금지의 예외
  - 재직 중 공적이 현저한 자가 공무로 사망해서 사망 전일로 추서하는 경우
  - 휴직 기간 만료일, 또는 사유 소멸일을 임용 일자로 직권면직하는 경우
  - 호봉 획정 또는 승급이 잘못된 호봉발령일로 소급하여 호봉 정정하는 경우

(7) 임용권자별 임용사항(「교육공무원법 및 교육공무원임용령」)

인사 TIP	
임명	임용
특정인에게 새로운 신분 부여, 이로써 행정 주체와 피임명자 사이에 공법상 근무관계라는 특별권력관계가 발생(신규채용, 승진)	특정인에게 일정한 직위 부여, '임명'과 이미 공무원 신분 취득자에게 일정 직위를 부여하는 보직행위를 포함(보직교사, 전보)

임용권자	임용사항	임용권자	임용사항
대통령	- 교장의 임명(신규, 승진) - 교장의 특별승진	교육부장관	- 교육부 소속 교육공무원 - 교육부 직속학교 학교장
교육감	- 교장 및 장학(연구)관의 전보 - 장학관(사) 및 교육연구관(사)의 임용 - 교감, 수석교사 및 교사의 임용 - 대통령으로 위임받은 교장의 임용(교장으로 임명하는 임용 제외)	교육장	- 소속 공립학교 교사의 신규임용 발령 및 호봉획정, 파견, 휴복직, 전보 등 - 교감의 관내 전보 및 의원 면직 - 교장, 교감의 휴직 및 복직 - 교장의 호봉 재획정 및 정기승급, 겸직허가
학교장	- 보직교사 임용 및 기간제교사, 강사의 임용 - 소속 교육공무원의 정기승급 - 소속 교육공무원의 6개월 미만의 휴복직		

3. 교원의 퇴직과 면직

(1) 퇴직

▶ 퇴직의 종류: 당연퇴직, 정년퇴직, 명예퇴직

▶ 당연퇴직

- 교육공무원이 「국가공무원법」 제33조(결격사유), 「교육공무원법」 제10조의4에 따른 결격사유에 해당될 때 당연퇴직 처리

[「교육공무원법」 제10조의4(결격사유)]

1. 「국가공무원법」 제33조 각 호의 어느 하나에 해당하는 사람
2. 미성년자에 대한 다음 각 목의 어느 하나에 해당하는 행위로 파면, 해임되거나 형 또는 치료감호를 선고받아 그 형 또는 치료감호가 확정된 사람
   가. 「성폭력범죄의 처벌 등에 관한 특례법」 제2조에 따른 성폭력범죄 행위
   나. 「아동·청소년의 성보호에관한 법률」 제2조제2호에 따른 아동·청소년대상 성범죄행위
3. 성인에 대한 성폭력범죄 행위로 파면, 해임되거나 100만원 이상의 벌금형이

> 나 그 이상의 형 또는 치료감호를 선고 받아 그 형 또는 치료감호가 확정된 사람

- 공무원 임용 전에 결격 사유가 있는 경우
  - 당초 임용 행위를 소급하여 취소
  - 이미 퇴직한 자는 당초 임용일자로 소급하여 임용 취소
- 공무원 재직 중에 결격 사유가 발생한 경우
  - 형 확정 일자로 당연퇴직 처리함.
  - 이미 퇴직한 자는 당연퇴직 처리하되, 근무 기간 중 기지급 보수는 환수하지 않음.

▶ 정년퇴직
- 교육공무원 정년퇴직 연령: 만 62세
- 정년퇴직일: 정년이 달한 날이 속하는 학기의 말일
- 정년퇴직자의 신분 유지: 정년퇴직 전일까지 유지
- 직위해제 중인 자의 정년: 직위해제 기간에 불구하고 정년퇴직 처리

▶ 명예퇴직
- 대상: 퇴직예정일 기준 「공무원연금법」 규정에 따른 재직 기간 **20년 이상**이고, **정년퇴직일 전 1년 이상의** 기간 중 자진 퇴직하는 자
- 수시 신청: 중증 질병으로 업무수행이 불가능한 경우에 한하여 **수시 신청 허용**
- 단, 정기 신청 기간 이후 신청은 다음 정기분에 포함하여 심사 진행
- 명예퇴직 제한: **명퇴수당 지급 신청 기간이 시작되는 날 현재** 다음에 해당 시
  - 수사기관의 수사결과가 통보되어 징계의결을 요구하여야 하는 자
  - 징계처분 또는 징계의결 요구 중인 자
  - 징계처분으로 승진 임용 제한 중인 자, 형사사건으로 기소 중인 자
  - 감사기관, 수사기관에서 비위조사 또는 수사 중인 자
  - 교육훈련 이수 후 의무 복무 중에 있는 자 등
- 명예퇴직 수당 지급액 산정

정년잔여기간별 대상자	산정 기준
1년 이상 5년 이내	퇴직 당시(특별승진자는 특별승진 직전) 월 봉급액의 68% × 0.5 × 정년잔여월수
5년 초과 10년 이내	퇴직 당시 월 봉급액의 68% × 0.5 × (60 + 정년잔여월수 - 60 / 2)
10년 초과	정년잔여기간이 10년인 사람의 금액과 동일한 금액 (10년을 초과하는 기간에 대해서는 수당 미지급)

(2) 면직
▶ 면직의 종류: 직권면직, 의원면직, 징계면직, 사망면직
▶ 직권면직
　- 본인의 의사에 반하여 면직 처리
　- 임용권자가 직권면직시킬 경우에는 미리 관할 징계위원회의 의견 청취
　- 직권면직의 사유
　　• 직제와 정원의 개폐, 예산 감소 등에 따라 폐직 또는 과원이 되었을 때
　　• 휴직 기간이 끝나거나 휴직 사유가 소멸된 후에도 직무에 복귀하지 아니하거나 직무를 감당할 수 없을 때
　　• 전직시험에서 세 번 이상 불합격한 자로서 직무수행능력이 부족하다고 인정된 때
　　• 병역판정검사·입영 또는 소집의 명령을 받고 정당한 사유 없이 기피하거나 군복무를 위하여 휴직 중에 있는 자가 군복무 중 근무를 이탈하였을 때
　　• 해당 직급·직위에서 직무를 수행하는 데 필요한 자격증의 효력이 없어지거나 면허가 취소되어 담당 직무를 수행할 수 없게 된 때
　　• 「국가공무원법」 제73조의3제3항(직무수행능력이 부족하거나 근무성적이 극히 나쁜 자에 해당되어 3개월의 범위에서 대기)에 따라 대기 명령을 받은 자가 그 기간에 능력 또는 근무성적의 향상을 기대하기 어렵다고 인정된 때
▶ 의원면직
　- 본인의 의사 표시에 의하여 공무원 관계를 소멸시키는 것
　- 의원면직자의 신분 유지: 면직 발령일 전일까지 신분 유지
　- 의원면직의 제한: 중징계의결 요구 중인 경우

- 임용권자는 재직 중인 공무원이 의원면직을 신청한 경우, 해당 공무원의 의원면직 제한 대상에 해당되는지 여부를 조사 및 수사기관의 장에게 확인하여야 함.
▶ 징계면직
  - 파면: 공무원 관계로부터 배제(5년간 공무원 임용 제한)
  - 해임: 공무원 관계로부터 배제(3년간 공무원 임용 제한)
▶ 사망면직
  - 사망자 면직 일자: 사망 다음 날
  - 사망자의 보고: 사망일로부터 7일 이내에 임용권자에게 보고

4. 교원의 직위해제

▶ 정의: 공무원으로서의 신분은 유지하지만 직무를 부여하지 않음.

> 직위를 계속 유지시킬 수 없는 사유가 있는 경우에는 특별한 사전 절차를 거치지 않고 일시적으로 직위를 부여하지 아니하여 직무에 종사하지 못하도록 하는 '보직의 해제'로서 징벌적 성격의 징계와는 다름. 다만, 직위해제 처분을 받은 자는 직무에 종사하지 못할 뿐만 아니라 승급, 보수 등에서 불이익한 처우를 받게 되므로 인사상 '불이익 처분'에 속함.

▶ 사유(「국가공무원법」 제73조의3)
  - 직무수행능력이 부족하거나 근무성적이 극히 불량한 자
  - 파면, 해임, 강등 또는 정직에 해당하는 징계의결 요구 중인 자
  - 형사사건으로 기소된 자(약식명령이 청구된 자는 제외)
  - 금품비위, 성범죄 등 대통령령으로 정하는 비위행위로 인하여 감사원 및 검, 경찰 등 수사기관에서 조사나 수사 중인 자로서, 비위의 정도가 중대하고 이로 인하여 정상적인 업무수행을 기대하기 현저히 어려운 자
▶ 직위해제는 징계와는 구별되는 성질의 처분이므로 처분 후에 동일한 사유로 징계 처분을 하였다 하더라도 일사부재리 원칙에 어긋나지 않음.
▶ 징계의결요구 사유로 직위해제 된 경우, 징계의결이 되거나 징계의결이 취소

될 때 직위해제 처분은 효력 상실(직위해제 사유 소멸 시 임용권자는 지체없이 직위를 부여하여야 함)
▶ 소청심사 청구: 징계 처분이 있었던 것을 안 날로부터 30일 이내
▶ 직위해제 기간 중의 보수

구분	내용 [「국가공무원법」제73조의3(직위해제)]	봉급 [「공무원 보수규정」제29조 (직위해제기간 중의 봉급 감액)]
제1항 (제2호)	직무수행능력이 부족하거나 근무성적이 나쁜 자	80%
제1항 (제3호)	파면, 해임, 강등 또는 정직에 해당하는 징계 의결이 요구 중인 자	50% (직위해제일부터 3개월이 지나도 직위를 부여받지 못한 경우에는 그 3개월이 지난 후의 기간 중에는 봉급의 30% 지급)
제1항 (제4호)	형사사건으로 기소된 자(약식명령 청구 제외)	
제1항 (제6호)	금품비위, 성범죄 등 대통령령으로 정하는 비위행위로 인하여 감사원 및 검찰·경찰 등 수사기관에서 조사나 수사 중인 자로서 비위의 정도가 중대하고 이로 인하여 정상적인 업무수행을 기대하기 현저히 어려운 자	

5. 교원의 겸임 및 겸직

(1) 겸임
▶ 정의: 직위와 직무 내용이 유사하고 담당 직무 수행에 지장이 없는 경우
  - 각급학교 교원과 직무 내용이 유사한 인근 학교의 교원 간 또는 병설(부설)된 학교와 당해 학교를 병설(부설)한 학교의 교원 간 겸임, 신학년도 준비의 달 전 보 발령교 업무 수행 등
▶ 복무: 본직 기관장의 지휘 감독을 받으나, 겸임 업무와 관련한 복무는 겸임기관의 장의 지휘·감독을 받음.
▶ 보수: 보수는 본직 기관에서 지급하고 겸임 수당은 겸임기관에서 지급

(2) 겸직

▶ 공무원이 영리업무에 해당하지 아니하는 다른 직무를 겸직하고자 할 때에는 사전에 소속 기관장 허가를 받고, 정상적인 업무수행(교육활동)에 지장이 없도록 연가 범위 내에서 실시(국가공무원복무규정, 국가공무원법)
▶ 대가의 유무 및 강의 횟수에 상관없이 1월을 초과하여 지속적으로 출강할 때는 소속기관장의 겸직 허가 필요
▶ 교사, 교감의 겸직 허가 : 사전에 소속 학교장에서 신청(내부 결재)

(3) 겸임과 겸직 비교

구분	겸임	겸직
근거	「교육공무원법」 제18조 「교육공무원임용령」 제7조의2	「국가공무원법」 제64조 「국가공무원복무규정」 제26조
목적	임용권자의 필요	개인의 필요
효과	공무 수행	사적 필요
유의 사항	직위나 직무 내용이 유사하고, 직무 수행에 지장이 없어야 함	• 영리업무에 해당하지 않고, 직무 수행에 지장이 없는 경우에 한하여 기관장의 사전 허가 필요 • 비영리단체의 비상근 무보수 조건의 임직원 등 겸직 가능

[참고 문헌]
교육부(2016), 교육공무원 인사실무
서울특별시교육청(2023), 교육공무원 인사실무 매뉴얼
서울특별시교육청(2023), 2024 초등학교·특수학교 교원 및 교육전문직원 인사관리원칙
서울특별시교육청(2023), 2024년 2월말 교육공무원 명예퇴직 시행 계획
서울특별시교육청 법무행정서비스(http://law.sen.go.kr)

16차시

계약제교원

1. 계약제교원의 개념과 임용 방법

(1) 개념
- ▶ 정년이 보장된 정규교원을 제외한 계약에 의하여 임용되는 비정규직 유·초·중등교원을 의미
- ▶ 기간제교원(전일제, 시간제), 산학겸임교사, 명예교사, 강사 등을 총칭
- ▶ 기간제교원은 휴직, 파견 등으로 인한 결원의 보충, 특정 교과의 한시적 담당 등을 위하여 정원 범위 내에서 교원자격증 소지자를 한시적으로 활용하는 제도
- ▶ 산학겸임교사, 명예교사, 강사는 교원 정원 외에 교육과정의 효율적인 운영을 위하여 일시적으로 교원으로 활용하는 제도(정규교사 대체 수업전담 강사는 교원자격증 소지자에 한함)

(2) 임용 방법
- ▶ 임용 상한 연령: 기간제교원과 강사는 정규교원과 동일하게 만 62세
  (한시적으로 교육청마다 연령 기준과 임용 방법에 차이가 있음)

> 〈서울시교육청 임용 방법〉
> ① (임용 기간 1개월 이상) 계약제교원(기간제교사, 시간강사)을 1차 모집공고 시부터 예외적으로 만 65세까지 임용 가능(계약 기간은 해당 학기 이내로 정함)
> ② (임용 기간 1개월 미만) 시간강사 임용 시(공고 여부 무관)

▶ 계약제교원 관련 조회

대상＼종류	신원조사	결격사유조회	성범죄경력조회	아동학대 관련 전력조회
기간제교원	×	○	○	○
(시간)강사	×	1개월 이상(○)	○	○
산학겸임교사	×	○	○	○
명예교사	×	○	○	○

- 결격사유조회, 성범죄 경력 및 아동학대 관련 범죄전력조회
    • 취업(예정)자의 동의서를 첨부하여 내부 결재
    • 행정정보공동이용시스템(www.share.go.kr)을 이용하여 '결격사유 유무조회' 및 '성범죄경력·아동학대 전력조회'를 통해 확인(통합조회 가능)

2. 계약제교원의 임용

(1) 임용 사유 및 요건
▶ 1개월 이상 결원 보충 기간제교원 임용
   - 교원이 휴직하게 되어 후임자 보충이 불가피한 경우
   - 교원이 파견·연수·정직·직위해제 등 '대통령령이 정하는 사유'로 직무를 이탈하게 되어 후임자의 보충이 불가피한 경우
▶ 특정 교과의 한시적 담당 기간제 임용
   - 정원 외로 특정 교과를 한시적으로 담당하게 되는 경우
▶ 교육공무원이었던 자의 지식이나 경험을 활용할 필요가 있을 경우
   - 퇴직 당시 국·공립학교의 교원, 교육전문직원에 있었던 자 등 임용

(2) 임용 자격
▶ 임용 자격: 교원자격증 소지자
▶ 임용 상한 연령: 만 62세(계약 종료일은 교육공무원 정년일 이내이며, 한시적으로 교육청마다 연령 기준에 차이가 있음)
▶ 임용 제한 사항

- 「교육공무원법」 제10조의3(채용제한)제1항, 제10조의4(결격사유)에 해당하는 경우에는 임용할 수 없음.
- 「아동·청소년의 성보호에 관한 법률」 제56조에 따라 「유아교육법」 제2조제2호의 유치원 및 「초·중등교육법」 제2조의 학교에 취업이 제한된 자
- 「아동복지법」 제29조의3에 따라 「유아교육법」 제2조제2호의 유치원 및 「초·중등교육법」 제2조의 학교에 취업이 제한된 자
- 퇴직일로부터 2년[초등교사(초등특수 포함)는 6개월]이 경과하지 않은 명예퇴직 교원(시도별로 예외적인 임용 가능 조항을 두고 있음)

(3) 신분
▶ 정규교원으로 임용 시 어떠한 우선권도 인정되지 않으며, 임용 기간이 만료된 때에는 당연히 퇴직됨.
▶ 정규교원에게 인정되는 「교육공무원법」의 신분 보장 등 관련 규정은 적용되지 않음.
▶ 기간제교사는 무기계약근로자로 전환되지 않음.

(4) 임용 기간
▶ 「교육공무원법」 제32조 제1항에 따라 임용되는 기간제교원의 임용 기간은 1년 이내로 하며, 필요하면 3년의 범위에서 연장 가능(동일교 4년까지 가능)
▶ 연장 계약: 동일 교원 또는 동일 교과의 결원으로 공백 기간 없이 휴직 등을 연장하여 기간제교원을 임용할 사유가 발생할 경우에는 기존 채용된 기간제교원이 공개채용으로 채용된 경우라면 채용공고를 생략하고 연장계약 가능 (계약서 재작성 및 호봉 재획정)
▶ 단, 연장 계약 기간을 포함한 총 계약 기간이 6개월 미만이면 당초 채용방식이 공개채용이 아니더라도 채용공고를 생략하고 연장계약 가능

※ 교감 및 동교과·동학년 교원의 평가, 학교인사자문위원회 또는 임용심사위원회에서 적격 여부를 판단(신규채용 절차 없이 회의록 첨부하여 내부 결재로 연장 계약)

▶ 동일 학교에서 신규 및 연장계약을 통하여 4년을 근무한 기간제교원은 반드

시 퇴직 처리(4대보험 상실 신고, 퇴직금 지급)하고, 재채용이 필요하면 신규채용 절차를 거쳐 임용

(5) 임용 기간 중 계약 해지

▶ 기간제교원 계약 해지는 계약 내용에 의하며, 임용계약 시 일반적인 계약 해지 사유를 명시하고 미리 알려주어 분쟁 방지
▶ 다음의 사유 발생 시 계약 기간 중 계약 해지 가능
  - 업무를 태만히 하거나 업무수행능력이 부족한 경우
  - 신체·정신상의 이상으로 계약 기간 내에 계약 내용을 수행하기 곤란한 경우
  - 복무상 의무를 위반한 경우
  - 채용 자격에 결격사유가 있거나 형사사건으로 기소된 경우(혈중 알콜 농도 0.03% 이상으로 음주운전 적발 시는 해임 가능)
  - 휴직, 파견, 휴가 등과 관련한 사유 소멸로 해당 교원이 소속 학교, 또는 다른 학교로 조기 복직·복귀하게 된 경우
  - 특별한 이유 없이 1주일 이상 연속하여 근무하지 않은 경우
  - 채용 과정에서 금품 제공 등 부당한 방법으로 채용되거나 근무 과정에서 부당행위가 적발된 경우
  - 직무 내외를 불문하고 사회적으로 물의를 일으킬 경우
  - 채용 전 성 관련 비위 사실이 드러나거나 근무 과정에서 성비위 관련 범죄를 저지른 경우
  - 기타 동 계약서에 의한 임무를 성실하게 수행하지 아니한 경우
▶ 계약 기간 중 계약 해지 사유가 발생한 경우에는 「근로기준법」 제26조 및 제27조에 따라 30일 전에 계약 해지 사유와 계약 해지 시기를 서면으로 통지
▶ 휴직교원이 조기 복직을 청원하면 특별한 사유가 없는 한 기간제교원의 계약 해지 예고 기간을 확보할 수 있도록 최소 30일 전에 복직 신청 필요
▶ 미발령으로 인한 결원을 보충하는 기간제교원을 임용할 경우에는 계약을 1년 단위로 하되, 계약서에 '정규교원 충원 시 계약 기간 중이라 하더라도 계약 해지 할 수 있음'을 명시

▶ 성범죄 기간제교원 및 조기복직 등에 따른 중도 계약해지 기간제교원 보고

(6) 보수 및 호봉 등 처우
▶ 경력 인정: 근무 기간을 호봉승급경력 및 교육경력에 산입(시간제 근무 기간제교원은 근무 시간을 합산하여 1일 단위로 경력 평정)
▶ 호봉 책정
- 계약 기간 중 호봉재획정이 되지 않음.
- 「공무원보수규정」 제8조의 규정에 의하여 산정된 호봉액을 지급하되 고정급으로 지급함. 단, 다음의 ① ~ ③의 어느 하나에 해당하는 경우에는 14호봉(근무년수 5년)을 넘지 못함.
  ① 10년 이상 근무하고 퇴직하여 「공무원연금법」, 「사립학교교직원 연금법」 및 「군인연금법」에 따라 퇴직연금일시금을 지급받거나 연금수급이 가능한 개시 연령에 도달하여 퇴직연금을 지급받게 되었을 경우
  ② 「국가공무원법」 제74조의2, 「지방공무원법」 제66조의2, 「사립학교법」 제60조의3에 따른 명예퇴직하였을 경우
  ③ 「국가공무원법」 제74조, 「지방공무원법」 제66조, 「교육공무원법」 제47조에 따른 정년으로 퇴직하였을 경우
- 고정급 지급의 변경 사유
  • 정교사(1급)의 자격취득에 따른 자격변동이 있는 경우에는 새로운 경력의 합산을 신청한 날이 속하는 다음 달 1일에 합산하여 재산정한 봉급을 고정급으로 지급하며, 이에 따른 경력합산 신청서는 「기간제교원의 봉급 지급에 관한 예규」에 따름.
  • 자격변동에 따른 호봉(1호봉)만을 재산정하여 봉급으로 지급하며, 잔여 개월 수를 합산하여 호봉 재획정은 불가함.
- 방학 기간 중 임용 및 보수 지급(계약서 작성 시 유의)
  • 기간제교원 중 담임이나 계약 기간 만료 시점이 여름·겨울방학 기간이 아닌 자로서 6개월 이상 임용하는 경우에는 특별한 사정이 없는 한 방학 기간 중에도 임용하고 보수를 지급함.

- 계약 기간이 6개월 이상 되지 않는 경우에도 방학이 끝난 후에도 계속 임용이 예정되어 있거나 교육과정 운영상 필요하면 방학 중에 임용하고 보수를 지급할 수 있음.
- 수당 지급
  - 성과상여금: 해당 학년도에 동일한 학교에서 2개월 이상 실근무한 기간제 교사에게 근무 기간에 비례하여 개인성과급 지급
  - 정근수당 및 정근수당 가산금 지급
- 퇴직금 및 연금 지급
  - 계속근로기간(근로계약을 체결하여 해지될 때까지의 기간)이 1년 이상이며, 4주간을 평균하여 1주간의 소정근로시간이 15시간 이상이면 퇴직금 지급
    ① 동일 학교에서 근무했던 전 기간을 퇴직금 산정을 위한 계속근로로 인정하여 합산 기간(계속근로연수)이 1년 이상인 경우에는 반드시 퇴직금 지급
    ② 계속근로기간은 동일 학교에 근무했던 전 기간을 합산(근무 기간이 단절된 경우에는 그 단절된 기간을 제외하고, 임용 계약된 전체 기간을 합산한 기간으로 하되, 임금 청구 시효인 최근 3년 이내 기간만 산정함. 단, 근무 기간 단절 없이 동일 학교 3년 이상 임용 계약 시는 3년 초과 기간도 포함)한 기간을 말함.
  - 기간제교원의 1년 계약 시 3월 1일을 제외하여 퇴직금 미지급 사례가 발생하지 않도록 유의
  - 계약제교원은 연금법 적용 대상 공무원이 아니므로 연금 지급이 정지되지 아니함.
  - 퇴직금 산정 방법: 평균임금 30일분 × 계속근로년수(평균임금보다 통상임금이 높으면 통상임금으로 산정, 「근로기준법」 제2조제2항)

3. 계약제교원의 복무 관리

(1) 출장
▶ 학교 규모 등 학교 형편에 따라 선택적 적용(계약 내용에 의함)
▶ 학생지도 및 교육 관련 업무를 수행하기 위하여 필요한 경우에는 출장 조치

하되 행정업무 처리를 위한 출장은 가급적 억제
▶ 장기 임용된 기간제 교원을 원칙으로 하되, 단기 임용된 기간제교원도 필요하다고 인정하는 경우에는 출장 가능

(2) 근무 시간
▶ 기간제교원은 정규교원과 동일한 근무시간을 적용하고, 기타 계약제교원은 계약 내용에 따라 근무 시간을 정함.

(3) 휴가
▶ 정규교원의 복무기준을 준용하되, 구체적인 사항은 계약 내용으로 정함.
▶ 휴가 종류: 연가, 병가(공무상 병가, 일반병가), 공가, 특별휴가
  - 연가 (「국가공무원 복무규정」 제15조 및 제17조 준용, 강사 제외)
    • 연가일수 산정 시 동일 학교에서 계약 기간이 단절 없이 재계약일 경우에는 기존 계약 기간과 연장된 기간을 누적하여 재직 기간으로 산정
    • 재직 기간별 연가일수

계약 기간	연가 일수	계약 기간	연가 일수
1월 이상 1년 미만	11일	1년 이상 2년 미만	15일
2년 이상 3년 미만	15일	3년 이상 4년 미만	16일

※ 연가일수 = 재직기간별 연가일수 × 계약월 수 ÷ 12 (소수점 이하 반올림)

※ 「국가공무원 복무규정」 제17조를 준용하여 계약월 수는 사실상 근무에 종사한 기간의 개월 수로 환산(15일 이상은 1개월로 계산하고 15일 미만은 버림)

〈사실상 직무에 종사하지 않은 기간이 발생할 경우의 연가 산정〉

$$재산정\ 연가일 = \frac{계약\ 기간\ 중\ 사실상\ 직무에\ 종사한\ 기간(월)}{12(월)} \times 기\ 연가일$$

※ 재산정 연가일: 소수점 이하는 반올림
※ 사실상 직무에 종사한 기간(월): 15일 이상을 1개월로, 15일 미만은 버림

- 일반병가: 계약 기간 중 업무 수행이 곤란한 정도의 질환이 있을 경우에는 사전에 임용권자가 판단하여 허용

최대병가일수 = 일반병가 60일 × 계약 월(일 단위 절사) / 12

※ 연속 7일 이상 및 연간 누계 6일을 초과하는 병가는 진단서를 제출해야 하며, 미제출 시 연가 처리

- 공무상병가: 근로복지공단의 승인사항에 따라 공무상 질병 여부를 확정하고, 계약 기간 범위 내 연 180일의 범위 안에서 유급으로 허가
- 특별휴가
  - 「국가공무원 복무규정」 제20조(특별휴가) 제1항(경조사휴가), 제2항(출산휴가), 제3항(여성보건휴가), 제4항(모성보호시간), 제5항(육아시간), 제10항(유산휴가 또는 사산휴가), 제12항(난임치료 시술 휴가), 제14항 및 제15항(가족돌봄휴가), 제16항(임신검진휴가)은 일반 교원과 동일하게 적용
    ※ 출산휴가: 「남녀고용평등과 일·가정 양립 지원에 관한 법률」 제18조에 따라 「근로기준법」 제74조에 의해 출산 전후 휴가 급여를 받은 경우에는 최초 60일만 유급임(이후 30일은 고용노동부에 지급 신청 필요).
    ※ 육아 시간: 관련 증빙서류(이전학교 나이스 복무처리 내역, 주민등록등본 등)를 확인하고 36개월 이내로 허가 가능
    ※ 가족돌봄휴가: 계약 기간에 비례하여 시간 및 일자 산정
    ※ 임신검진휴가: 임신한 여성 계약제교원에게 1개월에 1회 허가(최대 10일)

(4) 육아휴직

▶ 근거: 「남녀고용평등과 일·가정 양립 지원에 관한 법률」 제19조
▶ 육아휴직 사유
  - 임신 중인 여성 기간제교원이 모성을 보호하거나 기간제교원이 만 8세 이하 또는 초등학교 2학년 이하의 자녀를 양육하기 위하여 필요한 경우
▶ 육아휴직 사용
  - (휴직 기간) 자녀 1명에 대해 부모가 각각 최대 1년 신청 가능
  - (휴직 요건) 6개월 이상 근무 시 육아휴직 신청이 가능하며, 분할 사용할 경우에는 학생의 학습권 보호 등을 위해 정규 교원에 준하여 6개월 단위 사용 권장

- (계약 기간과 관계) 육아휴직 기간이 남아 있다고 하더라도 계약 기간이 종료되면 계약연장의 의무 없이 계약은 종료
  ※ 1년 계약의 경우는 6개월 근무 후 6개월 육아휴직 신청 가능
- (복직) 학교장은 사실을 통지받은 날로부터 30일 이내로 근무개시일을 지정하여 육아휴직 종료 예정 기간제교원에게 통지
- (해고예고) 육아휴직으로 대체되어 근무 중인 기간제교원에게는 30일 이전에 해당 해고 사유와 해고 시기를 서면으로 통지
  ※ 「근로기준법」제26조에 의해 계속근로기간이 3개월 미만 시는 예고 미해당

4. 시간강사의 임용

(1) 임용 사유 및 요건
▶ 1개월 미만 결원 보충(「초·중등교육법」제22조)
▶ 교육과정 운영상 일시적 보충
  - 교육과정 운영상 불가피하게 일시적으로 강사를 채용해야 하는 경우
▶ 특수한 교과목 담당
  - 특수한 교과목은 양성교원 자원이 없어 정규교원으로 충원할 수 없을 경우

(2) 임용 자격
▶ 임용 자격: 「초·중등교육법 시행령」[별표 2] 기준에 따름.
  ※ 정규교사 대체 수업 전담 강사는 교원자격증 소지자에 한함.
▶ 임용 상한 연령: 만 62세(계약 종료일은 교육공무원 정년일 이내이며, 한시적으로 교육청마다 연령 기준에 차이가 있음)

(3) 경력
▶ 교육 경력에서는 제외하되, 호봉경력 산정 시는 기간 총족 시 인정

(4) 보수 등 처우
▶ 강사료 지급 기준: 실제 강의한 시간 수에 따라 시간당 강사료 지급

▶ 교육비특별회계 지원 강사료
  - 정규교원의 연가, 병가, 공가, 특별휴가, 출장 등 결원보충의 시간강사 수당
  - 교과 수업 대체 강사지원비: 시간당 단가 25,000원(시도별로 시간당 단가 금액에 차이가 있음)

▶ 단위 학교 예산 사용 강사료
  - 교육비특별회계에서 지원되지 않는 강사료는 전액 학교 예산에서 지급하며, 학교운영위원회 심의를 통해 단위 학교에서 자율적으로 책정
  - 학교 예산을 고려하여 10,000 ~ 50,000원 범위 내에서 자율적으로 책정
  - 학교장은 계약 시 교과목 운영과 관련되어 최소한의 범위 내에서 필수적인 업무수행을 위한 근무 시간을 수업 시간으로 인정하여 시간강사 수당을 지급할 수 있음.
    (예) 점심시간에 학생들의 식사 및 생활지도를 하는 경우, 임용권자는 계약 시 점심시간을 수업시간으로 인정하여 시간강사 수당을 지급할 수 있음(교원정책과-15526, 2007.5.17.).
  - 주당 수업시수가 15시간 이상인 경우에는 주휴수당 지급을 계약 내용에 포함하며, 교육청에 관련 예산 신청(「근로기준법」 제17조, 제18조, 제55조)

[참고 문헌]
교육부(2016), 교육공무원 인사실무
서울특별시교육청(2023), 교육공무원 인사실무 매뉴얼
서울특별시교육청(2023), 공립학교 계약제교원 운영 지침

17차시

교원의 복무

1. 교원의 의무

(1) 선서(「국가공무원법」 제55조, 국가공무원 복무규정 [별표 1])

> "나는 대한민국 공무원으로서 헌법과 법령을 준수하고, 국가를 수호하며, 국민에 대한 봉사자로서의 임무를 성실히 수행할 것을 엄숙히 선서합니다."

(2) 직무상 의무
- ▶ 성실의 의무: 모든 공무원은 법령을 준수하며 성실히 직무를 수행해야 함.
- ▶ 복종의 의무: 공무원은 직무를 수행할 때 소속 상관의 직무상 명령에 복종해야 함.
- ▶ 친절·공정의 의무: 공무원은 국민 전체의 봉사자로서 친절하고 공정하게 직무를 수행해야 함.
- ▶ 종교 중립의 의무: 공무원은 종교에 따른 차별 없이 직무를 수행해야 함.
- ▶ 비밀 엄수의 의무: 공무원은 재직 중은 물론 퇴직 후에도 직무상 알게 된 비밀을 엄수해야 함.
- ▶ 청렴의 의무: 공무원은 직무와 관련하여 직접적이든 간접적이든 사례·증여 또는 향응을 주거나 받을 수 없으며, 직무상의 관계가 있든 없든 그 소속 상관에게 증여하거나 소속 공무원으로부터 증여를 받아서는 안 됨.
- ▶ 품위 유지의 의무: 공무원은 직무의 내외를 불문하고 그 품위가 손상되는 행위를 하여서는 아니 됨.

(3) 신분상 의무
- ▶ 직장 이탈 금지: 공무원은 소속 상관의 허가 또는 정당한 사유가 없으면 직장을 이탈하지 못하며, 수사기관이 공무원을 구속하려면 그 소속 기관의 장에게 미리 통보해야 함. 다만, 현행범은 그러하지 아니함.
- ▶ 영리 업무 및 겸직 금지: 공무원은 공무 외에 영리를 목적으로 하는 업무에 종사하지 못하며, 소속 기관장의 허가 없이 다른 직무를 겸할 수 없음.
- ▶ 정치 운동의 금지
  - 공무원은 정당이나 그 밖의 정치단체의 결성에 관여하거나 이에 가입할 수 없음.
  - 공무원은 선거에서 특정 정당 또는 특정인을 지지 또는 반대하기 위한 행위를 하여서는 아니 됨.
- ▶ 집단 행위의 금지: 공무원은 노동운동이나 그 밖에 공무 외의 일을 위한 집단 행위를 해서는 안 됨. 다만, 사실상 노무에 종사하는 공무원은 예외로 함.

(4) 영리 업무 금지 및 겸직 허가
- ▶ 영리 업무의 개념: 계속적으로 재산상의 이득을 취하는 행위를 말함. 다만, 계속성이 없는 일시적인 행위로 계속적인 수입이 발생하는 경우는 업무가 아니므로 금지 및 허가의 대상이 아님.
- ▶ 영리 업무 사례
  - 학원 강의, 사기업 경영 및 운영 참여
  - 직무와 관련 있는 타인의 기업에 투자
  - 계속적으로 재산상의 이득을 목적으로 하는 업무 등
- ▶ 금지 요건
  - 공무원의 직무 능률을 떨어뜨릴 우려가 있는 경우
  - 공무에 대하여 부당한 영향을 끼칠 우려가 있는 경우(이해충돌)
  - 국가의 이익과 상반되는 이익을 취득할 우려가 있는 경우
  - 정부에 불명예스러운 영향을 끼칠 우려가 있는 경우
- ▶ 겸직 허가
  - 영리 업무에 해당되지 않는 다른 직무를 겸직하고자 할 경우에는 담당 업무 수

행에 지장이 없는 경우에 한하여 사전에 소속 기관장의 허가를 득하여 겸직을 할 수 있음.
- 정상적인 교육 활동에 지장이 없도록 연가 범위 내에서 실시하여야 함.
- 해당 공무원은 겸직하고자 하는 직무(직위) 관련 상세 자료(수익 발생 내역, 겸직 내용, 겸직 기간 등)를 소속기관에 제출하여 겸직 허가를 신청하여야 함.
- 인터넷 개인방송 활동, 부동산 임대업, 과도한 겸직 수익 발생, 직무 관련 지식·정보를 이용한 겸직 활동, 정치적 중립성 확보에 주의가 필요한 활동 등 면밀한 심사가 필요한 겸직 사항은 겸직심사위원회를 구성하여 심사해야 함.
- 소속 기관의 장은 해당 공무원이 하고자 하는 업무 내용과 성격, 담당 직무 내용과 성격 및 영리 업무 금지와 겸직 허가 제도의 취지를 종합적으로 고려해서 개별적·구체적으로 판단하여 허가 여부를 결정해야 함(겸직심사 주요 체크리스트).
- 소속 기관의 장은 매년 1월(전년도 12월말 기준), 7월(당해연도 6월말 기준)에 겸직 허가를 받은 공무원의 실제 겸직 내용을 확인하여 허가 내용과 동일한지, 영리업무 금지 규정 및 공무원의 겸직 활동 준수사항 등의 위반사항이 없는지 등을 조사하고, 위반사항 발견 시 겸직 허가 취소 등의 조치를 수행해야 함.
- 저술, 번역, 출판, 작사·작곡 등은 1회성은 해당 없으나 지속적인 경우에는 겸직 대상이며, 서적 출판 등으로 원고료를 받는 행위도 겸직 대상임.
- 블로그 활동: 수익을 얻는 경우에는 영리 업무, 공무원으로 부적절한 내용은 불허, 협찬으로 물품 홍보는 금지
- 모바일 앱, 이모티콘 제작 : 영리 업무, 품위손상 및 직무상 비밀을 이용하는 경우에는 불허
- 신규 임용자는 임용 후 1개월 이내 겸직 허가 신청
▶ 공무원의 인터넷 개인방송 활동 지침(네이버TV, 아프리카TV, 유튜브 등)
 - 직무와 관련 없는 사생활 영역은 규제 대상 아님.
 - 직무 관련 내용은 교장에게 사전 보고, 홍보부서와 협의, 비밀 누설 금지

(5) 외부 강의
▶ 모든 외부 강의는 소속 기관장의 사전 결재를 받아야 함. 단, 겸직 허가를 받

은 경우는 제외함(1개월 초과는 겸직 허가 대상).
▶ 외부 강의는 반드시 요청기관의 강의 요청 공문서에 근거하여 허용함.
▶ 근무 시간 내 외부 강의는 원칙적으로 금지하되, 직무 수행과 관련이 있는 경우, 해당 기관의 기능 수행 및 국가 정책 수행 목적상 필요한 경우는 허용함.
▶ 근무 시간 외 외부 강의는 업무에 지장이 없는 범위 내에서 허용함.
▶ 외부 강의 시 행정내부정보 누설 사례가 없도록 유의해야 함.
▶ 사회 통념을 벗어나는 고액 강의료 수수는 금지함.
▶ 월 3회 초과하는 경우에는 행동강령책임관의 검토를 거쳐 소속 기관장에게 승인을 받아야 함. 다만, 국가나 지방자치단체에서 요청하거나 겸직 허가를 받은 외부 강의 등은 그 횟수에 포함하지 않음.

(6) 공구원의 책임
▶ 국민 전체의 봉사자로서 창의와 성실로써 책임 완수
▶ 행정상의 책임: 징계 책임, 변상 책임
▶ 형사상의 책임: 일반 법익을 침해하는 경우에는 징계벌 이외의 형벌 병과 가능
▶ 민사상의 책임: 공무집행상의 위법 행위로 인하여 타인에게 손해를 입힌 경우에는 공무원 개인의 손해배상 책임

2. 교원의 근무

(1) 근무시간
▶ 공무원의 1주간 근무시간은 점심시간을 제외하고 40시간으로 하며, 토요일은 휴무를 원칙으로 함.
▶ 공무원의 1일 근무시간은 오전 9시부터 오후 6시까지로 하고, 점심시간은 낮 12시부터 오후 1시까지로 하며, 근무시간에 포함되지 아니함(단, 교원의 근무시간에는 점심시간 포함).

(2) 단위학교별 탄력적 근무시간제
▶ 1일 근무시간의 총량(평일 8시간)을 확보하여 근무시간을 정하고, 교육과정

운영에 지장이 없는 범위 내에서 출·퇴근 시간을 학교별로 자율적으로 정할 수 있음.
▶ 개인별 또는 일부 집단별(학년별·교과별 교사집단) 근무시간의 조정은 불가능함(단, 영양교사는 탄력적 근무시간제 운영, 2016.7.21. 시행).
▶ 코로나19 상황에서 한시적으로 학사운영, 방역관리 등 소속기관의 필요에 따라 개별 시차출퇴근제 가능함.

(3) 시간 외 근무 및 공휴일 근무
▶ 학교장은 방과후 교육활동, 자율학습지도, 등·하교지도, 방과후 학생 생활지도, 기타 학교장이 필요하다고 인정하는 경우에는 근무시간 외 근무를 명할 수 있음.
▶ 토요일 또는 공휴일 근무자에 대해서는 그다음의 정상근무일을 휴무(대체휴무)하게 할 수 있음.
▶ 평일 8시간 이상 초과근무한 경우에는 그다음 정상근무일부터 6주 이내 대체휴무 가능함.
▶ 대체휴무를 허가할 수 없거나 당해 공무원이 대체휴무를 활용하지 아니할 경우에는 초과근무수당을 지급하고 대체휴무에 갈음할 수 있음.
▶ 임신 중인 공무원 또는 출산 후 1년 미만인 공무원에게 오후 9시부터 오전 8시까지의 시간 및 토요일 또는 공휴일에 근무를 명할 수 없음. 단, 예외적으로 임신 중인 공무원이 신청하는 경우에는 출산 후 1년이 지나지 아니한 공무원의 동의가 있는 경우에는 가능함.
▶ 시간 외 근무수당 지급
  - 1일 1시간 공제 후 남은 시간을 최대 4시간 이내, 월 57시간 한도 내에서 인정함.
  - 8시간 근무일수 15일 이상인 자에게 월 10시간의 시간 외 근무수당 정액분을 지급함.

본인의 초과근무수당 지급단가 (개인 호봉별로 차이가 있음)	× 10

3. 휴업과 교원의 복무

(1) 휴업의 효력(「초·중등교육법」 제64조 및 동법 시행령 제47조)
▶ 휴업 기간 중 수업과 학생의 등교가 정지되나, 행정상의 업무는 지속됨.

(2) 휴업 실시 절차
▶ 관할청의 휴업 명령: 관할청은 재해 등의 긴급한 사유로 정상수업이 불가능하다고 인정하는 경우에는 학교의 장에게 휴업을 명할 수 있고, 관할청의 명령을 받은 학교의 장은 지체 없이 휴업을 해야 함.
▶ 학교장의 휴업 결정
 - 학교장은 매 학년도가 시작되기 전에 학교운영위원회의 심의를 거쳐 정하고, 이때 관공서의 공휴일 및 여름·겨울 휴가가 포함되어야 함.
 - 학교장은 비상재해 등 긴급한 사유가 발생한 때는 휴업을 실시하고, 지체 없이 관할청에 보고해야 함.

(3) 교원의 복무
▶ 휴업일은 교육공무원인 교원의 공휴일이 아니므로 근무일에 당연히 출근해야 하고, 소속 학교장의 허가 또는 정당한 이유 없이 직장을 이탈할 수 없음.
▶ 개교기념일, 자율휴업일 등을 휴업일로 정하였다 하더라도 관공서의 공휴일은 아니므로 교원의 복무는 정당한 절차에 의하여 관리해야 함.
▶ 휴업일에 「교육공무원법」 제41조의 규정에 의한 근무 장소 이외에서의 연수를 승인할 경우에는 연수 목적·적합성, 지역사회와의 관계 등을 종합적으로 고려하여 연수 효과가 나타나도록 조치해야 함.

4. 교원의 출장

(1) 출장의 개념
▶ 상사의 명을 받아 공무를 수행하는 것이며 출장명령권자인 소속 기관장이 사안별로 공무와의 관련 여부와 학교운영 등 제반 사정을 고려하여 명령함.

(2) 출장 명령의 요건
- ▶ 출장 명령은 해당 교원의 업무 관련성, 출장 내용, 출장 목적 등의 요건을 종합적으로 고려하여 명령권자가 판단하는 사항임.

(3) 출장 공무원
- ▶ 학교장의 명을 받아 출장하는 교원은 공무수행을 위하여 전력을 다하여야 하며, 사사로운 일을 위하여 시간을 소비해서는 아니 됨.
- ▶ 출장 교원이 그 출장 용무를 마치고 귀교한 때에는 지체 없이 학교장에게 복명서를 제출하여야 함. 다만, 경미한 사항에 대한 복명은 말로 할 수 있음.
- ▶ 임신 중인 공무원과 태아의 건강을 보호하기 위하여 해당 공무원의 장거리 또는 장시간 출장을 제한 가능함.

5. 교원의 대학원 수강

(1) 교원의 주간 대학원 학위과정 수강
- ▶ 교원의 교육활동에 지장을 받지 않는 범위 내에서 법령이 정하는 바에 따라 조퇴, 연가 등을 활용하여 소속 기관장의 허가를 받으면 주간 대학원 수학이 가능함.

(2) 교원의 야간제·계절제 대학원 수강
- ▶ 근무시간 내에 수업에 지장이 없는 한 학교장의 허가를 받고 야간 또는 계절제 대학원을 수강할 수 있음. 이때 근무 상황은 '출장(연수)'으로 처리함.
- ▶ 야간제 대학원이라고 하더라도 장거리 수강이나 주간 대학원의 수업시간대에 운영되는 경우에는 학교장의 종합적인 판단에 의하여 주간 대학원의 복무에 준하여 처리할 수 있음.

[참고 문헌]
서울특별시교육청(2019), 겸직 및 외부강의 관련규정
서울특별시교육청(2021), 교원 인터넷 개인미디어 활동 지침
서울특별시교육청(2023), 교육공무원 인사실무 매뉴얼

18차시
교원의 휴가와 특별휴가

1. 교원의 휴가
(1) 휴가 실시의 원칙
▶ 교원의 휴가는 연가, 병가, 공가, 특별휴가로 구분함.
▶ 학교장은 휴가를 허가함에 있어 소속 교원이 원하는 시기에 법정 휴가일수가 보장되도록 하되, 연가는 수업 및 교육활동 등을 고려하여 특별한 사유가 없는 한 수업일을 제외하여 실시하도록 함.
▶ 학교장은 휴가로 인한 수업 결손 등이 발생하지 않도록 필요한 조치를 취해야 함.

(2) 휴가일수의 계산
▶ 연가, 병가, 공가, 특별휴가는 별개의 요건에 따라 운영되므로 휴가일수는 휴가 종류별로 따로 계산함.
▶ 휴가 기간 중의 토요일 또는 공휴일은 그 휴가 일수에 산입하지 않음. 다만, 연가를 제외한 휴가 일수가 30일 이상 계속되는 경우에는 그 휴가 일수에 토요일 또는 공휴일을 산입함.
▶ 법정휴가일수를 초과한 휴가는 결근으로 처리함.

(3) 휴가 종류별 실시 방법
▶ 연가
 - 재직 기간별 연가일수(「국가공무원 복무규정」)

재직 기간	연가 일수	재직 기간	연가 일수
1개월 이상 1년 미만	11일	4년 이상 5년 미만	17일
1년 이상 3년 미만	15일	5년 이상 6년 미만	20일
3년 이상 4년 미만	16일	6년 이상	21일

- 연가의 사유
  - 연가는 수업 및 교육활동 등을 고려하여 특별한 사유가 없는 한 수업일을 제외하고 실시해야 하며, 수업일 중 연가를 쓰고자 하는 교원은 아래 사유에 해당하는 경우, 학교 업무 및 교육과정 운영에 지장을 초래하지 않는 범위 내에서 연가를 실시함.

■ 수업일 연가 사유 ■

- (제1호) 본인 및 배우자 직계존속의 생일
- (제2호) 배우자, 본인 및 배우자 직계존속의 기일
- (제3호) 배우자, 본인 및 배우자 직계존비속 또는 형제·자매의 질병, 부상 등으로 일시적인 간호 또는 위로가 필요하다고 인정되는 경우
- (제4호) 병가를 모두 사용한 후에도 직무를 수행할 수 없거나 계속 요양을 할 필요가 있는 경우
- (제5호) 한국방송통신대학교 출석 수업 및 일반대학원 시험에 참석하는 경우
- (제6호) 본인 및 배우자 부모의 형제·자매 장례식
- (제7호) 본인 및 배우자 형제·자매의 배우자 장례식
- (제8호) 본인 자녀의 입영일
- (제9호) 기타 상당한 이유가 있다고 소속 학교의 장이 인정하는 경우

  - 학교의 장은 「교원휴가에 관한 예규」 제4조(휴가 실시의 원칙)와 제5조(연가) 규정을 종합적으로 고려하여 제1호부터 제8호까지에 규정되지 않은 사유에 대해서도 연가 사용의 필요성이 있고, 수업 및 교육과정 등에 지장을 초래하지 않는다고 판단하는 경우에는 연가를 승인할 수 있음.
  - 제1호부터 제8호까지의 사유에 해당하면 NEIS 사유란에 "제1호", "제2호"

등 해당하는 호를 입력하고, 제9호 사유의 경우에는 학교장이 '기타 상당한 이유가 있는지'를 판단할 수 있도록, 사유 및 비고란에 "제9호"를 선택한 후 제9호에 해당하는 사유를 기재함.
- 반일연가는 반일단위(근무시간 4시간 기준)로도 허가할 수 있음.
- 조퇴, 외출, 지각은 사유를 기재하여 NEIS 결재를 받도록 하되, 구체적인 사유 기재를 강요하지 않도록 함.

- 다음연도 연가 사용
  - 교원(연도 중 휴직·퇴직예정자 제외)에게 연가일수가 없는 경우 또는 당해 재직 기간의 잔여 연가일수를 초과하는 휴가 사유가 발생한 경우에는 그다음 재직 기간의 연가일수를 다음 표에 따라 미리 사용하게 할 수 있음.

재직 기간	미리 사용하게 할 수 있는 최대 연가일수	재직 기간	미리 사용하게 할 수 있는 최대 연가일수
6월 미만	3일	2년 이상 3년 미만	7일
6월 이상 1년 미만	4일	3년 이상 4년 미만	8일
1년 이상 2년 미만	6일	4년 이상	10일

- 미리 사용한 연가일수는 다음 재직 기간의 연가일수에서 뺌.
- 재직 기간의 연가일수를 미리 사용한 이후에 당해연도에 휴직·퇴직하는 경우 등에는 사용한 연가일수(「공무원 복무규정」 제16조제6항에 따라 미리 사용한 연가일수 포함)를 보유한 연가일수에서 차감하되, 이를 초과하여 연가를 사용한 경우는 결근으로 처리함.

- 연가일수의 가산
  - 당해연도에 결근·휴직·정직·강등 및 직위해제 사실이 없는 교원으로서 '병가일수가 1일 미만인 교원'과 '연가실시일수가 3일 미만인 교원'은 다음 해 연가일수에 각각 1일(합계 2일)을 가산함. 단, 공무상 병가만 사용한 경우에는 연가 가산 대상에 해당함.
  - 지참·외출·조퇴·반일연가 누계가 8시간 미만은 1일 미만이므로 연가 가산함.
  - 연가는 1월 1일부터 12월 31일까지 1년 단위로 계산하며, 미사용 연가는 다음 해로 이월 불가함.

- 연가일수의 공제
  - 결근·정직·직위해제 일수 및 강등처분으로 인하여 직무에 종사하지 못하는 일수가 있는 연도에는 이를 당해연도의 잔여연가 일수에서 공제함(휴직은 법령에 의한 의무수행이나 공무상 질병(부상)으로 휴직한 경우를 제외).
  - 해당연도 중 실제 근무하지 아니한 기간은 월로 환산하여 계산하되, 15일 이상은 1월로 계산하고 15일 미만은 이를 산입하지 아니하며, 산식에 의하여 산출된 소수점 이하의 일수는 반올림함.

$$\frac{\text{해당연도 중 사실상 직무에 종사한 기간(월)}}{12(\text{월})} \times \text{당해연도 연가일수}$$

  - 「교육공무원 임용령」 제19조의4에 따른 시간선택제 전환교사의 연가는 다음의 산식에 따라 근무시간에 비례하여 시간 단위로 실시함(시간선택제 교사 제도 인사 운영 매뉴얼 2023).

$$\text{재직기간별 연가일수} \times \frac{\text{시간선택제 교사의 주당 근무시간}}{\text{교사의 주당 근무시간}} \times 8\text{시간}$$

  - 지참·외출·조퇴·반일연가는 구분 없이 누계 8시간을 1일로 계산하여 공제함.

▶ 병가
- 병가의 종류
  - 일반 병가는 연 60일의 범위 안에서 허가하며, 질병이나 부상으로 인한 지각·조퇴·외출은 구분 없이 누계시간으로 계산하여 누계 8시간을 병가 1일로 처리함.
  - 공무상 병가는 공무상 질병 또는 부상으로 직무를 수행할 수 없거나 요양을 요할 경우에 연 180일의 범위 안에서 허가함. 다만, 동일한 사유로는 연도의 구분 없이 180일의 범위 안에서 허가함.
- 병가일수의 계산

- 병가일수는 1월 1일부터 12월 말까지 1년 단위로 계산하며, 전년도 병가 사용 일수에 관계없이 연도가 바뀌면 새로 시작함. 다만, 공무상 병가에 있어서 병가 사유에는 그러하지 아니함.
- 진단서를 제출하여야 함에도 제출하지 못한 병가는 이를 연가일수에서 공제함.
- 병가의 운영 방법
  - 병가일이 연속 7일 이상과 병가의 연간 누계가 6일을 초과하게 되는 경우에는 「의료법」 제17조에 의하여 교부된 진단서를 제출해야 함.
  - 일반 병가와 공무상 병가의 사용 가능 일수는 각각 별도로 운영함.
  - 갑작스런 발병 등으로 진단서를 첨부할 시간적인 여유가 없을 경우에는 우선 병가 신청을 하고 최대한 빨리 진단서를 제출해야 함.

▶ 공가
- 공가의 사유
  - 「병역법」이나 그 밖의 법령에 따른 병역판정검사·소집·검열점호 등에 응하거나 동원·훈련에 참가할 때
  - 공무와 관련하여 국회·법원·검찰 또는 그 밖의 국가기관에 소환될 때
  - 법률의 규정에 의하여 투표에 참가할 때
  - 승진·전직 시험에 응시할 때
  - 원격지로 전보 발령을 받고 부임할 때
  - 마약류 중독 검사, 결핵 검진 등을 받을 때
    ※ 수검 의무가 없는 검진(재검진, 2차검진, 확진검사 등 포함)은 공가 사유에 해당되지 않으며, 「산업안전보건법」 제129조부터 제131조까지의 규정에 따른 건강진단 중 확진검사는 공가 대상
  - 「혈액관리법」에 따라 헌혈에 참가할 때
  - 「교원 등의 연수에 관한 규정」 제13조에 의한 외국어능력시험에 응시할 때
  - 올림픽·전국체전 등 국가적인 행사에 참가할 때
  - 천재지변·교통 차단 및 기타의 사유로 출근이 불가능할 때
  - 교섭위원으로 선임되어 단체교섭 및 단체협약 체결에 참석할 때, 교섭 관련 협의를 위하여 지명된 자로 참석할 때, 교원 노동조합의 대의원회(연 1회 한

정)에 참석할 때
- 「교원의 지위 향상 및 교육활동 보호를 위한 특별법」 제11조 및 「교원의 지위 향상을 위한 교섭·협의에 관한 규정」 제2조의 교섭·협의당사자로 교섭·협의에 참석할 때, 「교육기본법」 제15조에 의한 교원단체의 대의원회(교원 지위 향상을 위한 특별법에 따라 설립된 교원단체의 대의원회를 말하며, 연 1회로 한정)에 참석할 때
- 공무국외출장등을 위하여 「검역법」 제5조제1항에 따른 검역관리지역 또는 중점검역관리지역으로 가기 전에 같은 법에 따른 검역감염병의 예방접종을 할 때
- 「감염병의 예방 및 관리에 관한 법률」 제2조의 제1급 감염병에 대하여 같은 법 제24조 및 제25조에 따라 예방접종을 받는 경우 또는 질병관리청장, 시·도지사, 시장·군수·구청장, 행정기관의 장의 조치·명령에 따라 같은 법 제42조제2항제3호의 감염 여부 검사를 받을 때

2. 교원의 특별휴가

(1) 경조사휴가

▶ 경조사별 휴가일수

구분	대상	일수
결혼	본인	5
	자녀	1
출산	배우자(다태아)	20(25)
입양	본인	20
사망	배우자, 본인 및 배우자의 부모	5
	본인 및 배우자의 조부모·외조부모	3
	자녀와 그 자녀의 배우자	3
	본인 및 배우자의 형제자매	3

▶ 경조사휴가는 그 사유가 발생한 날을 포함하여 전후에 연속하여 실시하는 것이 원칙이며, 토요일·공휴일로 인해 분리되는 경우를 제외하고는 분할하여

사용할 수 없음.
▶ 수업에 지장이 없는 범위 내에서 본인 결혼은 그 사유가 발생한 날부터 90일 이내의 범위에서 사용 가능함.
▶ 배우자 출산휴가는 배우자의 출산 예정일 30일 전부터 출산 이후 120일(다태아 150일) 이내의 범위에서 사용가능하고 3회(다태아 5회) 분할 가능함.
▶ 본인 결혼휴가의 경우에는 그 사유가 발생한 날(①결혼식 한 날, ②혼인신고 한 날 중 하나를 개인이 선택)부터 사유로 봄이 바람직함.
▶ 사망으로 인한 경조사휴가는 그 사유가 발생한 날 또는 그다음날에 휴가를 사용할 수 있음.
▶ 경조사 특별휴가 기간 중에 공휴일 및 토요일은 휴가일수에 산입하지 않음.
▶ 직계혈족 또는 법률상 가족 관계로 등록된 경우에 사용이 가능함. 따라서 사실혼 관계인 배우자의 출산휴가의 경우에는 그 자녀의 가족관계 증명을 통해 경조사 휴가를 부여할 수 있으나, 가족관계로 등록되지 않은 사실혼 관계인 배우자의 부모님 등 가족에 대한 경조사휴가는 부여할 수 없음.

(2) 출산휴가
▶ 임신·출산한 교원에 대하여 출산의 전후를 통하여 90일의 출산휴가를 허가할 수 있으며, 출산 전 기간이 44일을 초과할 수 없음(출산 후 45일 이상 확보).
▶ 한 번에 둘 이상의 자녀를 임신한 경우에는 120일의 출산휴가를 허가할 수 있으며, 출산 후의 휴가 기간이 60일 이상이 되게 함.
▶ 다음의 사유에 해당하면 출산 전 어느 때라도 최장 44일(한 번에 둘 이상의 자녀를 임신한 경우에는 59일)의 범위에서 출산휴가를 나누어 사용할 수 있도록 해야 함.
  - 임신 중인 공무원이 유산·사산의 경험이 있는 경우(인공임신중절 제외)
  - 임신 중인 공무원이 출산휴가를 신청할 당시 연령이 만 40세 이상인 경우
  - 임신 중인 공무원이 유산·사산 또는 조산의 위험이 있다는 진단서를 제출한 경우
    ※ 유산·사산의 위험이 있다는 의료기관의 진단서를 제출한 경우에는 해당 여성 공무원은 병가 및 출산휴가 신청 가능

▶ 출산 및 유산·사산휴가는 산모의 건강을 고려하여 일정 기간 휴가를 부여하는 것이며, 임신 중에 심한 입덧이나 부작용 또는 안정의 필요성이 있을 경우에는 일반병가를 허가할 수 있음.

(3) 유산(사산)휴가
▶ 임신 이후 유산 또는 사산한 경우로서 교원이 신청하는 때에는 정해진 기준에 따라 유산·사산휴가를 주어야 함. 다만, 인공임신중절수술에 의한 유산의 경우에는 휴가를 부여하지 않음.
  - 임신 기간이 15주 이내인 경우: 유산하거나 사산한 날부터 10일까지
  - 16주 이상 21주 이내인 경우: 유산하거나 사산한 날부터 30일까지
  - 22주 이상 27주 이내인 경우: 유산하거나 사산한 날부터 60일까지
  - 28주 이상인 경우: 유산하거나 사산한 날부터 90일까지

(4) 배우자 유산(사산)휴가
▶ 배우자 유산·사산 휴가: 3일, 1회에 한하여 분할사용 가능함.

(5) 난임치료시술휴가
▶ 인공수정 등 시술을 받는 경우: 총 2일(시술 당일 1일과 시술일 전날, 시술일 후 2일 이내이거나 시술 관련 진료일 중에 1일)
▶ 동결 보존된 배아를 이식하는 체외수정 시술을 받는 경우: 총 3일(시술 당일 1일과 시술일 전날, 시술일 후 2일 이내이거나 시술 관련 진료일 중에 2일)
▶ 난자 채취를 하여 체외수정 시술을 받는 경우: 총 4일(난자 채취일 1일, 시술 당일 1일과 시술일 전날, 난자 채취일 전날, 시술일 후 2일 이내, 난자 채취일 후 2일 이내이거나 시술 관련 진료일 중에 2일)
▶ 남성공무원: 정자 채취일 1일

(6) 여성보건휴가
▶ 여성공무원은 생리 기간 중 휴식을 위하여 매월 1일의 여성보건휴가를 받을

수 있으며 무급 처리함.

(7) 모성보호시간
▶ 임신 중인 여성공무원은 1일 2시간 범위에서 휴식·병원 진료 등을 위한 모성보호시간을 받을 수 있음.
▶ 근무시간 중의 적절한 시간을 선택하여 신청할 수 있으며, 승인 대상 여부는 병원에서 발급한 증빙서류(진단서, 임신확인서, 산모수첩 등)로 확인함.
▶ 허가권자는 수업 등 학생지도에 지장이 없는 범위 내에서 판단하여 허가할 수 있음. 다만, 육아시간과 중복하여 사용 불가함.
▶ 모성보호시간 사용 시에는 1일 최소근무시간은 4시간 이상이 되어야 하며, 최소근무시간을 충족하지 못할 경우에는 연가로 처리함.
  (여) 일 8시간 근무 기준
   • 모성보호시간 2시간, 연가 3시간 사용 시 → 연가 5시간 사용으로 처리
   • 모성보호시간 2시간, 병가 4시간 사용 시 → 연가 2시간, 병가 4시간 사용으로 처리

(8) 육아시간
▶ 8세 이하 또는 초등학교 2학년 이하의 자녀를 가진 공무원은 36개월의 범위에서 1일 2시간의 육아시간을 받을 수 있으며, 허가 대상 여부는 병원의 출생증명서 또는 주민등록등본으로 확인함.
▶ 육아시간은 본인의 신청에 따라 학생지도에 지장이 없는 범위 내에서 근무시간 중의 적절한 시간을 선택함. 다만, 모성보호시간과 중복 사용 불가함.
▶ 36개월은 월(月) 단위로 지정하되, 사용에 대한 신청·승인은 일(日) 또는 주(週) 단위로 1일 2시간 범위 내에서 사용할 수 있음. 사용한 날(日)을 기준으로 1일을 공제하며, 2시간 미만의 시간을 사용하더라도 1일을 사용한 것으로 봄.
▶ 자녀가 8세 초과한 날 또는 초등학교 2학년 초과에 남아 있는 육아시간은 소멸되며, 8세 이하의 자녀 또는 초등학교 2학년 이하의 자녀가 2명 이상인 경우에는 자녀 1인당 각각 사용할 수 있으나 동일한 날에 중복하여 사용할 수

없음.
▶ 육아시간 사용 시 일(日) 최소근무시간은 4시간 이상이 되어야 하며, 최소근무시간을 충족하지 못한 육아시간 사용은 연가로 처리함.
▶ 월(月) 단위 이상 연속하여 사용한 경우는 합산하여 해당 개월을 사용한 것으로 계산함.

<small>(예1) 4.1.~5.30.까지 사용한 경우, 2개월을 사용한 것으로 봄.</small>

<small>(예2) 2월이 28일인 경우, 30일이 안 되더라도 1개월을 사용한 것으로 봄.</small>

▶ 월(月) 단위 이상 연속하여 사용하지 않은 경우는 사용일수를 합산하여 20일마다 1개월을 사용한 것으로 계산함.

(9) 수업휴가
▶ 한국방송통신대학교에 재학 중인 교원의 출석수업 참가를 위하여 연가일수를 초과하는 출석수업에 대하여 수업일수를 얻을 수 있음.
▶ 법정 연가를 먼저 사용한 후 부족한 일수에 한하여 인정함.

(10) 재해구호휴가
▶ 수해·화재·붕괴·폭발 등의 재해 또는 재난으로 피해를 입은 교원과 재해 또는 재난발생지역에서 봉사활동을 하고자 하는 교원은 5일 이내의 휴가 가능함.
▶ 대규모 재난 피해를 입은 교원은 10일 휴가 가능함.

(11) 포상휴가
▶ 국가 또는 당해 기관(학교)의 주요 업무를 성공적으로 수행하여 탁월한 성과와 공로가 인정되는 교원에게 10일 이내의 포상휴가를 승인할 수 있음.
▶ 기관장(학교장)은 포상휴가제의 취지를 감안, 이를 신중하게 승인해야 함.

(12) 가족돌봄휴가
▶ 자녀, 배우자, 부모(배우자의 부모 포함), 조부모, 손자녀 돌봄을 위하여 연간 10일 이내 가족돌봄휴가를 받을 수 있음.

▶ 자녀돌봄 사유는 유급휴가로 연간 자녀수+1일의 자녀돌봄휴가를 시간 단위로 사용할 수 있음. 다만, 자녀가 장애인인 경우 또는 교원이 한부모가족지원법 제4조의 모 또는 부에 해당되는 경우는 연 1일 추가 가능함.
▶ 자녀 외 가족돌봄휴가는 무급휴가이며 일 단위 사용 가능함.
▶ 자녀돌봄 사유에는 「영유아보육법」에 따른 어린이집, 「유아교육법」에 따른 유치원 및 「초·중등교육법」 제2조 각 호의 학교에서 공식적으로 주최하는 행사(입학식, 졸업식, 학예회, 운동회, 참여수업 등), 교사와의 상담, 자녀의 병원 진료(예방접종 포함), 어린이집(학교) 휴원(교), 질병, 사고 등이 해당됨.

(13) 임신검진휴가
▶ 여성교원의 임신검진을 위해 임신 기간 동안 10일 이내 휴가를 부여함.
▶ 반일 또는 하루 단위 신청 가능하며, 3일 이상 연속 사용 시 증빙자료를 제출해야 함.

(14) 교육활동 보호를 위한 특별휴가
▶ 「교원의 지위 향상 및 교육활동 보호를 위한 특별법」 제15조에 따른 교육활동 침해의 피해를 받은 교원이 해당됨.
▶ 피해 교원의 회복을 지원하기 위해 5일의 범위에서 특별휴가를 부여할 수 있음.

[참고 문헌]
교육부(2016), 교육공무원 인사실무
서울특별시교육청(2023), 교육공무원 인사실무 매뉴얼

19차시

교원의 휴직과 복직

1. 휴직의 목적 및 효력

(1) 목적
▶ 공무원이 재직 중 직무에 종사할 수 없는 사유가 발생한 경우, 해당 사안에 따라 면직시키지 아니하고 일정 기간 신분을 유지하면서 질병 치료, 법률상 의무 이행, 능력 개발을 위한 연수 기회를 부여하는 등 공무원의 신분을 보장하기 위한 제도

(2) 효력
▶ 휴직 중인 공무원은 신분은 보유하나 직무에 종사하지 못함.
▶ 휴직 중이라도 공무원의 신분은 보유하므로 신분상의 의무(외국 정부의 영예 수여, 겸직 금지, 집단행위의 금지, 정치 운동의 금지, 비밀 엄수 등)를 위반하였을 때는 징계처분의 대상이 됨.
▶ 휴직 중에 정년이 도래한 자는 정년퇴직이 가능하며, 명예퇴직 신청도 가능함.

2. 휴직 업무 처리 시 유의사항
▶ 임용권자는 휴직의 허가 시 교원 수급 사정, 예산 사정, 휴직의 목적 적합성, 휴직의 목적 달성 가능 여부, 기간제교원의 신분 보장 가능 여부 등을 종합적으로 판단하여 휴직을 허가해야 함.
▶ 본인의 청원에 의하여 휴직을 허가하는 경우에는 그 기간에 휴직의 목적 달성 가능성 여부, 휴직의 합목적성 등을 면밀히 검토하여 처리해야 함.

▶ 모든 휴직은 학생의 학습권 보호와 안정적인 학교운영, 학교의 특수성 등을 고려하여 학기 단위로 기간을 정하여 휴직하도록 적극 권장함.
▶ 휴직 사유의 소멸 또는 휴직 기간 만료 후 다른 사유로 계속 휴직하고자 할 경우에는 당초의 휴직에 대한 복직신고를 함과 동시에 다른 사유로의 휴직 신청을 하도록 함.
▶ 휴직 중에 있는 자가 「교육공무원법」 제45조에 규정된 휴직 기간 범위 내에서 휴직 기간을 연장하고자 할 때에는 휴직 기간 만료일 15일 전까지 신청해야 함.
▶ 휴직 중에 있는 자는 6개월마다 소재지와 휴직 사유의 계속 여부를 소속기관의 장에게 보고해야 하며, 소속기관의 장은 휴직자의 동태를 항상 파악하고 필요시 이에 대한 조치를 취해야 함.
▶ 육아휴직 또는 동반휴직을 2년 이상한 교원이 복직하고자 하는 경우에는 대통령령이 정하는 바에 의하여 연수를 받아야 함.
▶ 당해 학교 소속 교육공무원의 6개월 미만의 휴·복직은 학교장에게 위임할 수 있음.

3. 휴직 종류 및 기간

(1) 직권휴직(「교육공무원법」 제44조제1항, 제45조제1항)

종류	근거	요건	기간	경력 인정	결원 보충	봉급	수당	기타
질병 휴직	제1호	신체·정신상의 장애로 장기요양이 필요할 때	• 1년 이내(부득이한 경우 1년 범위 내 연장 가능) • 「공무원 재해보상법」에 따른 공무상 부상 또는 질병의 경우는 3년 이내	• 경력 평정 미산입(공무상 질병인 경우 산입) • 승급 제한(공무상 질병인 경우 포함)	6월 이상 휴직 시 결원 보충	• 1년 이하: 7할 지급 • 1년 초과 2년 이하: 5할 지급 • 공무상 질병은 전액 지급	수당 규정에 의하여 지급	의사 진단서 첨부
병역 휴직	제2호	병역의 복무를 위하여 징·소집된 경우	복무 기간	• 경력평정 산입 • 승급 인정	6월 이상 휴직 시 결원 보충	지급 안 함	지급 안 함	

종류	근거	요건	기간	경력 인정	결원 보충	봉급	수당	기타
행방불명휴직	제3호	천재지변·전시·사변, 그 밖의 사유로 생사 소재가 불명한 경우	3월 이내	• 경력평정 미산입 • 승급 제한	결원보충불가	지급 안 함	지급 안 함	
법정의무수행휴직	제4호	기타 법률상 의무수행을 위해 직무를 이탈하게 된 경우	복무 기간	• 경력평정 산입 • 승급 인정	6월 이상 휴직 시 결원 보충	지급 안 함	지급 안 함	
노조전임자휴직	제11호	교원노동조합 전임자로 종사하게 된 경우	전임 기간	• 경력평정 산입 • 승급 인정	6월 이상 휴직 시 결원 보충	지급 안 함	지급 안 함	

(2) 청원휴직(「교육공무원법」 제44조제1항, 제45조제1항)

종류	근거	요건	기간	경력 인정	결원 보충	봉급	수당	기타
유학휴직	제5호	학위취득을 목적으로 해외유학을 하거나 외국에서 1년 이상 연구·연수하게 된 경우	3년 이내 (학위 취득의 경우 3년 범위 내 연장 가능)	• 경력평정 5할 산입 • 승급 인정	6월 이상 휴직 시 결원 보충	5할 지급	수당 규정에 의하여 지급	
고용휴직	제6호	국제기구, 외국기관, 국내외의 대학·연구기관, 다른 국가기관, 재외교육기관 또는 대통령령으로 정하는 민간단체에 임시로 고용되는 경우	고용 기간	• 경력평정 산입 (비상근의 경우 5할 산입) • 승급 인정(비상근의 경우 5할 인정)	6월 이상 휴직 시 결원 보충	지급 안 함	지급 안 함	
육아휴직	제7호	만 8세 이하 또는 초등학교 2학년 이하의 자녀를 양육하기 위하여 필요하거나 여성 교육공무원이 임신 또는 출산하게 된 경우	자녀 1명에 대하여 3년 이내 (분할 사용 가능)	• 경력평정 산입 • 승급 인정(자녀당 최초 1년 인정, 셋째 자녀 이후 3년 전 기간 인정, 공무원수당 규정 의거, 해당자 1년 6개월 인정)	6월 이상 휴직 시 (출산휴가 연계 시 3월) 결원 보충	지급 안 함	별도 안내	출산휴가 별도 신청 가능
입양휴직	제7호의2	만 19세 미만 아동을 입양하는 경우(제7호에 따른 육아휴직 대상이 되는 아동 제외)	입양 자녀 1명에 대하여 6개월 이내	• 경력평정 산입 • 승급 인정	6월 이상 휴직 시 결원 보충	지급 안 함	지급 안 함	

불임난임치료휴직	제7호의3	불임·난임으로 인하여 장기간의 치료가 필요한 경우	1년 이내(부득이한 경우 1년 범위 내 연장 가능)	• 경력평정 미산입 • 승급 제한	6월 이상 휴직 시 결원 보충	제1호와 동일	수당 규정에 의하여 지급	의사 진단서 첨부
국내연수휴직	제8호	교육부장관 또는 교육감이 지정하는 국내 연구기관이나 교육기관 등에서 연수하게 된 경우	3년 이내	• 경력평정 5할 산입 • 승급 제한(학위취득 시 인정)	6월 이상 휴직 시 결원 보충	지급 안함	지급 안함	
가족돌봄휴직	제9호	조부모, 부모(배우자 부모), 배우자, 자녀, 손자녀의 간호를 위하여 필요한 경우	1년 이내 (재직 기간 중 총 3년 초과 불가)	• 경력평정 미산입 • 승급 제한	6월 이상 휴직 시 결원 보충	지급 안함	지급 안함	
동반휴직	제10호	배우자가 국외근무를 하거나 제5호에 해당하게 된 경우	3년 이내 (3년 범위 내 연장 가능)	• 경력평정 미산입 • 승급 제한	6월 이상 휴직 시 결원 보충	지급 안함	지급 안함	
자율연수휴직	제12호	「공무원연금법」 제25조에 따른 재직기간이 10년 이상인 교원이 자기계발의 학습, 연구 등을 하게 된 경우	1년 이내 (재직 기간 중 1회, 학기 단위 허가)	• 경력평정 미산입 • 승급 제한	6월 이상 휴직 시 결원 보충	지급 안함	지급 안함	

※ 시도별로 결원 보충에는 다소 차이가 있을 수 있음.

4. 휴직 종류별 세부사항

(1) 질병휴직(「교육공무원법」 제44조제1항제1호)
▶ 휴직 요건: 합병성·단일성 또는 공무로 인한 것인지에 불문하고 직무수행에 상당한 지장을 줄 수 있는 신체·정신상의 장애로 요양이 필요한 경우(불임·난임으로 인하여 장기간 치료가 필요한 경우 포함)
▶ 휴직 기간: 1년 이내(「공무원연금법」에 따른 공무상 질병 또는 부상으로 인한 휴직 기간은 3년 이내)로 하되, 부득이한 경우 1년의 범위에서 연장 가능
▶ 휴직 기간의 연장 및 재휴직
 - 일반적으로 질병휴직 시 그 기간은 요양에 실제로 필요한 기간이 되어야 함. 진단서에 나타난 요양 기간이나 휴직원에서 본인의 희망에 따라 정한 기간을 초과했다 하더라도 휴직자가 요양이 더 필요하다는 객관적 증빙서류를 제출했을

경우에는 2년의 범위 안에서 휴직을 계속할 수 있음.
- 휴직 기간을 초과하지 않는 범위 내에서 휴직 기간을 연장하거나 복직하였다가 재휴직도 할 수 있음.
- 휴직 기간이 만료된 후에도 직무를 정상적으로 감당할 수 없을 경우에는 「국가공무원법」 제70조제1항제4호의 규정에 의하여 직권면직 처분을 할 수 있음.
▶ 휴직 횟수 : 제한이 없으나 동일 질병으로 1년(1년 연장 가능)을 초과할 수 없음.
▶ 병가 및 연가와의 관계
- 일반병가(60일) → 법정연가사용(미사용 연가 범위 내) → 일반질병휴직
- 공무상병가(180일) → 일반병가(60일) → 법정연가사용(미사용 연가 범위 내) → 공무상질병휴직(3년)

(2) 병역휴직(「교육공무원법」 제44조제1항제2호)
▶ 휴직 요건: 현역의 장교, 부사관, 병(의무경찰대원·의무소방원을 포함) 또는 사회복무요원으로 복무하게 된 때
▶ 휴직 기간: 복무기간이 만료될 때까지
▶ 휴직 횟수: 병역의무를 필하기 위한 휴직은 그 성격상 1회로 한정

(3) 행방불명휴직(「교육공무원법」 제44조제1항제3호)
▶ 휴직 요건: 생사 또는 소재가 불명하게 된 교원
▶ 휴직 기간: 3월 이내(휴직발령기준일: 당해 교육공무원의 생사 또는 소재가 불명한 것을 인지하였을 때 또는 실종신고가 된 것을 안 날)
▶ 휴직 횟수: 제한 없음.

(4) 법정의무수행휴직(「교육공무원법」 제44조제1항제4호)
▶ 휴직 요건: 법률의 규정에 의한 의무를 수행하기 위하여 직무를 이탈하게 된 때
▶ 휴직 기간: 의무 복무 기간 또는 임기
▶ 휴직 횟수: 제한 없음.

(5) 노조전임자휴직(「교육공무원법」 제44조제1항제11호)
▶ 휴직 요건: 「교원의 노동조합 설립 및 운영 등에 관한 법률」 제5조에 따라 노동조합 전임자 허가를 받은 교육공무원
▶ 휴직 기간: 전임 기간
▶ 휴직 횟수: 휴직 기간의 연장 및 재휴직은 따로 교육부장관이 정하는 바에 따름.

(6) 유학휴직(「교육공무원법」 제44조제1항제5호)
▶ 휴직 요건: 학위취득 목적 해외유학 또는 외국에서 1년 이상 연구·연수할 경우
▶ 유학 또는 연구·연수의 범위
  - 학위취득을 목적으로 외국에서 유학하게 되는 경우
  - 외국의 교육기관 및 연수기관에서 연수하게 되는 경우(자기 비용에 의한 유학뿐만 아니라 외국기관의 경비 부담 초청도 포함)
  - 외국의 대학 및 대학원, 정부기관 부설연구소, 교원연수원, 국제어학교육기관, 기타 교육부장관이 인정하는 기관에서 연수 시 허용
▶ 법정 휴직 기간: 3년 이내(학위취득의 경우 3년의 범위 안에서 연장 가능)
  - 유학휴직은 3년 이내에서 가능하며 최초에 1년 또는 2년만 휴직을 하였다 하더라도 최초 3년의 기간은 모두 사용한 것으로 간주하고, 그 후 연장하는 것은 횟수에 관계없이 3년 이내에서 가능
▶ 휴직 신청, 휴직 기간의 연장 및 재휴직
  - 법정 휴직 기간 내에서 본인의 희망 기간에 따라 운영하되, 가급적 학기 단위로 휴직할 수 있도록 하고, 연장 기간을 초과하지 않는 범위 내에서 휴직 기간을 연장할 수 있음.
▶ 휴직 횟수: 제한 없음.

(7) 고용휴직(「교육공무원법」 제44조 제1항 제6호)
▶ 휴직 요건: 재외기관 및 국내기관(국내 대학·연구기관, 국가기관 또는 대통령령이 정하는 민간단체) 등에 고용된 교원
▶ 휴직 기간: 고용 기간

▶ 휴직 횟수: 제한 없음.
▶ 휴직 사유 입증서류
   - 국제기구·외국기관 또는 재외교육기관 고용: 고용사실확인서 또는 고용계약서 등(아포스티유 확인 혹은 재외주재 공관 확인을 받아 제출)
   - 국내기관: 고용사실확인서 또는 고용계약서 등(고용계약서에는 고용 기간, 주당 수업 담당 예정시수 및 보수지급예정액을 반드시 명시)
   - 휴직자의 출국 사실을 확인할 수 있는 출입국확인서(국외 고용 시)
   - 국제(외)기관 고용 시 임용권자는 아포스티유(혹은 재외주재 공관) 확인을 받은 서류에 의해서 휴직허가 및 경력인정 등의 조치를 취함.
▶ 상근 근무와 비상근 근무의 구분
   - 상근 근무: 주당수업시수 15시간 이상 수업 또는 주 40시간(당해 국가의 법정근무 시간) 이상 근무
   - 비상근 근무: 주당수업시수 6시간 이상 14시간 이하 수업
   - 기타: 주당수업시수 5시간 이하는 휴직 사유 불인정
     • 고용휴직 중에 고용기관의 사정으로 주당 5시간 이하의 수업을 담당하였을 경우에는 동 기간은 교육경력 및 호봉승급 기간에 산입하지 않음. 다만, 주당 수업시수가 5시간 이하로 6개월 이상 계속될 경우는 휴직사유가 소멸된 것으로 간주하여 복직조치 함.
     • 당초 계약과 달리 매월 일정액을 보수로 받지 않는 경우에는 교육경력 또는 승급 기간에 포함되지 않도록 하고, 무보수가 6개월 이상 계속될 경우 휴직 사유가 소멸된 것으로 간주하여 복직 조치함.

(8) 육아휴직(「교육공무원법」 제44조제1항제7호)
▶ 휴직 요건: 만 8세 이하 또는 초등학교 2학년 이하의 자녀를 양육하기 위하여 필요하거나 여성 교육공무원이 임신 또는 출산하게 된 경우
   - 만 9세의 초등학교 2학년 자녀(육아휴직 대상), 만 8세의 초등학교 3학년 자녀 (육아휴직 대상)
▶ 휴직 기간: 자녀 1명에 대하여 3년 이내로 하되, 분할 사용 가능

- 부부 공무원인 경우에는 동일 자녀에 대하여 각각 휴직 가능(동시 사용도 가능)
    - 쌍둥이 자녀의 경우에는 각각의 자녀에 대하여 육아휴직 가능
▶ 휴직 횟수: 제한 없음. 단, 휴직 기간 중 다른 자녀의 임신·출산·양육 등으로 계속 휴직을 하고자 할 때에는 복직 후 다시 휴직을 해야 함.
▶ 육아휴직수당(「공무원수당 등에 관한 규정」 제11조의3)
    - 육아휴직 시작일부터 6개월째까지는 육아휴직 시작일을 기준으로 한 월봉급액에 해당하는 금액(시작일~3개월째까지는 250만원, 4개월째~6개월째까지는 200만원)으로 하고, 7개월째 이후는 육아휴직 시작일을 기준으로 한 월봉급액의 80%(하한 70만원~ 상한 160만원) 지급
    - 다만, 같은 자녀에 대하여 부모가 모두 육아휴직을 한 경우로서 두 번째 육아휴직을 한 사람이 공무원인 경우
        • 육아휴직 시작일부터 6개월째까지: 육아휴직 시작일을 기준으로 한 월봉급액에 해당하는 금액으로 그 상한액은 2개월째까지는 250만원, 3개월째는 300만원, 4개월째는 350만원, 5개월째는 400만원, 6개월째는 450만원
        • 육아휴직 7개월째부터 12개월째까지: 월봉급액의 80%에 해당하는 금액(하한 70만원 ~ 상한 160만원)
    - 「한부모가족지원법」 제4조 1호의 모 또는 부에 해당하는 공무원이 육아휴직을 하는 경우
        • 육아휴직 시작일부터 3개월째까지: 육아휴직 시작일 기준 월봉급액에 해당하는 금액 지급(상한액은 300만원)
        • 육아휴직 4개월째~6개월째까지: 육아휴직 시작일 기준 월봉급액에 해당하는 금액 지급(상한액은 200만원)
        • 육아휴직 7개월째~12개월째까지: 육아휴직 시작일 기준 월봉급액의 80% 이하(하한 70만원 ~ 상한 160만원)
    - 같은 자녀에 대해 부모 모두 육아휴직 각각 3개월 이상, 「한부모가족 지원법」에 따른 모 또는 부, 인사혁신처장이 정하는 장애가 있는 자녀의 부 또는 모가 휴직하는 경우에 13개월째~18개월째까지 휴직시작일 기준 월봉급액의 80%(하한 70만원~ 상한 160만원)

- 산정한 육아휴직수당 85%에 해당되는 금액을 매월 지급하고, 나머지 금액은 육아휴직 종료 후 복직하여 6개월 이상 계속 근무한 경우 합산하여 지급

(9) 입양휴직(「교육공무원법」제44조제1항제7호의2)
▶ 휴직 요건 : 만 19세 미만의 아동을 입양하는 경우(부부 공무원 동시 휴직 가능)
▶ 휴직 기간 : 6개월 이내
▶ 휴직 횟수 : 입양 아동 1명당 1회
▶ 육아휴직과의 관계 : 만 8세 이하의 아동을 입양하는 경우에 육아휴직이 가능하며, 만 8세 초과하는 경우에는 입양휴직 가능

(10) 불임·난임치료휴직(「교육공무원법」제44조제1항제7호의3, 2020.2.21.)
▶ 휴직 요건: 불임·난임으로 인하여 장기간의 치료가 필요한 경우
▶ 휴직 기간: 1년 이내(부득이한 경우 1년 이내 연장 가능)
▶ 휴직 횟수: 제한 없으나 동일사유로 1년(부득이한 경우 2년)을 초과할 수 없음.
▶ 경력은 산입되지 아니하고, 승급이 제한되며, 보수와 수당은 질병휴직과 동일

(11) 국내연수휴직(「교육공무원법」제44조제1항제8호)
▶ 휴직 요건 : 교육경력이 3년 이상인 자로서(서울 기준, 시·도별 상이함), 교육부장관이 지정하는 국내 연구기관이나 교육기관에서 연수(학위취득 등)하는 경우를 말하며, 연구기관이나 교육기관이라 함은 명칭에 관계없이 학술연구와 교육을 담당하는 모든 기관을 말함.
  - 대학원에서 교육과정을 수료한 후 학위논문 작성을 위한 휴직은 불가
  - 청원휴직을 위한 연구·교육기관에서의 박사 후 연수과정 수행 시 휴직 가능
  - 연구소나 대학원에서 연구원으로 활동하기 위한 사유는 불가
  - 법(의)학전문대학원, 방송통신대 대학원 불가
▶ 휴직 기간 : 3년 이내
▶ 휴직 횟수 : 제한 없음(2회 이상 휴직을 하고자 할 때는 교원 수급사정, 연수 효과, 연수휴직의 목적 달성 가능성 등을 종합적으로 고려하여 판단).

(12) 가족돌봄휴직(「교육공무원법」 제44조제1항제9호)
- ▶ 휴직 요건 : 조부모, 부모(배우자의 부모 포함), 배우자, 자녀 또는 손자녀를 부양하거나 돌보기 위하여 필요한 경우(간병 대상자 1인에 대하여 부부 공무원인 경우에는 1인만 휴직하도록 운영)
- ▶ 간호 대상자의 범위 : 조부모, 부모(배우자 부모 포함), 배우자, 자녀, 손자녀
  - 부모 및 자녀에는 친부모, 친생자녀뿐만 아니라 양부모, 양자녀도 포함함.
  - 양부모, 양자녀는 가족관계등록부에 등재된 경우에 한함.
  - 이혼한 교육공무원은 대상 자녀에 대한 양육권을 가진 경우에 한함.
  - 재혼한 교원의 배우자가 양육권을 가진 자녀가 있는 때에는 그 자녀를 포함함.
  - 본인 및 배우자의 부모가 재혼한 경우에는 부 또는 모의 배우자를 포함함.
- ▶ 휴직 기간 : 1년 이내(재직 기간 중 총 3년 이내)

(13) 동반휴직(「교육공무원법」 제44조제1항제10호)
- ▶ 휴직 요건 : 배우자가 국외 근무를 하거나 해외기관에 임시에 고용된 때, 또는 연수 및 학위취득을 목적으로 해외유학을 하게 된 때 동반하는 배우자인 교육공무원
- ▶ 휴직 기간 : 3년 이내(3년의 범위 내에서 연장 가능)로 하되, 총 휴직 기간은 배우자의 국외근무, 해외유학, 연구 또는 연수 기간을 초과할 수 없음.
- ▶ 휴직 횟수 : 제한 없음.

(14) 자율연수휴직(「교육공무원법」 제44조제1항제12호)
- ▶ 휴직 요건 : 「공무원연금법」 제23조에 따른 재직 기간이 10년 이상인 교원이 자기계발을 위하여 학습·연구 등이 필요한 때, 수업 및 생활지도 등을 위해 신체적·정신적 회복이 필요할 때
- ▶ 휴직 기간 : 1년 이내(학기 단위 허가)
- ▶ 휴직 횟수 : 교원으로 재직하는 기간 중 1회

[참고 문헌]
교육부(2016), 교육공무원 인사실무
서울특별시교육청(2023), 교육공무원 인사실무 매뉴얼

20차시
교원의 상훈과 징계

1. 교원의 주요 포상
(1) 포상의 종류
▶ 퇴직 교원 포상, 스승의 날 포상, 업무추진유공 우수·모범 공무원 포상

(2) 포상 시기
▶ 정년퇴직 교육공무원(사립학교 교원 포함): 2월 말, 8월 말
▶ 명예퇴직·의원면직 등 기타 퇴직공무원: 2월 말, 8월 말
  - 전년 3월 ~ 전년 8월 중 퇴직자는 다음 해 2월 말
  - 전년 9월 ~ 당해년 2월 중 퇴직자는 8월 말
▶ 스승의 날 포상: 매년 5월 15일 실시
▶ 업무추진유공 우수·모범 공무원 포상: 매년 6월, 12월 실시

(3) 포상 추천 기준
▶ 근정훈장: 재직년수에 해당하는 근정훈장

구분	옥조(5등급)	녹조(4등급)	홍조(3등급)	황조(2등급)	청조(1등급)
재직년수	33~35년	36~37년	38~39년	40년 이상	대학총장 경력자 특별 추천

▶ 근정포장 : 재직 기간 30년 이상 ~ 33년 미만
▶ 대통령 표창 : 재직 기간 28년 이상 ~ 30년 미만
▶ 국무총리 표창 : 재직 기간 25년 이상 ~ 28년 미만

▶ 교육부 장관 표창 : 재직 기간 15년 이상 ~ 25년 미만

(4) 재직 기간 산정 방법
▶ 공무원 경력:「국가공무원법」제2조의 규정에 의한 공무원으로 재직한 기간
(사립학교 교원으로 재직한 기간 포함)
▶ 군인 또는 군무원으로 재직한 기간 및 병역 의무복무 기간은 재직 기간 인정
▶ 직위해제 기간: 그 처분의 사유가 된 징계처분이나 형사사건이 무효, 취소 또는 무죄로 확정된 경우에만 산입
▶ 휴직 기간
  - 공무상 질병휴직, 병역휴직, 법률상의무수행휴직, 노조전임휴직, 고용휴직은 재직 기간 모두 인정
  - 유학휴직: 휴직 기간의 1/2, 최대 1년
  - 육아휴직: 육아휴직 전체 기간 재직 기간에 산입('25.1.7. 이후 퇴직자부터 적용)
    ※ '25.1.7. 이전 퇴직자는 자녀 1명당 1년 이내. 단, 둘째 자녀부터 휴직 전 기간
  - 기타 청원휴직(연수휴직, 가족돌봄휴직, 동반휴직) 기간은 제외
▶ 임시직 경력 제외 : 촉탁 및 일용, 잡급, 기한부, 무급조교, 시간강사 등

(5) 포상 추천 시 제한되는 교원
▶ 재직 공무원
  - 감사조사 또는 수사 중이거나 형사사건으로 기소 중인 자 또는 단체(기관)
  - 공무원 재직 중의 행위로 인해 벌금형 이상의 형사 처분을 받은 자
  - 징계 절차가 진행 중인 자 또는 관계행정기관의 징계 처분 요구 중인 자
  - 징계 또는 불문경고(징계위원회 의결에 의한 불문경고에 한함) 처분을 받은 자
  - 특수경력직공무원 중 선거에 의해 취임하는 공무원
  -「상훈법」제8조 및「정부 표창 규정」제19조 등에 따라 정부포상이 취소된 적이 있는 자
  - 추천일 당시「국세기본법」,「관세법」또는「지방세징수법」에 따른 체납 중에 있는 자

▶ 퇴직 공무원
- 감사조사 또는 수사 중이거나 형사사건으로 기소 중인 자
- 공무원 재직 중의 행위 또는 공무원 재직 기간에 합산되는 경력 기간 중의 행위로 인해 벌금형 이상의 형사 처분을 받은 자
- 징계 절차가 진행 중인 자 또는 관계행정기관의 징계 처분 요구 중인 자
- 재직 중 징계 또는 불문경고(징계위원회 의결에 의한 불문경고에 한함) 처분을 받은 자
- 퇴직포상을 이미 받은 자로서 공무원으로 복직한 자
- 특수경력직공무원 중 선거에 의해 취임하는 공무원
-「상훈법」제8조 및「정부 표창 규정」제19조 등에 따라 정부포상이 취소된 적이 있는 자
- 추천일 당시「국세기본법」,「관세법」또는「지방세징수법」에 따른 체납 중에 있는 자

(6) 상훈업무관리시스템 활용 방법
▶ 추천 대상: 국무총리 이상 추천 시
▶ 상훈업무관리시스템에 접속: www.sanghun.go.kr(대한민국 상훈 홈페이지)
▶ 업무 처리 절차
- 사용자 등록: 사용자명, 기관명, 연락처 정보를 정확하게 입력
- 권한 신청: 학교에서 상훈입력담당자(대부분은 교감)가 교육지원청의 상훈업무 담당자에게 권한 신청
- 추천 자료 입력 및 출력: 포상업무관리 → 추천관리 → 포상에서 포상명을 선택하여 추천 대상자 입력 및 출력
- 추천 대상자 제출: 포상업무관리 → 제출관리 → 제출정보 확인

2. 교원의 징계
(1) 징계의 개념
▶ 공무원의 의무위반에 대하여 공무원 관계의 목적을 달성하기 위하여 국가(지방자치단체)가 그의 사용자로서의 지위에서 행하는 행정상 제재

(2) 징계 사유
▶ 공무원이 징계처분을 받지 않으면 안 될 의무위반 행위를 말함.
  - 「국가공무원법」 및 동법에 의한 명령을 위반하였을 때
  - 직무상의 의무를 위반하거나 직무를 태만히 한 때
  - 직무 내외를 불문하고 체면 또는 위신을 손상하는 행위를 한 때
▶ 행위자뿐만 아니라 감독자도 감독의무를 태만히 한 경우에는 징계 책임을 면치 못함.
▶ 의무위반 행위는 재직 중의 행위임을 원칙으로 하나, 임명과 관련된 비위행위와 같이 비록 임용 전의 행위라도 이로 인하여 현재 공무원의 체면 또는 위신이 손상하게 된 경우에는 징계 사유가 될 수 있음.
▶ 징계의결요구권자는 소속공무원에게 징계 사유가 있는 때에는 반드시 징계의결의 요구를 하여야 하고, 징계의결의 결과에 따라 징계처분을 하여야 함.

(3) 징계의 시효
▶ 징계 시효 기간(「국가공무원법」 제83조의2제1항)
  - 징계의결요구는 징계 사유가 발생한 날로부터 3년(단, 금전, 물품, 부동산, 향응 등 재산상의 이익을 취득하거나 제공한 경우와 횡령, 배임, 절도, 사기 또는 유용한 경우로 인한 징계 사유는 징계 시효가 5년)
  - 징계 시효 기간이 5년인 비위행위를 행한 공무원의 상급자에게 그 감독 소홀(성실의무위반)을 이유로 책임을 물어 징계하는 경우의 징계 시효 기간은 3년
▶ 징계 사유의 시효에 관한 특례(「교육공무원법」 제52조)
  - 교육공무원에 대한 징계 사유가 다음의 어느 하나에 해당하는 경우에는 징계 사유가 발생한 날부터 10년 이내에 징계의결을 요구할 수 있음.
    • 성폭력범죄 행위
    • 아동·청소년 대상 성범죄 행위
    • 성매매 행위
    • 성희롱 행위

(4) 징계위원회

종류	설치기관	구성 및 처분권자	징계 심의·의결 대상
일반 징계 위원회	시·도 교육청	• 위원장 1명 포함하여 9명 이상 15명 이내의 위원으로 구성 - 위원장: 부교육감 ※ 특정 성(性)이 위원장을 포함한 위원 수의 10분의 6을 초과하지 않도록 구성 • 징계처분권자: 교육감	• 공립 각급학교 교(원)장, 교(원)감, 사립유치원 원장, 원감 • 시·도 교육청 관할 기관의 장학관(교육연구관), 장학사(교육연구사) • 공립 고등학교 교사 • 공립 유치원, 초등학교, 중학교 교사의 중징계 • 사립유치원 교사의 중징계
	교육 지원청	• 위원장 1명 포함하여 9명 이상 15명 이내의 위원으로 구성 - 위원장: 교육지원국장 ※ 위원 일부를 관할 학교 교장·교감으로 임명 가능 ※ 특정 성(性)이 위원장을 포함한 위원수의 10분의 6을 초과하지 않도록 구성 • 징계처분권자: 교육장	• 공립 유치원, 초등학교, 중학교 교사의 경징계 • 사립유치원 교사 경징계

(5) 징계의 종류

종류		기간	신분	보수, 퇴직급여 등
중 징 계	파면	-	• 공무원 관계로부터 배제 • 5년간 공무원에 임용될 수 없음	• 퇴직급여액의 1/2 감액(5년 미만 근무자 퇴직급여액의 1/4감액)
	해임	-	• 공무원 관계로부터 배제 • 3년간 공무원에 임용될 수 없음	• 퇴직급여 전액 지급 단, 금품 및 향응수수, 공금 횡령·유용으로 해임된 경우 - 5년 미만 근무자 1/8 감액 지급 - 5년 이상 근무자 1/4 감액 지급
	강등	-	• 공동종의 직무 내에서 하위의 직위에 임명 • 신분은 보유, 3개월간 직무에 종사 못 함 • 18월+처분 기간(3월) 승진 제한 • 처분 기간 경력평정에서 제외 • 징계말소 제한 기간 9년	• 18월+처분 기간(3월) 승급 제한 • 보수의 전액 삭감 • 처분일수는 연가일수에서 제외 • 모범공무원 수당 지급 중지

경징계	정직	1~3월	• 신분은 보유하나 직무에 종사 못 함 • 18월+정직 처분 기간(1월~3월) 승진 제한 • 처분 기간 경력평정에서 제외 • 징계말소 제한 기간 7년	• 18월+정직 처분 기간(1~3월) 승급 제한 • 보수의 전액 삭감 • 처분일수는 연가일수에서 제외 • 모범공무원 수당 지급 중지
	감봉	1~3월	• 12월+감봉 처분 기간(1월~3월) 승진 제한 • 징계말소 제한 기간 5년	• 12월+감봉 처분 기간(1~3월) 승급 제한 • 보수의 1/3 감액 • 모범공무원 수당 지급 중지
	견책	-	• 6월간 승진 제한 • 징계말소 제한 기간 3년	• 6월간 승급 제한 • 모범공무원 수당 지급 중지

(6) 징계 절차

가. 징계 사유 발생
- 「국가공무원법」 제78조제1항 각 호의 위반
- 감사원, 검찰, 경찰, 정부합동점검반, 자체조사 등

▶ **나. 징계의결요구**
- 통보받은 날로부터 1개월 이내
- 중징계, 경징계로 구분

다. 징계의결 등
- 관할징계위원회
  · 접수 동시 징계의결요구의 효력 발생
  · 징계위원회 개최 3일 전까지 출석통지
  · 의결(접수일로부터 60일, 단, 성 관련 비위는 30일 이내에 징계의결)
  ※ 부득이한 경우 30일 연장 가능

◀ **라. 징계의결 등 통보**
- 관할징계위원회(지체 없이 통보)
  · 징계처분권자
  · 징계위원장 → 징계의결요구권자
  · 관계기관(감사원 등)
  · 징계의결서 정본 첨부

마. 징계처분 등
- 징계처분권자
  · 징계의결서 통보일로부터 15일 이내
  · 징계처분사유설명서 통보일로부터 효력 발생

▶ **바. 소청 및 행정소송**
- 징계처분 등의 사유설명서를 받은 날로부터 30일 이내 소청심사 청구
- 소청결정을 받은 날로부터 90일 이내 행정소송 청구

바. 심사·재심사 청구
- 징계의결요구권자
  · 징계의결서를 통보받은 날로부터 15일 이내
  · 직근 상급기관에 설치된 징계위원회에 청구

(7) 징계의 감경(「교육육공무원 징계양정 등에 관한 규칙」 제4조)
▶ 감경 사유
 - 「상훈법」에 따른 훈장 또는 포장을 받은 공적
 - 「정부표창규정」에 따라 총리 이상의 표창을 받은 공적(교사는 교육감 이상)
 - 「모범공무원규정」에 따라 모범공무원으로 선발된 공적
▶ 감경 제외
 - 징계의결요구 시효가 5년인 징계 사유에 해당하는 비위
 - 「공무원 징계령 시행규칙」 제2조제2항에 따른 직무와 관련한 금품수수 비위
 - 학생 성적과 관련한 비위, 학교생활기록부 허위사실 기재, 부당 정정 관련 비위
 - 성폭력, 아동·청소년 대상 성범죄, 성매매, 성희롱 행위로 징계의 대상이 된 경우
 - 음주운전 또는 음주측정에 대한 불응
   ※ 2022.1.1.부터 음주운전(측정 불응 포함)으로 징계처분받은 자는 교장 임용 제외
 - 학생에게 상습적이고 심각한 신체적 폭력 행위를 하여 징계의 대상이 된 경우
 - 신규채용, 특별채용, 전직, 승진, 전보 등 인사와 관련된 비위
 - 학교폭력을 고의로 은폐하거나 대응하지 아니한 경우
 - 소속 기관 내의 성 관련 비위를 고의로 은폐하거나 대응하지 아니한 경우
 - 「공직선거법」상 처벌 대상이 되는 행위로 징계의 대상이 된 경우
 - 부작위 또는 직무태만
▶ 성실하고 능동적인 업무처리 과정에서 생긴 과실이나 직무와 관련이 없는 사고로 인한 비위라고 인정될 때에는 그 정상을 참작하여 징계를 감경할 수 있음.

3. 성범죄자 취업 제한 및 신고(「아동·청소년의 성보호에 관한 법률」)

▶ 아동·청소년 대상 성범죄자, 성인 대상 성범죄자는 아동·청소년 관련 기관 등에 최대 10년 미만 기간 동안 취업이 제한됨(「아동·청소년의 성보호에 관한 법률」 제56조).
▶ 아동·청소년 대상 성범죄의 신고(「아동·청소년의 성보호에 관한 법률」 제34조)
 - 누구든지 아동·청소년 대상 성범죄의 발생 사실을 알게 된 때에는 수사기관에 신고할 수 있음.

- 교육기관·시설 또는 단체의 장과 그 종사자는 직무상 아동·청소년 대상 성범죄의 발생 사실을 알게 된 때에는 즉시 수사기관에 신고해야 함.
▶ 성 비위로 징계를 받고 일정 기간(5~10년)이 지나지 않은 교원은 담임에서 배제함(교육공무원법·사립학교법 개정 2021. 6. 23. 시행).
 - (감봉·견책) 5년, (정직) 7년, (강등) 9년

4. 아동학대 관련 취업 제한 및 신고(「아동복지법」)
▶ 아동학대 관련 범죄자로 형 또는 치료 감호를 선고받아 확정된 사람은 최대 10년 미만 동안 아동 관련기관의 운영, 취업 또는 사실상 노무가 제한됨(법 제29조의3).
▶ 아동학대 범죄 전력자에 대해 그의 해임을 요구해야 함(법 제29조의5).
▶ 아동학대 행위자 신고 의무(「아동학대범죄의 처벌 등에 관한 특례법」 제10조)

[참고 문헌]
교육부(2016), 교육공무원 인사실무
서울특별시교육청(2023), 교육공무원 인사실무 매뉴얼

21차시

교원의 승진 및 평정

1. 평정의 개요

(1) 평정의 시기
▶ 정기평정 기준일 매 학년도 종료일(2월 말), 승진후보자명부 작성 기준일(매년 3월 31일)

(2) 승진평정점의 구성

구분	교(원)감승진 후보자 및 교(원)감자격연수 대상자	교장자격연수 대상자
교육경력평정	70점	70점
근무성적평정	100점	100점
연수성적평정	30점	18점
가산점	*	*
비 고	200점 만점(가산점 별도)	188점 만점(가산점 별도)

(3) 승진평정 적용 대상
▶ 교사: 각급학교의 교사로서 동등급학교의 교(원)감 자격증을 받은 자
▶ 교감: 각급학교의 교(원)감으로서 동등급학교의 교(원)장 자격증을 받은 자
▶ 교육전문직원(수석교사는 평정 대상에서 제외)

2. 교육경력평정

경력평정 개요

기본경력	+	초과경력
평정시기(정기평정 기준일 2024.2.29)로부터 15년		기본경력 이전 5년

구분	만점
기본경력	'가' 경력(64점), '나' 경력(60점), '다' 경력(56점)
초과경력	'가' 경력(6점), '나' 경력(5점), '다' 경력(4점)

※ *총경력제에 의한 평정

*총경력제: 경력평정 기간 중 일시 퇴직 기간 등이 있으면 그 기간을 제외하고, 경력평정 시점으로부터 경력평정 기간이 충족되는 시점까지 도달하여 평정함.

(1) 경력평정 기간
▶ 기본경력: 평정 시기(정기평정 기준일)로부터 15년
▶ 초과경력: 기본경력 전 5년

(2) 경력의 종류: 교육경력, 교육행정경력, 교육연구경력 및 기타 경력

(3) 경력의 등급별 평정점: 기본경력 15년(64점 만점), 초과경력 5년(6점 만점) 총 70점

구 분	등 급	평점 만점	근무 기간 1월에 대한 평정점	근무 기간 1일에 대한 평정점
기본경력	'가' 경력	64.00	0.3555	0.0118
	'나' 경력	60.00	0.3333	0.0111
	'다' 경력	56.00	0.3111	0.0103
초과경력	'가' 경력	6.00	0.1000	0.0033
	'나' 경력	5.00	0.0833	0.0027
	'다' 경력	4.00	0.0666	0.0022
비 고	교육공무원의 경력이 기본경력 15년, 초과경력 5년인 경우에는 그 경력평정 점수는 각각 평정 만점으로 평정한다.			

(4) 평정 대상 경력종별: 「교육공무원승진규정」 제9조 관련 별표 참조

평정 대상 자의 직위	등 급	경 력 종 별
교감	'가' 경력	1. 각급학교 교장 또는 교감의 경력 2. 장학관·교육연구관·장학사 또는 교육연구사의 경력
	'나' 경력	1. 각급학교 교사(학력 인정사회교육시설에서 동등급 자격증으로 가지고 학생을 지도한 경력)의 경력 2. 교육부장관이 지정하는 법인인 교육연구기관에서 당해 직위와 상응한 직무를 담당한 경력 3. 교육공무원으로 임용되기 전에 「병역법」 그밖의 법률에 의한 의무를 수행하기 위하여 징집 또는 소집되거나 근무한 경력
	'다' 경력	1. 임용권자가 임용하여 전임으로 근무한 강사 또는 기간제교원의 경력. 다만, 「교육공무원임용령」 제13조제2항에 따라 시간제근무 기간제교원은 해당 교원이 근무한 시간을 합산하여 1일 단위(근무한 시간을 8로 나누어 산정하되, 8시간 미만은 버림)로 경력평정
교사	'가' 경력	1. 각급학교 교장·교감 또는 교사(학력 인정 사회교육시설에서 동등급 교원자격증을 가지고 학생을 지도한 경력)의 경력 2. 장학관·교육연구관·장학사 또는 교육연구사의 경력 3. 교육공무원으로 임용되기 전에 「병역법」 그밖의 법률에 의한 의무를 수행하기 위하여 징집 또는 소집되거나 근무한 경력
	'나' 경력	1. 임용권자가 임용하여 전임으로 근무한 강사 또는 기간제교원(임시교원의 경력 포함)의 경력. 다만, 「교육공무원임용령」 제13조제2항에 따라 시간제근무 기간제교원은 해당 교원이 근무한 시간을 합산하여 1일 단위(근무한 시간을 8로 나누어 산정하되, 8시간 미만은 버림)로 경력평정
장학사· 교육연구사	'가' 경력	1. 장학관·교육연구관·장학사 또는 교육연구사의 경력 2. 각급학교의 교장 또는 교감의 경력
	'나' 경력	1. 각급학교 교사(사회교육시설에서 동등급교원자격증을 가지고 학생을 지도한 경력 포함)의 경력 2. 5급이상의 일반직 국가공무원 또는 지방공무원으로서의 교육행정 경력 3. 교육부장관이 지정하는 법인인 교육연구기관에서 당해 직위와 상응한 직무를 담당한 경력 4. 교육공무원으로 임용되기 전에 「병역법」 그밖의 법률에 의한 의무를 수행하기 위하여 징집 또는 소집되거나 근무한 경력
	'다' 경력	1. 임용권자가 임용하여 전임으로 근무한 강사 및 기간제교원(임시교원의 경력 포함)의 경력. 다만, 「교육공무원임용령」 제13조제2항에 따라 시간제근무 기간제교원은 해당 교원이 근무한 시간을 합산하여 1일 단위(근무한 시간을 8로 나누어 산정하되, 8시간은 미만 버림)로 경력평정 2. 5급 이하의 일반직 국가공무원 또는 지방공무원으로서의 경력(나경력 제2호를 제외) 3. 「고등교육법」 제14조의 규정에 의한 조교의 경력

(5) 경력의 기간 계산(「교육공무원승진규정」제11조제2항)
▶ 경력평정은 월수를 단위로 하여 계산하되, 1개월 미만은 일 단위로 계산함.
▶ 기본·초과경력 평정점은 교육공무원 평정업무 처리요령에 제시된 평정점을 그대로 기재함(소수점 이하 넷째 자리).
▶ 기본경력과 초과경력의 평정점을 합한 후 소수점 이하 넷째 자리에서 반올림하여 셋째 자리까지 계산함.
▶ 경력평정 기간 중 일시퇴직 기간, 전임강사, 기간제교원 등의 경력이 있으면 당사자에게 유리한 경력을 우선 평정 기간으로 하여 퇴직 기간·전임강사·기간제 교원 등의 경력 기간을 제외하고, 경력평정 시점으로부터 경력평정 기간이 충족되는 시점까지 도달하여 평정할 수 있음.
▶ 전임강사·기간제교원(임시교원) 경력은 자격 기준에 적합하고 등재된 경우에 한하여 평정하고, 시간강사는 교육경력으로 인정하지 않음.
▶ 휴직 기간 경력평정: 평정에서 제외함. 다만, 다음의 경우에는 재직 기간으로 보아 평정함.
  - 휴직 기간의 경력평정

구분	내용
10할 평정	공상질병휴직, 병역휴직, 법정의무수행, 육아휴직 및 입양휴직, 고용휴직(상근), 노조전임휴직
5할 평정	해외유학휴직, 국내연수휴직, 비상근고용휴직(비상근)
경력평정 제외	질병휴직(공무상 질병 제외), 생사불명 휴직, 불임·난임, 가족돌봄휴직, 동반휴직, 자율연수휴직

  - 고용휴직에 대한 경력평정

적용 기간	'94.9.21. 이전	'94.9.22. 이후 ~ 2000.3.31. 이전		2000.4.1. 이후 (1999.4.1. 이후 신청자부터 적용)	
주당근무시간	모두 인정	10시간 이상	9시간 이하	15시간 이상	6시간 이상 ~ 14시간 이하
인정비율	10할	10할	5할	10할	5할

▶ 직위해제·정직 기간 등은 평정에서 제외

3. 근무성적평정

(1) 평정 대상: 교사, 교감, 교육전문직원(장학사·교육연구사). 단, 수석교사는 제외

※ 학년도 중 퇴직(정년퇴직, 명예퇴직, 의원면직 등)하고 실제 근무한 기간이 2개월 이상인 '퇴직교사'는 성과상여금 지급을 위한 다면평가에는 포함하나 근무성적평정 대상자에서는 제외

(2) 평정 시기: 매 학년도 종료일을 기준으로 해서 정기적으로 실시

(3) 평정 기준(「교육공무원 승진규정」 제16조)
▶ 당해 교육공무원의 근무실적·근무수행 능력 및 근무수행태도 평가
▶ 매 학년도 종료일(2월 말일)을 기준으로 '교육공무원자기실적평가서' 작성·제출
▶ 평정자는 평가 시 자기실적평가서를 참작하여 기준에 맞도록 평가

(4) 평정점 분포 비율(「교육공무원 승진규정」 제21조, 제28조의6)

평어	평정점	분포비율(%)	비고
수	95점 이상	30	'양'의 비율은 '미'의 비율에 가산할 수 있음
우	90점 이상 ~ 95점 미만	40	
미	85점 이상 ~ 90점 미만	20	
양	85점 미만	10	

※ '양'의 경우에는 6개월간 승급 제한(「공무원보수규정」 제14조제1항제3호)

(5) 평정 채점
▶ 교감: 평정자 50%와 확인자 50%를 합산하여 100점 만점으로 산출
▶ 교사: 평정자 20%, 확인자 40%를 합산하여 60점 만점으로 산출하고, 다면평가자가 정성평가 32%, 정량평가 8%를 합산하여 40점 만점으로 산출하여 총 100점 만점으로 산출

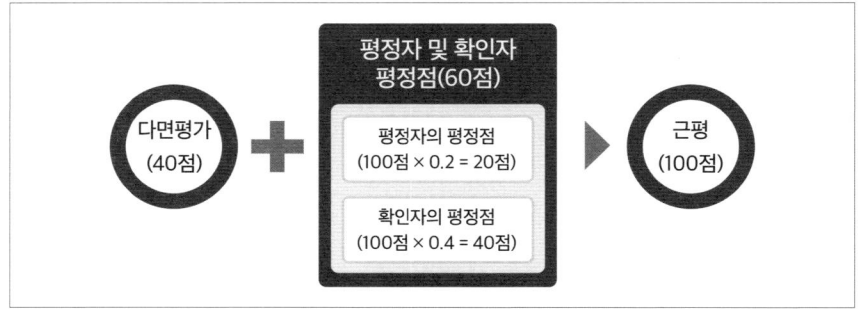

(6) 근무성적평정점 산정(2018. 4. 1.부터 적용)
▶ 교감·장학사 또는 교육연구사: 최근 3개년

근무성적평정점 = (최근 1년 이내 평정점×34/100)+(최근 1년 전 2년 평정점× 33/100)+(최근 2년 전 3년 이내 평정점×33/100)

▶ 교사: 명부 작성기준일로부터 5년 이내 평정한 합산점을 대상으로 유리한 3개년 선택

근무성적평정점 = (명부 작성기준일로부터 가장 가까운 연도의 평정점×34/100) +
(명부 작성기준일로부터 두 번째 가까운 연도의 평정점×33/100) +
(명부 작성기준일로부터 세 번째 가까운 연도의 평정점×33/100)

(7) 근무성적평정점이 없는 경우의 평정 방법
▶ 근무성적이 없는 경우에는 평정단위연도의 전후 평정점의 평균을 그 단위 연도의 평정점으로 함.
▶ 평정단위연도 전의 평정점이 없는 때에는 그 평정점은 85점으로 함.

4. 연수성적(교육성적·연구실적)평정

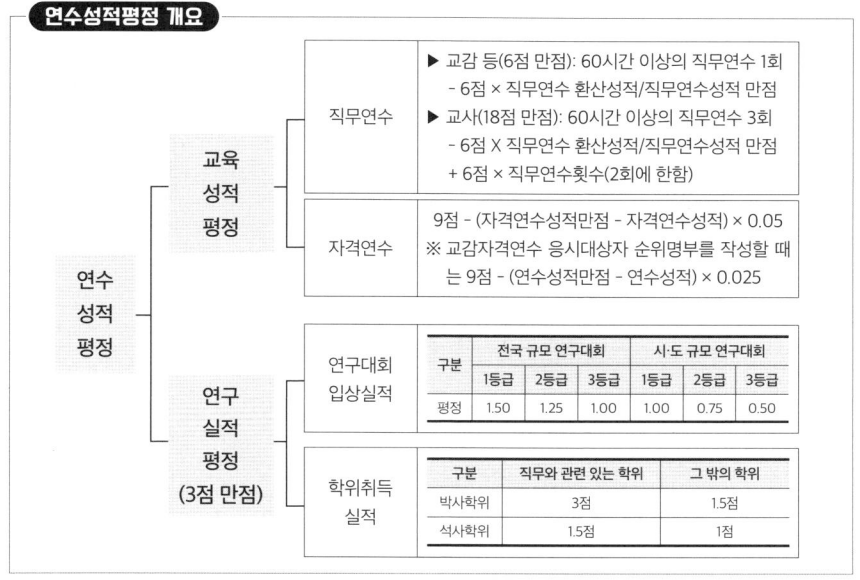

(1) 연수성적의 구분: 교육성적과 연구실적으로 나누어 평정 후 합산

(2) 교육성적: 직무연수성적과 자격연수성적으로 나누어 평정 후 합산

구분	승진후보자명부 작성 대상자	평정점	비고
직무연수	교장, 장학관·교육연구관	6점	직무연수 1개 평정
	교감	18점	직무연수 3개 평정
자격연수	교장, 교감, 장학관·교육연구관	9점	

▶ 직무연수 평정방법

승진후보자명부 작성 대상자	평정점	평정방법
교장·장학관·교육연구관	6점	$6점 \times \dfrac{\text{직무연수 환산성적}}{\text{직무연수성적 만점}}$
교감	18점	$6점 \times \dfrac{\text{직무연수 환산성적}}{\text{직무연수성적 만점}} + 6점 \times \text{직무연수 횟수(2회에 한함)}$

▶ 직무연수 환산성적

직무연수 환산성적의 평정점			
직무연수 환산성적	평정점	직무연수 환산성적	평정점
100점	6.0000	90점	5.4000
95점	5.7000	85점	5.1000
직무연수성적		직무연수 환산성적	
95점 초과(96점 이상)		100점	
90점 초과 ~ 95점 이하		95점	
85점 초과 ~ 90점 이하		90점	
85점 이하		85점	

▶ 자격연수 평정 방법

승진후보자명부 작성 대상자	평정점	평정 방법
교장 장학관·교육연구관	9점	9점 - (자격연수성적 만점 - 자격연수성적) × 0.05
교감	9점	9점 - (자격연수성적 만점 - 자격연수성적) × 0.025

▶ 자격연수성적의 평정점

자격연수성적	평정점	직무연수 환산성적	평정점	비고
100점	9.0000(9.0000)	89점	8.4500(8.7250)	
99점	8.9500(8.9750)	88점	8.4000(8.7000)	
98점	8.9000(8.9500)	87점	8.3500(8.6750)	
97점	8.8500(8.9250)	86점	8.3000(8.6500)	( )는 교감자격연수 대상자의 평정점임
96점	8.8000(8.9000)	85점	8.2500(8.6250)	
95점	8.7500(8.8750)	84점	8.2000(8.6000)	
94점	8.7000(8.8500)	83점	8.1500(8.5750)	
93점	8.6500(8.8250)	82점	8.1000(8.5500)	
92점	8.6000(8.8000)	81점	8.0500(8.5250)	
91점	8.5500(8.7750)	80점	8.0000(8.5000)	
90점	8.5000(8.7500)			

(3) 연구실적: 연구대회 입상실적과 학위취득실적으로 나누어 평정 후 합산

※ 고장(원장)·장학관·교육연구관 승진후보자명부 작성 대상자 및 교장(원장) 자격연수 명부 작성 대상자는 교육성적

평정만으로 하되 2020.3.1.이전 연구대회 입상실적(2021.2.28.이전까지 연구대회에 참가하여 입상한 실적을 포함)이 있거나 학위취득실적(2021.2.28.이전까지 대학원에 입학하여 학위를 취득한 실적을 포함)이 있는 사람에 대한 연구실적평정은 인정함.

▶ 평정점: 3점
▶ 연구대회 입상실적 평정
- 교육에 관한 연구대회로서 교육부장관이 인정하는 전국 규모 연구대회
- 교육에 관한 연구대회로서 시·도교육감이 인정하는 시·도 규모 연구대회
- 당해 직위 또는 전직 이전의 직위 중의 입상실적
- 교육전문직원 경력이 있는 교감: 교감자격증 취득 후의 연구실적
- 교육전문직원: 교감, 장학사 및 교육연구사의 직위에서 입상한 실적
- 연구대회 입상실적 평정점
    • 등급별 평정점: 평정점은 3점 이내, 1년에 1회의 연구대회 실적에 한함.

구 분	전국 규모 연구대회			시·도 규모 연구대회		
	1등급	2등급	3등급	1등급	2등급	3등급
평정점	1.50	1.25	1.00	1.00	0.75	0.50

  • 연구대회 2인 이상의 공동연구: 2인(7할), 3인(5할), 4인 이상(3할)
▶ 학위취득실적 평정
- 당해 직위에서 석사 또는 박사 학위취득: 취득 학위 중 하나를 평정 대상으로 함.
- 전직된 경우에는 전직 이전의 직위 중의 학위취득을 포함하여 평정함.

※ 교육전문직원 경력이 있는 교감의 학위취득실적은 교감자격증을 받은 후의 학위취득실적에 한하고, 교육전문직원은 교감, 장학사 및 교육연구사의 직위에서의 학위취득 실적에 한함.

- 석사 및 박사 학위취득 실적 평정점

구분	직무와 관련 있는 학위	그 밖의 학위
박사 학위	3 점	1.5 점
석사 학위	1.5 점	1 점

5. 가산점 평정
(1) 가산점 평정 시기: 가산점의 평정은 매 학년도 종료일 기준으로 실시하거나

명부조정 시기에 실시함.

(2) 가산점 평정 방법
▶ 가산점 평정 경력 기간 중 휴직, 직위해제, 정직 기간을 제외한 잔여 기간만 계산함.
▶ 가산점 평정 시 경력 기간은 월 단위로 하여 계산하되, 1개월 미만은 일 단위로 계산함.
▶ 가산점은 공통가산점과 선택가산점의 합으로 평정함.

(3) 가산점 평정의 대상
▶ 해당 직위 또는 전직 이전의 직위에서 취득한 가산점 평정
▶ 장학사·교육연구사 근무 기간 중에 취득한 가산점 평정
  - 교육전문직원 경력이 있는 교감의 가산점 평정은 교감자격증 취득 후의 사유에 한함.
  - 현재 장학사·교육연구사로 근무 중인 경우(장학관·교육연구관 승진후보자명부 작성의 경우)에는 교감자격증 취득 여부와 관계없이 가산점을 평정함.

(4) 공통가산점 평정 항목 및 평정점

가산점 항목	월 평정점	일 평정점	상한점	비 고
교육부장관 지정 연구학교	0.018	0.0006	1.00	2022.3.1.부터 시행하고 2023.3.31.자 승진후보자명부부터 적용
재외국민교육기관 파견	0.015	0.0005	0.5	
직무연수 이수 실적	1학점당 0.02		1년 0.08 총합계 1.00점	1998. 3. 1. 이후 실적
학교폭력 예방 및 대응 관련 실적	연 0.1		1.00	2013년 신설

(5) 선택가산점 평정의 항목 및 평정점: 시도교육청별로 상이하므로 각 시도별 평정업무처리 내용 참고

6. 교육공무원의 승진후보자명부 작성

승진후보자 및 자격연수 대상자 명부 작성 개요

경력평정점 (70점 만점)	근무성적평정점 (100점 만점)	연수성적평정점	경력평정점
기본경력 (15년) + 초과경력 (5년)	▶ 교감 등: 최근 3년 이내 평정점 반영 ▶ 교사: 최근 5년 이내 평정점 중 유리한 3개 반영	교육성적평정 (직무연수, 자격연수) + 연구실적평정 (연구대회, 학위)	공통가산점 + 선택가산점

※ 명부 작성 기준일: 매년 3월 31일

※ 교육공무원의 승진후보자 및 자격연수대상자 명부는 경력평정점, 근무성적평정점, 연수성적평정점을 평정·합산한 후 가산점을 더하여 총점의 고득점자 순위는 등재(「교육공무원 승진규정」 제40조제1항)

(1) 작성 시기(「교육공무원 승진규정」 제43조): 매년 3월 31일 기준으로 작성

(2) 작성 방법(「교육공무원 승진규정」 제40조): 명부는 승진될 직위별로 나누어 작성하되, 경력평정점 70점, 근무성적평정점 100점, 연수성적평정점 30점(교장·장학관·교육연구관승진후보자명부 작성 대상자의 경우에는 18점)을 각각 만점으로 평정·합산한 후 가산점을 더하여 총점의 다점자 순위로 등재

(3) 한국사능력검정 및 한국사 관련 연수
▶ 한국사능력검정
  - 기준일: 교(원)감 자격연수과정 응시대상자 순위명부 작성일 현재
  - 인정 범위: 순위명부 작성일 기준 「사료의 수집·편찬 및 한국사의 보급 등에 관한 법률」 제18조에 따른 한국사능력검정시험(3급 이상)에 합격한 경우
  - 증빙자료: 합격증 사본 등 국사편찬위원회에서 인정한 공증문서
▶ 한국사 관련 연수
  - 기준일: 교(원)감 자격연수과정 응시대상자 순위명부 작성일 현재

- 인정 기준: 임용일(교사 신규채용) 이후 연수 이수 실적에 한함.
- 연수 범위: 교원의 역사 인식 함양 및 관련 역량을 개발할 수 있도록 한국사를 폭넓게 다루고, 한국사능력시험 3급 수준에 준하는 연수과정을 인정
- 인정 방법: 상기 연수원에서 운영하는 한국사 관련 과정은 운영방법(집합/원격/혼합)에 관계없이 합하여 60시간 이상이면 인정

  ※ 60시간 이상 단일과정은 승진평정요소 중 교육성적으로 인정 가능하며, 60시간 미만 과정은 가산점의 직무연수로 가능(중복 인정은 불가)

- 증빙자료: 이수증 사본 등 해당 연수원에서 인정한 공증문서

[참고 문헌]
서울특별시교육청(2023), 교육공무원 인사실무 매뉴얼
서울특별시교육청(2023), 교육공무원 평정업무처리요령
서울특별시교육청(2020), 교육공무원 승진가산점 평정규정
서울특별시교육청(2018), 교육공무원 승진가산점 제도 개선 계획
서울특별시교육연수원(2023), 초등교감 자격연수 교재

22차시

교원의 보수체제와 수당

1. 교원의 보수 체제
(1) 보수의 개념: 봉급과 기타 각종 수당을 합산한 금액
- ▶ 봉급: 직무의 곤란성과 책임의 정도 및 재직 기간 등에 따라 계급별, 호봉별로 지급되는 기본급여(본봉)
- ▶ 수당: 직무 여건 및 생활 여건 등에 따라 지급되는 부가급여
  - 정근수당, 정근수당가산금, 성과상여금, 가족수당, 육아휴직수당, 교직수당, 초과근무수당, 보직교사, 담임교사 등 각종 수당
- ▶ 교사의 수입: 봉급(본봉)과 수당, 그리고 상여금 등

(2) 보수의 계산
- ▶ 보수지급의 원칙: 신규채용, 승진, 전직, 전보, 승급, 감봉, 기타 어떠한 경우의 임용에도 발령일을 기준으로 월액을 일할 계산하여 지급
- ▶ 근속가봉: 40호봉(최고호봉)이며 승급 기간(1년) 초과 시 근속가봉 1호씩 부여하며 10호 초과 불가하며, 이때 1호씩 승급 시 금액은 동일
- ▶ 퇴직·면직 시의 보수 지급
  - 정년퇴직 및 명예퇴직: 퇴직월의 보수 전액을 지급
  - 당연퇴직: 퇴직월의 보수를 일할 계산하여 지급
  - 직권면직 및 징계면직: 면직월의 보수를 일할 계산하여 지급
  - 의원면직
    - 5년 미만 근속자: 면직월의 봉급을 일할 계산하여 지급

- • 5년 이상 근속하고 면직월이 15일 이상 근무자: 면직월의 봉급 전액을 지급
- • 각종 수당: 근속년수 관계없이 일할 계산하여 지급
- 사망: 공무사망은 해당 월의 보수 전액 지급, 일반사망은 의원면직과 동일
▶ 휴가(연가, 병가, 공가, 특별휴가) 기간의 보수 지급: 보수 전액을 지급
▶ 결근 기간의 보수 지급
  - 결근일수가 법정연가일수를 초과한 경우: 초과한 결근일수의 봉급 일액은 지급하지 않음.
  - 매 결근 1일: 특수지근무수당, 위험근무수당, 특수업무수당, 정액급식비 및 직급보조비의 일액을 감하여 지급
  - 학교회계에서 지급되는 각종 연구비 및 수당: 일액을 감하여 지급
▶ 호봉 정정자에 대한 보수 지급
  - 정정일: 호봉획정 또는 승급이 잘못된 호봉은 발령일자로 소급하여 정정
  - 금액: 호봉획정 또는 승급의 잘못으로 발생한 보수 차액 전액을 지급
  - 보수가 잘못 지급된 경우
    • 과다 지급된 보수: 5년분을 환수(「국가재정법」 제96조 - 금전채권과 채무의 소멸시효)
    • 과소 지급된 보수: 3년분을 추가 지급(「민법」 제766조 - 손해배상 청구권의 소멸시효)

2. 교원의 각종 수당

(1) 근거: 「국가공무원법」 제47조·제48조, 「공무원보수규정」, 「공무원 수당 등에 관한 규정」, 공무원 수당 등 업무처리지침

  ※ 관련 규정이 자주 개정되므로 최신 규정은 인사혁신처 홈페이지(http://www.mpm.go.kr) 확인

(2) 수당의 종류: 상여수당, 가계보전수당, 특수지근무수당, 특수근무수당, 초과근무수당, 실비변상, 그 외 수당

(3) 상여수당

▶ 정근수당
- 지급 대상: 모든 교육공무원
- 지급 시기: 연 2회 7월달과 차년도 1월달에 수당, 흔히 보너스를 받는 달
- 지급 방법 및 금액: 월봉급액에 따라 차등 지급(0~50%)

근무연수	지급액	근무연수	지급액
2년 미만	월봉급액의 10%	8년 미만	월봉급액의 35%
5년 미만	월봉급액의 20%	9년 미만	월봉급액의 40%
6년 미만	월봉급액의 25%	10년 미만	월봉급액의 45%
7년 미만	월봉급액의 30%	10년 이상	월봉급액의 50%

▶ 정근수당가산금
- 지급 대상: 교육공무원에게 지급
- 지급 방법 및 금액: 근무연수별 5등급, 추가가산금 별도로 지급

구 분	근무연수	금액
정근수당가산금	20년 이상	100,000원
	15년 이상 ~ 20년 미만	80,000원
	10년 이상 ~ 15년 미만	60,000원
	5년 이상 ~ 10년 미만	50,000원
	5년 미만	30,000원
정근수당 추가가산금	25년 이상	30,000원
	20년 이상 ~ 25년 미만	10,000원

▶ 성과상여금
- 지급 대상: 전년도에 2개월 이상 근무한 교육공무원에게 지급
- 지급 방법 및 금액: 근무성과등급(S, A, B)으로 나누어 지급하며 금액은 교원과 교육전문직원의 직급별에 따라 다름.

(4) 가계보전수당

▶ 가족수당

- 지급 대상: 부양가족이 있는 교육공무원
- 지급 요건
  - 부양의무를 가진 공무원과 주민등록표상 세대를 같이해야 함.
  - 당해 공무원의 주소 또는 거소에서 실제로 생계를 같이해야 함.
  - 취학·요양 또는 주거의 형편이나 공무원의 근무 형편에 의하여 별거하고 있는 배우자·자녀 및 배우자와 주소·생계를 같이 하는 직계존속은 부양가족에 포함함.

대상	지급액	비고
배우자	40,000원	
배우자 및 자녀를 제외한 부양가족	1명당 20,000원	부양가족은 배우자를 포함하여 4인 이내
자녀(첫째)	50,000원	자녀는 부양가족이 4명이 넘어도 수당 지급
자녀(둘째)	80,000원	
자녀(셋째)	120,000원	

▶ 육아휴직수당

대상	휴직기간	산출	상한액	하한액
육아휴직 교육공무원	시작일~3개월까지	휴직시작일 월봉급액	250만원	
	4개월째~6개월까지		200만원	
	7개월째~12개월까지	휴직시작일 월봉급액×80%	160만원	
(같은 자녀에 대하여 부모가 모두 육아휴직한 경우) 두 번째 육아휴직한 공무원	시작일~2개월째까지	휴직시작일 월봉급액	250만원	70만원
	3개월째		300만원	
	4개월째		350만원	
	5개월째		400만원	
	6개월째		450만원	
	7개월째~12개월째까지	휴직시작일 월봉급액×80%	160만원	
「한부모가족지원법」 제4조제1호의 모 또는 부 공무원	시작일~3개월째까지	휴직시작일 월봉급액	300만원	
	4개월째~6개월째까지		200만원	
	7개월째~12개월째까지	휴직시작일 월봉급액×80%	160만원	

같은 자녀에 대해 부모 모두 육아휴직 각각 3개월 이상			
「한부모가족지원법」 따른 모 또는 부	13개월째~18개월째까지	휴직시작일 월봉급액×80%	160만원
인사혁신처장이 정하는 장애가 있는 자녀의 부 또는 모			

(5) 특수근무지수당

▶ 지급 대상: 도서벽지학교 근무 교원
  - 교통이 불편하고 문화교육시설이 열악한 지역이나 근무환경이 특수한 기관에 근무하는 교육공무원

▶ 지급 금액
  - 거리, 교통운행, 소요시간 등을 점수화하여 지역을 4개로 등급화
  - '가' 지역(6만원), '나' 지역(5만원), '다' 지역(4만원), '라' 지역(3만원)

(6) 특수근무(업무)수당

종류	대상	지급액	
연구업무수당	장학관(사), 교육연구관(사)	- 장학관, 교육연구관: 월 22,000원 - 장학사, 교육연구사: 월 17,000원	
교원 등에 대한 보전수당	교(원)장, 교(원)감, 장학관, 교육연구관	- 교(원)장 및 장학관·교육연구관(1·2·3급 상당 직위 또는 고위공무원단 직위): 월 70,000원 - 교(원)감 및 장학관·교육연구관(4·5급 상당 직위): 월 10,000원	
교직수당	교육장·장학관·교육연구관·장학사 및 교육연구사와 교장·원장·교감· 원감·수석교사·교사	월 250,000원	
	가산금1	30년 이상의 교육 경력 및 55세 이상인 교사 및 수석교사	월 50,000원
	가산금2	보직교사	월 150,000원

교직수당 가산금	가산금3	특수학교 및 특수학급 담당	- 특수학교 및 특수학급 담당 교사 및 특수교육지원센터에서 근무하는 교원	월 120,000원
			- 원아 또는 학생의 전체가 미감아인 유치원·초등학교 또는 초등학교 분교장에서 근무하는 교원과 유치원 또는 초등학교의 미감아가 있는 학급을 직접 담당하는 교원	월 70,000원
			- 유치원·초등학교·특수학교의 등하교 통학버스에 월 10회 이상 동승하는 사람	월 30,000원
	가산금4	학급담당교원		월 200,000원
	가산금5	특성화고 교사		월 2.5~5만원
	가산금6	보건교사		월 40,000원
	가산금7	겸임교장 겸임교감		월 100,000원 월 50,000원
	가산금8	영양교사		월 40,000원
	가산금9	사서교사		월 30,000원
	가산금10	전문상담교사 및 전문상담순회교사		월 30,000원

(7) 초과근무수당

▶ 시간 외 근무수당

- 지급 대상: 정규 근무시간 외에 근무한 교육공무원

기준호봉	지급액
교감·장학관·교육연구관: 25호봉	- 정액분: 월 10시간 - 초과분: 월 57시간 - 최대: 월 67시간
30호봉 이상: 23호봉	
20호봉~29호봉: 21호봉	
19호봉 이하: 18호봉	

※ 시간외 근무수당 계산 방법: 기준호봉의 봉급액 × 0.55 ÷ 209 × 1.5

- 정액분 지급 방법(10시간분)
  • 월간 근무일수 15일 이상: 10시간 정액분 지급

• 월간 근무일수 15일 미만: 매1일 마다 1/15에 해당되는 금액 감액 지급
- 초과분 지급 방법(1일 4시간, 월 57시간 이내)
• 퇴근시간 이후: 1일 1시간 이상 시간 외 근무를 한 경우에 1시간을 공제한 후 매분 단위까지 합산
• 출근시간 이전: 1시간 이상 조기출근에 한하여 당일 정규 퇴근시간 이후의 시간 외 근무시간과 합산, 1시간 공제 후 매분 단위까지 산정
• 휴일근무: 1일 1시간 이상 근무한 자에 한하여 공제 없이 매분 단위까지 합산

▶ 관리업무수당

대상	지급액
학교장, 4급 상당 이상의 장학관·교육연구관	- 월봉급액의 7.8% ※ 수당을 지급받는 사람에게는 시간외 근무수당, 야간근무수당 및 휴일 근무수당을 지급하지 않음

(8) 실비변상 등

종류	대상	지급액
정액급식비	교육공무원	월 140,000원
명절휴가비	교육공무원	월봉급액의 60%, 연2회(추석, 설명절)
직급보조비	장학관·교육연구관	1급상당(750,000원), 2급상당(650,000원), 3급상당(500,000원), 4급상당(400,000원)
	교(원)장	450,000원
	교(원)감	300,000원
	장학사·교육연구사	185,000원

※ 교원의 봉급은 인상 여부와 비율에 따라 매년 1월에 변동이 이루어지며 수당의 경우에도 수시로 변동이 되므로 최신 규정은 인사혁신처 홈페이지(http://www.mpm.go.kr) 확인

[참고 문헌]
서울특별시교육청(2023), 교육공무원 인사실무 매뉴얼
공무원보수규정
공무원수당 등에 관한 규정(공무원수당규정)
인사혁신처(2024), 2024 공무원보수 등의 업무지침

23차시
교원의 호봉 및 승급

1. 초임호봉 획정
(1) 대상: 신규 채용되는 교육공무원
(2) 시기: 신규 채용일
(3) 호봉 획정을 위한 주요 요소: 학력, 경력, 자격
(4) 방법: 호봉 = 기산호봉 + 경력
  경력 = 환산경력연수 + (학령-16) + 가산연수

(5) 용어 정의
▶ 학령: 학교를 단계적으로 수학하여 최종학교를 졸업할 때까지의 법정 수학 연한의 통산연수(4년제 대학교 법정 수학 연한 16년 = 초등학교 6년 + 중학교 3년 + 고등학교 3년 + 대학교 4년)
▶ 가산연수
  - 사범계 가산연수: 수학 연한 2년 이상인 사범계학교 졸업자(1년)
  - 특수학교(학급) 가산연수: 특수학교 교원자격(증)을 보유하고 특수학교(학급), 특수교육지원센터에서 근무하는 교원 중,
    • 수학 연한이 2년 이상인 사범계학교 졸업자: 2년
    • 비사범계학교 졸업자: 1년
      ※ 2개 이상의 사범계학교를 졸업했더라도 1개만 인정
      ※ 대학원 및 교육대학원 졸업자는 사범계 가산연수 인정 대상에 미포함
▶ 기산호봉: 자격별로 부여되는 최초 호봉

[교육공무원의 기산호봉표]

자격별	기산호봉	자격별	기산호봉
1급 정교사	9	1급 사서교사	9
2급 정교사	8	2급 사서교사	8
1급 보건교사	9	1급 전문상담교사	9
2급 보건교사	8	2급 전문상담교사	8
1급 영양교사	9	준교사	5
2급 영양교사	8	실기교사	5

(예) 신규 초임호봉: 임용 전 경력은 없으며, 4년제 교육대학교 졸업 후 바로 임용 시 호봉은?
- 호봉 = 기산호봉 + 경력
- 경력 = 환산경력연수 + (학령-16) + 가산연수
  ⇒ 호봉(9) = 기산호봉(8) + 경력(1), 경력(1) = 환산경력연수(0) + (학령, 16-16) + 가산연수(1)

(6) 경력 계산 방법

▶ 경력 기간은 년·월·일까지 계산하되, 역(曆)에 의한 방법에 의함(「민법」 제160조).

▶ 역(曆)에 의한 방법: 기간을 정함에 있어 일(日) 단위로 환산하지 않고 계산
  - 기산일의 전일에 해당하는 일로 만료되는 때는 1월로 계산(예: 2. 5. ~ 3. 4.)
  - 기산일의 전일에 해당하는 날로 종료되지 않는 경우, 기산일로부터 순차적으로 실제일수를 계산함. 이때 실제일수가 30일이 되어도 29일로 산정
    (예) 3. 5. ~ 4. 3., 3. 5. ~ 4. 2. 모두 29일로 산정
  - 기산일의 전일에 해당하는 일자가 없는 경우, 그 달의 말일까지를 1월로 계산
    (예) 1. 31. ~ 2. 28.

▶ 여러 가지 경력이 있는 경우
  - 동일 환산율이 적용되는 경력별로 구분한 후 경력 환산율별로 계산하여 합산하며, 12월은 1년으로, 30일은 1월로 각각 계산

- 기간 계산에 임용일은 산입, 퇴직일은 제외(군복무, 계약직 공무원 만료일은 산입)
- 경력(학력)이 중복된 경우에는 그중 유리한 경력 하나에 대하여만 계산
- 학력 기간 산정은 학기 단위로 계산(입학일자가 3월 3일, 졸업일자가 2월 15일이라 하더라도 3월 1일 및 2월 말일을 기준으로 학력 기간을 계산)
- 같은 수준의 2개 이상의 학교를 졸업한 경우에는 1개 학교 외의 수학연수는 80%의 비율을 적용

▶ 교육공무원 등의 경력환산율표 적용 기준(「공무원보수규정」 별표22)
  - 교원 및 교원 외의 공무원 경력

구분	경력	환산율
교원 경력	가. 자격을 갖추고 국·공립학교 교원(기간제 교원 포함)으로 교육기관에서 근무한 경력	100% (단, 교원자격증의 종류와 근무한 학교가 일치하지 않는 기간제 교원 경력은 80%, 관할청에 보고되지 않은 사립학교 교원 경력은 50%)
	나. 자격을 갖추고 「사립학교법」에 따라 임명되어 관할청에 보고된 사립학교 교원(기간제 교원 포함)으로 교육기관에서 근무한 경력	
	다. 자격을 갖추고 「평생교육법」에 따라 학력이 인정되는 학교 형태의 평생교육시설에서 교원으로 근무한 경력	100%
	라. 자격을 갖추고 「재외국민의 교육지원 등에 관한 법률」에 따라 임명된 교원으로 한국학교에서 근무한 경력	100%
	마. 자격을 갖추고 시장·군수·구청장에게 임면이 보고된 보육교직원으로 「영유아보육법」에 따른 어린이집에서 근무한 경력	100%
교원 외의 공무원 경력	가. 국가공무원 또는 지방공무원으로 근무한 경력	100%
	나. 고용직공무원으로 근무한 경력	80%

- 시간강사 등 경력
  • 전일제 또는 종일제(1일 8시간 이상) 강사: 100% 인정
  • 시간제 강사: 다음의 계산방법을 따르되, 주당 실근무시간이 명확하지 않거나 12시간 이하인 경우에는 30% 인정

$$\text{인정 대상 경력 기간} = \text{시간강사로 근무한 기간} \times \frac{\text{주당 실근무시간}}{\text{유·초·중등교원 평균 주당 근무시간}}$$

<초·중등교원 평균 주당 근무시간>

'05.2.28. 이전	'05.3.1. ~ '06.2.28.	'06.3.1. ~ '12.2.29.	'12.3.1. 이후
44시간	43시간 (월 1회 토요휴무)	42시간 (월 2회 토요휴무)	40시간 (주 5일 수업제)

※ 주당 실근무시간은 계약으로 정한 주당 수업시간을 말하며, 계약으로 정해져 있지 않은 경우는 평균으로 계산

- 연구 경력, 국가 또는 지방자치단체 등에서의 경력, 그 밖의 경력

구분	경력	환산율

유사 경력	가. 연구 경력
	1) 대학(전문대학 포함) 또는 대학원에서 연구원으로 근무한 경력
	2) 「정부출연연구기관 등의 설립·운영 및 육성에 관한 법률」에 따라 설립된 연구기관 등 교육부장관이 정하는 연구기관에서 연구원으로 근무한 경력
	3) 대학(대학원)에서 연구전담 조교로 근로계약을 체결하고 정기적인 보수를 지급받으며 근무한 경력
	4) 대학원에서 석사 학위 또는 박사 학위를 취득한 경력
	  - (석사) 대학원 학칙으로 정한 최초 수업연한 인정
	  - (박사) 3년의 범위에서 인정
	    ※ 학기제를 달리하는 대학원 및 계절학기제 대학원의 석사 학위는 2년의 범위에서 인정
		100%

	나. 국가 또는 지방자치단체 등에서의 근무 경력 1) 「잡급직원규정」 및 「지방잡급직원규정」에 따른 잡급직원 근무 경력 2) 「잡급직원규정」 및 「지방잡급직원규정」 시행일 전의 임시직, 촉탁, 잡급으로 근무한 경력 3) 국가 또는 지방자치단체 등의 기관에서 임시직, 촉탁, 잡급 등으로 근무한 경력 중 위의 1), 2) 외의 경력으로 교육부장관이 인사혁신처장과 협의하여 인정하는 경력	80% (단, 3)의 경력 중 업무 분야와 동일한 교원자격증 취득 후의 경력 외의 경력은 50%의 환산율 적용)
	다. 그 밖의 경력 1) 변호사 또는 법무사의 자격을 갖추고 법률에 관한 사무에 종사한 경력	70%

2) 「교육기본법」 제15조제1항에 따른 교원단체 또는 「교원의 노동조합 설립 및 운영에 관한 법률」 시행 이후 교원노동조합에서 근무한 경력	70%
3) 교육감이 지정한 대안교육 위탁교육기관에서 소지한 자격과 동일한 분야의 학생교육 전담 근무 경력	70%
4) 비영리 종교법인에서 교육활동과 관련된 직무에 근무한 경력	60%
5) 공공법인으로서 공기업, 준정부기관, 사립학교, 학교법인, 법인체 병원 등에서 행정·경영·연구·기술 분야 근무 경력	50%
6) 재외교육기관(한국학교 또는 교육원 제외) 및 재외교육단체에서 근무한 경력	50%
7) 교육감에게 등록된 학원 또는 교습소에서 근무한 경력	50% (교육감에게 미등록· 미신고 경우 30%)
8) 회사(외국회사 포함)에서 상근으로 근무한 경력	40%
9) 그 밖의 직업에 종사한 경력으로 교육부장관이 인사혁신처장과 협의하여 정하는 경력(재단·사단법인, 개인회사 등)	30%

2. 호봉 재획정

(1) 대상: 재직 중인 교육공무원

(2) 요건
▶ 새로운 경력을 합산하는 경우
 - 초임호봉 획정 시 반영되지 않았던 경력(누락 경력)을 입증할 수 있는 자료를 제출하는 경우
 - 재직 중 새로운 경력 합산 사유가 발생한 경우
   • 호봉승급 기간에서 제외되는 휴직 기간 중에 새로운 경력이 발생한 경우
   • 징계 등의 사유로 승급제한을 받던 교원이 사면을 받은 경우
   • 대학원을 수료한 자가 교육공무원으로 임용 후 석사(박사) 학위를 취득한 경우
 - 자격이나 학력의 변동이 있는 경우
   • 자격변동이라 함은 임용된 교과목의 상위자격을 취득한 경우로서, 임용되지 아니한 교과목 상위자격을 취득한 경우는 호봉 재획정 사유가 되지 않음.

- 자격변동으로 인한 호봉 재획정은 신청일이 속한 다음 달 1일자로 재획정함 (소급 적용 불가).
- 학력변동이란 상위학교를 졸업한 경우를 말하며, 재직 중 통학이 가능한 거리 내의 야간대학 등을 졸업하였거나 휴직하고 상위학교를 졸업한 경우 등을 의미하며, 학력과 경력의 중복 문제를 동시에 살펴보아야 함.

(3) 시기
▶ 법령의 규정에 의하여 호봉을 재획정하는 경우: 관련 법령 등에 의함
▶ 새로운 경력을 합산하는 경우(자격, 학력의 변동 포함)
　- 공무원 경력을 합산하는 경우: 경력합산을 신청한 날이 속하는 달의 다음 달 1일
　- 유사 경력을 합산하는 경우, 초임호봉 획정 시 누락된 경력을 합산하는 경우: 경력합산을 신청한 날이 속하는 달의 다음 달 1일
　- 승급제한 기간을 승급 기간에 산입하는 경우: 징계말소 기간 등이 경과한 날이 속하는 달의 다음 달 1일(단, 재획정하고자 하는 날 현재로 휴직·정직 또는 직위해제 중인 자에 대해서는 복직일에 재획정)
▶ 당해 공무원에게 적용되는 호봉 획정의 방법이 변경되는 경우: 전직일, 또는 개정된 법령의 적용일

(4) 방법
▶ 초임호봉 획정의 방법이 법령에 의하여 변경된 경우에는 변경된 초임호봉 획정의 방법에 따름.
▶ 법령의 규정에 따라 호봉을 재획정하는 경우에는 당해 법령과 지침에 따름.
▶ 새로운 경력을 합산하는 경우에는 경력합산신청서에 의거하여 초임호봉 획정 방법에 의하여 재획정일 현재의 호봉과 잔여 기간 산출함.

3. 호봉 정정
(1) 대상: 호봉 획정 또는 승급이 잘못된 공무원
(2) 시기: 호봉 획정 또는 승급이 잘못된 것이 발견된 때

(3) 정정권자: 당해 공무원의 현재의 호봉 획정 및 승급시행권자
(4) 절차 및 방법
▶ 호봉의 획정 또는 승급이 잘못된 때에는 그 잘못된 호봉발령일자로 소급하여 정정함.
▶ 필요한 경우 종전의 호봉 획정 및 승급시행권자에게 호봉 정정을 위하여 필요한 사항을 확인할 수 있음.
▶ 호봉정정권자는 정정 사유 및 근거를 명확히 하여야 함.
▶ 호봉의 정정으로 봉급의 과다 혹은 과소 지급된 사실이 발생하였을 경우
   - 과소 지급분과 관련한 공무원의 봉급청구권 시효는 호봉 정정 발령일로부터 3년
   - 과다 지급분과 관련한 국가의 반환청구권 시효는 정정 명령이 효력을 발생하는 때(정정발령일)로부터 5년

[호봉 재획정과 정정의 비교]

구 분	사유	주요 사례	보수 지급
호봉 재획정	- 새로운 자격 및 학력 취득 - 누락 경력 제출 - 호봉획정 방법 등의 변경 - 승급제한 기간 산입 등	- 1정 자격 취득 - 임용 전 경력 추가 제출 - 경력환산율 개정 - 복직 등	재획정 이후부터 보수 변동
호봉 정정	- 호봉획정 및 승급이 잘못된 경우	- 경력환산율 오적용 - 잘못된 승급 등	해당 시점으로 소급하여 적용(소급지급 혹은 환수)

4. 정기승급

(1) 정기승급일: 매월 1일자(2008년 1월 1일부터 적용)

변경일 구분	정기승급 (변경) 내용
2001. 1. 1. 이전	연 2회 승급(1. 1., 7. 1.)
2001. 1. 1. ~ 2007. 12. 31.	연 4회 승급(1. 1., 4. 1., 7. 1., 10. 1.)
2008. 1. 1. 이후	연 12회 승급(매월 1일)

(2) 승급 요건: 정기승급일 현재 승급제한 기간 중에 해당되지 않아야 하며, 승급 기간(승급에 필요한 기간)은 1년 이상이어야 함.
(3) 승급제한 만료와 승급: 승급제한 기간이 만료된 공무원 중 만료일 현재 승급 기간이 1년 이상 되면 승급제한 기간이 만료된 날의 다음 날에 승급함.

(4) 승급의 제한
▶ 승급제한 사유
- 징계처분·직위해제·휴직(공무상 질병휴직 제외) 중에 있는 자
- 휴직과 호봉 승급의 문제는 휴직 기간을 승급 기간에 포함시킬 것인지와 휴직 기간 중에 정기승급을 할 수 있는지의 2가지를 고려하여야 함.
  • 병역휴직이나 육아휴직 등 일부 휴직은 복직 시 휴직 기간을 승급 기간에 포함
  • 공무상 질병휴직의 경우에는 휴직 중이라도 정기승급일에 승급할 수 있음.

[휴직과 호봉승급]

휴직 종류	호봉승급 기간 포함 여부
질병	호봉승급 기간에서 제외(공무상 질병휴직은 포함)
병역, 법정의무수행, 유학, 노조전임, 입양	호봉승급 기간에 포함
가족돌봄, 동반, 생사불명, 불임난임, 자율연수	호봉승급 기간에서 제외
고용	상근 100%, 비상근 50% 산입
육아	최초 1년의 이내 산입(단, 셋째 이후는 휴직 전 기간, 최대 3년)
연수	휴직 기간 중 승급 제한(단, 상위자격, 학위취득 시 교육경력 산입으로 호봉 재획정 필요가 있는 경우 재획정)

- 징계처분의 집행이 종료된 날로부터 다음의 승급제한 기간 미경과자
  • 강등·정직(18월), 감봉(12월), 견책(6월)
- 「국가공무원법」 제78조의2제1항 각 호(금품 및 향응수수, 공금횡령·유용 등) 및 소극행정, 음주운전, 성폭력, 성희롱 및 성매매로 인한 징계처분의 경우에는 각 처분별 승급제한 기간에 6개월을 가산함.
- 법령의 규정에 의한 근무성적평정점이 최하등급에 해당하는 자로서 최초 정기

승급 예정일로부터 6월이 경과되지 아니한 자

▶ 승급제한 기간의 단축
- 징계처분을 받은 후 당해 계급에서 훈장·포장·국무총리 이상의 표창·모범공무원포상 또는 제안의 채택으로 포상을 받은 경우는 최근에 받은 가장 중한 징계처분에 한하여 승급제한 기간의 1/2을 단축할 수 있음.
- '최근에 받은 가장 중한 징계처분'은 포상 등을 받기 전에 당해 계급(교사, 교감, 교장, 장학사(관), 연구사(관))의 근무 기간 중 받은 가장 중한 징계처분을 말함.

▶ 징계처분으로 인한 승급제한과 승급제한 기간 산입
- 징계처분 등으로 인하여 승급제한을 받고 있는 교육공무원에게 호봉 재획정 사유가 발생한 경우에는 승급제한을 받고 있는 중일지라도 호봉을 재획정함.
- 휴직·정직 혹은 직위해제로 인한 승급제한을 받고 있는 경우에는 복직일에 호봉을 재획정하며 직전 정기승급일 이후부터 발생한 잔여월수는 포함하지 않음.

▶ 승급 기간의 특례
- 징계처분을 받은 자가 징계처분의 집행이 종료된 날부터 다음의 기간(강등 9년, 정직 7년, 감봉 5년, 견책 3년)이 경과하면 승급 기간에서 제외되었던 승급제한 기간(강등·정직: 18월, 감봉: 12월, 견책: 6월)을 승급 기간에 산입함.
- 법령의 규정에 의한 근무성적평정점이 최하 등급에 해당되는 자(승급제한기간 6월)는 승급제한 기간이 만료된 날부터 2년이 경과한 경우 승급제한 기간을 승급 기간에 산입함.
- 승급제한 기간 중에 있는 자가 다시 징계처분이나 그 밖의 사유로 승급이 제한되는 경우에는 먼저 시작되는 승급제한 기간이 끝나는 날부터 다음 승급제한 기간을 기산함.
- 승급제한 기간 중에 있는 자가 휴직한 경우에는 동 승급제한 기간은 휴직과 동시에 중단되었다가 복직 후 진행함.

[참고 문헌]
교육부(2016), 교육공무원 인사실무
서울특별시교육청(2023), 교육공무원 인사실무 매뉴얼

PART 4

교육과정과 수업

24차시
미래 사회의 변화와 2022 개정 교육과정

1. 2022 개정 교육과정의 개정 배경과 비전
(1) 2022 개정 교육과정의 개정 배경
▶ 인공지능 기술 발전에 따른 디지털 전환, 감염병 대유행 및 기후·생태 환경의 변화, 인구 구조 변화 등에 의해 사회의 불확실성의 증가
▶ 사회의 복잡성과 다양성이 확대되고 사회적 문제를 해결하기 위한 협력의 필요성이 증가함에 따라 상호 존중과 공동체 의식 함양의 중요성 강조 필요
▶ 학생 개개인의 특성과 진로에 맞는 학습을 지원해 주는 맞춤형 교육에 대한 요구 증가
▶ 교육과정 의사 결정 과정에 다양한 교육 주체들의 참여를 확대하고 교육과정 자율화 및 분권화를 활성화해야 한다는 요구의 증가
▶ 이를 위해 미래 사회를 살아갈 학생들이 주도적으로 삶을 이끌어가는 능력을 함양할 수 있도록 교육과정이 구성되어야 함.

(2) 2022 개정 교육과정의 비전
▶ 미래 사회가 요구하는 핵심역량을 함양하여 포용성과 창의성을 갖춘 주도적인 사람으로 성장하게 함.

2. 역량 교육과 OECD Education 2030
(1) OECD(2005) 역량의 정의
▶ 특정한 맥락이나 상황에서의 지식, 기능, 가치 및 태도를 통합적으로 작동시

켜 복잡한 문제를 해결하는 능력

(2) 역량을 갖춘 사람
▶ 변화하는 상황과 요구에 유연하게 대응할 수 있으며, 이를 라이첸(Rychen)과 살가닉(Salganik)(2003)은 전이(transfer)시킬 수 있다고 표현함. 즉, 배운 것을 각기 다른 상황과 맥락에 적용하고 실천할 수 있는 능력을 갖춘 사람이 역량을 갖춘 사람이라는 것임.

(3) 핵심역량의 특징
▶ 역량은 총체성과 발달적 성격을 지니며, 사고를 동반한 수행(Doing by tinking)을 통해 드러남.

(4) OECD Education 2030

핵심 역량의 특징	
① 수행능력 실제 상황에 배운 것을 드러내야 함.	• 교사가 가르친 것보다 '학생이 배운 것', '실제로 할 수 있는 것'을 강조함. • 교육과정 개발 전 과정에 '학습 목표, 교육의 목표'로서 핵심역량에 대한 고려가 필요함. • 소수의 전이가 높은 중요한 핵심내용을 중심으로 교과의 학습 내용을 적정화, 구조화하여 학생들이 의미 있게 학습한 것을 수행으로 드러낼 수 있도록 교육 내용을 설계함.
② 총체성 지식, 기능, 가치 및 태도가 복합적으로 활용되어야 함.	• 지식, 기능, 가치 및 태도 중 어느 하나만 갖추어서는 발현되지 않음. • 지식, 기능, 가치 및 태도를 복합적으로 활용해 문제를 해결해 나아가며 역량이 함양됨. • 교과 지식, 기능, 가치 및 태도에 대한 통합적 이해뿐만 아니라 교과 간의 연계성을 이해할 수 있도록 교과 내 영역 간, 교과 간 교육 내용을 연계성과 통합성의 관점에서 적정화, 구조화하는 방식으로 설계해야 함.
③ 사회적 맥락 사회적 맥락 속에서 수행으로 경험될 때 길러짐.	• 핵심역량은 사회와의 관련 속에서 그리고 학생의 삶과 관련 속에서 길러지며 개인의 인격적 측면과 공동체적 측면의 능력이 함께 작용될 때 길러짐. • 교과 지식의 습득을 넘어 교과 지식을 실세계 맥락에서 활용하는 것을 강조해야 함. → 수행평가 강조 • 학생들의 수행이 사회적 맥락 속에서 개인뿐만 아니라 개인 간 연계를 통해 발현된다고 할 때, 협력학습이 강조되어야 함.

④ 발달적 특징 핵심역량은 개인에 따라 다르게 발달함.	• 학생은 다양한 수준과 맥락 속에서 역량을 습득함. • 개별 학생의 선지식, 요구, 관심 등에 반응적이어야 함. → 학생 맞춤형 수업 고려
⑤ 메타학습 강조 자신의 학습을 성찰하고 수정하는 능력이 필요함.	• 핵심역량은 복합적인 인지 과정이며, 사고 과정의 주체인 자신을 성찰할 수 있는 능력이 요구됨. • 학생들이 자신의 학습을 계획하고, 학습 과정과 결과물에 대해 반성적 성찰을 통해 재고하고 수정할 수 있는 기회를 제공함.

출처: 김경자, 온정덕, 이경진(2019), pp.67~72 내용 재구성

▶ 학습의 개념을 나침반으로 설정한 이유

- 학습자가 주도성을 갖고 개인과 사회의 웰빙이라는 목적지에 스스로 나아감. 이때 교사, 학부모, 또래, 지역사회는 학습자가 목적지에 잘 다다를 수 있도록 협력하는 주체들을 의미함.

▶ 역량이란?

- 알고 이해할 수 있어야 할 것, 할 수 있어야 할 것, 가치 및 태도의 총합이 역량임. 따라서 이를 총체적으로 활용하여 실제 맥락과 상황에 적용하고 실천하는 학습이 이루어져야 함.

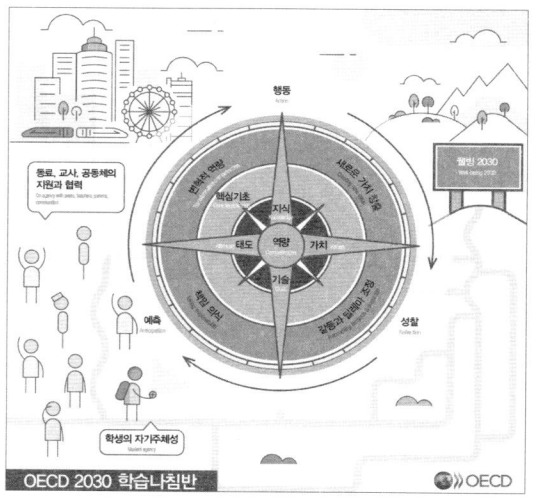

출처: 교육부(2019). 한·OECD 국제교육컨퍼런스보도자료

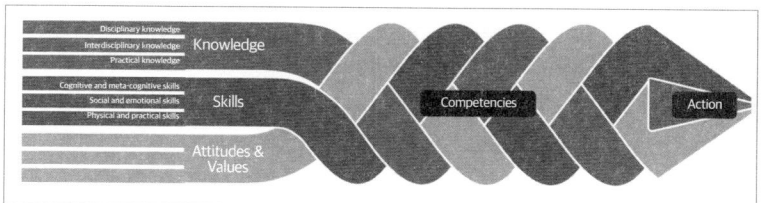

출처: OECD(2016). Progress report on the draft OECD Education 2030 conceptual framework

▶ AAR 학습 사이클
- 기대(예측)(Anticipation) → 행동(Action) → 성찰(Reflection)의 학습 사이클로 학습자가 개인과 공동체의 웰빙을 위해 사고력 및 행동력을 향상시키려는 반복적 학습 과정임. 계획하고 경험하고 성찰하는 과정을 통해 학습자는 심도 있는 이해와 폭넓은 관점을 갖게 됨.

▶ 핵심기초(Core foundation)
- 기초 소양(literacy)를 의미함. 전통적인 문해력, 수리력을 넘어 데이터 리터러시, 디지털 리터러시, 건강 리터러시 등을 포함함. 역량을 발휘하고 주도적인 학습을 하는 데 기초가 되는 능력임.

▶ 변혁적 역량(Transformative Competencies)
- 성공적인 삶을 일구고, 더 나은 미래를 구현하기 위해 필요한 세 가지(새로운 가치 창출하기, 갈등과 딜레마 조정하기, 책임의식) 역량을 의미함.
- 개인의 성공적인 삶과 더 나은 사회의 미래를 위해 교과에서 학습한 지식, 기능, 가치·태도를 활용하여 학습자가 주도적으로 계획하고 실행하며 성찰하는 과정이 곧 학습임.
- 이는 미래 사회가 요구하는 핵심역량을 함양하여 포용성과 창의성을 갖춘 주도적인 사람으로 성장하게 한다는 2022 개정 교육과정의 비전과도 궤를 같이함.

[참고 문헌]

교육부(2019). 한·OECD 국제교육 컨퍼런스 보도자료
교육부(2022). 2022 개정 교육과정 총론
김경자, 온정덕, 이경진(2019). 역량 함양을 위한 교육과정 설계: 이해를 위한 수업(개정판)
OECD(2005). The definition and selection of key competencies
OECD(2016). Progress report on the draft OECD Education 2030 conceptual framework
OECD(2018). The future of education and skills: Education 2030
OECD(2919a). OECD future of Education and skills 2030 - Concept note: OECD learning compass 2030
Rychen,D.S., & Salganik,L.H.(2003). Definition and selection of key competencies

25차시

2022 개정 교육과정의 주요 변화

1. 2022 개정 교육과정의 학습자 주도성

(1) 2022 개정 총론 주요 사항 요약

비전	"포용성"과 "창의성"을 갖춘 "주도적"인 사람			
개정 중점	• 미래사회가 요구하는 역량 함양이 가능한 교육과정 • 학습자의 삶과 성장을 지원하는 교육과정 • 지역, 학교 교육과정 자율성 확대 및 책임교육 구현 • 디지털, AI 교육환경에 맞는 교수학습 및 평가체제 구축			
추진 과제	미래 대응을 위한 교육과정	학습자 맞춤형 교육 강화	현장의 자율적인 혁신 지원	교육환경 변화 대응 지원

출처: 교육부(2021). 2022 개정 교육과정 총론 주요사항

▶ 2022 개정 교육과정 또한 역량 기반 교육과정임.
▶ 학습자의 역량을 작동시키기 위해서는 '학습자 주도성(Agency)'이 필요하며 2022 개정 교육과정에서는 이러한 주도성을 새롭게 강조함.

(2) 학습자 주도성(Agency)
▶ 학습자 주도성: 자신의 삶과 주변 세계에 긍정적으로 영향을 미치는 능력, 의지, 신념(OECD, 2019)
▶ 주도성 발휘: 다른 사람이 결정한 것을 받아들이기보다는 책임감 있게 결정

하고 선택하고 행동
▶ 자신이 과거에 축적한 경험, 학문적 지식, 신념 등을 동원하여 문제를 해결하는 역량을 작동시키기 위해 필요한 동인(driver)
▶ 개인 내적인 자기조절을 넘어 다른 행위 주체와의 연결을 필수로 요구함. 학습자는 여러 맥락에서 나타나는 문제를 다른 행위 주체와의 상호작용으로 해결하며 이 과정에서 학습자 성장과 주도성 발달은 함께 일어남.

(3) 주도성의 세 차원

	주도성의 세 차원(Leadbeater, 2017)
집단	사회 전체에 소속감을 느끼며 공유된 성과와 목적을 가지고 영향을 미치기 위해 행동하는 것 (collective agency)
협력	혼자서 할 수 있는 것은 없다는 것을 깨달으면서 복잡한 문제를 함께 해결하고 가치 있는 작업을 만들어 내는 것 (co-agency)
개인	자신의 정체감을 찾는 개인적 성장과 능력을 개발하는 개인적 여정 (agency)

(4) 주도성의 중요성
▶ 학습은 주도성을 발휘할 때 일어나므로 OECD에서는 학습 개념을 나침반을 들고 여행을 떠나는 학생으로 설정하여 학습자 주도성을 위치시키고 있으며, 협력적 주도성을 강조하기 위해 동료, 교사, 공동체의 지원과 협력을 학생 주변으로 위치시키고 있음.

(5) 2022 개정 교육과정에서 주도성
▶ 2022 개정 교육과정의 비전: 포용성과 창의성을 갖춘 주도적인 사람

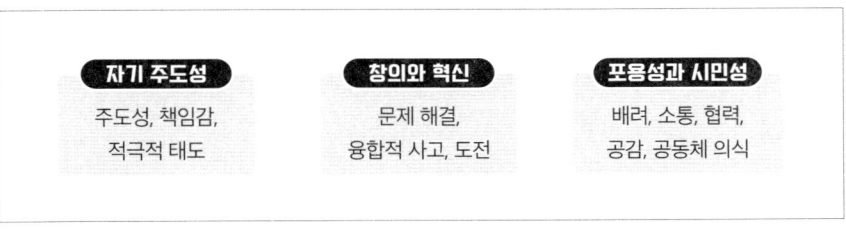

출처: 교육부 보도자료(2022). 2022 개정 초·중등학교 및 특수교육 교육과정 확정 발표

▶ 추구하는 인간상: 학생의 주도성, 책임감, 적극적 태도 등을 강조하기 위해 현행 교육과정의 '자주적인 사람'을 '자기주도적인 사람'으로 개선
▶ 핵심역량: 자기관리 역량, 지식정보처리 역량, 창의적 사고 역량, 심미적 감성 역량, 협력적 소통 역량, 공동체 역량. 우리 교육이 지향해야 할 가치와 교과 교육 방향 및 성격을 기초로 미래 사회변화에 대응할 수 있는 역량으로 '협력적 소통 역량'을 강조하여 2015 개정 교육과정 핵심역량 중 의사소통 역량을 '협력적 소통 역량'으로 개선
▶ 2022 개정 교육과정에서는 기존에 학생 개인의 능력에 치중한 것을 벗어나 더 나은 미래, 모두의 행복을 위한 공동체를 위해 함께 책임 의식을 가지고 지식, 기능, 가치 및 태도를 포괄하는 역량을 기르는 것을 강조

2. 2022 개정 교육과정의 주요 개정 내용

(1) 총론 주요 개정 방향

▶ 미래 사회에 대응할 수 있는 능력과 기초 소양 및 자신의 학습과 삶에 대한 주도성 강화
  - 교과의 깊이 있는 학습의 기반이 되는 언어, 수리, 디지털 소양을 기초 소양으로 하여 교육 전반에서 강조, 탄탄한 기초를 바탕으로 역량 쌓아 가기
▶ 학생 개개인의 인격적 성장을 지원하고 구성원 모두의 행복을 위해 공동체 의식 강화
  - 기후·생태환경 변화 등에 대한 대응 능력 및 지속가능성 등 공동체적 가치를 함양하는 교육 강조
  - 다양한 특성을 가진 학생이 차별받지 않도록 지원, 지역·학교 간 교육 격차를 완화할 수 있는 지원 체제 마련
▶ 학생들이 자신의 진로와 학습을 주도적으로 설계하고, 적절한 시기에 학습할 수 있도록 학습자 맞춤형 교육과정 마련
  - 지역 연계 및 학생의 필요를 고려한 선택 과목 또는 활동을 개발·운영할 수 있도록 학교자율시간 도입
  - 학교급 간 교과 교육과정 연계, 진로 설계 및 탐색 기회 제공, 학교생활 적응을

지원하는 진로연계교육의 운영 근거 마련
▶ 학생이 주도성을 기초로 역량을 기를 수 있도록 교과 교육과정 마련
  - 교과별로 꼭 배워야 할 핵심 아이디어를 중심으로 학습량을 적정화하고, 학생들이 경험해야 할 사고, 탐구, 문제 해결 등의 과정을 학습 내용으로 명료화하여 교수·학습 및 평가 방법 개선

3. 학교급별 주요 변화

(1) 초등학교

▶ 1학년 입학 초기 적응활동 개선: 입학 초기 적응활동을 통합교과(바, 슬, 즐)와 창의적 체험활동 시간으로 내용을 체계화하고, 기초 문해력 강화 및 한글 해득 교육을 위한 국어 34시간 증배
▶ 체험·실습형 안전교육: 초등학교 1~2학년의 안전교육은 64시간을 유지하되, 통합교과와 연계하여 재구조화(바른 생활 16시간, 슬기로운 생활 32시간, 즐거운 생활 16시간)하고, 교과와 창의적 체험활동을 통해 학생 발달 수준에 맞는 체험·실습형 안전교육이 이루어지도록 개선
▶ 놀이·신체활동 강화: 초등학생의 발달 특성에 적합한 실질적 움직임 기회 제공을 위해 '즐거운 생활' 교과에 실내외 놀이 및 신체활동 강화
▶ 창의적체험활동 영역 개선: 자율·자치활동, 동아리활동, 진로활동(봉사활동은 동아리활동의 하위 영역으로 편성되어 있으며, 모든 활동과 연계 가능, 초·중·고 공통사항)
▶ 학교자율시간: 학교에서 지역과 학교의 여건이나 학생의 필요에 따라 교과 및 창의적 체험활동의 일부 시수를 확보하여 국가 교육과정에 제시되지 않은 새로운 과목이나 활동을 자유롭게 개발·운영할 수 있는 방안 마련(초·중 공통사항, 중학교는 과목만 개발·운영할 수 있음)

| 2015 개정 교육과정 | 2022 개정 교육과정 |

(2) 중학교
▶ 자유학기 운영 방안 개선: 기존 4개 영역(주제 선택, 진로 탐색, 예술·체육, 동아리 활동) 170시간 → 2개 영역으로 통합(주제 선택, 진로 탐색) 102시간
▶ 진로연계교육: 고등학교로 진학하기 전 중학교 3학년 2학기를 중심으로 고등학교에서 교과별로 배울 학습 내용과 진로 및 이수 경로 등을 학습할 수 있도록 진로연계교육을 도입하고 자유학기와 연계하여 운영(진로연계교육은 초·중 공통사항)

(3) 고등학교
▶ 고교학점제 기반 맞춤형 교육과정: 학점 기반 선택교육과정으로 한 학기에 과목 이수와 학점 취득을 완결할 수 있도록 재구조화함. 학기 단위 과목 운영에 따라 과목의 기본학점을 4학점(체육, 예술, 교양은 3학점)으로 조정하고 증감 범위도 ±1로 개선하여 학생이 진로에 적합한 과목을 이수할 수 있도록 개선함. 비판적 질문, 실생활 문제 해결, 주요 문제 탐구 등을 위한 글쓰기, 주제 융합 수업 등 실제적 역량을 기를 수 있는 진로선택과 융합선택 과목을 신설하고 재구조화함.

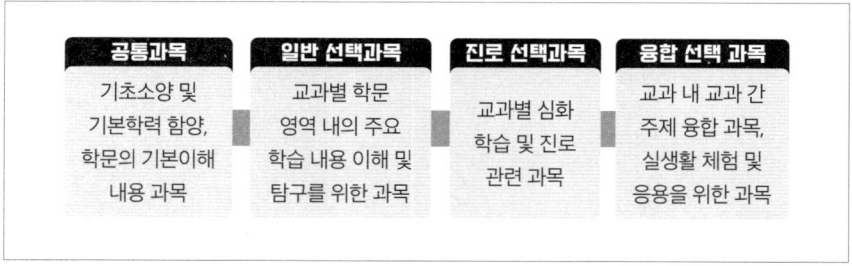

출처: 교육부 보도자료(2022). 2022 개정 초·중등학교 및 특수교육 교육과정 확정 발표

▶ 총 이수학점과 수업량 적정화: 1단위 기준 시수 17시간 → 1학점 기준 시수 16시간, 필수이수단위 94단위 → 필수이수학점 84학점, 자율편성단위 86단위 → 자율이수학점 90학점 (총 204단위 → 총 192학점), 선택과목의 기본단위 5단위 → 기본학점 4학점(1학점 내 증감 가능)

교과 영역		교과(군)	공통 과목(단위)	필수 이수 단위	자율 편성 단위
교과(군)	기초	국어	국어(8)	10	학생의 적성과 진로를 고려하여 편성
		수학	수학(8)	10	
		영어	영어(8)	10	
		한국사	한국사(6)	6	
	탐구	사회(역사/도덕 포함)	통합사회(8)	10	
		과학	통합과학(8) 과학탐구실험(2)	12	
	체육·예술	체육		10	
		예술		10	
	생활·교양	기술·가정/ 제2외국어/ 한문/교양		16	
소계				94	86
창의적 체험활동				24(408시간)	
총 이수 단위				204	

2015 개정 교육과정

교과(군)	공통 과목	필수 이수 학점	자율 이수 학점
국어	공통국어1, 공통국어2	8	학생의 적성과 진로를 고려하여 편성
수학	공통수학1, 공통수학2	8	
영어	공통영어1, 공통영어2	8	
사회(역사/도덕 포함)	한국사1, 한국사2	6	
	통합사회1, 통합사회2	8	
과학	통합과학1, 통합과학2 과학탐구실험1, 과학탐구실험2	10	
체육		10	
예술		10	
기술·가정/정보/ 제2외국어/ 한문/교양		16	
소계		84	90
창의적 체험활동		18(288시간)	
총 이수 학점		192	

2022 개정 교육과정

4. 주요 교과별 개정 사항

교과	주요 변화 내용
국어	• 한글 해독 및 기초 문해력 교육 강화 - 초등학교 1~2학년군 국어 34시간 증배 • 매체 관련 내용의 체계적 구성 - 초·중학교 '매체' 영역 신설, 고등학교 '문학과 영상', '매체 의사소통' 과목 신설 • '주제 탐구 독서', '독서 토론과 글쓰기' 등 독서·작문 연계 활동 강화 선택 과목 신설
수학	• 학습량 적정성을 고려한 필수 내용 요소와 과목 체계 재구조화 - '수와 연산', '변화와 관계', '도형과 측정', '자료와 가능성' 4개 영역으로 통합 • 흥미와 자신감을 높일 수 있도록 수학적 모델링, 놀이 및 게임학습 등에 대한 교수·학습 평가 모형 구체화 • 디지털 기반 학습을 통한 공학도구 활용 강조 • 학생 적성과 진로 등에 따른 '실용 통계', '수학과 문화', '직무 수학' 등 다양한 선택 과목 신설
영어	• 언어 기능별 영역 분류 방식 탈피 - '이해'와 '표현' 영역으로 통합 • 학생 발달 수준과 학교급 간 연계를 고려한 성취기준 설계 • 실생활 중심의 영어 의사소통 역량 교육 강화 • 학생 진로를 고려한 '직무 영어', '영어 발표와 토론'과 실생활에서 영어를 응용할 수 있는 '실생활 영어 회화', '미디어 영어', '세계문화와 영어' 과목 신설
사회	• 역량 함양 탐구형 수업이 가능하도록 핵심 아이디어를 중심으로 학습량 적정화 • 탐구 기능·실천 중심의 성취기준 수행 동사 활용으로 '다양한 답을 찾아가는 수업' 지향 • 진로와 적성에 따른 교육이 가능하도록 '정치와 법' 과목을 '정치', ' 법과 사회'로 분리, '세계시민과 지리', '도시의 미래 탐구', '금융과 경제생활', '기후변화와 지속가능한 세계' 등의 선택 과목 신설

과학	• 미래 융복합적 문제에 유연하게 대응할 수 있는 과학적 역량 강조 - 탐구 및 추론, 통합적 사고, 문제 해결력 • 하위 학문 분야별(물/화/생/지) 분절적 학습 지양, 통합적 학습 지향 - 기후변화, 감염병, 진로 등과 연계한 통합 단원 확대(1개→2개, 예: 감염병과 건강한 생활, 기후변화와 우리 생활, 과학과 나의 진로 등), '통합과학'을 통해 과학적 기초역량과 통합적 이해 강조 • 과학 분야 및 진로·융합 영역에서의 다양한 과목 개설(일반 선택 4종, 진로 선택 8종, 융합 선택 3종, 과학 계열 선택 과목 9종)
정보 교육	• 초·중학교 정보 관련 수업 시수 확대(초등학교 실과 17시간 → 34시간 이상, 중학교 정보 34시간 → 68시간) • 초등학교에서는 놀이·체험활동 중학교에서는 실생활 문제 해결 과정을 간단한 컴퓨터 프로그램으로 구현하여 쉽고 재미있게 정보 기초 소양 함양 • 진로·적성에 맞는 맞춤형 정보 역량 함양을 위한 다양한 선택 과목 개설(일반 선택 '정보', 진로 선택 '인공지능 기초', '데이터 과학', 융합 선택 '소프트웨어와 생활')

출처: 교육부 보도자료(2022). 2022 개정 초·중등학교 및 특수교육 교육과정 확정 발표

5. 적용 시기

2024	2025	2026	2027
초등학교 1, 2학년	초등학교 3, 4학년 중학교 1학년 고등학교 1학년	초등학교 5, 6학년 중학교 2학년 고등학교 2학년	중학교 3학년 고등학교 3학년

[참고 문헌]

교육부(2021). 2022 개정 교육과정 총론 주요사항
교육부(2022). 2022 개정 교육과정 총론
교육부 보도자료(2022). 2022 개정 초·중등학교 및 특수교육 교육과정 확정 발표
Leadbeater, C.(2017). Student agency
OECD(2919). OECD future of Education and skills 2030 - Concept note: Student agency for 2030

무엇을 가르쳐야 하는가?
(학습의 전이)

1. 학습의 전이
(1) 2022 개정 총론 주요 사항
- ▶ 어떤 학습이 그 후의 다른 학습에 효과를 미치는 것임.
- ▶ 이해의 전이는 개념적 수준에서 일어남.
    - 사실과 기능에 의해 뒷받침되는 일반화와 원리는 학생들이 패턴을 파악하고 새로운 사례들을 이전에 배운 개념 및 개념적 이해와 관련지을 수 있게 해 줌. (Erickson & Lanning, 2017)
- ▶ 역량 교육에 있어 무엇을 가르쳐야 하는가?
    - 이 질문에 대한 답은 곧 '무엇을 배워야 많은 상황에 적용할 수 있는가?'에 대한 질문의 답과 같음. 즉 학습의 전이력이 높은 내용을 가르쳐야 함. 따라서 전이력이 높은 '중요한 내용'을 가르쳐야 함.

2. 이해중심 교육과정의 학습 내용 우선순위
(1) 이해중심 교육과정(Unerstanding by design)
- ▶ '이해'를 돕기 위한 단원 설계 및 수업 계획. 설계 방식이 기존의 방식(Tyler의 목표-수업-평가)과 거꾸로 이루어진다고 보아 백워드 설계라는 별칭으로 불리기도 함.

(2) 이해중심 교육과정의 '이해'
- ▶ 학습 과정에서 의미를 이해하고 패턴이나 구조를 파악하는 것: 추론
- ▶ 습득한 지식을 새로운 상황에 유창하고 유연하게 적용하는 것: 적용/응용

▶ 자신의 지식을 조직하여 갖게 된 것: 내면화/패턴화
▶ UbD의 '이해' → '역량': 학습 결과를 강조, 수행 능력을 의미, 총체성 (지식, 기능, 가치 및 태도까지 학습했으면 ~~을 할 수 있게 되는가?)

(3) 이해의 6가지 측면: '이해'한 학습자는 다음을 할 수 있음.

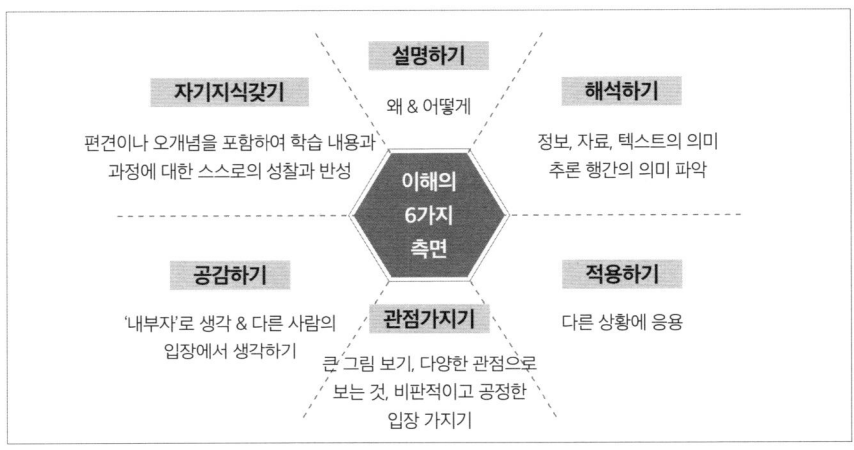

출처: Wiggins & McTighe(2005)

(4) 무엇을 이해해야 하는가?
▶ 전이가 가능한 일반화/원리(영속적 이해)

(5) 학습 내용의 우선순위

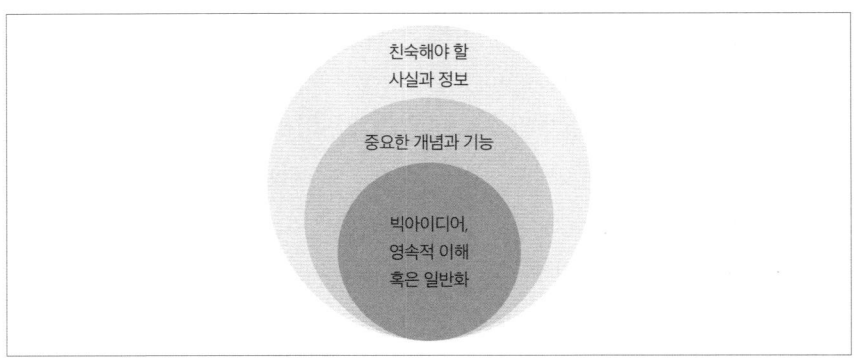

출처: Wiggins & McTighe(1998)

역량 중심 교육과정의 대표적 설계 방법으로 알려진 이해중심 교육과정 설계(백워드 설계)에서는 학습 내용의 우선순위를 위와 같이 같이 제시함.

▶ 친숙해야 할 사실과 정보: 용어, 정의, 주요 정보, 중요한 세부 사항, 주요 사건과 사람 등
▶ 중요한 개념과 기능: 민주주의, 권력, 권위, 삼권분립 등의 개념과 정보 수집하기, 다양한 관점 고려하기, 합리적 의사결정하기 등의 기능
▶ 빅아이디어, 영속적 이해 혹은 일반화: 개념보다 전이력이 높고 더욱 다양한 상황과 사실에 적용됨. 적응, 변화, 에너지, 상호작용, 시스템 등

(6) 빅아이디어와 영속적 이해
▶ 빅아이디어: 수많은 혼란스러운 경험이나 분절적 사실을 일반화·추상화한 핵심적인 개념으로 빅아이디어는 나무만 보지 않고 숲을 볼 수 있도록 해 주는 도구임. 예를 들어 '물은 증발을 통해 사라진다.'는 개별적 사실이고 '물의 순환'은 수많은 개별적 사실이 갖는 공통점을 추상적으로 의미화한 핵심 개념에 해당함. 또, 뉴턴의 법칙인 '모든 작용에는 크기가 같고 방향이 반대인 반작용이 항상 존재한다.' 역시 빅아이디어임. 이는 변화라는 현상을 이해하고, 움직임의 변화를 예측할 수 있는 강력한 힘을 갖기 때문임. 빅(big)은 강력함을 뜻함. 즉 전이력이 큰 강력한 개념이 빅아이디어라고 볼 수 있고 빅아이디어는 단어, 구, 문장의 형태로도 표현될 수 있음. (이찬승, 2022)
▶ 영속적 이해: '영속적 이해'는 개념들 간의 관련성을 드러내며, 개념보다 더욱 다양한 상황과 많은 사실에 적용되는 명제를 의미함. 영속적 이해는 사실이나 개념, 기능과 관련되어 있으면서도 내용 범주의 핵심 중에 핵심을 의미하며, 우선순위가 가장 높고 전이력이 가장 큼. 따라서 교육과정 단원을 설계할 때에는 내가 설계하고자 하는 단원은 학습자로 하여금 어떤 영속적 이해를 구성하게 하는지 고민하고 이러한 영속적 이해를 스스로 구성해 볼 필요가 있음. 영속적 이해는 단순 지식, 수업 활동, 학습 소재, 학습 목표가 아님에 주의해야 함.

영속적 이해의 사례	영속적 이해가 아닌 사례
때때로 위대한 예술가는 자신이 보고 느낀 것을 표현하기 위해 기존의 전통, 관습, 기술을 깨뜨리기도 한다.	모네는 인상파 화가이다(단순 지식).
자료를 수집하고 표현하는 방법에 따라 자료가 전달하는 의미가 달라진다.	여러 방법으로 자료를 수집하고 다양한 그래프로 나타낼 수 있다(학습 목표).
과학적 탐구는 과학적인 문제 제기, 자료 수집, 과학적 설명, 과학적 지식 및 이론에 근거한 설명, 의사소통 및 과학적 설명에 대한 정당화를 포함한다.	가설을 설정하고 체계적인 설계를 통해 검증할 수 있다(학습 목표).
작가는 독자와 목적에 따라 글의 형식을 선택한다.	문학과 정보전달의 글(학습 소재)
역사적 사건의 의미는 여러 다른 관점에서 해석될 수 있다.	연대표 만들기(활동)

출처: 김경자, 온정덕, 이경진(2019). 역량 함양을 위한 교육과정 설계 p.130

3. 개념 기반 교육과정의 개념적 이해

(1) 개념적 이해(Erickson, Lanning & French, 2017)
▶ 학습에 대한 최근 연구에 따르면 학습은 지식을 머릿속에 저장하고 그것을 상황에 맞게 인출하는 것이 아니라 정보들을 서로 연결하고 패턴을 파악하며 만들어내는 과정임.
▶ 지식은 정보가 서로 연결되는 것이며, 이러한 네트워크는 학습을 통해 강화되고 확장되면서 점점 깊어짐.
▶ 학생들이 더 정교하고 복잡하게 사고할 수 있게 하려면 뇌에서 단순한 처리를 담당하는 기관과 복잡한 처리를 담당하는 기관 사이의 시너지를 만들어 내야 함. 즉, 저차원의 사고와 고차원의 사고 간의 상호작용을 통해 시너지를 내는 사고를 만들어 내야 한다는 것임. 이러한 시너지를 내는 사고에서 개념적 이해가 중요함.
▶ 개념적 이해는 개념 자체를 가르치는 것이 아닌 개념적 수준에서의 사고의 통합에 초점을 맞추는 것을 의미함.

(2) 개념 기반 교육과정
▶ 개념 기반 교육과정은 교육과정과 수업을 설계할 때, 학생들이 사실적 지식

과 기능을 넘어서 이들과 관련된 개념/일반화를 찾을 수 있고, 만들 수 있으며, 체화할 수 있도록 하는 교육과정 설계 모형임.
▶ 학생들로 하여금 '개념적 렌즈'를 통해 사실과 기능에 대해 생각하도록 함으로써 저차원적 수준의 사고와 고차원적 수준의 사고가 상호작용하는 시너지를 내는 사고를 이끎.
▶ 학생들이 개념적 수준에서 패턴을 파악, 내용 간의 관련성을 깨닫게 하고 자신의 이해를 전이하게 함.

(3) 3차원적 교육과정과 수업

사실	기능
세계 여러 지역의 경제적 차이를	파악한다.
과거부터 현재까지 기술의 변화를	비교한다.
학생들이 알게 되는 것	할 수 있게 되는 것

지리적 환경과 천연자원이 지역의 경제적 잠재력 형성에 도움이 된다는 것을 이해하기 위해
세계 여러 지역의 경제적 차이를 파악한다.

기술의 발전이 사회의 사회적/경제적 생활양식을 변화시킨다는 점을 이해하기 위해
과거부터 현재까지 기술의 변화를 비교한다.

<2차원적 교육과정>   <3차원적 교육과정>

(4) 매크로 개념과 마이크로 개념
▶ '개념'은 소재(주제)보다 추상적이며, 일반성/추상성/복잡성 면에서 여러 수준으로 존재함.
▶ 매크로 개념: 광범위하고 탐구에 폭을 더하는 개념. 교과 내 영역, 교과 간 연결을 가능하게 하는 큰 개념(예: 수학과 - 패턴, 상호작용, 질서, 원인과 결과, 가능성, 비율 등)
▶ 마이크로 개념: 교과에 관련된 개념으로 구체적이고 탐구에 깊이를 더하는 개념(예: 수학과 - 시간, 속도, 기울기, 함수, 그래프 등)
▶ 개념(보편적이고 추상적, 매크로하거나 마이크로할 수 있음), 일반화(두 개 이상의 개념 간 관계를 하나의 문장으로 진술한 것, 영속적 이해, 핵심적인 이해, 빅아이디어라고 불리기도 함), 원리(학문의 기초를 이루는 진리)가 전이됨.

(5) 지식의 구조, 과정의 구조

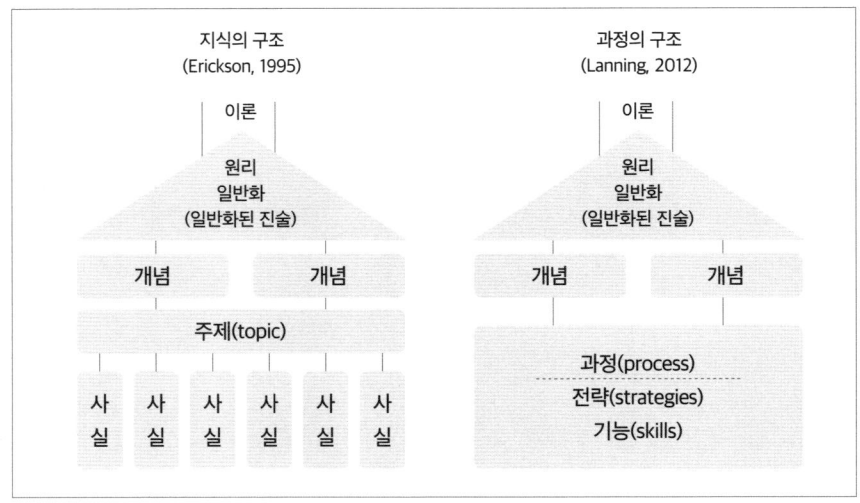

출처: Erickson & Lanning(2014). 지식의 구조와 과정의 구조

4. 중요한 내용의 학습 방법

▶ 때로는 교과를 가로지르기도 하며 지식만 습득해서는 제대로 내면화하였다고 보기 어려움. 학습자의 고차적 사고를 바탕으로 한 수행을 통해 학습되고 내면화될 수 있음.

▶ 수행: 학습자가 (지식을 습득할 때) 맥락 속에서 의미를 파악하고, 그것을 새로운 상황 속에서 유연하면서도 유창하게 적용시켜 새로운 산출물이나 결과물을 도출하는 것임.

> 교사의 설명과 기계적인 암기로 이루어지는 수업은 학생이 실제 사회를 살아가는 데 필요한 힘을 길러 주지 못한다. 이를 해결하기 위해서는 교과의 중심이 되는 내용을 깊이 있게 학습하고 개념 혹은 의미 있는 주제를 중심으로 학습자가 직접 탐구하는 학습이 이루어져야 한다.
> - Perrone, V. (1998). Why do we need pedagogy and understanding?

[참고 문헌]

Erickson, H. L., Lanning, L. A. & French, R.(2017). 생각하는 교실을 위한 개념기반 교육과정 및 수업. (온정덕, 윤지영 옮김). 학지사

Erickson, H. L., & Lanning, L. A. (2014). Transitioning to Concept-Based Curriculum and Instruction: How to bring content and process together. Thousand Oaks, CA: Crowin

Perrone, V. (1998). Why do we need pedagogy and understanding?. In M. S. Wiske (Ed.), Teaching for understanding: Linking research with practice (pp.13-38). Jossey-Bass

Wiggins, G., & McTighe, J. (1998). Understanding by design. Alexandria, Virginia: ASCD

Wiggins, G., & McTighe, J. (2005). Understanding by design. (2nd Ed.) Alexandria, Virginia: ASCD

김경자, 온정덕, 이경진 (2019). 역량 함양을 위한 교육과정 설계: 이해를 위한 수업(개정판). 교육아카데미

이찬승 (2022). 2022 개정 교육과정이 요구하는 3차원 수업의 이해와 학력에 대한 교육감·교사들의 인식 변화 필요성

27차시
어떤 학습 경험을 주어야 하는가?
(깊이 있는 학습)

1. 개념 기반 탐구학습
▶ 전이력이 큰 중요한 내용은 수행으로 학습될 수 있다고 했을 때, 이러한 수행의 가장 대표적인 방법은 탐구

(1) 탐구학습의 두 가지 접근
▶ 귀납적 접근: 먼저 개념이나 일반화를 드러내는 사례나 특성을 알아보며, 알게 된 정보를 이용하여 개념적인 아이디어(일반화)로 구성하고 표현함(구체 → 추상).
▶ 연역적 접근: 학생들의 탐구 활동 전에 먼저 단원의 일반화를 공유하고, 일반화를 뒷받침하는 사실과 기능을 알아나가는 방법임(추상 → 구체).
▶ 학생들이 자신의 이해를 스스로 만들어 나가는 것이 목적이며 이 과정이 전이됨. 따라서 귀납적 접근을 주로 활용함.

(2) 개념 기반 탐구학습
▶ 개념 기반 탐구학습은 탐구 기반 학습(학습으로 이끄는 질문의 활용에 초점)과 개념 기반 학습(전이가 가능한 이해를 구성하는 데 초점)의 교집합
▶ 탐구 사이클
참여하기 → 집중하기 → 조사하기 → 조직화하기 → 조직 및 정리하기 → 일반화하기 → 전이하기, 성찰하기(사이클 전 과정에서)

(3) 탐구학습의 종류(Makenzie, 2016)
- ▶ 구조화된 탐구(Structured Inquiry): 교사가 주도하면서 반 전체가 하나의 탐구를 함께 수행함.
- ▶ 제한된 탐구(Controlled Inquiry): 교사가 학생들이 탐구할 질문들과 탐구·조사 자료를 제공하고, 그중에서 학생이 질문과 탐구 방법과 자료를 선택함.
- ▶ 안내된 탐구(Guided Inquiry): 교사가 한 개 혹은 한 개 이상의 핵심질문을 제시하며, 학생들이 탐구 방법을 만들고 학습 과제를 계획, 결론을 도출함.
- ▶ 자유 탐구(Open Inquiry): 학생들이 탐구 주제, 탐구·핵심질문, 방법과 자료를 선택하고 나름의 결론을 도출함.

(4) 개념 기반 탐구학습에서 교사와 학생의 역할
- ▶ 개념 기반 수업에 적합한 탐구 학습의 방법은 구조화된 탐구와 안내된 탐구임. (Erickson et al, 2017)
- ▶ 구조화된 탐구: 구조화된 탐구에서는 교사가 질문과 사실적 정보를 결정하지만, 학생들이 분석하고 자신만의 개념적 이해를 도출해 내야함. 교사의 안내질문은 학생들이 사실과 기능에서 일반화를 연결할 수 있는 생각을 하도록 도움.
- ▶ 안내된 탐구: 안내된 탐구를 할 때, 교사는 광범위한 주제를 선정하되 교사와 학생들이 함께 탐구의 방향을 설정하는 질문을 만듦. 이 접근법에서 학생들은 더 큰 맥락을 선택할 수 있고, 탐구 질문을 조사하는 데 활용할 방법, 탐구 결과를 발표할 방법을 선택할 수 있음.

2. 역량 함양을 위한 학습 경험
- ▶ 역량은 배운 내용을 전이시켜 새로운 상황과 맥락에 적용할 때 함양됨. 따라서 학습한 내용을 전이시키기 위한 학습 경험이 주어져야 함.
  - 소수의 핵심적인 개념, 즉 빅아이디어 또는 일반화를 깊이 있게 다루는 심층 학습은 학습자가 실제 맥락에 적용하는 실제적(authentic) 학습을 가능하게 함.
  - 맥락과 닿아 있는 실제적 학습은 학습 내용을 상황에 적용하면서 학습의 깊이를 더해가기 때문에 학습자의 심층 학습을 가능하게 함.

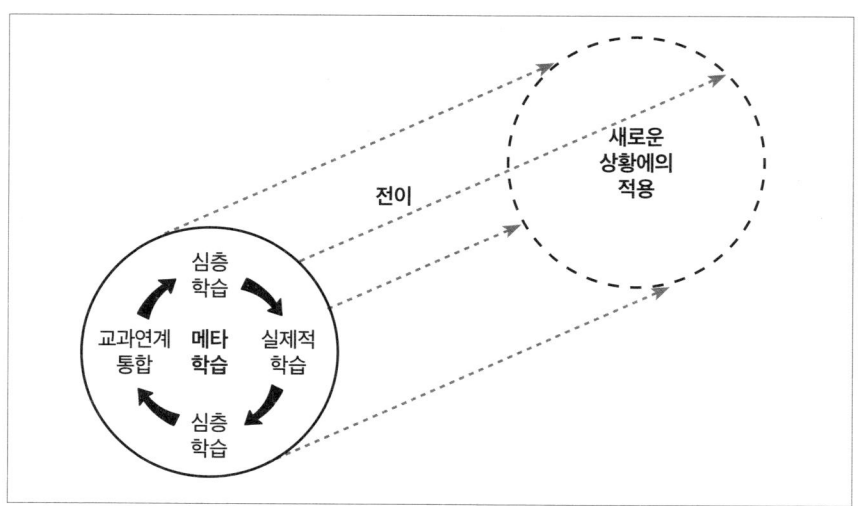

출처: 교육부(2022a). 2022 개정 교과 교육과정 전문가 워크숍 자료

- 심층 학습에서 다루는 소수의 핵심적인 개념은 교과 전반에 걸쳐 있는 개념이기 때문에 교과를 연계하고 통합하는 것을 가능하게 함.
- 마찬가지로 교과를 연계하고 통합하는 수업을 통해 학습자는 통합적 사고를 하게 되고, 이러한 통합적 사고는 다시 학습자의 심층 학습으로 연결됨.
- 이러한 과정 전반에서 학습자는 자신의 학습을 점검하고 성찰해야 함.
- 이러한 과정을 거친 학습은 전이가 가능하며 배우지 않은 새로운 상황에 마주했을 때 적용이 가능해짐.
- 이 과정의 반복이 곧 학습자 역량의 성장이라고 볼 수 있음.

> 역량을 갖춘 학생은 교실 상황에서 학습한 내용을 다양한 상황에 적용, 재해석, 혹은 변형하는 '수행'을 할 수 있어야 하고, 이러한 수행은 깊이 있는 학습을 요구한다(National Research Council, 2012: 70). 깊이 있는 학습을 하는 학습자는 학습 자료를 이해하여 자신의 것으로 만들고자 하고, 매우 구조화된 지식을 가지고 있으며, 자신 혹은 타인의 아이디어를 새로운 상황에 적용하고, 지식을 긴밀하게 통합한다.
>
> - Meyer & Nulty(2009)

3. 깊이 있는 학습

▶ 2022 개정 교육과정에서는 이러한 학습의 방법을 '깊이 있는 학습'이라는 용어를 활용하여 제시하고 있음.

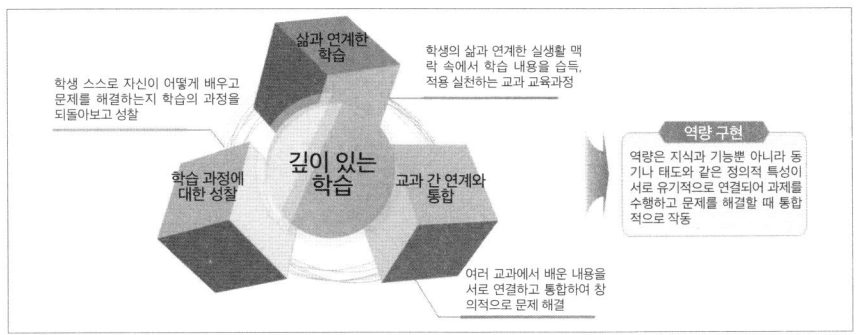

출처: 교육부(2021). 2022 개정 교육과정 총론 주요사항

▶ 2022 개정 교육과정 총론 교수·학습 부분에서 제시되고 있는 깊이 있는 학습에 대한 설명은 다음과 같음.

> 가. 학교는 학생들이 깊이 있는 학습을 통해 핵심역량을 함양할 수 있도록 교수·학습을 설계하여 운영한다.
>
> 1) 단편적 지식의 암기를 지양하고 각 교과목의 핵심 아이디어를 중심으로 지식·이해, 과정·기능, 가치·태도의 내용 요소를 유기적으로 연계하며 학생의 발달 단계에 따라 학습 경험의 폭과 깊이를 확장할 수 있도록 수업을 설계한다.
> 2) 교과 내 영역 간, 교과 간 내용 연계성을 고려하여 수업을 설계하고 지도함으로써 학생들이 융합적으로 사고하고 창의적으로 문제를 해결하는 능력을 함양할 수 있도록 한다.
> 3) 학습 내용을 실생활 맥락 속에서 이해하고 적용하는 기회를 제공함으로써 학교에서의 학습이 학생의 삶에 의미 있는 학습 경험이 되도록 한다.
> 4) 학생이 여러 교과의 고유한 탐구 방법을 익히고 자신의 학습 과정과 학습 전략을 점검하며 개선하는 기회를 제공하여 스스로 탐구하고 학습할 수 있는 자기주도 학습 능력을 함양할 수 있도록 한다.

5) 교과의 깊이 있는 학습에 기반이 되는 언어·수리·디지털 기초소양을 모든 교과를 통해 함양할 수 있도록 수업을 설계한다.

출처: 교육부(2022b). 2022 개정 교육과정 총론 교수·학습

[참고 문헌]

교육부 (2021). 2022 개정 교육과정 총론 주요사항
교육부(2022a). 2022 개정 교과 교육과정 전문가 워크숍 자료
교육부(2022b). 2022 개정 교육과정 총론
Erickson, H. L., Lanning, L. A. & French, R.(2017). 생각하는 교실을 위한 개념기반 교육과정 및 수업. (온정덕, 윤지영 옮김). 학지사
National Research Council (2012). A framework for K-12 science education: practices, crosscutting concepts, and core ideas. Washington, The National Academies Press
Mackenzie, T. (2016). Dive into Inquiry: Amplify Learning and Empower Student Voice
Marschall, C. & French, R. (2018). Concept-Based Inquiry in Action: Strategies to Promote Transferable Understanding - Crowin Teaching Essentials. Thousand Oaks, CA: Crowin Press
Meyers, N. M., & Nulty, D. D. (2009). How to use (five) curriculum design principles to align authentic learning environments, assessment, students' approaches to thinking and learning outcomes. Assessment & Evaluation in Higher Education, 34(5), 565-577
https://guide.fariaedu.com/concept-based-learning/
https://www.connectthedotsinternational.com/recent-blog-posts/blog-4/

28차시
질문이 이끄는 수업
(탐구 질문)

1. 질문의 중요성
(1) 교육과정 총론
▶ 질문은 학생을 주도적으로 탐구(깊이 있는 학습)에 참여하도록 함.

〈교수·학습〉
나. 학교는 학생들이 수업에 능동적으로 참여하고 학습의 즐거움을 경험할 수 있도록 교수·학습을 설계하여 운영한다.
① 학습 주제에서 다루는 탐구 질문에 관심과 호기심을 가지고 스스로 문제를 해결하는 학생 참여형 수업을 활성화하며, 토의·토론 학습을 통해 자신의 생각을 표현하는 기회를 가질 수 있도록 한다.

(2) 중요한 질문의 중요성
▶ 모든 질문이 학생들을 주도적으로 만드는 것은 아님. 학생들을 주도적이고 지속적이며 깊이 있는 탐구로 이끌어내는 질문은 전이가 가능한 중요한 내용을 다루는 질문이어야 함.

1912년에 최초로 질문 관련 연구가 보고된 이래로 교사가 던지는 질문은 대부분 수준이 낮다(Wragg, 1993; Wilen, 2001; Wragg & Brown, 2001)는 언급이 계속해서 나오고 있다. 게다가 이와 같은 낮은 수준의 질문은 초등학교뿐 아니라 대학교에서도 널리 사용되고 있다. (중략) 한 연구에 따르면 교사들은 하

> 루에 최대 300~400개의 질문을 던진다(Levin & Long, 1981). 그들은 또한 질문을 속사포처럼 던지는 경향이 있다. 3학년 독서 모임을 지도하는 교사들은 43초마다 질문을 던졌고(Gambrel, 1983), 중학교 영어 수업 교사들은 1분에 평균적으로 무려 다섯 개의 질문을 했다.
> - Wiggins & McTighe, 2013. 핵심질문: 학생에게 이해의 문 열어주기

2. 이해중심 교육과정의 '핵심 질문'

(1) 핵심 질문의 특징
- ▶ 개방형임.
- ▶ 사고를 촉발하고 지적으로 몰입하게 하며, 종종 토론과 논쟁을 유발함.
- ▶ 분석, 추론, 평가, 예측과 같은 고차원적인 사고를 요구함. 단순 암기만으로는 질문에 대한 효과적인 답을 얻어낼 수 없음.
- ▶ 한 과목 안에서(혹은 하나의 과목을 초월해) 중요하고 다른 분야까지 적용 가능한 생각을 유도함.
- ▶ 부가적인 질문을 제기하고 추가적인 탐구 활동을 촉발함.
- ▶ 단지 답만이 아니라 정당한 근거와 지지를 요구함.
- ▶ 시간이 지나면서 같은 질문이 되풀이됨. 핵심 질문은 거듭해서 반복될 수 있고 반복되어야 함.
- ▶ 핵심 질문은 단지 정확한 답을 요구하는 것이 아니라 사고를 활성화시키고, 탐구를 촉진하며, 보다 많은 질문들을 촉발시킬 수 있는 질문을 뜻함.

(2) 포괄적 핵심 질문과 소재적 핵심 질문
- ▶ 포괄적 핵심 질문: 교과가 기반하고 있는 학문에서 도출되는 일반화와 관련되며 그 정도로 광범위하고 일반적임(예: 강대국의 흥망성쇠에서 볼 수 있는 공통적인 요소는 무엇인가?).
- ▶ 소재적 핵심 질문: 특정한 주제나 단원의 소재와 결부된 것으로 포괄적 핵심 질문보다 구체적임(예: 소련은 왜 붕괴됐는가?).

(3) 수업에서 사용되는 질문의 4가지 유형과 그 예(Wiggins & McTighe, 2013)

내용 혹은 주제	유인 질문	유도 질문	안내 질문	핵심 질문
	관심 및 호기심을 유도하는 질문	정확한 답을 요구하는 질문	탐구를 독려하고 이끌기 위한 질문	지속적인 사고와 탐구를 자극하는 질문
영양	무엇을 먹으면 살이 찔까?	이 식품군에는 어떤 종류의 음식이 있는가?	균형 잡힌 식단이란 무엇인가?	우리는 무엇을 먹어야 할까?
『호밀밭의 파수꾼』 작품 연구	문제아처럼 행동하는 10대들은 왜 그런 행동을 할까?	이 소설의 시간과 공간적 배경은 무엇인가?	홀든(주인공)은 정상적인가?	어떠한 요소가 소설을 명작으로 만드는가? 우리는 소설로부터 어떠한 '진실'을 배울 수 있을까?
음계	여러분의 부모님은 음악을 좋아하는가?	C장음계의 음에는 무엇이 있는가?	왜 작곡가는 단음계가 아닌 장조를 사용한 것일까?	음악과 '소음'은 어떻게 구별하는가? 사람에 따라 좋아하는 음악이 서로 다른 이유는 무엇일까?
헌법/권리 장전	여러분은 '정당방위'법에 동의하는가?	미국 수정헌법 제2조는 무엇인가?	법원에 따르면 수정헌법 제2조가 '정당방위' 법을 뒷받침하는가?	영원한 진리로서 시대에 구애받지 않는 헌법 원칙은 무엇이며, 시대착오적이고 낡아서 수정되어야 하는 원칙은 무엇인가? 개인의 자유와 공익 간의 균형은 어디에 있을까?

▶ 지속적인 탐구를 촉발하고, 다른 상황으로의 전이가 가능한 질문은 핵심 질문임. 따라서 교육과정 단원을 설계할 때 교사는 어떤 '핵심 질문'을 제공해 학생들을 탐구로 안내해 줄 것인지를 고민해야 함.

3. 개념 기반 교육과정의 '안내 질문'(Erickson et al. 2017, Julie Stern et al. 2018)
▶ 학생들의 사고를 촉진하여 일반화로 향하게 하는 질문
▶ 학생들의 개념적 이해를 이끌어내기 위한 것임. 개념적 이해는 텍스트, 경험적 또는 추론된 증거로 뒷받침됨.

사실적 질문	개념적 질문	논쟁적 질문
• 지스의 기초를 마련하기 위한 것	• 학생이 자신의 사고를 전이 가능한 이해로 연결하기 위한 것	• 논쟁을 촉발하고 학습을 흥미롭게 만드는 것
• 시공간과 상황에 한정적, 전이되지 않음	• 일반화처럼 여러 상황에 걸쳐 적용됨	• 정답이 없고, 창의적인 관점을 요구함
• 대학살은 세계사에서 왜 중요한 사건이 되었을까? • 나치는 어떤 신념을 가지고 그러한 행동을 했을까? • 어떤 사건들로 인해 히틀러의 권력이 강해졌을까?	• 경제적, 정치적, 사회적 상황이 인간성과 비인간성을 바라보는 관점에 어떠한 영향을 끼칠까? • 침묵이 때로 비인간적 행위의 원인이 되는 이유는 무엇일까? • 개인의 신념, 가치, 관점은 인간성과 비인간성을 바라보는 시각과 어떤 관련이 있을까?	• 한 사람이 비인간적이면서도 동시에 교양 있을 수 있을까?

출처: Erickson et al(2017)

▶ 안내 질문과 핵심 질문의 관계: 핵심 질문은 안내 질문의 개념적 질문이나 논쟁적 질문과 매우 유사함. 개념적 이해와 영속적 이해가 결국 같은 뜻이기 때문에 이에 접근하는 질문 또한 성격이 같음. (이찬승, 2022)

4. 2022 개정 교육과정의 '탐구 질문'

▶ 탐구 질문은 영역 수준, 단원 수준, 차시 수준에서 설정될 수 있으며, 영역 수준의 탐구 질문은 포괄적 핵심 질문, 단원 수준의 탐구 질문은 소재적 핵심 질문의 성격을 띰.

▶ 2022 개정 교육과정 교과별 영역 수준의 탐구 질문의 예

교과	영역	영역 수준의 탐구 질문 예시
국어	듣기·말하기	• 의사소통의 목적을 달성한다는 것은 무엇을 의미하는가? • 원활한 의사소통을 위해 화자와 청자는 무엇을 해야 하는가?
	문학	• 문학은 어떻게 인간의 삶에 영향을 주는가? • 문학으로 어떻게 타인과 소통할 수 있는가? • 문학으로 타인을 이해할 수 있는가?
수학	수와 연산	• 수의 체계를 왜 확장해 가는가? • 새로운 수는 왜 필요했는가? • 수 체계를 확장해도 사칙연산은 그대로 사용할 수 있는가?
	자료와 가능성	• 문제 해결을 위해서 어떻게 자료를 수집, 조직하고 해석, 표현해야 하는가? • 주변의 많은 자료를 제대로 수집, 정리하면 합리적인 해석이 이루어지는가?

사회	정치	• 정치 제도와 의식 개선은 왜 필요한가? • 정치 과정에는 누가 참여하는가?
	사회문화	• 인간은 사회와 어떻게 관계 맺는가? • 인간은 문화를 어떻게 바라보아야 하는가? • 인간은 사회 변동에 어떻게 대응하는가?
과학	운동과 에너지	• 힘은 무엇이며 물체의 운동 상태를 어떻게 변화시키는가? • 에너지는 무엇이며 어떻게 전환, 이동, 전파되고 보존되는가? • 힘과 에너지는 인간의 삶에 어떠한 영향을 미치는가?
	지구와 우주	• 지구계 구성 요소들의 상호작용으로 어떠한 자연 현상이 나타나는가? • 지구 내부는 어떠한 구조로 이루어져 있고, 지진과 화산은 왜 발생하는가? • 기상 현상과 기후 변화는 우리 생활에 어떠한 영향을 미치는가? • 태양계 천체들에 의해 지구에서 어떠한 현상이 나타나는가? • 우주에서 우리는 어디에 있는가?

출처: 온정덕 외(2023). 2022 개정 교육과정에 따른 수업 및 평가 개선 방안 연구 pp.34~35의 일부 내용 추출

▶ 2022 개정 교육과정 교과별 단원 수준의 탐구 질문의 예

교과	영역 수준의 탐구 질문	단원 수준의 탐구 질문
국어	(쓰기) • 나의 글을 다른 사람에게 의미 있게 전달하려면 어떻게 써야 하는가?	(관련 성취기준) [9국03-03] 주장을 뒷받침할 수 있는 타당한 근거를 들고 적절한 표현을 사용하여 주장하는 글을 쓴다. - 나의 주장을 뒷받침하려면 무엇이 필요한가? - 나의 주장을 제대로 전달하려면 어떻게 써야 하는가? - 독자가 나의 글을 제대로 읽게 하려면 어떻게 해야 하는가?
수학	(변화와 관계) • 서로 영향을 주고받는 현상의 규칙을 나타내기에 좋은 도구는 무엇인가? • 변화하는 현상에 반복적인 규칙성(관계)을 어떻게 나타내는가? • 표나 식으로 제시된 다양한 관계를 알기 위해 어떻게 해야 하는가? • 규칙성, 관계, 함수를 도구로 현상을 어떻게 설명하는가?	(관련 성취기준) [9수02-05] 순서쌍과 좌표를 이해하고, 그 편리함을 인식할 수 있다. [9수02-06] 다양한 상황을 그래프로 나타내고, 주어진 그래프를 해석할 수 있다. [9수02-07] 정비례, 반비례 관계를 이해하고 그 관계를 표로 나타낼 수 있다. - 실생활에서도 좌표가 사용되는가? - 수직선과 좌표평면을 이용하면 왜 편리한가? - 왜 자료를 그래프로 나타내는가? - 그래프는 어떻게 자료의 상태 변화를 알기 쉽게 하는가? - 두 변수 사이의 특징과 규칙을 어떻게 일반화할 수 있는가?

	(정치)	(관련 성취기준)
사회	• 정치 제도와 의식 개선은 왜 필요한가? • 정치 과정에는 누가 참여하는가?	[9사(일사)03-01] 공동체 생활에 필요한 정치의 역할을 탐색하고, 다양한 정치 사례를 통해 민주주의의 의미와 필요성을 도출한다. [9사(일사)03-02] 민주주의의 발전 과정을 검토하고, 이를 토대로 민주주의의 이념과 기본 원리를 도출한다. [9사(일사)03-03] 현대 민주주의의 특징과 과제를 검토하고, 우리나라 민주주의의 발전을 위한 제도적 방안과 시민의 역할에 대해 토의한다. - 정치란 무엇인가? - 민주주의는 왜 필요한가? - 민주주의 발전을 위해 어떻게 해야 하는가? - 정치 주체는 어떻게 정치 활동을 하는가?
과학	(운동과 에너지) • 힘은 무엇이며 물체의 운동 상태를 어떻게 변화시키는가?	(관련 성취기준) [9과05-01] 물체에 작용하는 힘을 화살표를 이용하여 나타내고, 힘의 평형을 이루는 조건을 설명할 수 있다. [9과05-02] 중력, 탄성력, 마찰력, 부력을 이해하고, 각 힘의 특징을 크기와 방향으로 설명할 수 있다. [9과05-03] 알짜힘이 0이 아닐 때 물체의 운동 상태가 변함을 알고, 그 예를 조사하여 분류할 수 있다. [9과05-04] 다양한 사례에서 작용하는 힘과 힘의 평형 관계를 설명하고, 일상생활에서 힘의 특징을 이용한 기구나 장치를 설계할 수 있다. - 힘이란 무엇인가? - 힘은 어떻게 구분할 수 있으며 각 힘은 어떠한 특징이 있는가? - 물체에 힘이 작용할 때 물체는 어떠한 운동을 하는가?

출처: 온정덕 외(2023). 2022 개정 교육과정에 따른 수업 및 평가 개선 방안 연구 p.38

[참고 문헌]

교육부(2022b). 2022 개정 교육과정 총론
온정덕 외 (2023) 2022 개정 교육과정에 따른 수업 및 평가 개선 방안 연구
이찬승(2022). 2022 개정 교육과정의 '지식·기능·이해' 중심의 3차원 수업을 위해 '교과서 집필'과 '수업' 달라져야
Erickson, H. L., Lanning, L. A. & French, R.(2017). 생각하는 교실을 위한 개념기반 교육과정 및 수업. (온정덕, 윤지영 옮김). 학지사
Stern, J., Lauriault, N. & Ferraro K.(2017). 개념기반 교육과정과 수업: 개념적 이해와 전이를 위한 전략과 도구. (임유나 외 번역). 박영story
Wiggins, G., & McTighe, J. (2013). 핵심질문: 학생에게 이해의 문 열어주기(정혜승, 이원미 옮김). 사회평론

29차시
2022 개정 교과 교육과정 문해
(내용 체계와 성취기준)

1. 교육과정 문해의 중요성
(1) 교육과정 문해의 의미
▶ 교육과정 설계의 출발점으로 교육과정을 읽어 내는 것
▶ 교육과정 문해력: 교사가 교육과정 문서를 읽고, 해석, 이해하는 학습의 과정을 통해 교육과정의 배경 및 기본 방향, 교과의 내용 등 교육과정에 대한 교사 자신의 전문적인 지식과 안목을 종합적으로 구성하고 이를 수업 설계를 위해 지속적으로 활용하는 능력 (백남진, 2013)

(2) 교육과정 실행의 관점(Snyder et al, 1992)

관점	의미	교육과정 개발 주체	교사의 역할
충실도 관점	계획된 교육과정의 충실한 이행	외부 전문가	수용
상호적응적 관점	계획된 교육과정에 대한 교사의 해석을 바탕으로 한 재구성	외부 전문가 + 교사	해석을 바탕으로 한 재구성
생성적 관점	교실 속에서 학생과 교사가 함께 학습 경험을 생성	교사 + 학생	교육과정 개발자

▶ 충실도 관점에서 상호적응적 관점, 생성적 관점으로의 전환, 교육과정 실행에 있어 교육과정 개발자의 의도에서 교사의 의미 구성이 강조됨.

(3) 국가 교육과정 체제에서의 교육과정 문해의 의미(백남진, 2013)
▶ 개발자의 의도를 해석하는 차원과 자신의 의미를 구성하는 차원 포함, 교

육과정의 사용자(user)가 아니라 교육과정의 사용자이자 개발자(user-developer)
▶ 국가 교육과정에 기반한 해석: 교육과정 개발자의 의도를 읽어내고 교육과정 개발을 임의적으로 하는 것이 아니라 균형적으로 해냄.
▶ 교사의 전문성이 발현되는 과정으로서의 해석: 교사는 교육과정의 독자로 자신의 경험, 가치, 목적 등에 의해 교육과정 텍스트에 의미를 부여하는 능동적 존재, 자신의 전문성을 바탕으로 창의력과 상상력 발휘
▶ 교실 수업에 적용될 다양한 교육 내용 및 방법을 탐색하는 해석: 교실 학생에 대한 최고 전문가는 교사이며, 따라서 교사와 학생의 내러티브를 적극적으로 교육 내용과 방법에 반영
▶ 학생의 창의적 해석을 북돋아주는 해석: 학생이 주도적으로 의미를 구성할 수 있도록 하고, 창의적 해석을 이끌어낼 수 있도록 격려
▶ 국가 교육과정 교과 내용에 대한 비판적 해석: 국가 교육과정의 교과 내용이 적합하고 정당한지 끊임없이 검토하고 수정
▶ 교과 교육과정의 새로운 내용 지식을 탐색하는 생성적 해석: 교사가 학생에게 일방적으로 지식을 부과하는 것보다 학습자가 지식을 구성하는 것을 격려하고 함께 지식을 생성(학교자율시간)

2. 교과 교육과정 문서 체제

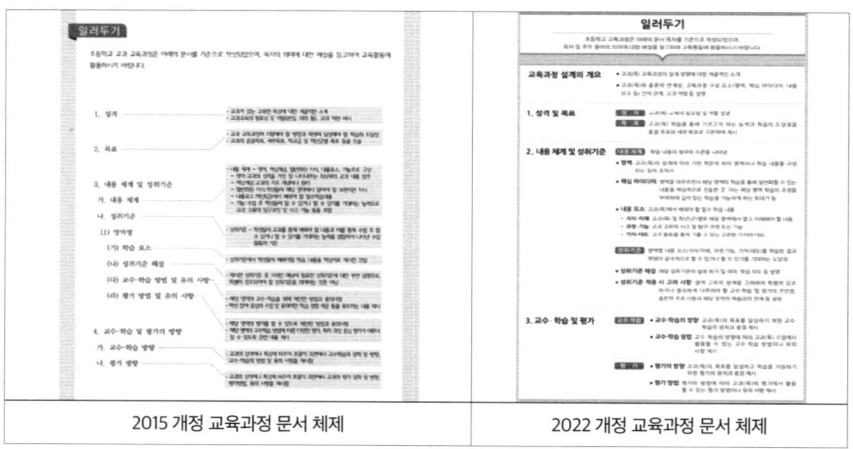

▶ 교육과정 설계의 개요 신설: 교과(목) 교육과정 설계의 방향, 교과(목)의 총론과의 연계성, 교육과정 구성 요소들 간의 관계를 설명해 주어 교육과정 이해도를 높이고자 함.
▶ 교과역량: 교과역량을 성격 항에서 목록으로 제시하던 것에서 따로 목록으로 제시하지 않고 성격 및 목표 항의 목표 부분에서 교과(목) 학습을 통해 기르고자 하는 능력과 학습의 도달점을 제시하는 방향으로 바뀜(교과 역량을 따로 제시하기보다는 교과 학습의 도달점이 곧 교과 역량).
▶ 내용 체계 상세화: 교과(목)별로 제시되던 내용체계가 영역별로 제시되면서 내용 체계과 크게 상세화 됨. 교육과정 문해를 통해 교육과정을 설계하고자 하는 교사를 위함.
▶ 영역별 교수·학습 방법 및 유의사항, 평가 방법 및 유의사항 → 교과(목)별 교수·학습 및 방법, 평가 방법: 교사의 자율권 보장을 위해 영역별로 교수·학습 방법 및 평가 방법에서 세세하게 제시되고 있던 지침을 교과(목)별 제시로 바꾸어 대강화하여 제시함.

3. 교과 교육과정 내용 체계와 성취기준
(1) 핵심 아이디어
▶ 교과의 본질과 얼개를 드러내는 근본적(fundamental)이고 교실 밖에서도 가치 있고 지속적으로 사용될 수 있는 교과의 중핵적인 아이디어를 말함. 영역을 구성하는 세 차원(지식·이해, 과정·기능, 가치·태도)을 아우르며, 세 차원을 구성하는 내용의 기준과 근거로 작용
▶ 학습에 초점을 부여하고 깊이 있는 학습의 토대: 핵심 아이디어는 전달되는 것이 아니라 학생이 사고와 탐구를 통해 스스로 구성하고, 이를 새로운 맥락에 적용하면서 주도적으로 정교화하는 것
▶ 교육과정 통합의 기초: 단편적인 지식과 기능들을 연결하고, 교과 내 영역 간, 교과 간 통합, 삶과의 통합을 위한 구심점 역할을 함. 교사가 교육과정을 설계의 출발점

(2) 학습 내용의 3차원 구성
▶ 학습을 통해 알고 이해할 수 있어야 할 것(지식·이해), 교과 고유의 사고, 탐구, 실천의 과정으로 할 수 있어야 할 것(과정·기능), 교과 활동을 통해 기를 수 있는 고유한 가치와 태도(가치·태도)로 나누어 구성됨.
▶ 2015 개정 교육과정 내용 체계 가장 오른쪽 칸에서 목록으로만 제시되던 기능이 과정·기능으로 더욱 상세하고 교과 고유의 사고와 탐구과정까지 포함하는 것으로 확대 재편, 학습자의 전인적인 성장을 위해 내용 체계에 처음으로 가치·태도에 대한 부분이 명시됨.

(3) 성취기준
▶ 영역별 내용 요소(지식·이해, 과정·기능, 가치·태도)를 학습한 결과 학생이 궁극적으로 할 수 있거나 할 수 있기를 기대하는 도달점

(4) 성취기준 구성의 원리

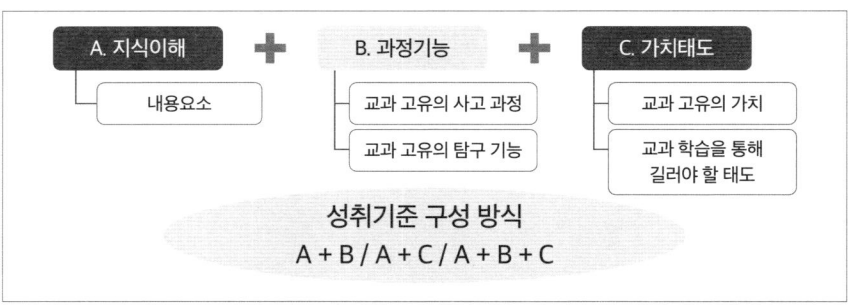

(5) 성취기준 코드

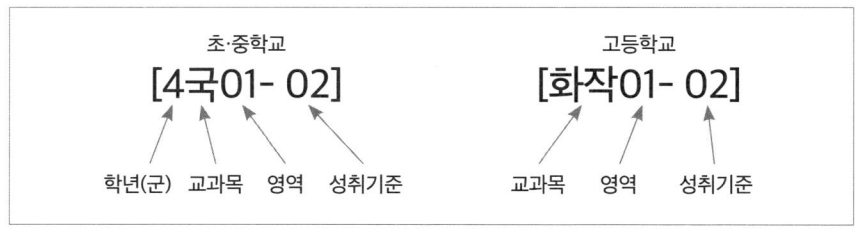

(6) 성취기준 해설
▶ 영역별로 제시된 성취기준 중 추가적인 설명이나 강조가 필요한 성취기준이 있을 경우에는 해설 제시
▶ 교수·학습, 평가상 유의점, 방법 및 예시를 제시하기보다는 내용 체계와 성취기준의 관계와 성취기준의 의미, 주요 개념 설명에 초점(2015 개정에 비해 해설 내용 축소 - 교육과정 자율권 확대를 위함)

(7) 내용 체계와 성취기준의 연결 예시: 사회과 사회·문화 영역
▶ 핵심 아이디어에서 영역 학습 내용의 근본적인 아이디어를 확인 → 지식·이해, 과정·기능, 가치·태도 내용 요소 중 관련 요소 추출 → 조합 = 성취기준

핵심 아이디어	• 민주주의의 이념과 원리를 실현하기 위해서는 제도와 의식의 개선이 필요하다. • 다양한 정치 주체가 정치 과정에 참여하며, 민주주의는 여러 제도와 시민 참여를 통해 실현된다. • 국제 사회에는 여러 행위 주체가 활동하며, 우리나라를 비롯한 국제 사회의 행위 주체는 다양한 국제 문제 해결을 위해 노력한다.		
범주	내용 요소		
	초등학교		중학교
	3~4학년	5~6학년	1~3학년
지식·이해	민주주의	• 민주주의의 의미 • 학교 자치 사례 • 주민 자치 사례	-	• 정치와 민주주의 • 민주주의의 발전, 민주주의의 이념과 원리 • 현대 민주주의와 시민의 역할
	정치 과정	• 민주주의의 실천 • 주민 참여와 지역사회 문제 해결	• *선거의 의미와 역할* • *미디어의 역할* • *미디어 콘텐츠의 분석*	• 선거와 유권자 및 정당의 활동 • 정치 주체와 정치 과정 • 지방 자치와 시민 참여
	국제 정치	-	• 평화 통일을 위한 노력 • 지구촌의 평화	• 국제 사회의 주체와 특징 • 국제 사회의 분쟁과 시민의 역할 • 우리나라의 국제 문제와 대응 방안
과정·기능		• 민주주의 사례 조사하기 • *미디어 콘텐츠를 비판적으로 분석하기* • 사회 문제 해결에 참여하기		• 정치 현상 및 문제의 사례 조사하기 • 정치적 쟁점에서 사실과 가치문제 구분하기 • 정치 관련 자료 및 정보의 타당성과 신뢰성 검토하기 • 공동체 의사 결정 과정에서 의사소통하기 • 정치적 쟁점 해결 과정에 적극적으로 참여하고 협력하기 • 국제 문제를 조사하고 대응 방안 모색하기

가치·태도	• 민주적 기본 가치 • *선거 과정의 참여* • 학교 자치에의 참여 • *미디어에 대한 비판적 태도*	• 민주주의의 이념과 원리의 내면화 • 개인의 자유와 공공선의 조화로운 실천 • 민주적 의사 결정 과정에 대한 존중 • 다양한 정치 주체의 입장과 선호에 대한 존중 • 민주시민으로서 정치과정에 적극적으로 참여하려는 태도 • 국제 문제에 관심을 가지고 적극적으로 대응하려는 자세

[6사08-01] 민주주의에서 *선거의 의미와 역할*을 파악하고, 시민의 주권 행사를 위해 *선거에 참여하는 태도*를 기른다.
[6사08-03] 민주주의에서 *미디어의 의미와 역할*을 이해하고, 여러 가지 *미디어의 내용을 비판적으로 분석*하여 올바르게 *이용하는 태도*를 기른다.

4. 해외 교육과정의 사례

(1) 호주

▶ 내용 요소를 지식·이해와 과정·기능 차원으로 구분, 지식·이해에서 어떤 내용을 이해해야 하는지 과정·기능 무엇을 할 수 있어야 하는지 개괄적으로 제시한 후 구체화(Elaborations)를 통해 구체적으로 제시함. 이후 이를 종합하여 성취기준을 제시 영역 당 3~5개 정도로 성취기준의 수가 적고 성취기준의 내용이 포괄적임.

〈Table 1〉 Examples of Australian Year 4 Social Studies Achievement Standards

	Year 4 Content Descriptions	
	Citizenship, diversity and identity	Elaborations
Civics and Citizenship Knowledge and Understanding	How a person's identity can be shaped by the different cultural, religious and/or social groups to which they may belong. (ACHCK010)	• identifying diversity through the different social, cultural, and religious groups students belong to. • listing and comparing the different purposes, beliefs, traditions and symbols used by groups. • recognising that the identity of Aboriginal and Torres Strait Islander Peoples in Australia is shaped by Country/Place, language and knowledge traditions.
	Problem solving and decision making	Elaborations
Civics and Citizenship Skills	Work in groups to identify issues, possible solutions and a plan for action. (ACHCS019)	• establishing roles and responsibilities in cooperative group work(such as leader/chair, communicator, encourager, and recorder). • devising multiple solutions to a civics and citizenship issue. • developing aims and identifying tasks for a plan of action, for example to improve local recreational facilities.
	Year 4 Achievement Standard	

By the end of Year 4,
- Students describe factors that shape a person's identity and sense of belonging.
- Students pose questions about the society in which they live and use information to answer them.
- Students suggest solutions to an identified issue.
- Students develop and present their ideas and opinions on an issue using civics and citizenship terms.

출처: ACARA, 2016

(2) 캐나다 온타리오주

▶ 교육과정 1차 조직자를 빅아이디어로 설정(원인과 결과, 관점 등)함. 빅아이디어를 다시 일반화 명제로 구체화함. 다시 이를 전반적 기대(Overall expectations)와 구체적 기대(Specific expectations)로 구체화하여 무엇에 초점을 맞추어야 하는지, 무엇을 할 수 있어야 하는지 명료하게 제시함. 전반적 기대와 구체적 기대의 합이 성취기준이라고 볼 수 있음.

⟨Table 2⟩ Examples of Ontario, Canada Fifth Grade Overall/Specific Expectations

Related Concepts of Social Studies Thinking	Big Ideas	Overall expectations	Specific expectations
Cause and Consequence ; Continuity and Change	Interactions between people have consequences that can be positive for some people and negative for others.	By the end of Grade 5, students will: A1. **Application**: analyse some key short- and long-term consequences of interactions among and between First Nations and European explorers and settlers in New France prior to 1713.	A1. Application: Why Roles and Responsibilities Change FOCUS ON: *Continuity and Change* A1.1 describe some of the positive and negative consequences of contact between First Nations and Europeans in New France and analyse their significance. A1.2 analyse aspects of early contact between First Nations and Europeans in New France to determine the ways in which different parties benefited. (A1.3 omitted)
Perspective; Interrelationships	When studying interrelationships between groups of people, it is important to be aware that each group has its own perspective on those interrelationships.	By the end of Grade 5, students will: A2. **Inquiry**: use the social studies inquiry process to investigate aspects of the interactions among and between First Nations and Europeans in Canada prior to 1713 from the perspectives of the various groups involved.	A2. Inquiry: Roles, Responsibilities, and Identity FOCUS ON: *Interrelationships* A2.1 formulate questions to guide investigations into aspects of the interactions among and between First Nations and Europeans in Canada prior to 1713, from the perspectives of the various groups involved. A2.2 gather and organize information on interactions among and between First Nations and Europeans during this period, using a variety of primary and secondary sources that present various perspectives. (A2.3~A2.6 omitted)

출처: OME, 2015

(3) 싱가포르

▶ 지식·이해, 과정·기능, 가치·태도별로 Outcome(학습 결과: 성취기준)을 제시함. 교사는 이를 조합하여 학습 활동을 구성하게 됨. 핵심 개념과 핵심 이해(일반화)를 제시하여 초점을 제시함.

Primary Three : Understanding Singapore			
Knowledge Outcomes	Skills Outcomes	Values Outcomes	Key Concepts
Pupils will be able to: • use the map of Singapore to locate places in Singapore; • describe Singapore's physical environment; • recognise how the environment affects people's way of life; • describe how people meet their needs by changing the environment they live in; and • understand that individual and group actions have an impact on the people and environment around them.	Pupils will be able to: • follow a plan to locate and collect information/data using various tools such as search engines; • process information/data in appropriate ways; • express thoughts and feelings fluently and confidently; • work in a variety of group settings; and • design a plan to present their work with the help of the teacher.	Pupils will be able to: • show curiosity to explore different parts of Singapore; • appreciate Singapore's physical environment; • value the adaptability and resilience of the people of Singapore; and • demonstrate how they can protect the environment.	• Location • Environment • Conservation • Change and Continuity Key Understandings • Knowing the place I live in helps me appreciate where I am. • We meet our needs by changing the physical environment we live in. • We use resources wisely to protect the environment.

출처: CPDD, 2012

(4) 해외 사례의 공통점과 차이점

▶ 빅아이디어가 교육과정의 조직자로서 기능하며, 다시 이를 일반화하는 명제를 드러내고 있음. 이는 교육과정 독자에게 초점을 제시하는 역할을 함.

▶ 성취기준을 표현하는 방식은 국가마다 다름. 성취기준 자체보다 성취기준이 제시되기까지의 흐름을 문해하는 것이 더 중요. 이를 문해하면 성취기준을 그대로 받아들이는 것이 아니라 성취기준 재구조화, 개발까지 나아갈 수 있기 때문임.

[참고 문헌]

교육부(2022). 2022 개정 교과 교육과정
백남진(2013). 교사의 교육과정 해석과 교육과정 잠재력. 한국교육과정학회
온정덕 외(2019). 학습 경험의 질 제고를 위한 교과 교육과정 개선 방향 탐색 연구. 교육부 정책연구
Australian Curriculum, Assessment and Reporting Authority(2016). The Australian curriculum Humanities and Social Sciences. Australia
Curriculum Planning & Development Division, Ministry of Education(2012). Primary Social Studies Syllabus 2012. Singapore
Ontario Ministry of Education(2015). The Ontario curriculum grades 1-8. Toronto: Ontario
Snyder, J., Bolin, F., & Zumwalt, K.(1992). Curriculum implementation. In P. Jackson(Ed.), Handbook of research on curriculum. New York, NY: Macmillan

30차시
교육과정 문해를 통한 교육과정 설계

1. 단원 설계의 방법: 이해중심 교육과정 설계(Understanding by design)
(1) 이해중심 교육과정 설계 방법

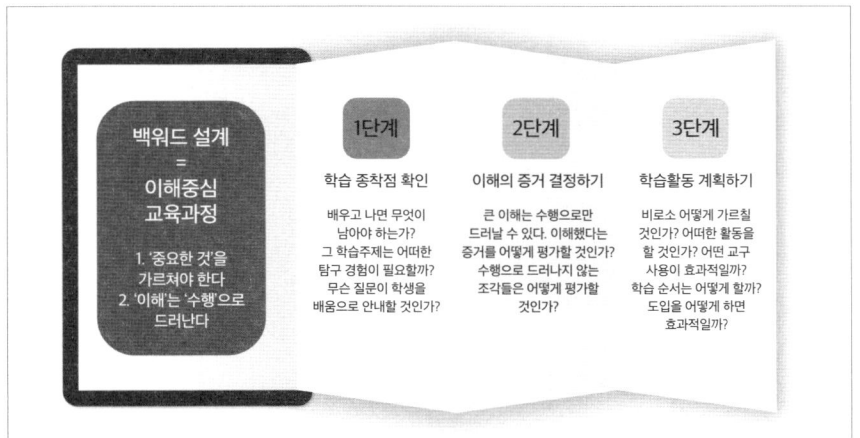

(2) 이해중심 교육과정 단원 설계의 핵심
▶ '중요한 것' 교육: 모든 교육 내용이 똑같은 중요도를 지니지 않음. 빅아이디어, 즉 학생들이 살아가면서 계속해서 적용할 커다란 개념을 중심으로 가르쳐야 함.
▶ 학생들이 '이해'했다는 증거 수집: 커다란 개념에 대한 평가는 지식을 기억하고 있는지만으로 평가할 수 없음. 학생들이 이해했다는 증거는 학생의 수행으로 드러남(학습 결과는 분절적이지 않고 학습자 역량의 총체이기 때문).

(3) 1단계: 학습의 종착점 확인하기

▶ 단원과 관련한 내용 체계(핵심 아이디어 및 내용 요소)와 성취기준의 확인을 통해 단원 학습의 초점 발견

▶ 발견한 초점을 중심으로 '영속적 이해'와 '핵심 질문' 구성: 영속적 이해는 목표나 활동으로 진술해서는 안 되고 명제로 구성함. 핵심 질문은 단원 전체를 계속 이끌어 갈 수 있는 본질적 질문

▶ 영속적 이해를 구성하기 위해 필요한 지식·이해, 과정·기능, 가치·태도 선정

(4) 2단계: 이해의 증거 결정하기: 평가 장면 구성하기

▶ 평가는 크게 3종류로 나뉨: 수행과제, 그 외의 평가, 자기평가와 성찰

▶ '영속적 이해'를 구성했음을 드러낼 수 있는 수행과제 구성이 중요

▶ GRASPS 요소를 활용하여 수행과제 개발

▶ 수행과제는 학습자들이 실생활에 적용할 수 있는 상황(Situation)에서 어떤 목표(Goal)를 가지고 구체적인 대상 혹은 관중(Audience)을 고려하면서 특정 역할(Role)을 맡아 기준

(Standard)에 따라 결과물(Product)을 만들어내도록 구성
▶ 그 외의 평가는 수행과제로는 확인하기 어려우나 확인이 필요한 중요한 개념 또는 사실적 지식, 기능을 확인하고자 할 때 활용(관찰과 대화, 시험과 퀴즈, 공책 검사 등)
▶ 메타학습을 위해 자기평가와 성찰 과정이 반드시 필요하며, 평가 장면을 구성하면서 자기평가는 어떠한 방법으로 어떠한 시기에 할 것인지 미리 계획을 세우고 3단계 학습활동 계획하기 단계에 포함

(5) 3단계: 학습활동 계획하기
▶ WHERETO 요소를 활용하여 학습활동 구성

차시	학습 활동	WHERETO

- W(where, why): 무엇을, 왜 배우는지 알 수 있도록 안내하기
- H(hook, hold): 흥미를 유발하고 유지하기
- E(equip, enable): 과제 수행에 필요한 지식, 경험, 도구, 노하우 등 갖추기
- R(rethink, reflect, revise): 다시 생각하기, 성찰하기, 재점검하기
- E-2(evaluate): 스스로 진보를 평가할 수 있는 기회 제공하기
- T(tailored): 학생 개인의 강점, 재능, 흥미에 적합하게 다양화
- O(organize): 깊이 있게 이해할 수 있도록 활동 조직하기

2. 단원 설계의 실제

※ 예시 단원: 중학교 1학년 수학 자료와 가능성 영역 '대푯값' 학습 내용(온정덕 외, 2016에서 제시된 단원 사례)

(1) 교육 과정을 문해하여 단원 학습의 초점 파악
▶ 성취기준: [9수04-01] 중앙값, 최빈값의 뜻을 알고, 자료의 특성에 따라 적절

한 대푯값을 선택하여 구할 수 있음.

범주	내용 요소				
	초등학교			중학교	
	1~2학년	3~4학년	5~6학년	1~3학년	
핵심 아이 디어	• 자료를 수집, 정리, 해석하는 통계는 자료의 특징을 파악하고 두 집단을 비교하며 자료의 관계를 탐구하는 데 활용된다. • 사건이 일어날 가능성을 여러 가지 방법으로 표현하는 것은 불확실성을 이해하는 데 도움이 되며, 가능성을 확률로 수치화하면 불확실성을 수학적으로 다룰 수 있게 된다. • 자료를 이용하여 통계적 문제 해결 과정을 실천하고 생활 속의 가능성을 탐구하는 것은 미래를 예측하고 합리적인 의사 결정을 하는 데 기반이 된다.				
지식 · 이해	• 자료의 분류 • 표 • O, X, /를 이용한 그래프	• 그림그래프 • 막대그래프 • 꺾은선그래프	• 평균 • 띠 그래프, 원그래프 • 가능성	• *대푯값* • 도수분포표와 상대도수	• 경우의 수와 확률	• 산포도 • 상자그림과 산점도
과정 · 기능	• 자료를 기준에 따라 분류하고 설명하기 • 탐구 문제를 설정하고 그에 맞는 자료 수집하기 • 자료를 표나 그래프로 나타내고 해석하기 • 자료의 평균을 구하고 해석하기 • 자료를 수집하고 정리하여 문제 해결하기 • 사건이 일어날 가능성을 비교하고 표현하기 • 실생활과 연결하여 사건이 일어날 가능성 예상하기			• *적절한 대푯값을 선택하여 구하기* • 자료를 표, 그래프로 나타내고 해석하기 • 통계적 탐구 문제 설정하기 • 공학 도구를 이용하여 자료를 수집하고 분석하기 • 확률의 기본 성질 탐구하기 • 자료의 분포를 비교하고 설명하기 • 자료의 상관관계 설명하기		
가치 · 태도	• 표와 그래프의 편리함 인식 • 평균의 유용성 인식 • 자료를 이용한 통계적 문제 해결 과정의 가치 인식 • 가능성에 근거하여 판단하는 태도 • 자료와 가능성 관련 문제 해결에서 비판적으로 사고하는 태도			• *대푯값, 상대도수, 상자그림의 유용성 인식* • 공학 도구를 이용한 자료 수집과 분석의 편리함과 유용성 인식 • 자신의 삶과 연계된 확률과 통계에 대한 흥미와 관심 • 통계적 문제 해결 과정에 주도적으로 참여하는 태도 • *체계적으로 사고하여 합리적으로 의사 결정하는 태도* • 확률 및 통계적 근거를 바탕으로 비판적으로 사고하는 태도		

▶ 단원 학습의 초점: 자료를 수집, 정리, 해석하는 통계는 합리적인 의사결정을 하는 데 기반이 됨(핵심 아이디어로부터 도출한 영속적 이해).

(2) 단원 학습의 초점에 다가갈 수 있는 탐구 질문 만들기: 대푯값은 합리적인 의사결정에 어떻게 도움을 주는가?

(3) 학생이 이해했음을 판단할 수 있는 수행과제 만들기: 행복한 학교 문화 조성을 위해 대푯값을 통해 우리 학교 실태를 분석하고, 발표자료 제작한 뒤 학교의 학생 대의원회에 건의하는 글쓰기

(4) 수행과제를 수행하기 위한 학습 활동 구성하기: 탐구 → 적용 → 생산 → 정리
▶ 탐구: 대푯값의 필요성 확인하기, 대푯값의 역할 및 개념 익히기
▶ 적용: 대푯값을 이용하여 각 입장에서 주장하는 글쓰기
▶ 생산: 자료의 대푯값을 통해 학교 실태를 분석하고 건의문 작성하기
▶ 정리: 자기평가 및 대푯값의 필요성 정리하기

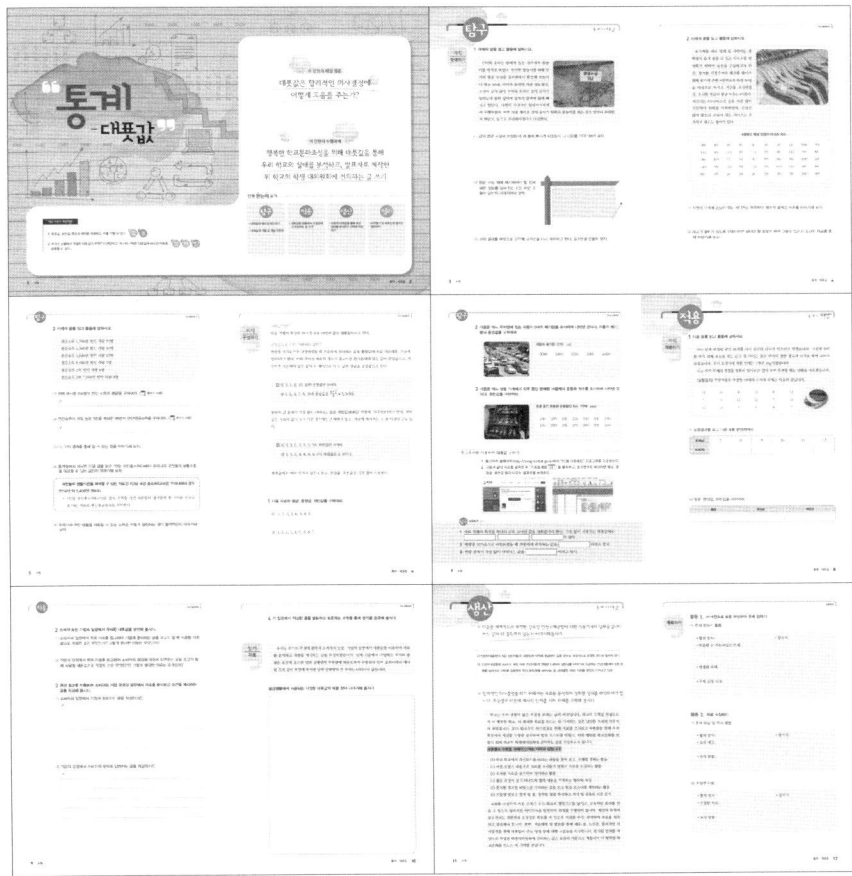

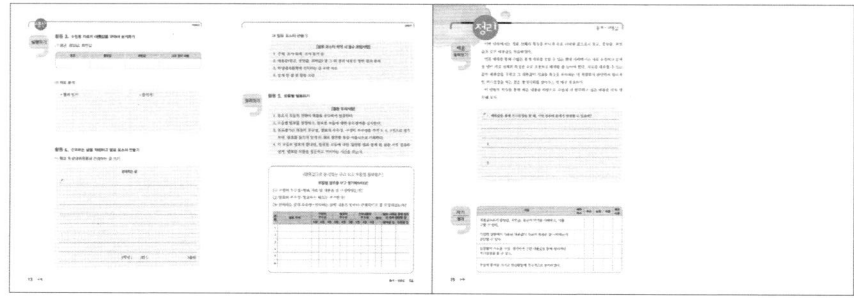

출처: 온정덕 외(2016). 교과 역량 함양을 위한 교과용도서(교과서·지도서) 개발 방안 연구

[참고 문헌]

교육부(2022). 수학과 교육과정
김경자, 온정덕, 이경진 (2019). 역량 함양을 위한 교육과정 설계: 이해를 위한 수업(개정판). 교육아카데미
온정덕, 변영임, 안나, 유수정(2018) 교실 속으로 간 이해중심 교육과정. 살림터
온정덕, 김경자, 김해윤, 류보라, 박선영, 양소영, 윤지영, 정혜승(2016). 교과 역량 함양을 위한 교과용도서(교과서·지도서) 개발 방안 연구. 교육부 정책연구
Wiggins, G., & McTighe, J. (2005). Understanding by design. (2nd Ed.) Alexandria, Virginia: ASCD

31차시

교육과정 통합

1. 교육과정 통합의 필요성과 바람직한 통합

(1) 교육과정 통합의 필요성: '학습 경험의 질' 향상
▶ 실세계는 분절되어 있지 않고 통합되어 있음.
▶ 학습자는 분절적으로 사고하지 않음. 학습과 뇌의 본질은 연결되어 있음.
▶ 역량은 변화하는 상황에 따라 자신이 가진 지식, 기능, 가치 및 태도를 복합적으로 활용하여 새로운 앎을 구성해 나가는 능력이므로 학습자가 '무엇'을 습득하는 것이 아니라 지식을 '어떻게' 탐구해 나가는지 배우는 데 초점이 있음. 환경과의 상호작용을 통해 의미를 만들어 가는 과정인 '경험'은 과거의 경험을 새로운 상황에 적용하여 새로운 의미를 만들어내는 수행과정이며, 경험을 통해 새롭게 구성된 총체적인 형태의 결과가 곧 역량임. (온정덕 외, 2022)
▶ 학습자의 인식(사고)의 통합을 위해 통합적으로 제시되어야 하며 이는 학습자의 학습 경험을 통합적으로 제시하는 방향으로 접근되어야 함.

(2) 바람직한 통합

> 사실과 기초 기능을 넘어서서 이들과 관련된 개념, 법칙, 일반화의 관계와 규칙성을 찾았을 때, 그리고 우리가 배우는 것의 보다 깊이 있는 의미를 이해할 수 있을 때, 그때 우리는 우리의 사고가 개념적 수준에서 통합되었다고 말할 수 있다. (중략) 통합은 교육과정의 한 단원에서 여러 교과를 조직하는 방법이기보다는 인지적인 과정이라고 할 수 있다.

> 시너지를 내는 사고(저차원적 사고와 고차원적 사고 사이의 상호작용)을 촉진하는 개념적 렌즈를 사용하면 학문 내 또는 학문 간 통합이 일어날 수 있다. 시너지를 내는 사고의 과정은 사고의 통합을 일으키며 이는 시간과 문화, 사례를 가로지르는 전이 가능한 개념적 이해로 드러난다.
>
> - Erickson, Lanning, & French, 2017, p.36

▶ 어떤 교과와 어떤 교과를 엮을 것인가의 문제가 아니라 어떻게 학습자의 '사고'를 통합시켜 학습자의 지적 발달(창의적 사고, 비판적 사고, 반성적 사고, 개념적 사고)을 이끌어낼 것인가? 이를 위하여 통합의 조직자로 무엇을 삼을 것인가를 고민해야 함.

2. 통합의 방법

(1) 통합 접근 방법의 위계(Drake, 2012)

▶ 통합의 정도에 따른 구분이며, 어떠한 접근이든 교육과정에 기반해서 통합이 이루어져야 함.
▶ 위계가 높다고 해서 더 우월한 방식이 아니며 의도와 교육과정 개발 방식이 다른 것임.

(2) 통합의 우산(Drake, 2012)
▶ 교육과정을 통합하는 이유는 학습의 과정에서 수행이 일어나게 하고 실생활과의 관련성을 통한 학습자에의 적절성을 도모하기 위함.
▶ 통합 교육과정을 개발할 때에는 '어떠한 접근 방법을 취하든 무엇을 가르칠 것인가?, 어떤 사고와 탐구 경험을 줄 것인가?, 어떠한 태도와 신념을 갖게 될

것인가?'를 고려하여 영속적 이해를 구성하고, 이에 접근하는 핵심질문을 개발해야 함.

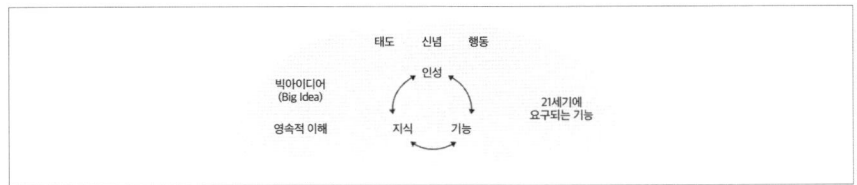

[Drake의 KDB우산]

출처: Drake(2012), p.31

(3) 다학문적 통합
▶ 특정 중심 조직자들을 다양한 교과의 렌즈를 통해 바라볼 수 있도록 조직하는 방식
▶ 각 교과 내의 학문 기반 개념과 기능이 타 교과의 관련성 속에서 보다 잘 학습하게 될 수 있을 때 활용
▶ 교과 간의 경계가 허물어지지 않으면서 학습자는 한 교과에서 배운 내용을 다른 교과에서 배운 내용과 연결

<다학문 multidisciplinary>
각 교과 내의 학문 기반 개념과 기능이 타 교과와의 관련성 속에서 보다 잘 학습되게 함.

(4) 간학문적 통합
▶ 교과 간의 공통된 연결고리를 찾아내 그것을 중심으로 기존의 교과들을 재구성하는 방법
▶ 여러 교과들에 공통적으로 적용되는 적용 범위가 넓은 간학문적 개념과 기능을 학습해야 할 필요가 있을 때 활용
▶ 적용 범위가 넓은(전이가가 높은) 간학문적 개념이나 사고 기능, 탐구 기능을 공통분모로 하여 여러 교과의 지식과 기능을 재조직

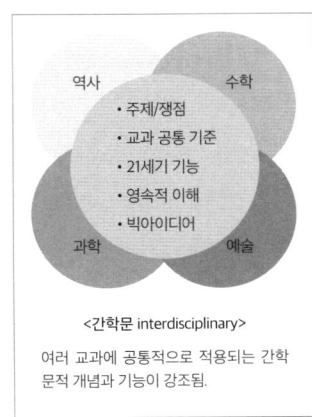

<간학문 interdisciplinary>
여러 교과에 공통적으로 적용되는 간학문적 개념과 기능이 강조됨.

▶ 교과 간의 경계가 허물어지면서 통합 단원, 통합 교과 발생

(5) 초(탈)학문적 통합
▶ 교과의 경계를 초월하면서 학습의 주제를 실생활 맥락에서 찾아내 교육과정을 구성하는 방법
▶ 실생활 맥락의 문제와 학생들이 제기하는 탐구 질문들로부터 교육과정 생성
▶ 학생들은 특정 주제나 문제를 이해하고 해결해 나가는 데 필요한 지식과 기능을 실생활 맥락 속에서 습득하게 되고 이를 적용하여 문제 해결

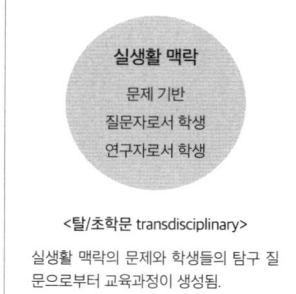

3. 이해중심 교육과정 설계를 활용한 통합 단원 설계
(1) 단원 설계의 흐름

> 예시 단원: 4학년 나와 우리 생태 (간학문적 통합 방법 활용)
>
> - 개념적 렌즈 설정: 공존
> - 공존 개념적 렌즈를 통해 교육과정 도해와 스캔, 클러스터 → 탐색망 그리기: 개념적 렌즈를 통해 성취기준 찾기, 성취기준에 해당하는 내용 요소 학습 활동 찾기
> - KDB 우산과 핵심질문 개발하기: 학습의 초점을 발견하고 이를 바탕으로 영속적 이해와 영속적 이해를 위한 핵심질문 구성, 이를 바탕으로 이해중심 교육과정 설계 템플릿 1단계 작성
> - 수행평가 과제 구성하기: GRASPS 요소를 활용하여 영속적 이해에 대해 학습자가 주도적으로 의미를 구성할 수 있는 수행평가 과제 구성 → 개발된 수행평가 과제를 수행과제 시나리오(학생 안내문)으로 재구성 → 평가 루브릭 작성

- 그 외의 평가와 자기평가 계획하기: 수행평가 과제로 평가할 수 없는 내용들에 대한 평가 계획 수립, 학습에 대한 성찰을 위해 자기평가 계획을 수립하고 이를 학습 활동 계획하기 단계에서 반영
- 학습 활동 계획하기: WHERETO 요소를 활용한 학습 활동 구성

[참고 문헌]

온정덕, 박상준, 변영임, 안나, 유수정, 정나라 (2022) 교실 속으로 간 이해중심 통합교육과정. 살림터

Drake. S.(2007). Creating Standards-based intergrated curriculum: Aligning curriculum. content. assessment. and instruction (2nd Ed). Thousand Oaks, CA; SAGE

Drake. S.(2012). Creating standards-based integrated curriculum: The Common Core State Standards (3rd Ed). Thousand Oaks, CA: SAGE

Erickson, H. L. (2017). 생각하는 교실을 위한 개념기반 교육과정 및 수업. (온정덕 외 옮김). 학지사

32차시
학교자율시간

1. 학교자율시간이란?

(1) 정의: 학교에서 지역과 학교의 여건이나 학생의 필요에 따라 교과 및 창의적 체험활동의 일부 시수를 확보하여 국가 교육과정에 제시되지 않은 새로운 과목이나 활동을 자유롭게 개발·운영할 수 있는 방안

(2) 도입 취지: 학교 교육과정의 자율성을 강조하며 확대해 나가는 연장선. 지금까지 논의된 자율성이 학교의 탄력적인 시수 편성을 통한 학교 교육과정 운영에 초점을 두었다면, 학교자율시간은 지역의 특색과 학교의 교육 여건 등에 적합한 '학습 내용'을 편성하여 학교 교육과정에서 운영할 수 있도록 강조함. (이주연 외, 2023)

(3) 학교자율시간은 '과목'과 '활동'을 편성·운영하는 것이 가능

▶ 학교자율시간 '과목': 학교는 시·도 교육감이 정하는 지침에 따라 사전에 필요한 절차를 거쳐 '과목 신설'에 대한 승인을 받거나 '과목 사용'에 대한 승인을 받아야 함. 시·도 교육청별로 승인 절차나 심사 기준은 상이하나 신설 과목으로 승인받기 위해서는 대체로 교육 목표, 내용 체계, 성취기준, 교수·학습 및 평가 방법 등 과목으로서의 내용 체계를 갖출 것이 요구됨. '과목 사용 승인'은 학교에서 자체적으로 새로운 과목을 개발하지 않고 타 시·도나 타 학교에서 승인받은 고시 외 과목을 사용하기 위해 소속 시·도 교육청의 허락을 받는 방식을 뜻함.

▶ 학교자율시간 '활동': 초등학교에 한해 과목 외에 활동으로 편성할 수 있음. 학교자율시간 '과목'보다 상대적으로 자유롭고 유연한 편성이 가능하나 단순한 재미나 일회성 행사는 지양되며, 여러 가지 단편적인 활동들의 합으로 마련되기보다는 활동의 목적성을 명료하게 설정하고 지속성을 고려하여 개발할 필요가 있음.

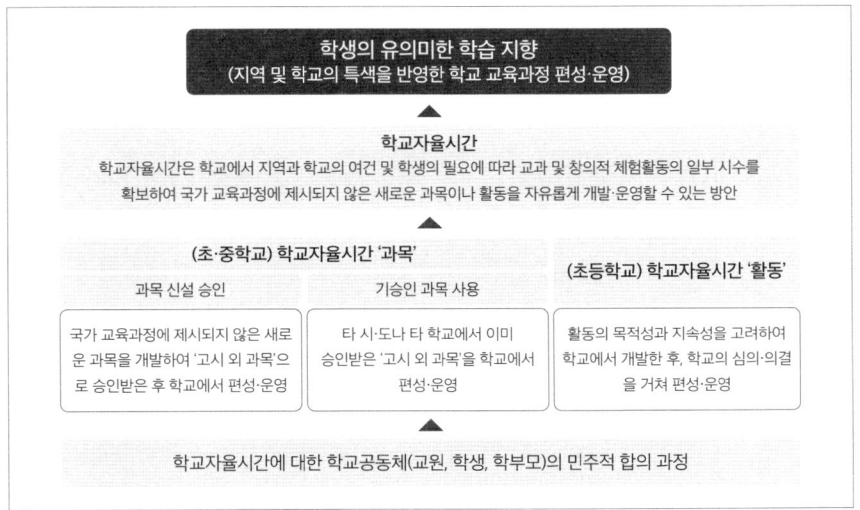

출처: 이주연 외(2023). 학교자율시간 편성·운영 방안 마련의 주요 방향

2. 학교자율시간의 편성·운영

(1) 학교자율시간 설계 및 편성 운영 절차

▶ 과목과 활동의 편성·운영 절차가 상이함.
▶ 과목은 학교 수준의 심의·의결 절차와 시·도 교육청의 승인 과정이 있음. '과목' 승인 절차는 시·도에 위임되어 있기 때문에 시·도마다 상이할 수 있으며, 기 승인 과목을 사용하는 경우도 시·도에 따라 절차가 다를 수 있음. '과목' 승인을 위해서는 주로 전년도 8월 정도까지 승인 신청을 해야 하는 경우가 많으므로 수요 조사 및 개발 절차가 생각보다 이른 시기부터 시작되어야 함.

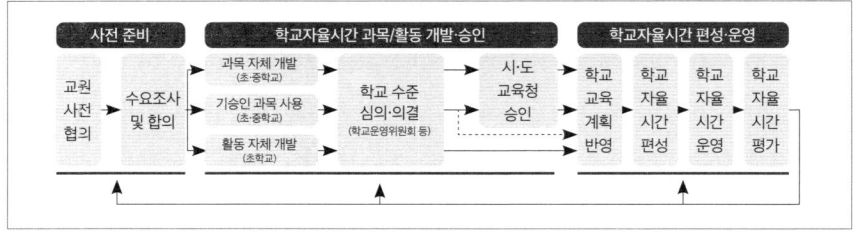

출처: 이주연 외(2023). 학교자율시간 설계 및 편성·운영 절차(안)

(2) 학교자율시간 시수 확보

학년군	연간 34주를 기준으로 하여 교과군별 및 창의적 체험활동 수업 시간의 학기별 1주의 수업 시간을 확보하여 학기 단위로 운영한다.
초등학교 3~4 학년군	• 교과와 창의적 체험활동의 2년간 총 시수: 1,972시간 • 교과와 창의적 체험활동의 연간 총 시수: 986시간(1,972÷2개 학년=986시간) • 교과와 창의적 체험활동의 연간 주당평균수업시수: 29시간(986시간÷34주=29시간) ※ 학교자율시간 편성 시수: 29시간(편성 시수는 각 학년에서 편성한 '연간 총 시수'를 기준으로 계산하기 때문에 학교에 따라 일부 달라질 수 있음)
초등학교 5~6 학년군	• 교과와 창의적 체험활동의 2년간 총 시수: 2,176시간 • 교과와 창의적 체험활동의 연간 총 시수: 1088시간(2,176÷2개 학년=1088시간) • 교과와 창의적 체험활동의 연간 주당평균수업시수: 32시간(1088시간÷34주=32시간) ※ 학교자율시간 편성 시수: 32시간(편성 시수는 각 학년에서 편성한 '연간 총 시수'를 기준으로 계산하기 때문에 학교에 따라 일부 달라질 수 있음)
중학교	• 교과와 창의적 체험활동의 3년간 총 시수: 3,366시간 • 교과와 창의적 체험활동의 연간 총 시수: 1,122시간(3,366÷3개 학년=1,112시간) • 교과와 창의적 체험활동의 연간 주당평균수업시수: 33시간(1,112시간÷34주=33시간) ※ 학교자율시간 편성 시수: 33시간(편성 시수는 각 학년에서 편성한 '연간 총 시수'를 기준으로 계산하기 때문에 학교에 따라 일부 달라질 수 있음)

▶ 국가 교육과정의 교과 및 창의적 체험활동이 균형 있게 편성·운영되기 위해서는 특정 교과목이나 창의적 체험활동에서 지나치게 많은 시수가 줄어들지 않도록 유의

▶ 모든 교과에서 일정한 시수를 기계적으로 가져오거나 학교의 교과 교사 인원수나 교사의 평균 수업 시수에만 초점을 맞추어 학교자율시간 시수를 확보하기보다 개별 학교의 여건, 학생의 필요, 교과의 특성 등을 고려하여 결정

▶ 교과(군) 및 창의적 체험활동에서 일부 시수를 학교자율시간에 할애하여도

국가 교육과정에 명시된 교과의 학습 내용이나 활동은 집중적으로 재구성하여 충실하게 운영 필요

(3) 학교자율시간 시수 편성
▶ 초등학교에서는 1~2학년군은 제외하고 3~6학년에서 학교자율시간의 '과목'이나 '활동'을 편성
▶ 중학교에서는 1~3학년에서 학교자율시간 편성·운영(단, 학교의 여건에 따라 특정 학년 및 학기에 선택적으로 편성·운영 가능)
▶ 학교자율시간 '과목'과 '활동'의 학년 간 위계성과 계열성, 지속성 등을 고려하여 편성 학년 및 학기 결정
▶ 학교 교육과정 워크숍 등을 통해 학교 구성원들이 학교자율시간에 대한 전체적인 그림을 함께 조망(학년 간 세부 협의 필요)
▶ 시수 편성 방법

구분	편성 방법	장점	단점
고정형	• 일정 기간 고정적인 일시에 지속적으로 학교 자율시간 시수 편성	• 일관되고 지속적인 교육 실천 가능 • 안전성과 내실화 확보 가능	• 교육과정 편성이나 시간표 마련 시 어려움 • 담당 교사 배정 및 지도 부담 증가
집중형	• 특정 기간에 집중적으로 학교자율시간의 시수 편성	• 교육에의 몰입 및 집중도 향상 • 학교 상황에 적합한 시간 활용 가능 • '과목'보다는 '활동' 운영에 유리할 수 있음 • '고정형'에 비해 교사의 부담 상대적으로 완화	• 행사 및 이벤트로 운영되지 않기 위한 노력 필요 • 집중 편성 기간 동안 학생의 흥미도 지속 노력 필요 • 총괄하는 특정 부서 및 특정 과목 담당자의 부담
혼합형	• 일정 기간 고정형으로 편성하고 특정 기간에 집중형으로 학교자율시간 시수 편성	• 고정형과 집중형의 장단점 혼합	

출처: 이주연 외(2023). p.290

(4) 학교자율시간 운영 방법

▶ 학교자율시간을 운영하는 방법으로는 여러 교과를 통합하는 교과통합형, 단일 교과를 중심으로 운영하는 단일교과형(예: 독서), 학생이 주도적으로 학습 내용을 선택하여 학습하는 과제연구형(학생주도형)이 있고, 이외에도 다양한 방법을 활용할 수 있음.

구분	편성 방법	장점
교과 통합형	• 학교자율시간의 과목이나 활동을 2개 이상의 교과와 관련된 학습 내용으로 통합하여 구성·운영	• 과목이나 활동의 학습 주제에 대한 교과 통합적인 학습 가능 • 학습 내용을 구성할 때 범위와 주제가 다양하여 과목 및 활동 개발에 용이
단일 교과형	• 학교자율시간의 과목이나 활동을 단일 교과와 관련된 학습 내용으로 구성·운영	• 하나의 교과와 관련된 학습 주제를 집중적으로 학습 가능
과제 연구형	• 학교자율시간의 과목이나 활동의 주제나 학습 내용을 학생이 주도적으로 선택하여 학습하도록 구성·운영	• 학생이 스스로 학습 주제를 선택하고 실천하도록 하여 학생의 주도성 함양 및 맞춤형 학습 가능

출처: 이주연 외(2023). p.294

▶ 운영 방법 이외에도 학생 선택, 지역 연계, 진로 연계를 강조점으로 삼아 활용할 수 있음.

구분	강조점(선택)
학생 선택 강조	• 학생의 선택을 강조하여 학교자율시간 편성·운영
지역 연계 강조	• 지역사회와의 협력, 인프라 활용 등을 강조하여 학교자율시간 편성·운영
진로 연계 강조	• 학생 진로와의 연계를 강조하여 학교자율시간 편성·운영

출처: 이주연 외(2023). p.294

3. 학교자율시간 운영 사례 (이주연 외, 2023. pp. 299~323)

▶ 운영 사례 1: 우리가 꿈꾸는 마을
  - 초등학교 6학년, 학교자율시간 '과목' 개설 사례, 고정형-교과통합형-지역 연계 강조 사례
  - 교과통합형 설계는 교사가 현실 세계의 복잡한 문제 상황 또는 여러 교과의 지

식을 통합하여 활용해야 하는 상황을 제시하고 학생이 교사 및 또래와의 다양한 상호작용과 탐구를 통해 배운 내용을 적용해 볼 수 있는 형태의 교육을 의미함.

- 과목 운영의 경우 내용 체계와 성취기준 교수·학습 방법과 평가 방법 등 과목으로서의 요건을 충족시킬 필요가 있음. 이때 단순 활동 중심의 과목이 아닌 유의미한 학습이 이루어질 수 있도록 전이력이 큰 중요한 내용에 대한 초점을 설정한 후 세부 과목의 내용을 결정할 필요가 있음.
- 관련 교과와 창의적 체험활동 시수 등을 이용하여 시수를 확보하며, 한두 개의 교과에 지나친 편성은 지양함.
- 과목의 세부 내용과 학습 계획 등은 다음과 같음.

▶ 운영 사례 2: 학생 주도 탐구
- 소규모 학교 3~6학년 무학년제 운영, 학교자율 시간 '활동' 운영 사례, 혼합형 - 과제연구형(학생주도형) - 학생 선택 강조 사례
- 과제연구형(학생주도형) 설계는 학생이 교사의 코칭을 받아 스스로 목표를 세우고 교사 및 또래와의 다양한 상호작용과 탐구를 통해 교과의 내용을 심화·확장하는 형태의 교육을 의미함.
- 과제 연구형(학생주도형) 운영 시에는 학생 선택을 위해 여러 탐구 분야의 교육과정과 연계된 부서를 학생 요구에 따라 개설할 수 있음.
- 기존 동아리 활동과 다른 점은 학생 선택이 단순 흥미와 요구를 반영하는 것이 아닌 교사와 함께 영속적 이해와 탐구 질문, 목표 등을 설정하고, 이를 수행한 후 결과물을 협력적으로 만들어낸다는 것임.
- 과제연구형뿐만 아니라 학교자율시간 평가를 위해서는 평가 루브릭을 사전에 설정하는 것을 권장함.
- 활동의 세부 내용과 학습 계획 등은 다음과 같음.

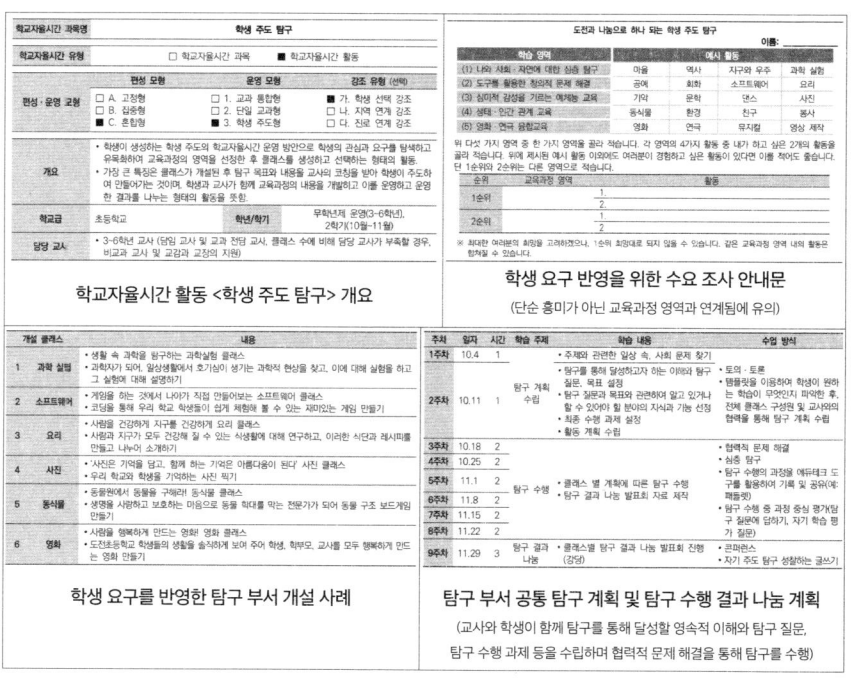

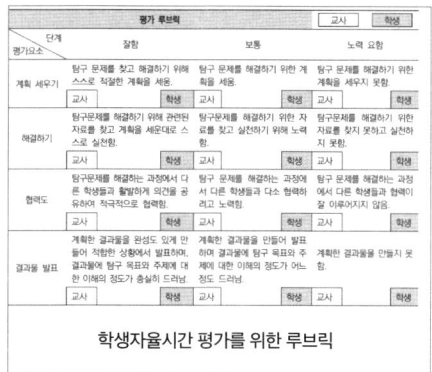

학생자율시간 평가를 위한 루브릭

[참고 문헌]

교육부(2022). 2022 개정 교육과정 총론
온정덕, 김종훈, 박상준, 박수련, 이승미, 정기효, 정소영 (2020). 초·중학교 교육과정 구성 방안 연구
이주연, 정영근, 김기철, 전호재, 임유나 (2023). 2022 개정 교육과정에 따른 초·중학교 교육과정 편성·운영 방안

33차시

진로연계교육

1. 진로연계교육이란?

(1) 목적
▶ 학생의 역량 함양 및 자기 주도적 학습 능력 향상과 이를 위하여 교과별 내용 및 학습 방법의 학교급 간 연계를 통해 학생의 학습과 성장 지원

(2) 도입 취지
▶ 학생들이 학교급 및 학년 전환기에 학교 생활 적응이나 학습 등에 어려움을 겪고 있어 이러한 어려움을 완화하고, 상급 학교 준비나 진로 탐색 등 이전 교육과정에서도 꾸준히 운영되어온 진로교육 활동을 체계적으로 편성·운영

2. 진로연계교육의 편성·운영

(1) 진로연계교육의 편성·운영 개요
▶ 입학 초기 및 상급 학교(학년)로 진학하기 전 교과와 창의적 체험활동 시간을 활용하여 운영
▶ 초등학교: 학교생활 적응 및 한글 해득 교육, 중학교 생활 및 학습 준비, 진로 탐색 등의 프로그램 운영 등
▶ 중학교: 자유학기의 활동과 연계 운영, 고등학교 생활 및 학습 준비, 진로 탐색, 진학 준비 등

(2) 진로연계교육 편성 방법(이주연 외, 2023)

구분	편성 방법	장점
단일교과 연계형	교과 교육과정을 기반으로 교사가 교과 수업에서 진로연계교육 편성	• 안정적으로 시수 확보 • 교과 교육과정을 기반으로 계속성과 계열성 확보 • 교육을 위한 시간과 노력 절약
교과통합 연계형	여러 교과 교육과정을 활용하여 교과 간 연계가 이루어지는 진로연계교육 편성	• 단일 교과 연계형의 장점 유지 • 여러 교과별 특성을 반영한 진로연계교육 활동
창의적 체험 활동 연계형	창의적 체험활동 시간에 여러 활동으로 진로연계교육 편성	• 다양한 활동 가능 • 편성 시수를 유연하게 조정 • 특정 기간에 집중 가능
별도 편성 시수 연계형	학교자율시간을 활용하여 편성	• 안정적이고 체계적으로 운영 • 다른 교과 및 창의적 체험활동에 확장 가능성

(3) 진로연계교육 운영 방법(이주연 외, 2023)

구분	주요 시기	운영 내용	고려 사항
입학 초기 적응	초등학교 1학년 1학기	• 긍정적 자아 형성 및 학교생활 적응, 기초 학습 토대의 마련, 건강한 또래 관계 구축, 학교폭력 예방 교육 • 한글 해득 및 익힘 학습	• 유치원 교육과정 (누리과정) 연계
	중학교 1학년 1학기 (자유학기)	• 중학교 학습 및 생활 안내 • 학생 참여 중심 수업 및 과정 중심 평가 등	• 자유학기 연계
상급 학년 및 상급 학교 준비	초등학교, 중학교 전학년	• 상급 학년에 필요한 최소한의 학습 수준 확보	• 교과 교육과 연계
	초등학교 2~3학년	• 3,4학년군의 시간표 및 교과 체계 이해 • 사회, 과학, 도덕, 음악, 미술, 체육, 영어 교과 학습의 필요성	
	중학교 1학년	• 자유학기와 일반학기의 차이 • 중학교 평가 방식(지필고사)의 이해와 준비	• 자유학기 연계
	초등학교 5~6학년	• 중학교에 대한 이해 • 교과 교육과정, 선택 과목, 자유학기 등	• 중학교와 연계

	중학교 2~3학년	• 고등학교에 대한 이해 • 고교학점제, 공동교육과정, 수강 신청 등	• 고등학교와 연계 • 진학·진로 지도와 연계
진로 탐색	초등학교, 중학교 전학년	• 학생의 성장과 발달을 고려한 진로교육 • 자기 이해, 진로 탐색, 진로 설계와 실천	• 진로교육 연계
	중학교 1학년	• 자유학기 진로 탐색 활동과 연계된 진로 학습 및 체험 활동	• 자유학기 연계
고등학교 진학 준비	중학교 2~3학년	• 고등학교 유형(일반고, 특목고, 특성화고)의 이해 • 고등학교 선택 과목의 이해와 이수 과정 설계	

▶ 입학 초기 적응을 중심으로 하는 진로연계교육을 운영할 때 이전 학교급의 교육과정 내용, 교수·학습상의 특징, 학교 문화의 특징 등에 대한 이해가 필요함.

▶ 진로 탐색을 중심으로 하는 진로연계교육 운영 시 학교급별 진로 교육의 목표를 고려하여 운영할 필요가 있음. (한상근 외, 2021)
  · 초등학교: 자신을 소중한 사람으로 인식하고 삶의 다양성과 일의 중요성을 배우며, 진로를 주도적으로 찾을 수 있는 기초적인 지식, 기능, 태도를 기르는 것
  · 중학교: 자신의 소질과 적성을 파악하고 다양한 직업 세계와 교육 기회를 탐색하여 진로를 주도적으로 찾는 데 필요한 지식, 기능, 태도를 기르는 것

3. 진로연계교육 운영 사례 (이주연 외, 2023. pp. 333~349)

▶ 운영 사례 1: 교과와 연계한 중학교 생활 준비하기
  - 초등학교 6학년 2학기, 교과 통합 연계형(국어, 실과), 상급 학년 및 상급학교 준비 운영 모델
  - 개요: 중학교 생활 이해 및 시간 계획 미리 세워 보기
  - 인근 중학교 연계, 교육지원청의 협력 네트워크 조성이 필요, 온라인을 통한 중학교 학생-교사와 초등학교 학생-교사 간 연결

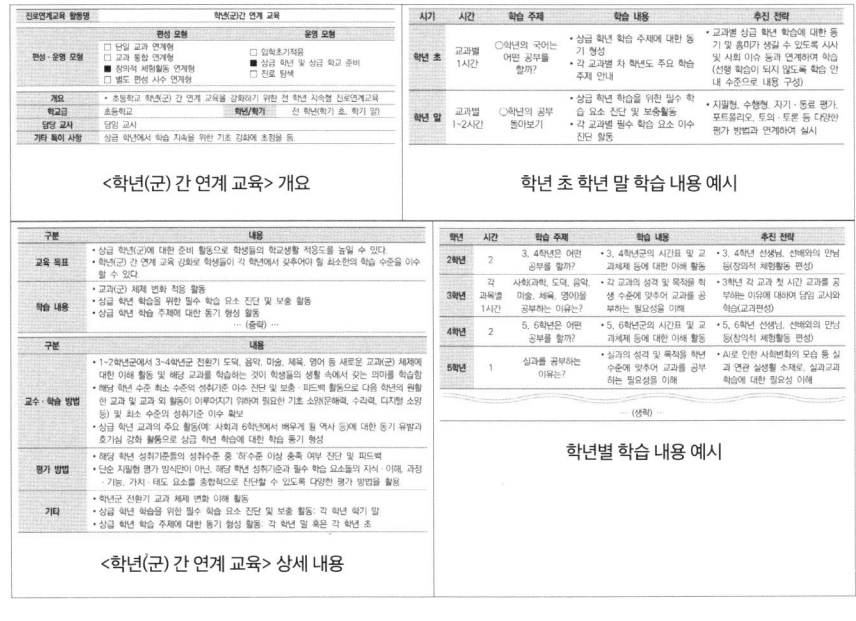

▶ 운영 사례 2: 학년(군)간 연계 교육
- 초등학교 전학년 학기 초, 학기 말, 창의적 체험활동 연계형, 상급 학년 및 학습 학교 준비 운영 모델
- 개요: 초등학교 학년(군) 간 연계 교육을 강화하기 위한 전 학년 지속형 진로연계교육
- 상급 학년에서 학습 지속을 위한 기초 강화에 초점

▶ 운영 사례 3: 진로와 학습
- 중학교 3학년, 별도 편성 시수 연계형(학교자율시간 연계), 고등학교 진학 준비 운영 모델
- 개요: 학교자율시간 활용한 고등학교 선택 과목 성격 이해 및 고등학교 학습법 경험
- 주변 고등학교 체험 및 교육과정 편제에 대한 이해를 가능하게 함.
- 학교자율시간 '과목'으로 운영되기 때문에 과목 개설 승인 또는 사용 승인을 받아야 함.
- 학교에 진학할 수 있는 여러 유형의 고등학교가 있음에도 각각의 고등학교가 어떤 특징을 갖고 있는지 구체적인 사항까지는 잘 알지 못함. 주변 진학 가능한 고등학교에 대한 정확하고 구체적인 정보를 알고 고등학교를 선택할 수 있도록 하기 위함.

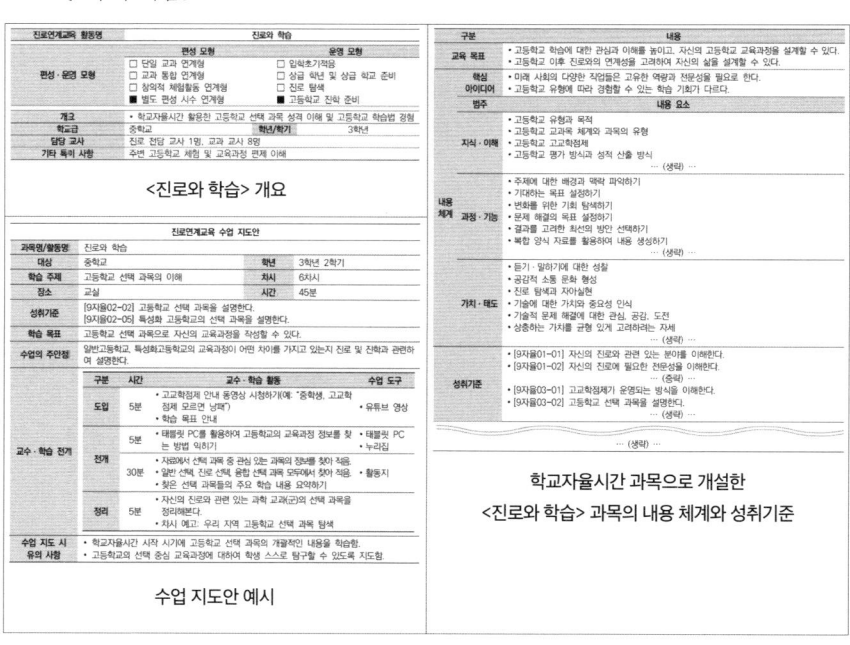

▶ 운영 사례 4: 진로 연계 교육과정
- 중학교 전학년, 창의적 체험활동 연계형, 진로 탐색 운영 모델
- 개요: 창의적 체험활동 시간을 활용하여 진로·진학 단계에 따라 진로 탐색 활동의 체계화
- 기존 창의적 체험활동의 진로 탐색 활동의 체계적 운영 가능

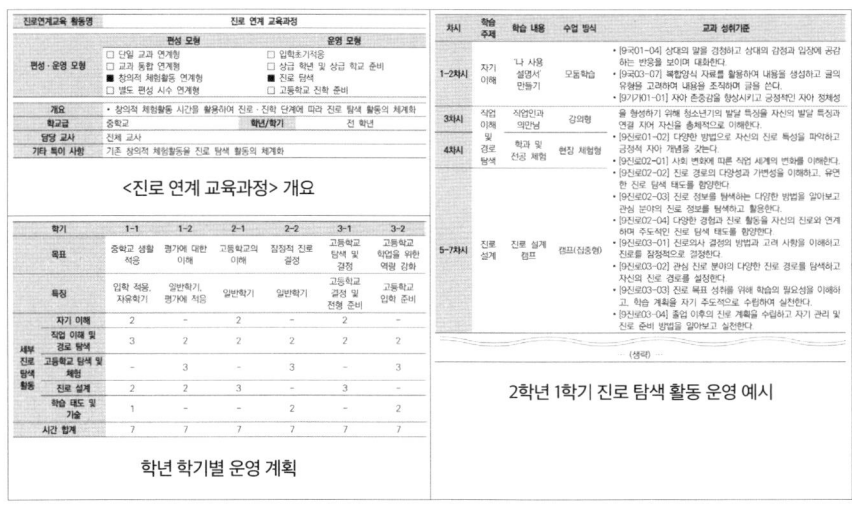

[참고 문헌]
교육부(2022). 2022 개정 교육과정 총론
이주연, 정영근, 김기철, 전호재, 임유나 (2023). 2022 개정 교육과정에 따른 초·중학교 교육과정 편성·운영 방안. 한국교육과정평가원 2023-4
한상근, 정윤경, 정지은, 안중석 (2021). 학교 진로육 목표 및 성취기준 연구. 한국직업능력연구원 기본연구 2021-17

PART 5

평가

34차시

무엇을 평가해야 하는가?
(평가의 목적과 내용)

1. 평가란?

(1) 평가(assessment)의 정의: 학생, 교육과정, 프로그램, 학교, 교육 정책 등에 대해 의사결정을 내리기 위해서 정보를 수집하는 과정

(2) 평가의 목적(온정덕 외, 2023)
- ▶ 학교 교육에서 평가는 목적이 무엇인가에 따라 다양한 방법으로 이루어질 수 있음.
- ▶ 전통적 평가의 목적: 성취도를 객관적으로 측정하고 수량화(Assessment for measuremnet)하여 학생 선별
- ▶ 평가의 본질적 목적: '우리는 현재 어느 정도로 잘하고 있는가?', '어떻게 하면 더 잘 할 수 있을까?'에 대한 정보 수집
- ▶ 2022 개정 교육과정에서의 평가 목적: "평가는 학생 개개인의 교육 목표 도달 정도를 확인하고, 학습의 부족한 부분을 보충하며, 교수·학습의 질을 개선하는 데 주안점을 둔다."

(3) 평가의 목적에 따른 평가의 분류(Earl, 2013)

접근 방법	목표	기준점	주요 평가자
학습 결과에 대한 평가 (Assessment of learning)	배치, 진급, 자격에 대한 판단	다른 학생, 기준 또는 기대	교사

학습을 위한 평가 (Assessment for learning)	교사들의 수업에 대한 의사결정을 위한 정보	외적 기준 또는 기대	교사
학습 과정으로서의 평가 (Assessment as learning)	자기 모니터링과 자기 교정(self-correction) 또는 자기 조정(self-adjustment)	개인의 목표와 외적 기준	학생

▶ 학습 결과에 대한 평가: 학습 결과에 대한 평가의 목적은 다른 학생과의 비교를 통해 상대적인 위치를 나타냄으로써 학습 결과를 증명하고 학부모와 학생들에게 학생의 발전 정도를 보고하기 위함에 있음. 일반적으로 학습 후에 실시되며 점수나 등급으로 평가 결과가 요약됨.

▶ 학습을 위한 평가: 형성평가로서 학생의 학습이 다음 단계로 나아가기 위하여 학생에게 피드백을 주기 위한 평가임. 학습의 끝이 아니라 학습 중에 수시로 이루어짐.

▶ 학습 과정으로서의 평가: 학생의 메타인지를 계발하고 지원하는 과정으로 평가를 사용하는 것임. 평가와 학생들의 학습 간 중요한 연결고리로 학생의 역할에 집중하는 평가를 의미함. 학생들이 자신의 학습을 성찰하고 비판적으로 분석하며 자신이 학습한 것을 어떻게 활용할 수 있을지 스스로 판단하는 자기 평가임.

▶ 그동안 학습 결과에 대한 평가는 공식 평가로 이루어지고, 학습을 위한 평가는 비공식 평가로 학습 과정으로서의 평가는 거의 이루어지지 않음. 하지만 역량 교육의 취지와 의미(학습자가 주도적으로 의미를 구성하고 상황과 맥락에 배운 내용을 적용하고 실천)에 비추어 볼 때 교실 수업에서 평가의 초점이 반대로 변화할 필요가 있음.

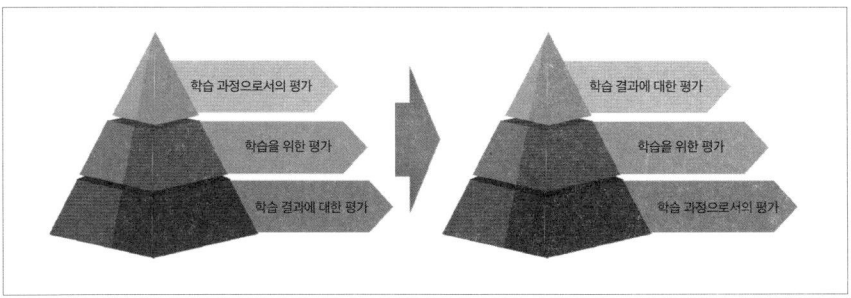

출처: Earl(2013), pp.31~32, 전통적인 평가와 재구성된 평가의 비교

2. 역량 함양을 위한 평가

(1) 학습 과정으로서의 평가

▶ 학습 과정으로서의 평가가 교실 수업에서 제대로 이루어지기 위해서는 수업 자체가 그에 맞도록 변화하여야 함. 학습 과정으로서의 평가가 의미 있기 위해서는 학생이 맥락 속에서 수행할 때 교과의 지식과 기능을 적용하는 형태의 평가가 이루어져야 함. 이 과정에서 자신의 학습 과정을 메타적으로 성찰하고, 교사는 이를 코칭해야 함.
 - 학습 과정으로서의 평가를 하기 위해서는 학습자가 주도적으로 문제를 해결해 나아가는 수업과 평가가 이루어져야 함.

(2) 어떠한 평가 문제(과제)가 주어져야 하는가?

▶ 학습 과정에 주목하게 되면 많은 양의 지식을 수집하고 습득하는 것보다 중요한 지식을 이해하고 어떻게 활용하는지가 더욱 중요해짐.

▶ 중요한 지식을 판단하는 기준 → 전이가능성이 높은가? (여러 다른 맥락과 상황에 적용할 수 있는 범위가 큰가?)

▶ 이해중심 교육과정에서는 지식을 전이가능성에 따라 세 차원으로 분류하고, 전이가능성이 높은 지식(영속적 이해)를 주요한 학습의 내용으로 다루어야 한다고 강조함. 이러한 영속적 이해는 총체적이며 학습자가 주도적으로 의미를

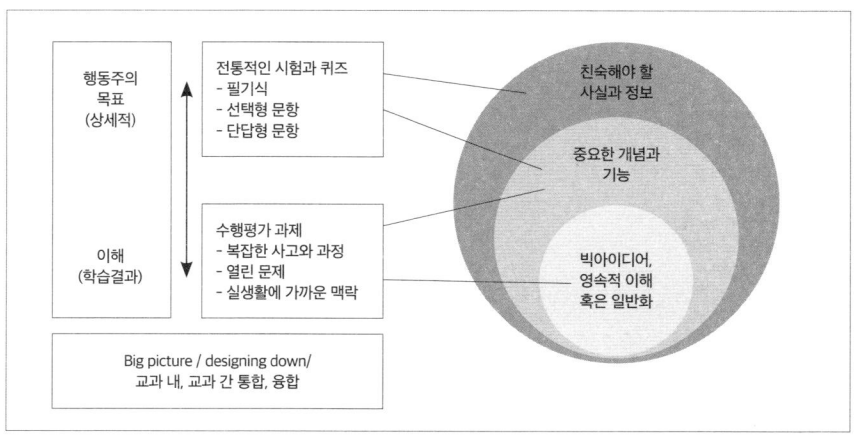

출처: Wiggins & McTighe(2005), 김경자 외(2017). p.128에서 재인용

구성하는 것이기 때문에 전통적인 시험과 퀴즈로는 평가할 수 없고 수행평가가 적절함.

3. 평가의 내용에 따른 수업의 차이
(1) 영속적 이해를 중심으로 한 수업과 평가: 중학교 국어과 사례(온정덕 외, 2016)
▶ 이 단원의 영속적 이해
  - 소설은 다양한 요소로 이루어진 구성물로 유기적인 짜임을 갖음.
  - 갈등은 소설의 사건을 전개하는 기본 요소로 대상에 따라 다양한 양상을 보임.
▶ 이 단원의 핵심 질문
  - 소설 속 갈등을 이해하는 것은 왜 중요한가?
▶ 이 단원의 평가 과제
  - 자신의 삶을 소설로 쓰기

---

www.○○○.com은 웹 소설을 연재하는 사이트입니다. 이번 달에는 '두 번째 삶'이라는 주제로 특집편을 기획한다고 합니다. 이에 여러분은 자신의 삶에서 겪은 갈등 상황을 한 편의 소설로 표현하여 투고하여야 합니다.

이 웹사이트의 주요 독자는 중고등학생으로 그들이 평소 일상적인 생활에서 발생하는 갈등상황을 반영하여 공감할 수 있는 갈등이 담긴 소설을 가장 많이 읽는다고 합니다. 따라서 여러분은 살아오면서 겪었던 갈등을 소재로 활용하되 허구의 사건으로 형상화하여 www.○○○.com 특집편에 실을 소설을 작성해야 합니다. 독자가 공감할 수 있도록 소설을 쓸 때는 등장인물이 겪는 갈등의 구조가 잘 드러나야 하고, 등장인물의 생각과 느낌을 생생하게 드러내는 표현을 사용하며, 갈등의 해결 과정에서 등장인물의 성격이 잘 드러나도록 해야 합니다.

또한 여러분은 웹사이트에 소설을 게재하여 여러분의 소설을 우리 반 친구들에게 먼저 발표하는 '신작 발표회'에 참여할 것입니다. 웹사이트에 게재한 소설을 서로 나누어 읽을 것이고, 이때 친구들은 여러분이 쓴 소설의 첫 독자가 되어 서로의 신작에 대한 소감문을 댓글로 작성하여 공유할 것입니다.

▶ 학습의 흐름: 도입 → 탐구 → 적용 → 생산 → 정리
- 핵심 질문과 수행과제 소개로 단원 학습을 시작
- 도입 단계에서 학습자의 선 이해를 파악하기 위한 진단 평가 실시(학습을 위한 평가)
- 학습의 단계마다 학습자의 이해에 대한 정보를 얻기 위한 형성평가와 자신의 학습 과정을 성찰하는 자기 평가 실시(학습을 위한 평가 + 학습 과정으로서의 평가)
- 생산 단계에서는 수행과제 수행(활용되는 고차적 사고기능: 창안 / 수행과제 결과물: 학습 결과에 대한 평가 + 완성된 소설에 대한 자기 평가: 학습 과정으로서의 평가)
- 정리 단계에서 자기 자신을 객관적으로 평가할 수 있는 평가 도구를 활용하여 자기 평가, 자신의 성장을 확인하며 알게 된 것, 느낀 점, 더 알고 싶은 점 등을 성찰(학습 과정으로서의 평가)

3단계 - 교수·학습 활동

단계		차시	교수·학습	평가
도입		1	• 핵심 질문과 수행과제 소개하기	• 진단평가
수행	탐구	2~3	• 지식 탐색하기 - <홍길동전>을 읽고 인물 간 갈등 관계 파악하기, 어떤 부분에서 그렇게 생각했는지 구체적으로 근거 제시하기(이야기 속 구절, 단어/그렇게 생각한 단서) • 지식 확인하기 - <소설의 갈등에 관해 설명한 글>을 통해 소설 속 갈등에 대하여 기존에 내가 알고 있었던 지식과 같고 다른 점을 정리하기	• 형성평가 - 개념 확인 퀴즈 - 모둠토론 - 학습 성찰
		4	• 지식 구성하기 - 소설과 갈등에 대해 기존에 알고 있었던 것과 새로 알게 된 점 파악하기	
	적용	5~8	• 배경지식 활성화하기 - 동일한 감정을 다양한 방식으로 표현하고 차이 생각해 보기 - 소설 <봄·봄>의 제목과 계절적 배경에 대해 생각해 보기 • 제재글 읽기 - 소설 <봄·봄>을 읽으며 갈등을 중심으로 감상하기 - 소설에 나타난 다양한 감정 표현 살펴보기 • 지식 적용하기 - 소설 <봄·봄>의 사건을 시간 순서대로 나타내기 - 소설 <봄·봄>을 읽고 난 자신의 느낌을 장면이나 구절 등의 근거를 들어 정리하기 - 소설 <봄·봄>의 주요 인물 간 갈등 양상을 중심으로 관계도 만들기 - 소설 <봄·봄>의 줄거리와 갈등 양상을 중심으로 작품의 주제 정리하기	• 형성평가 - 읽기 중 활동을 하며 포트폴리오 작성 - 관찰 평가 - 학습 성찰
		9	• 계획하기 - 자신의 삶을 돌아보고 갈등의 경험 떠올리기 - 소설의 장치와 표현법 만들기	

생산	10~11	• 실행하기 - 자신의 삶 속 갈등을 소재로 한 소설 쓰기	• 총괄평가 - 소설 자기 평가 - 교사평가 - 동료평가
	12	• 점검하기 - 자신의 소설을 스스로 평가하고 수정하기 - 서로의 소설을 읽고 댓글 달기	
	13~14	• 공유하기 - 평가준거에 따라 교사평가, 자기 평가 실시 - 동료들은 평가 준거에 따라 소설 평가서 작성하기	
정리	15	• 자기 평가 - 학생 스스로 자신을 객관적으로 평가할 수 있는 평가도구 제시 • 배움 돌아보기 - 학생 자신의 성장을 확인하며 알게 된 것, 느낀 점, 더 알고 싶은 점 등을 성찰하기	• 총괄평가 - 학습 성찰

출처: 온정덕 외(2013)

[참고 문헌]

김경자, 온정덕, 이경진 (2017). 역량 함양을 위한 교육과정 설계: 이해를 위한 수업. 교육아카데미

온정덕, 김경자, 김해윤, 류보라, 박선영, 박지현, 양소영, 윤지영, 정혜승 (2016). 교과 역량 함양을 위한 교과용도서(교과서·지도서) 개발 방안 연구. 한국교과서연구재단

온정덕, 김진원, 노영웅, 방길환, 유수정, 장은경, 차성준, 최진희 (2023). 수업 속 역량 기반평가 방안 연구. 경기도교육청 정책연구

Earl, L.M. (2013). Assessment as Learning: Using classroom Assessment to maximize student learning(2nd ed.). Corwin Press

Erickson, H. L. (2008). Stirring the heard, heart, and soul: Redefining curricululm, instructionm and concept-based learning(3rd ed.). Corwin Pres

Wiggins, G., & McTighe, J. (2005). Understanding by design. (2nd Ed.) Alexandria, Virginia: ASCD

35차시

학습자 역량 수준을 어떻게 판단할 것인가?
(성취 수준의 판단)

1. 역량 함양을 위한 평가에서 학습자 수준의 판단

(1) 전통적인 평가는 학습자의 수준을 양적으로 판단함. 학습자가 얼마나 알고 있는가를 측정하는 평가가 이루어지며, 평가의 준거는 알고 이해하고 있는 정도의 '깊이'보다는 얼마나 많은 양의 지식을 알고 이해하고 있는가의 '범위'가 됨.

(2) 전통적인 평가는 실제 맥락 속의 문제를 해결해 낼 수 있는 역량을 담보하지 못하므로 역량 함양을 위한 평가에서는 학습자의 역량 수준을 판단할 때 이해의 정도나 깊이를 측정할 수 있는 새로운 판단 기준이 필요함. (온정덕 외, 2023a)

(3) 역량 함양을 위한 평가에서는 학습자의 문제 해결 과정에서 나타나는 학습자의 반응 수준을 통해 학습자의 역량의 수준을 판단해야 함.

▶ 학습자 수준의 발달: 학습할 때 초보에서 숙련으로 나아가며 어떠한 반응 형

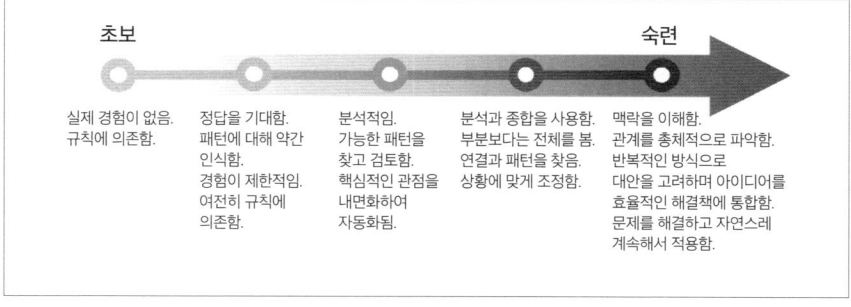

출처: Earl & Katz(2006). 온정덕 외(2023a)

태를 보이는지 다섯 단계로 제시함. 숙련된 단계는 관계를 총체적으로 파악하고 맥락에 적용하여 문제를 해결해 낼 수 있는 수준임. (Earl & Katz, 2006)
▶ 학습 수준의 범주화: 사실적 정보와 지식을 파악하는 수준에서 여러 가지 정보와 지식을 연결하고 새로운 영역이나 아이디어로 적용하고 확장해 나가는 수준으로 발달함. (Biggs & Collins, 1982)

단계	수준	반응
1	전 구조화 수준 (prestructural level)	새로운 아이디어에 접근하는 방법을 모르기 때문에 제기된 질문에 대해 무관한 답을 하거나 아무 반응을 보이지 않음.
2	단일 구조화 수준 (unistructural level)	한 가지 정보만을 골라 집중하며 다른 세부사항에는 집중하지 않음.
3	다중 구조화 수준 (multistructural level)	한 가지 이상의 정보에 집중하지만 한 정보를 다른 것과 연결하려고 시도하지는 않음.
4	관계화 수준 (relational level)	여러 가지 정보를 주제나 범주에 따라 묶음.
5	일반화 확장 수준 (extended abstract level)	분류된 정보를 새로운 영역이나 아이디어로 확장함.

출처: Biggs & collins(1982). 온정덕 외(2023a)

(4) 지식의 깊이(DoK: Depth of knowledge)를 이용한 학습자 수준의 판단
▶ PISA와 미국 차세대 평가시스템의 하나인 향상되고 균형 잡힌 평가(SBA: Smarter Balanced Assessment)에서는 웨브(Norman L. Webb)의 지식의 깊이(DoK: Depth of knowledge)를 활용함.
▶ 학습자의 수준을 판단할 때 평가되는 '내용'과 평가 내용을 이해하는 데 필요한 이해력의 '깊이' 두 가지를 모두 고려해야 함. 주로 평가 문항의 적합성을 분석하는 데 활용됨.
▶ 지식의 깊이는 1~4 수준으로 이루어져 있으며 단순히 지식을 기억해 내는 수준인 회상 수준부터 낱낱의 지식과 사례들을 개념으로 범주화, 일반화하는 수준으로, 개념이나 기능을 전략적으로 사용하여 복잡한 추론이나 추리, 연결을 할 수 있는 수준으로 종합하여 창의적인 결과물을 창안해 내는 수준으로 분류할 수 있음.

▶ 그동안의 평가 문항이 교과의 내용 범위와 그 내용의 난이도만 고려하여 작성되었다면 평가 문항을 작성할 때 인지적 복잡성을 고려하여 작성할 것을 제안함. Dok 수준이 고루 포함된 문항을 만들면 다양한 수준의 사고기능이 포함된 문항이 개발되며 학습자의 역량 수준을 판단할 수 있기 때문임.

수준	반응
1. 수준: 회상 (recall)	'사실, 정의, 용어, 단순 절차' 등과 같은 정보를 떠올리거나 기초 기능을 자동적으로 적용하는 수준
2. 수준: 기능/개념 (skill/concept)	회상이나 자동적 반응을 넘어선 정신기능을 사용하는 것으로 구체적 사례를 추상적 개념으로 범주화, 일반화하는 수준, 사고의 과정이 한 과정 이상이지만 비교적 명확하고 사고의 수준이 보통
3. 수준: 전략적 사고 (strategic thinking)	개념이나 기능을 사용하여 추리, 연결, 복잡한 추론 등을 할 수 있는 수준. 사고 과정이 두 단계 이상 하위 과정을 거침. 사고의 수준이 다소 복잡하며 추상적
4. 수준: 확장된 사고 (extended thinking)	'복잡한 추론, 계획, 개발, 사고'를 요구하는 수준. 여러 개념이나 현상들을 교과의 내용과 연결할 수 있어야 하며, 아이디어를 새로운 개념과 연결하고 종합하거나 판단하며 이에 근거하여 새로운 아이디어를 창안해 낼 수 있는 수준

출처: Webb(2002), 온정덕 외(2023a)

(5) 지식의 구조와 그에 적합한 사고기능(Erickson, 2008)

에릭슨(Erickson)은 지식의 구조와 그에 적합한 사고기능을 연결지음. 학생은 낱낱의 사실을 기억할 때에는 낮은 수준의 사고를 하고, 높은 수준의 지식에 도달할 때에는 고등 사고를 함. 따라서 단순한 사실적 지식을 습득하는 학습 과정에서는 기억 수준의 사고기능을 주로 활용하게 되고, 주제 수준에서 학습 내용을 이해할 때에는 이해 수준의 사고기능을 주로 활용함. 교과의 지식을 개념화하고 빅아이디어 수준에서 조망하는 학습 과정에서는 적용과 분석 수준의 사고기능이 주로 활용되며, 영속적 이해 수준에서 교과의 내용을 이해하고자 할 때에는 평가와 창안 수준의 사고기능을 활용하게 됨. 따라서 어느 수준에서 교육과정과 수업을 설계하느냐에 따라 평가의 내용과 방법도 달라져야 함.

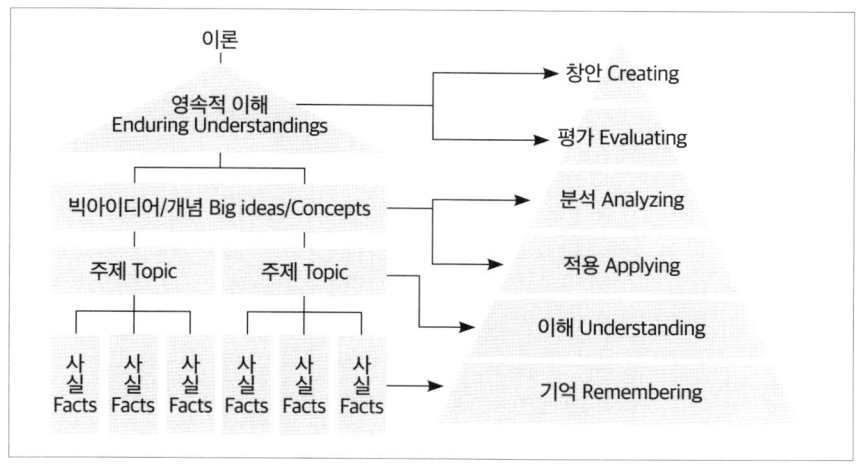

출처: Erickson(2008), p.31

(6) 학습자 역량 수준의 판단(온정덕 외, 2023a)
▶ 학습자 역량의 수준을 판단하기 위해서는 학습자가 교과의 내용을 어떠한 수준(회상, 기능/개념, 전략적 사고, 확장된 사고)에서 이해하고 있는지를 판단해야 하며, 어떤 수준의 사고 기능(기억, 이해, 적용, 분석, 평가, 창안)을 활용하여 반응하거나 결과물을 만들어 내고 있는지 판단해야 함.
▶ 이는 학습자의 수행에서 드러나며 학생의 수행 결과물이 교과의 내용을 단순히 사실적 차원에서 이해한 것인지, 개념적 차원에서 이해하고 있는지, 빅아이디어나 영속적 이해 차원에서 이해하고 있는지를 확인해야 함.
▶ 따라서 교사는 학습자 역량을 판단하기 위해 교과의 내용에 대해 구조적으로 이해하여야 하며, 학습 과정의 인지적 복잡성에 대해 이해하고 이를 바탕으로 평가 기준을 수립해야 함.

2. 현행 평가의 문제점

(1) 분절적이고 학습자 수준에 대한 특성이 없는 평가 기준
▶ 2015 개정 교육과정의 평가 기준은 성취기준별 평가 기준의 상/중/하를 기술하고 있어 분절적 평가가 유도됨.

▶ 상/중/하를 구분하는 근거는 '2009 개정 교과과정에 따른 교과별 성취기준·성취수준의 현장 적합성 검토를 위한 연구'(홍미영 외, 2012)를 따르고 있는데, 그 특성은 학생의 수행의 수준과 지식의 깊이에 따라 기술되지 않고 단순 부사어인 우수/보통/미흡을 활용하여 구분되고 있어 성취 수준의 판단이 임의적임.

평가 기준	일반적 특성
상	성취기준에 제시된 지식, 기능, 태도에 대한 이해와 수행이 우수한 수준
중	성취기준에 제시된 지식, 기능, 태도에 대한 이해와 수행이 보통 수준
하	성취기준에 제시된 지식, 기능, 태도에 대한 이해와 수행이 미흡한 수준

▶ 교과(목)의 평가 기준은 성취기준을 바탕으로 평가 준거 성취기준을 따로 설정하고 이에 따라 평가 기준을 상/중/하로 구분하고 있는데, 이 또한 성취기준별로 제시되어 평가 기준이 지나치게 많으며 상/중/하 수준에 대한 구분의 근거가 임의적임(가령 '상' 수준의 사고 수준이 평가마다 서로 다름).

▶ 초등 교실 평가 예시(서울 B초등학교 5학년 과학 평가 계획의 일부): 교실 평가 계획 또한 성취기준별로 평가가 이루어지고 있어 해당 평가가 영역이나 교과의 학습 수준을 담보하지 못함. 또 평가요소는 단순 사실적 지식으로만 구성되어 있으며, 따라서 평가 기준이 지식의 깊이의 차이를 보여주지 못하고 지식의 양과 범위에 따라 구성되고 있음.

평가 영역	평가 단원	성취기준	평가 기준		평가요소	평가 방법
물질	5. 산과 염기	[6과08-02] 지시약을 이용하여 여러 가지 용액을 산성 용액과 염기성 용액으로 분류할 수 있다.	잘함	리트머스 종이와 페놀프탈레인 용액을 이용하여 산성 용액과 염기성 용액을 분류할 수 있다.	☑ 리트머스 종이를 이용하여 산성 용액과 염기성 용액을 분류하기 ☑ 페놀프탈레인 용액을 이용하여 산성 용액과 염기성 용액을 분류하기	지필, 관찰 평가 (12월)
			보통	리트머스 종이와 페놀프탈레인 용액 중 한 가지만을 이용하여 산성 용액과 염기성 용액 분류할 수 있다.		
			노력 요함	리트머스 종이와 페놀프탈레인 용액을 이용하여 산성 용액과 염기성 용액으로 분류하지 못한다.		

(2) 학습자 수준 판단(온정덕 외, 2023b)
▶ 우리나라의 평가 기준은 성취기준별로 제시되어 있어 평가 기준의 수가 지나치게 많으며 수준의 구분이 어려움. 그리고 해당 평가가 그 영역 또는 교과의 학습 수준을 대표하지 못함.
▶ 평가 기준을 영역별 혹은 교과(목)별로 제시할 필요가 있음. 평가 기준이 여러 성취기준을 아우르면서 영역별로 개발되면 해당 교과(목)이나 영역에서 학생들의 성취 정도에 대한 큰 그림을 보여줄 수 있음.
▶ 또한 성취의 정도를 기술할 때에는 양적으로 구분하기보다는 사고의 수준 등을 고려하여 질적 차이가 드러날 수 있도록 해야 함.
▶ 이렇게 개발된 평가 기준은 학교와 교실에서 성취 평가를 하거나 최종 평가 결과를 결정할 때 도움이 될 뿐만 아니라 평가 문항이나 과제를 개발할 때에도 중요한 참고 기준으로 작용할 수 있음.

3. 교실 평가 개선을 위한 평가 기준
(1) 평가 기준 개발 절차(온정덕 외, 2023b)

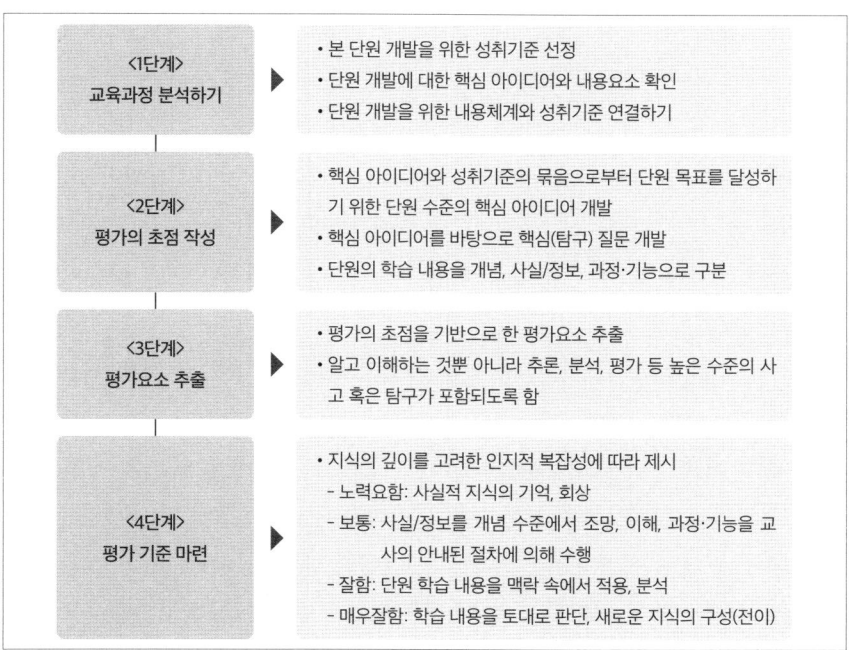

(2) 평가 계획 사례: 과학과(온정덕 외, 2023b)
▶ 영역: 운동과 에너지 / 단원: (3) 열
▶ 성취기준

> [9과03-01] 온도와 열평형과정을 물질을 구성하는 입자들의 배치나 움직임 등으로 설명할 수 있다.
> [9과03-02] 열은 전도, 대류, 복사로 전달됨을 알고, 열전달과정을 모형 등을 사용하여 다양하게 표현할 수 있다.
> [9과03-03] 물질에 따라 비열과 열팽창 정도가 다름을 알고, 이러한 성질이 일상생활에서 유용하게 활용됨을 인식할 수 있다.
> 〈탐구활동〉
> 열화상 카메라를 이용하여 물체에서 열의 전도 비교하기.
> 온도 센서를 이용하여 여러 가지 비열 비교하기.

▶ 평가의 초점 마련: 교육과정의 핵심 아이디어와 내용 체계 분석을 바탕으로 단원의 소재를 활용하여 이에 대한 범위를 좁힘. 단원의 핵심 아이디어(영속적 이해) 마련하기, 단원의 탐구(핵심)질문 만들기, 단원의 학습 내용을 구분하기.

▶ 평가 요소 도출: 마련된 평가의 초점에 따라 평가 요소를 2~4개 정도 도출함. 평가 요소는 단원의 학습 내용을 이해하고 확인하는 것과 관련된 평가 요소, 학습 내용을 적용하고 추론·분석하는 것과 관련된 평가 요소, 학습 내용을 활용하여 평가하거나 배운 내용을 확장하여 새롭게 창안하는 것과 관련한 평가 요소가 고루 포함될 수 있도록 함.

▶ 평가 요소를 종합적으로 할 수 있는 학생의 특성을 수준으로 서술하는 데 인지적 복잡성에 따라 수준을 구성함. 가령 노력요함은 단원의 지식·이해 요소에 대한 이해가 미흡하고 단원의 과정·기능을 교사의 안내된 절차에 따라 수행하는 것에도 어려움을 겪는 수준을 의미하며, 보통 단계는 단원의 지식·이해 요소에 대해 개별적으로 이해하고, 단원의 과정·기능을 교사의 안내된 절차에 따라 수행할 수 있는 수준을 의미함. 잘함 단계는 성취기준에서 바라는

학습의 결과 수준을 의미하는 것으로 단원의 지식·이해 요소를 개념적으로 서로 연결지어 사고할 수 있고, 단원의 학습 내용을 맥락 속에서 적용하거나 분석할 수 있는 수준을 의미함. 매우잘함 단계는 단원의 학습 내용을 토대로 판단을 내리거나 새로운 지식을 창출해 낼 수 있는 수준으로 새로운 상황에 배운 내용을 전이시킬 수 있는 수준을 의미함.

[1안: 총체적 루브릭을 활용한 평가 기준 개발 <중학교 과학 - 운동과 에너지 영역>]

출처: 온정덕 외(2023b). p.115

[참고 문헌]

교육부 (2022). 과학과 교육과정

김현경, 이미경, 이재봉, 이신영, 이양락, 곽영순, 신영준, 김재우, 박상희, 김경은, 황인신, 김경화 (2016). 2015 개정 교육과정에 따른 초·중학교 과학과 평가기준 개발 연구. 연구보고 CRC 2016-2-7. 한국교육과정평가원

온정덕, 김진원, 노영웅, 방길환, 유수정, 장은경, 차성준, 최진희 (2023a). 수업 속 역량 기반평가 방안 연구. 경기도교육청 정책연구

온정덕, 권오현, 김진원, 방길환, 백남진, 안지영, 윤지영, 이건복, 최화영, 황규호 (2023b). 2022 개정 교육과정에 따른 수업 및 평가 개선 방안 연구. 교육부 정책연구

홍미영, 박은아, 김희경, 이미경 (2012). 2009 개정 교과과정에 따른 교과별 성취기준·성취수준의 현장 적합성 검토를 위한 연구. 연구 자료 ORM 2012-44. 한국교육과정평가원

Erickson, H. L. (2008). Stirring the heard, heart, and soul: Redefining curricululm, instructionm and concept-based learning(3rd ed.). Corwin Pres

Biggs, J., & Collis, K. (1982). Evaluating the quality of learning: The SOLO taxonomy. Academic Press

Earl, L., & Katz, S. (2006). Leading schools in a data-rich world. Corwin Press

Webb, N. L. (2002). Alignment study in language arts, mathmatics, science and social studies of state standards and assessments for four states. Washington, DC: Council of Chief State School Officers

36차시

평가 도구 제작 1
(수행평가 문항 만들기)

1. 수행평가의 의미

(1) 학생의 성장을 우리는 어떻게 알 수 있을까?
▶ 아인슈타인 연구실의 글귀: Not everything that counts can be counted and not everyting that can be counted counts(중요한 것이라고 해서 모두 측정될 수 있는 것은 아니며, 측정되는 것이라 해서 모두 중요한 것은 아니다).
▶ 선다형 시험은 시험에 나오는 것만 공부하게 하고, 결과적으로 지식의 분절성을 가져옴. 또한 선다형 시험에서 측정하는 것은 '사실적 지식의 습득'인 경우가 다수이며, 이는 지식의 실제 맥락에의 활용이라는 학생의 실질적 역량 함양과 연결되지 못함.

(2) 수행평가의 개념
▶ 수행평가의 정의: 학생들이 반응을 '선택'하게 하기보다는 '산출'하도록 하는 평가. 학생들이 실제적인 문제를 자신이 이미 가지고 있는 지식, 최근에 학습한 지식, 그리고 과제 해결에 필요한 적절한 기능들을 사용하여 해결하는 형태의 평가 (Herman et al, 1992; 김경자, 2000)
▶ 수행평가의 어원: 목표 참조 평가(evaluation)을 넘어서는 '학생의 옆에 앉아서(to sit beside)' 평가한다는 라틴어 'assidere'에 어원을 둔 평가(assessment) (Herman et al, 1992; 김경자, 2000)
▶ 수행평가는 평가 그 자체로 끝나는 것이 아니라 "우리는 현재 어느 정도로 잘하고 있는가?", "우리는 어떻게 하면 더 잘할 수 있을까?"에 대한 정보를 제공

함으로써 수업에 대한 교수적 차원의 결정을 돕는 지속적인 '과정'임. 이러한 정보를 찾기 위해서는 '학생 옆에 앉아서' 정보를 찾아내야 함. 수행평가는 이런 점에서 전통적인 평가와 다름. (Herman et al, 1992; 김경자, 2000)
▶ 위긴스와 맥타이(Wiggins & McTighe, 1988)는 '안다'는 것은 '이해하는 것'으로 영속적 이해를 평가하는 것을 수행평가라고 봄. 이때 이해는 단순히 구체적으로 분절적인 것이 아닌 추상적이고 개념적인 것, 즉 사실, 개념, 빅아이디어, 영속적 이해 혹은 일반화 간의 지적 연결이 포함되기 때문에 학생이 학습한 지식의 성격을 이해하고 있는가와 실제 상황에서 그 지식을 사용할 수 있느냐를 알고 싶을 때 수행평가를 실시함. (김경자, 온정덕, 이경진, 2019)
▶ 즉, 수행평가란 실기평가와는 달리 학교에서 가르치고자 하는 교육 내용 중에 전이가 큰 교육 내용을 습득하고 이를 맥락 속에서 사용할 수 있는 것을 평가하는 것임.

(3) 수행평가의 평가 원리(Herman et al, 1992; 김경자, 2000)
▶ 수행평가는 중요한 수업 목표와 일관되어야 함.
▶ 수행평가는 학습의 산출물뿐만 아니라 학습 과정에 대한 평가를 포함해야 함.
▶ 수행 과제 혹은 수행 중심의 활동이 평가 그 자체는 아님.
▶ 수행평가와 교육 내용 그리고 학습 결과를 통합해야 한다는 것은 인지이론과 구성주의적 인식론에 기초함.
▶ 학습이 통합적으로 능동적으로 일어난다고 보는 관점에서는 총체적이고 복잡한 수행에 대한 평가를 요구함.
▶ 수행평가 과제 개발은 평가 목적에 따라 달라짐. 학생의 진보를 채점하고 점검하는 평가와 진단과 개선을 위한 평가는 다름.
▶ 수행평가의 핵심은 수행 과제와 의도하는 학습 결과를 일치시키는 것임.
▶ 학생의 수행을 평가하려면 반드시 채점 기준이 있어야 함. 채점 기준이 없는 평가는 일회적이며 분절적인 활동이 되고 맘.
▶ 수행평가는 학생의 학습에 관한 결정을 내리는 데 실질적이며 질적인 정보를 제공함.

▶ 수행평가는 시간이 걸리는 복합적인 측정이기 때문에 학생의 성장에 대해 가장 포괄적인 정보를 제공함.

2. 이해중심 교육과정 설계를 활용한 수행평가 과제 만들기

(1) GRASPS: 수행 과제는 학습자들이 실생활에 적용할 수 있는 상황(Situation)에서 어떤 목표(Goal)를 가지고 구체적인 대상 혹은 관중(Audience)을 고려하면서 특정 역할(Role)을 맡아 기준(Standard)에 따라 결과물(Product)을 만들어 내도록 구성함.

(2) GRASPS를 이끄는 길잡이 문장

	GRASPS를 이끄는 길잡이 문장
목표 (Goal)	• 과제 안에서 달성해야 할 목표 - 너의 과제는 ＿＿＿＿ 이다. - 과제의 목적인 ＿＿＿＿ 을 하기 위함이다. - 문제 혹은 도전은 ＿＿＿＿ 이다. - 극복하고자 하는 장애물은 ＿＿＿＿ 이다.
역할 (Role)	• 과제 안에서 주어진 자신의 역할 - 여러분은 ＿＿＿＿ 이다. - 여러분은 ＿＿＿＿ 을 하도록 요청받았다. - 여러분의 일/역할은 ＿＿＿＿ 이다.
청중 (Audience)	• 고객, 청중, 설득시켜야 할 대상 - 여러분의 고객은 ＿＿＿＿ 이다. - 여러분의 목표 청중은 ＿＿＿＿ 이다. - 여러분은 ＿＿＿＿ 을 설득시켜야 한다.
상황 (Situation)	• 실제와 비슷한 도전적인 상황 - 여러분이 처한 상황은 ＿＿＿＿ 다. - 여러분의 도전은 ＿＿＿＿ 을 처리하고 다루는 것이다.
결과물 (Product)	• 기대되는 결과물 - 여러분은 ＿＿＿＿ 를 위해 ＿＿＿＿ 를 만들어야 한다. - 여러분은 ＿＿＿＿ 때문에 ＿＿＿＿ 를 발전시킬 필요가 있다.
기준 (Standards)	• 수행이나 작업에서 포함하거나 만족시켜야 할 기준 - 여러분의 수행은 ＿＿＿＿ 을 포함해야 한다. - 여러분의 작업은 ＿＿＿＿ 에 의해서 판단될 것이다. - 여러분의 결과물은 반드시 다음의 기준들을 만족해야 한다.

출처: Wiggins & McTighe(2005)

(3) 수행과제 시나리오 만들기

▶ GRASPS를 풀어서 학생에게 제공하는 안내문으로 만들어 제공

> 수행평가 시나리오 사례:
> 설득적 연설문 쓰기: 북극여우를 풀어주어야 하는가?
>
> 곧 알래스카의 한 고장에서 지금까지 갇혀서 치료를 받았던 북극여우들을 근처 숲에 풀어주어야 할 것인가를 논의하는 회의가 있을 예정입니다. 여러분은 그 회의에서 사람들이 적절한 결정을 내릴 수 있도록 여러분의 입장을 설명하는 연설을 해 달라는 요청을 받았습니다. (G, S, R)
>
> 이를 위해서 먼저, 그 숲에 북극여우를 풀어주는 것에 대하여 여러분은 지지할 것인지 반대할 것인지를 결정하세요. 그다음, 연설을 하기 위한 원고를 한 페이지 분량으로 적어보세요. 그리고 회의에서 원고를 읽기 전에 친구들 앞에서 발표 연습을 할 것입니다. (A & P)
>
> 원고를 작성하고 연설을 할 때, 여러분은 여러분이 선택한 입장이 북극여우들과 서식지 및 주변 환경들을 고려할 때 최선이라는 것을 다른 사람들에게 확신시켜야 합니다. 이때 여러분의 주장은 여러분이 제시한 적절한 사실과 예들에 의해 지지되어야 합니다. (S)

출처: 김경자 외(2019)

(4) 좋은 수행과제와 그렇지 않은 수행과제

▶ 수행과제 사례 비교

> 초등학교 사회: 교통/통신수단의 변화
>
> 옛날과 오늘날은 어떤 차이가 있을까요? 이 단원에서 여러분은 옛날의 교통/통신수단과 오늘날의 교통/통신수단을 조사하여 친구들 앞에 발표할 보고서를 작성할 것입니다. 보고서에는 다음의 정보가 포함되어야 합니다.

> - 옛날과 오늘날에 사용되는 교통수단의 이름
> - 각 교통수단의 특징과 빠르기 비교
> - 옛날과 오늘날에 사용되는 교통수단의 이름
> - 각 교통수단의 특징과 빠르기 비교
> - 옛날과 오늘날에 사용되는 통신수단의 이름
> - 각 통신수단의 특징 비교
>
> 다음 주 친구들 앞에서 "전문가"가 되어 발표할 것입니다.

> 초등학교 과학: 교통/통신 수단의 변화(변화, 문화)
>
> 교통/통신수단의 발달은 우리 생활을 어떻게 바꾸어 놓았을까요? 〈제1회 미래 사회 컨퍼런스〉에서는 교통/통신수단의 발달로 미래 사회가 어떻게 변화할지 미래학자들을 초청하여 발표를 들을 예정입니다. 여러분들은 미래학자가 되어 교통/통신수단의 발달로 미래 사회의 생활모습이 어떻게 변화할지에 대한 발표 자료를 만들어 발표해 주세요. 발표자료에는 옛날부터 오늘날까지의 교통/통신수단의 변화와 그로 인한 사람들의 생활 모습이 어떻게 변화해 왔는지에 대한 역사와 그것을 바탕으로 변화의 방향성을 찾고 이를 토대로 미래 사회의 변화 모습을 예측하는 내용이 포함되어야 합니다.

▶ 수행과제가 학습자의 고차적 사고 능력을 자극하는지, 단순한 사실적 지식과 기능만을 동원하는지 고민해 보기

▶ 학습자가 수행과제를 통해 자신이 스스로 구성한 영속적 이해를 드러낼 수 있는지 고민해 보기

(5) 수행과제 평가 기준(루브릭) 만들기

▶ 루브릭: 학생 수행의 질적 수준을 판단하는 대표적인 방법(Brookhart, 2013;

McMillan, 2013)으로 루브릭은 주로 서·논술형 평가 문항이나 수행평가 과제에서 활용되며 특정 문항이나 과제 혹은 과업에 대한 학생의 반응을 채점할 때 사용되는 평가 준거를 뜻함. 루브릭은 평가하고자 하는 내용 혹은 요소와 수준 혹은 척도, 내용에 대한 수준을 기술하는 세 가지로 구성되며 평가 내용이나 요소를 한 번에 총체적으로 다루는지 요소별로 다루는지에 따라 총체적 루브릭과 분석적 루브릭으로 구분됨. (온정덕 외, 2023b)

▶ 총체적 루브릭: 학생의 수행 과정 혹은 결과물에 대한 개별적인 평가 요소에 초점을 맞추기보다는 전체적인 과정 혹은 결과물에 초점을 맞추어 평가하는 방식임. (교육부, 2017)

수준	서술
잘함	자료 수집, 정리, 분석한 결과를 띠그래프로 표현하고 의미를 읽을 수 있으며, 띠그래프에서 제시하고 있는 현상의 특징, 문제점, 대안을 적절하게 제시한다.
보통	자료 수집, 정리, 분석한 결과를 띠그래프로 표현하지만, 띠그래프를 읽을 때 어려움이 있으며, 띠그래프에서 제시하고 있는 현상의 특징, 문제점을 파악하지만, 대안을 적절하게 제시하지 못한다.
노력요함	자료 수집, 정리, 분석한 결과를 띠그래프로 적절하게 표현하지 못하며, 띠그래프에서 제시하고 있는 현상의 특징, 문제점, 대안을 적절하게 제시하지 못한다.

출처: 온정덕 외(2018). p.93

▶ 분석적 루브릭: 학생의 수행과정 혹은 결과물에 대한 평가의 범주를 구분하고 각 범주별로 수행 능력을 기술한 후, 그 기준에 맞춰 평가하고 평가 결과를 합산하여 학생의 수행능력을 판단하는 방식임. (교육부, 2017)

수준	잘함	보통	노력 요함
자료 읽기	원그래프에 제시된 자료를 정확하게 읽는다.	원그래프에 제시된 자료를 읽을 수 있으나 1~2곳에서 오류를 나타낸다.	원그래프에 제시된 자료를 읽을 때, 3곳 이상에서 오류를 나타낸다.
자료 해석	원그래프의 자료를 일상생활과 연결시켜 해석한다.	원그래프의 자료를 일상생활과 연결시키지만 타당하게 해석하지 못한다.	원그래프의 자료를 일상생활과 연결시켜 해석하지 못한다.
수학적 의사소통	원그래프의 자료를 학생들에게 효과적으로 설명한다.	원그래프의 자료를 학생들에게 전달하지만 유창하지 못하다.	원그래프의 자료를 학생들에게 효과적으로 전달하지 못한다.

| 수학적 문제 해결 | 원그래프에 제시된 자료에 기초하여 합리적인 해결방안을 제시한다. | 원그래프에 제시된 자료에 기초하여 해결방안을 제시하지만 합리적이지 못하다. | 원그래프에 제시된 자료와 문제 해결 방안을 관련짓지 못한다. |

출처: 온정덕 외(2018). p.93

3. 수행평가 문항 만들기의 실제 (온정덕 외, 2023b)

(1) 과학과: 운동과 에너지 영역 / 단원: (3) 열

▶ 교육과정 분석을 통한 평가의 초점(단원의 영속적 이해, 단원의 핵심/탐구 질문, 단원의 학습 내용 구성) 마련
  - 단원의 핵심 아이디어: 열은 온도가 높은 곳에서 낮은 곳으로 이동하며, 일상생활에서는 단열 등 다양한 분야에 물질의 열적성질이나 열의 이동 방식이 이용됨.
  - 단원의 핵심/탐구 질문: 열은 어떻게 전달되는가?, 열의 이동 방식에 대한 이해는 일상생활에 어떻게 활용되는가?
  - 단원의 지식·이해
    • 개념: 열의 이동, 과학과 인간 생활
    • 사실/정보: 열 평형, 전도, 대류, 복사, 비열 차, 열팽창
  - 단원의 과정·기능: 모형을 만들어 현상을 설명하기, 측정 도구를 활용하여 비교하기, 과학적 성질을 활용하기

▶ 평가 요소 도출
  - 평가 요소 도출 시에는 인지적 복잡성을 고려하여 다양한 수준의 요소가 포함되도록 평가 요소를 도출함.
  - 평가 요소를 도출할 때에는 지식·이해와 과정·기능을 결합하여 도출하는 방식과 각각 도출하는 방식이 있음.

내용 요소 결합	내용 요소별

• 열의 전달 과정(열평형, 전도, 대류, 복사)을 모형 등을 이용하여 표현하고 설명하기
• 물질에 따른 열 전달 차이를 비교하고 이러한 차이가 일상생활에서 어떻게 활용되는지 조사하기
• 물질에 따른 열 전달 차이를 활용하여 일상생활을 개선하는 데 활용하기
	• 지식 이해
	  - 열의 상태와 전달 방식에 대한 이해
	  - 물질에 따른 비열과 열팽창 차이에 대한 이해
	• 과정 기능
	  - 모형을 만들어 현상을 설명하기
	  - 측정 도구를 활용하여 측정하고 결과 비교하기
	  - 과학적 성질 활용하기

▶ 평가 요소를 확인할 수 있는 수행과제 개발
  - 수행과제를 계획할 때에는 GRASPS 요소 활용

■ 수행과제계획	
Goal(목표)	- 제로 에너지를 추구하는 패시브스쿨 설계하기
Role(역할)	- 그린스마트미래학교 설계에 참여하는 학생
Audience(청중)	- 워크숍 참여자(설계 참여자)
Situation(상황)	- 그린스마트미래학교에 설계에 '열'에 대한 내용을 배우고 이를 활용한 건축 설계 모형을 제시하여 워크숍 발표를 앞두고 있는 상황
Product(결과물)	- 모형과 측정 결과를 담고 있는 보고서
Standard(준거)	- 열평형과 다양한 열의 전달(전도, 대류, 복사)과 물질에 따른 비열, 열팽창 차이 등을 고려하여 건축 모형 제시 - 적용한 아이디어가 일상에서 어떻게 나타나며 모형에 어떻게 적용되어 있는지 함께 제시 - 선택된 열의 전달 또는 특성을 측정도구를 활용하여 측정하여 그 결과가 어느 정도 효율적인지 데이터로 나타내기

▶ GRASPS 모형을 활용하여 만든 수행과제를 수행과제 시나리오(학생 안내문)으로 변환하여 제시

<그린스마트미래학교 패시브스쿨 설계하기>

우리 학교는 최근 그린스마트미래학교로 선정되었습니다. 그린스마트미래학교는 친환경과 미래학교라는 아이디어를 가지고 학생부터 지역주민까지 모든 구성원들이 함께 참여하여 설계해야 한다는 원칙을 가지고 있습니다. 학생으로서 나는 최근 열에 대해 선생님과 함께 배우고 워크숍을 앞두고 있습니다. 열에 관련된 다양한 건축 기술을 활용하여 설계 아이디어를 발표해야 합니다.

첫째, 열평형과 다양한 열의 전달(전도, 대류, 복사)과 비열, 물질에 따른 열팽창 차이 등을 고려하여 건축 모형을 제시하고 설명해야 합니다.
둘째, 위의 모형에서 적용한 아이디어가 일상에서 어떻게 나타나고 있으며 건축 모형에는 어떻게 적용되어 있는지 함께 제시해야 합니다.
셋째, 선택된 열의 전달 또는 특성 등을 측정하여 제시한 모형이 얼마나 효율적인지 나타내야 합니다.

(예) 에어컨의 위치에 따른 온도 측정, 재료에 따른 비열 차이 측정 등

▶ 평가 기준(루브릭) 개발

총체적 루브릭	분석적 루브릭

[참고 문헌]

교육부 (2017). 과정을 중시하는 수행평가, 어떻게 할까요?(초등)
온정덕, 변영임, 안나, 유수정 (2018) 교실 속으로 간 이해중심 교육과정. 살림터
온정덕, 김진원, 노영웅, 방길환, 유수정, 장은경, 차성준, 최진희 (2023a). 수업 속 역량 기반평가 방안 연구. 경기도교육청 정책연구
온정덕, 군오현, 김진원, 방길환, 백남진, 안지영, 윤지영, 이건복, 최화영, 황규호 (2023b). 2022 개정 교육과정에 따른 수업 및 평가 개선 방안 연구. 교육부 정책연구
Brookhart, S. M. (2013). How to create and use rubrics for formative assessment and grading. 장은경, 김민아, 남예지, 양하늬, 조은비, 주혜란, 차민경(역) (2022). 루브릭 어떻게 만들고 사용할까?. 우리학교
Herman, J, L., Aschbacher, P, R. & Winters L. (1992). 수행평가 과제 제작의 원리와 실제. (김경자, 2000 옮김). 이화여자대학교 출판부
Wiggins, G., & McTighe, J. (2005). Understanding by design. Alexandria, Virginia: ASCD
Wiggins, G., & McTighe, J. (2005). Understanding by design. (2nd Ed.) Alexandria, Virginia: ASCD

37차시
평가 도구 제작 2
(지필평가 문항 만들기)

1. 역량 함양을 위한 지필평가

(1) 역량의 정의와 평가

▶ 역량의 정의(OECD, 2005): 특정한 맥락이나 상황에서의 지식, 기능, 가치 및 태도를 통합적으로 작동시켜 복잡한 문제를 해결하는 능력
▶ 역량 함양을 위한 평가에서는 특정 지식, 기능, 가치 및 태도를 맥락이나 상황에서 작동시킬 수 있는가에 관심을 가져야 함.
▶ 따라서 역량을 평가하기 위한 방법으로는 수행평가가 적절하나 지필평가도 역량의 의미를 살릴 수 있도록 개선한다면 어느 정도 역량의 의미를 살린 평가가 가능함.

(2) PISA의 평가틀

▶ PISA(국제학업성취도평가): OECD에서 주관하여 주어진 지식을 상황과 목적에 맞게 활용할 수 있는 학업성취도를 측정하여 해당 국가의 교육 시스템을 평가하기 위한 목적으로 고안된 평가임. 단순히 암기한 지식을 묻는 시험이 아닌, 주어진 자료와 지식을 통해 문제를 해결하는 사고 능력을 측정하는 시험임.
▶ PISA의 수학과 평가의 경우 평가 문항을 개발할 때의 평가틀을 내용 차원, 과정 차원, 맥락 차원으로 나누고 있으며 문항에서 수학적 내용과 수학적 과정을 활용하여 맥락에 적용하는 것을 평가하고 있음.
▶ PISA의 과학과 평가는 맥락 차원, 역량 차원, 지식 차원, 인지적 요구(인지적

복잡성) 차원으로 나누고 있음. 과학적 지식과 역량(여기에서 역량은 과학적 과정·기능과 성격이 유사함)을 맥락에 적용할 수 있는가를 평가하고 있으며, 여기에 인지적 복잡성을 기준으로 문항의 난이도를 나누고 있음.

PISA 2018의 수학 영역 평가틀		PISA 2018 과학 영역 평가틀	
차원	하위범주	차원	하위범주
수학적 내용	• 공간과 모양 • 변화와 관계 • 불확실성과 자료 • 양	맥락	• 개인적 • 지역적/국가적 • 전 세계적
수학적 과정	• 형식화하기 • 이용하기 • 해석하기	역량	• 현상에 대한 과학적 설명 • 과학 탐구의 평가 및 설계 • 자료 및 증거의 과학적 해설

		지식	• 내용지식
			  - 물상계
			  - 생물계
			  - 지구. 우주계
			• 절차적 지식
			• 인식론적 지식

맥락	• 개인적 • 과학적 • 사회적 • 직업적	인지적요구	• 상 • 중 • 하

출처: OECD(2019); 조성민 외(2019); 온정덕 외(2022)

(3) 3차원 평가틀

▶ 역량을 함양하기 위한 평가에서는 '중요한 내용(빅아이디어, 영속적 이해/일반화)을 다루는 문항인가?', '교과 고유의 사고와 탐구 과정을 경험하는가?', '상황과 맥락에 학습한 내용을 적용할 수 있는가?'를 고려해야 함.

▶ 이를 위해 다음과 같이 평가틀을 3차원으로 구성할 수 있음.

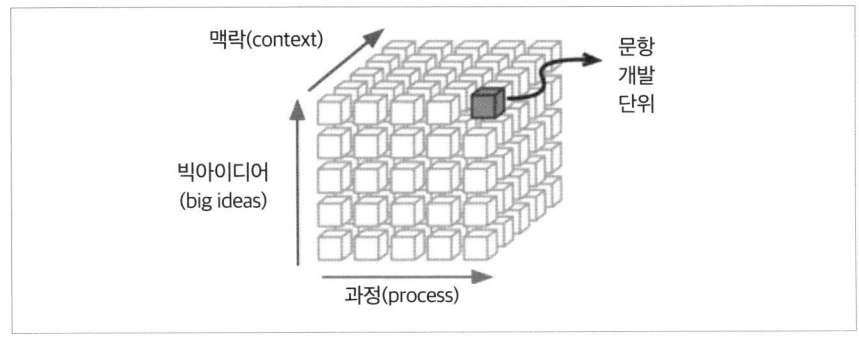

출처: 온정덕, 박상준 외(2022). p.91

▶ 평가틀 예시(국어과): 〈온정덕, 박상준 외, 2022의 연구〉에서 제시하는 예시로 이 연구에서는 역량 함양을 위한 평가를 위해 교과 교육과정의 내용을 빅아이디어 중심으로 재구조화하고 이를 바탕으로 평가틀을 제시함. 이 연구에서는 국어 교과 학습의 본질은 텍스트에 대한 이해와 표현으로 보고, 국어 교과의 빅아이디어를 '텍스트', '이해', '표현'으로 설정하였으며, 텍스트를 교과 고유의 지식 내용으로 보고, 이해와 표현을 교과 고유의 사고와 탐구 과정으로 봄.

차원	영역		세부 영역
1. 내용	1-1. 텍스트	1-1-1. 듣기말하기	담화, 글
		1-1-2. 문법	체계
		1-1-3. 문학	작품
		1-1-4. 미디어 리터러시	미디어 텍스트
2. 과정	2-1. 이해	2-1-1. 듣기말하기	내용 확인·추론·평가하기
			내용 생성·전달하기
			성찰하기
		2-1-2. 문법	분석하기
		2-1-3. 문학	작품 읽기, 이해하기
			해석·감상하기
			비평하기
		2-1-4. 미디어 리터러시	접근·선택하기
			해석·평가하기

		2-2-1. 듣기·말하기	상호작용하기
	2-2. 표현	2-2-2. 문법	성찰, 활용하기
			비판하기
		2-2-3. 문학	창작하기
			제작하기
		2-2-4. 미디어 리터러시	공유하기
			성찰하기
3. 맥락	3-1. 교육적	학습적인 상황	
	3-2. 개인적	자기 자신, 가족, 친구 등과 관련한 개인적 상황	
	3-3. 사회적	주변을 둘러싼 공동체와 관련한 지역 사회, 국가, 세계와 관련한 사회적 상황	

출처: 온정덕, 박상준 외(2022), pp.92~93

▶ 평가틀 예시(수학과): 수학과의 빅아이디어는 수 체계와 수 감각, 연산 유창성, 추론과 기하, 측정과 양감, 규칙성과 일반화, 수학적 관계의 모델링, 자료 처리와 해석, 확률과 예측, 수학적 문제 해결의 9개로 설정함. 그중 수학적 문제 해결은 과정에 해당함.

차원	영역	세부 영역
1. 빅아이디어	1-1. 수와 연산	1-1-1. 수 체계와 수 감각
		1-1-2. 연산 유창성
	1-2. 도형과 측정	1-2-1. 추론과 기하
		1-2-2. 측정과 양감
	1-3. 변화와 관계	1-3-1. 규칙성과 일반화
		1-3-2. 수학적 관계의 모델링
	1-4. 자료와 가능성	1-4-1. 자료처리와 해석
		1-4-2. 확률과 예측
	2-1. 문제 이해 및 발견	2-1-1. 문제 이해하기
		2-1-2. 실세계에서 문제 발견하기
	2-2. 추상화와 모델링	2-2-1. 문제를 수학적으로 표현하기
		2-2-2. 문제 해결을 위해 전략을 세우고 계획하기
		2-2-3. 문제 해결을 위한 수학 내용 및 구조를 활용하기

2. 과정	2-3 실행 및 결과 해석	2-3-1. 계획한 절차에 따라 문제 해결하기
		2-3-2. 적절한 교구 및 공학적 도구 활용하기
		2-3-3. 문제 해결 방법을 수학적으로 표현하여 타인과 의사 소통하기
		2-3-4. 수학적 문제 해결 결과를 해석하기
		2-3-5. 수학적 문제 해결 결과를 토대로 문제 해결 방법을 제안·실행하기
	2-4. 성찰	2-4-1. 문제 해결 과정 점검하고 반성하기
		2-4-2. 문제 해결 방법 모색하고 비교하기
		2-4-3. 문제 해결 과정 개선하기
		2-4-4 문제 해결 과정과 결과를 토대로 새로운 상황에 적용하기
3. 맥락	3-1. 교육적	학습/학문적인 상황
	3-2. 개인적	자기 자신, 가족, 친구 등과 관련한 개인적 상황
	3-3. 사회적	주변을 둘러싼 공동체와 관련한 지역 사회, 국가, 세계와 관련한 사회적 상황

출처: 온정덕, 박상준 외(2022). p.107

▶ 제시된 평가틀은 예시임. 중요한 것은 문항에서 지식만 측정하는 것이 아니라 과정도 함께 측정이 가능하도록 하고, 맥락에 적용할 수 있는지도 함께 측정할 수 있어야 한다는 것임.

2. 문항 개발의 실제와 문항 예시

(1) 문항 개발 절차

▶ 교과 교육과정 문서를 분석하여 출제하고자 하는 영역/단원 학습의 초점 파악: 평가의 목적은 지식의 양과 범위가 아니라 지식을 어떻게 활용하여 맥락 속의 문제를 해결할 수 있는지이기 때문에 영역/단원에서 경험해야 할 학습 경험의 핵심이 무엇인지 판단하고 이것을 측정할 수 있는 문항을 구성해야 함.

▶ 평가 요소 도출: 무엇을 평가할 것인지를 결정, 평가 요소는 지식의 깊이를 고려하여 다양한 수준의 요소(단순한 지식의 기억과 회상 수준, 사실을 개념적으로 이해할 수 있는 수준, 복잡한 사고와 추론을 요구하는 수준, 새로운 아이디어를 창안

해 내는 수준)가 포함되도록 함.
▶ 단원 학습의 초점에 대한 이해를 드러낼 수 있는 맥락 설정: 과정과 맥락까지도 함께 평가하기 위해서는 개별 문항 출제보다 세트 문항 출제가 바람직함. 세트 문항에 일관되게 적용될 수 있는 문제 상황을 설정함.
▶ 평가 문항 구성: 평가 문항을 구성할 때에는 영역/단원의 지식뿐만 아니라 반드시 영역/단원의 사고기능과 탐구 과정들이 포함될 수 있도록 구성함(역량 함양을 위하여). 이때 교과 교육과정 문서의 내용 체계를 참조의 틀로 활용할 수 있으며, 빅아이디어를 중심으로 재구조화화 한 내용 체계를 활용할 수도 있음.

(2) 국어과 문항 예시(온정덕, 박상준 외, 2022)
▶ 영역: 듣기·말하기
▶ 영속적 이해/일반화
 - 화자와 청자는 의사소통 목적을 달성하기 위하여 다양한 유형의 담화를 듣고 말함.
 - 화자와 청자는 듣기·말하기 과정에서의 문제를 해결하기 위해 적절한 전략을 사용함.
▶ 평가틀

차원	영역	세부 영역	
1. 내용	1-1. 텍스트	1-1-1. 듣기·말하기	담화, 글
2. 과정	2-1. 이해	2-1-1. 듣기·말하기	내용 확인, 추론·평가하기 내용 생성·전달하기 성찰하기
	2-2. 표현	2-1-1. 듣기·말하기	상호작용하기
3. 맥락	3-1. 교육적	학습적인 상황	

▶ 문항 예시: 문항은 세트 문항으로 구성되며 세트 문항 전체를 관통하는 과제 상황을 제시하는 것으로 문항이 시작됨. 문항의 내용은 담화를 다루고 있으며 각각의 문항은 국어과 고유의 사고와 탐구 과정인 내용 생성하기, 내용 전

달하기, 내용 확인, 추론, 평가하기, 상호작용하기, 성찰하기를 다루고 있음. 이러한 방식으로 문항을 설계하면 지식뿐만 아니라 과정까지도 평가가 가능하고, 맥락에 적용하는 것도 평가가 가능함.

과제 상황

여러분, 안녕하세요?

여러분은 모두 6학년 ○반 친구들입니다. 우리는 국어 수업시간에 '미래 사회를 준비하는 우리'라는 주제로 학생들이 직접 탐구한 내용을 발표할 예정입니다. 이 발표는 교실에서 같은 반 친구들과 선생님이 함께 듣습니다.

여러분도 발표자로서 주제와 관련된 내용을 탐구하여, 발표 전에 미리 발표문을 제출하고 이를 바탕으로 수업시간에 발표해야 합니다.

발표문은 3단 구성(시작하는 말, 설명하는 말, 끝맺는 말)으로 작성해야 하며, 자료는 2개 이상 활용해야 합니다. 또한 발표 시에는 적절한 말하기 방식을 활용해야 합니다.

그럼 이제 선생님과 함께 발표 준비를 시작해볼까요?

① (내용 생성하기) 대화를 듣고 영희가 고려하고 있는 발표 상황에 대한 내용으로 알맞은 것을 모두 찾아 □에 클릭하세요.

[대화 내용]
- 철수: 영희야, 안녕? 발표 준비는 잘 되어가니?
- 영희: 응, 철수야. 나는 이번에 '미래에는 어떤 능력이 필요할까'에 대해 발표하려고 해.
- 철수: 그렇구나. 그 내용은 어떻게 관심을 갖게 되었어?
- 영희: 지난 국어 시간에 선생님께서 지금이 전 세계적으로 산업기술과 사회가 가장 큰 변화를 겪는 시기라고 하셨잖아. 그러면 미래 사회는 지금과 다를 테니까 우리가 어떤 능력을 길러야 하는지 궁금했어. 그리고 발표를 듣는 친구들도 충분히 관심을 가질 만한 내용이라고 생각했지.

- 철수: 아이디어가 정말 좋은 것 같아. 발표 준비하면서 어려운 점은 없니?
- 영희: 있지. 발표 내용을 작성할 때 어떤 자료를 참고해야 도움이 될지 고민 중이야.
- 철수: 그러게. 참고할 수 있는 자료의 양이 많아서 정말 고민되겠다.

☐ 발표하는 장소의 특성을 고려하였다.
☐ 자료를 제시하는 방법을 고려하였다.
☑ 같은 반 친구들의 관심사를 고려하였다.
☑ 미래 사회에 필요한 능력을 소개하고자 하였다.

② (내용 생성하기) 영희는 '미래에는 어떤 능력이 필요할까'에 대해 발표하고자 다음과 같은 자료를 수집하였습니다. 〈보기〉를 참고하여 발표 내용을 구성하는 데 도움이 될 핵심 정보 2가지를 골라 아래 폴더에 끌어다 놓으세요.

보기

영희의 생각: 먼저 시대별로 사람들에게 요구되는 능력이 어떻게 변화하고 있는지 보여주고 설명해야지. 그리고 미래 사회에는 어떤 능력이 필요할 것인가에 대해 이야기하고 싶어.

(1) 미래 사회를 어떻게 준비하면 좋을지 설득하는 교육부 블로그 내용

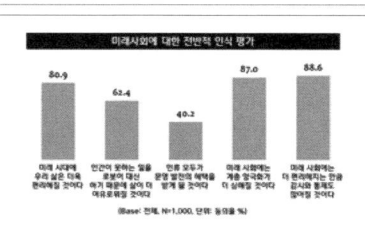

(2) 사람들이 생각하는 미래 사회의 모습을 나타내는 설문조사 내용

(3) 기업에서 중요하게 생각하는 능력이 바뀌었다는 인터넷 기사 내용

(4) 10년 뒤 사라질 직업 순위에 대해 설명한 동영상 내용

※ [3~6] 다음 발표를 듣고 물음에 답하시오.

[시작하는 말]
안녕하세요? 발표를 맡은 이영희입니다. 저는 '미래에는 어떤 능력이 필요할까'라는 주제로 발표를 준비했습니다. 자료를 보면서 발표를 들어 주십시오.

[자료 1]

	2008년	2013년	2018년
1순위	창의성	도전 정신	소통과 협력
2순위	전문성	주인 의식	전문성
3순위	도전 정신	전문성	원칙과 신뢰
4순위	원칙과 신뢰	창의성	도전 정신
5순위	소통과 협력	원칙과 신뢰	주인 의식

출처: 대한상공회의소(2018)

[설명하는 말]
우리가 어른이 되는 미래에는 어떤 능력을 갖춘 사람이 필요할까요? (화면을 손으로 가리키며) 대한상공회의소에서 실시한 '100대 기업의 인재상 변화' 조사에 따르면 2008년에는 창의성 능력이 1순위였는데 2013년에는 도전 정신이 1순위, 2018년에는 소통과 협력이 1순위로 나타났습니다. 이처럼 시대가 변함에 따라 필요한 능력은 달라지고 있습니다.
지금은 전 세계적으로 산업기술과 사회가 가장 큰 변화를 겪는 시기입니다. 따라서 저는 미래 사회가 요구하는 능력도 지금과는 달라질 것이라고 예상했습니다. 미래에는 변화가 굉장히 빠르게 일어나기 때문에 미래를 준비하는 우리에게 가장 중요한 것은 계속 배우려는 의지라고 생각합니다.

[자료 2]

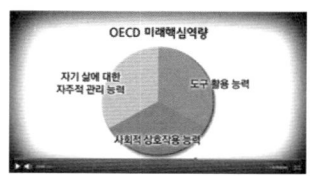

출처: 한국교육방송공사(2018)

[설명하는 말]
　(자료를 제시하며) 다음으로 준비한 영상 자료는 한국교육방송공사에서 방송한 「일자리의 미래」입니다. 해당 자료를 같이 보면서 발표를 이어나가도록 하겠습니다.
　이 동영상에선 2020년까지 사라지는 일자리는 총 510만 개로, 미래에는 한 사람당 평균 네 개에서 다섯 개의 직업을 가져야 한다고 합니다. 이러한 미래 사회에서 우리가 성공하려면 여러 분야에서 걸쳐 다양한 능력을 갖춰야 합니다. 경제협력개발기구[OECD]에서 정리한 미래 핵심 역량은 도구를 활용할 수 있는 능력, 다른 사람과 관계를 형성하고 협동할 수 있는 능력, 자신의 삶을 스스로 관리할 수 있는 능력입니다. 앞서 발표한 '100대 기업의 인재상 변화'에서도 나타난 소통, 협력, 전문성과 관련 있다고 생각합니다.

[끝맺는 말]
　지금까지 '미래에는 어떤 능력이 필요할까'라는 주제로 발표했습니다. 발표를 준비하면서 미래에 훌륭한 사람이 되기 위해서 어떻게 준비해야 할지 생각해 볼 수 있었습니다. 이상으로 저의 발표를 마치겠습니다. 끝까지 경청해 주셔서 감사합니다.

③ (내용 생성하기) 발표를 듣고 영희가 활용한 [자료 1]의 종류를 찾아 □를 클릭하고, 그 자료를 활용한 까닭을 알맞게 입력하세요.

말한 내용	100대 기업의 인재상 변화
활용한 자료의 종류	☑표　　□그림　　□도표　　□동영상
그 자료를 활용한 까닭	여러 가지 자료의 수량을 비교하기 쉽기 때문이다. / 많은 양의 자료를 간단하게 나타낼 수 있기 때문이다.

④ (내용 전달하기) 발표에 활용된 말하기 방식으로 알맞지 않은 것을 클릭하세요.

☐ 질문을 던지며 친구들의 관심을 끌고 있다.

☐ 존댓말을 사용하여 말하기 예절을 지키고 있다.

☐ 자료의 출처를 밝혀 발표 내용을 신뢰하게 하고 있다.

☐ 손짓을 통해 친구들이 발표 내용에 주목하게 하고 있다.

☑ 끝맺는 말에서 발표 내용을 요약하여 주제를 강조하고 있다.

⑤ (내용 확인·추론하기 및 상호작용하기) 발표를 듣고 친구들이 할 수 있는 질문과 이에 해당하는 질문의 목적을 찾아 연결하세요.

학생 질문	질문의 목적
왜 2020년까지 510만 개의 일자리가 사라지는 것인가요?	명료하게 이해하기 위한 질문
[자료 2]를 [자료 1]보다 마지막에 제시하여 설명한 이유는 무엇일까요?	생략된 내용을 추론하기 위한 질문
경제협력개발기구(OECD)에서 정리한 미러 핵심 역량이 100대 기업의 인재상 변화와도 관련이 있다고 말씀하셨는데, 제가 이해한 게 맞나요?	상대의 의도를 파악하기 위한 질문

⑥ (성찰하기) 〈보기〉를 참고하여 영희의 발표에서 잘한 점 1가지와 보완할 점 1가지를 써 보고, 여러분의 발표에 적용하고 싶은 점 1가지를 써 보세요.

보기

- 발표 내용에 알맞은 자료를 적절히 활용했나요?
- 듣는 사람에게 전하려는 내용이 잘 전달되었나요?
- 활용한 자료가 너무 길거나 복잡하지 않았나요?
- 자료를 활용할 때 저작권을 침해하지 않았나요?

잘한 점과 그 이유	보완할 점과 그 이유	내 발표에 적용하고 싶은 점과 그 이유

(3) 수학과 문항 예시(온정덕, 박상준 외, 2022)
▶ 영역: 변화와 관계 (수학적 관계의 모델링), 수학적 문제 해결
▶ 영속적 이해/일반화: 변화하는 현상 속의 다양한 관계를 수학적으로 모델링하여 표현하는 함수와 그래프는 실세계를 추상적으로 이해하고 해석하는 데 도움이 됨. 복잡한 실세계의 문제를 해결하기 위해서는 수학적 모델링을 통하여 현상을 추상화하는 과정이 필요하며, 추상화와 모델링을 통해 얻어진 수학적 탐구 결과는 실세계 문제 해결과 의사결정의 근거가 됨.
▶ 평가틀

차원	영역	세부 영역
1. 빅아이디어	1-3. 변화와 관계	1-3-1. 규칙성과 일반화 1-3-2. 수학적 관계의 모델링
2. 과정	2-1. 문제 이해 및 발견	2-1-1. 문제 이해하기 2-1-2. 실세계에서 문제 발견하기
	2-2. 추상화와 모델링	2-2-1. 문제를 수학적으로 표현하기 2-2-2. 문제 해결을 위해 전략을 세우고 계획하기 2-2-3. 문제 해결을 위한 수학 내용 및 구조를 활용하기
	2-3 실행 및 결과 해석	2-3-1. 계획한 절차에 따라 문제 해결하기 2-3-2. 적절한 교구 및 공학적 도구 활용하기 2-3-3. 문제 해결 방법을 수학적으로 표현하여 타인과 의사소통하기 2-3-4. 수학적 문제 해결 결과를 해석하기 2-3-5. 수학적 문제 해결 결과를 토대로 문제 해결 방법을 제안·실행하기
	2-4. 성찰	2-4-1. 문제 해결 과정 점검하고 반성하 2-4-2. 문제 해결 방법 모색하고 비교하기 2-4-3. 문제 해결 과정 개선하기 2-4-4. 문제 해결 과정과 결과를 토대로 새로운 상황에 적용하기
3. 맥락	3-3. 사회적	주변을 둘러싼 공동체와 관련한 지역 사회, 국가, 세계와 관련한 사회적 상황

▶ 문항 예시
※ [1~4번 문항]은 다음에 제시되는 문제 상황과 연관된 문항 세트이다. 문제 상

황을 보고 다음 문항에 답하시오

〈문제 상황〉

서준이와 친구들은 지역 아나바다 장터에서 떡볶이를 만들어 판매하려고 합니다. 다음 표는 아나바다 장터에서 떡볶이를 판매하는데 투자해야 할 총비용과 판매하여 얻을 수 있는 총수입에 대한 설명입니다.

총비용	총수입
식기 렌탈 비용: 100,000원 떡볶이 한 그릇당 재료 비용: 2,000원	떡볶이 한 그릇당 판매 가격: 4,500원

① (추상화와 모델링) 떡볶이 x 그릇을 판매하는 데 투자해야 할 총비용을 y 원이라고 한다.

①-가. 다음 표를 완성하시오.

x 그릇	1	2	3	4	5
y 원	102,000	104,000	106,000	108,000	110,000

①-나. 변수 x와 y 사이의 대응 관계를 식으로 나타내시오.

($y = 2000x + 100000$)

② (추상화와 모델링) 떡볶이 그릇을 판매할 때의 총수입을 원이라고 한다.

②-가. 다음 표를 완성하시오.

x 그릇	1	2	3	4	5
y 원	4,500	9,000	13,500	18,000	22,500

②-나. ②-가에서 완성한 표에 대한 일차함수 식을 구하시오.

($y = 4500x$)

③ (실행 및 결과 해석) 아래 그래프를 보고 다음 물음에 답하시오.

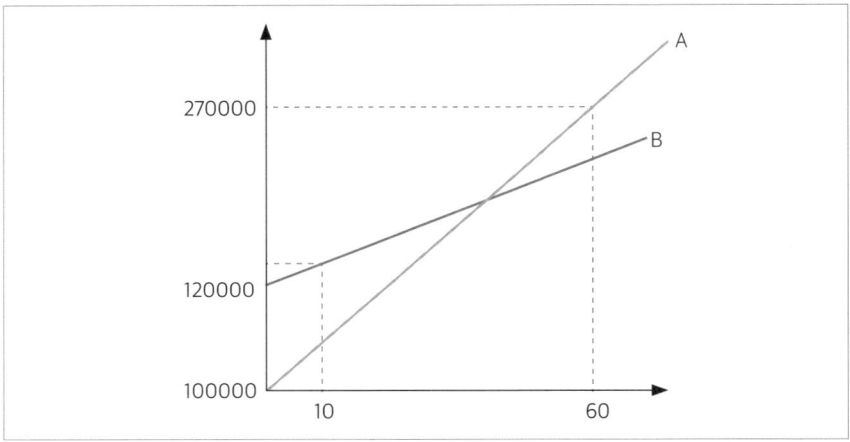

③-가. 직선 A와 직선 B의 직선의 방정식을 각각 구하시오.

직선 A	$y = 4500x$
직선 B	$y = 2000x + 100000$

③-나. 두 직선 교점의 좌표를 구하고, 그 의미를 서술하시오.

두 직선 교점의 좌표	(40, 180,000)
그 의미	두 직선의 교점의 교점은 손익분기점을 나타낸다. 이 손익분기점은 떡볶이 40 그릇 이상 판매하면 손해는 보지 않는다는 것을 의미한다.

④ (성찰) 다음에 주어지는 새로운 문제 상황을 보고 물음에 답하시오.

〈새로운 문제 상황〉

서준이와 친구들은 떡볶이의 판매 수익을 기부하기로 결정하였습니다. 서준이와 친구들은 20만원을 기부하기로 목표를 정하고 떡볶이를 열심히 만들어 판매하기로 하였습니다.

④-가. 20만원 기부 목표를 달성하기 위하여 서준이와 친구들은 최소한 몇

그릇 분량의 떡볶이 재료를 준비해야 하는지와 그에 대한 이유를 식을 세워 서술하시오.

준비해야 하는 떡볶이 재료의 그릇 수		(120) 그릇
그에 대한 이유	식	$4500x - (2000x + 100000) = 200000$ $2500x = 300000$ $x = 120$
	식의 의미	(이익) = (총수입)-(총비용)이므로 20만원의 판매 수익을 얻으려면 최소 120그릇의 떡볶이를 판매해야 하므로 떡볶이 재료는 최소한 120그릇 이상 준비해야 한다.

[참고 문헌]

온정덕, 김자영, 김재희, 박상준, 윤지영 (2022). 초등학교 6학년 및 중학교 3학년 기본학력 수준 설정. 경기도교육청 정책연구

조성민, 구남욱, 김현정, 이소연, 이인화 (2019). OECD 국제 학업성취도 평가 연구: PISA 2018 결과보고서. 연구보고 RRE 2019-11. 서울: 한국교육과정평가원

OECD(2005). The definition and selection of key competencies

OECD (2019). PISA 2018 Assessment and Analytical Framework. OECD Publishing

38차시

교육과정·평가 분야의 최신 동향
(IB 프로그램)

1. IB 프로그램의 개요

(1) IB(International Baccalaureate 국제 바칼로레아)는 비영리교육재단인 IB에서 개발하고 운영하는 국제 인증 학교 교육프로그램으로 역량 중심 교육과정을 기반으로 개념 이해와 탐구학습을 통해 학습자의 자기주도적 성장을 추구하는 교육 체제 (경기도교육청, 2023)

(2) IB 교육 목표는 상호 문화의 이해와 존중을 통해 더 나은 평화로운 세상을 만드는 데 기여할 탐구심이 많고 지적이며 배려심이 있는 학생 양성

(3) 개념 기반 교육과정 설계를 기반으로 하며 탐구(개념 기반 탐구학습)를 통한 주도적 수행과 실천 강조

(4) IB 학습자상(IB Learner profile)

학습자상	의미
탐구하는 사람 (Inquirers)	호기심을 키우고 탐구 및 연구를 위한 기술을 개발하며 열정적인 배움의 즐거움을 유지할 수 있는 사람
지식이 풍부한 사람 (Knowledgeable)	교과 구분을 망라하여 지역적·세계적으로 중요한 문제와 아이디어를 탐구하고 깊이 있는 지식과 개념을 이해하는 사람
사고하는 사람 (Thinkers)	비판적·창의적 사고 역량을 활용하여 복잡한 문제를 분석하고 해결하여 합리적이고 윤리적인 판단을 할 수 있는 사람

소통하는 사람 (Communicators)	효과적으로 협업하며 나와 다른 관점에 대해 귀 기울여 들을 줄 알며, 자신의 의견을 한 가지 이상의 언어나 그 밖의 다른 방법으로 자신 있게 창의적으로 표현할 수 있는 사람	
원칙을 지키는 사람 (Principled)	진실하고 정직하며 공정하고 정의로운 사람	
열린 마음을 지닌 사람 (Open-minded)	각자의 문화와 개인사를 이해하고 다른 이들의 가치와 전통을 존중하는 사람	
배려하는 사람 (Caring)	공감하고 측은지심과 존중심을 가지며, 타인의 삶과 세상에 긍정적 변화를 만들기 위해 행동하고 봉사하는 사람	
도전하는 사람 (Risk-Takers)	불확실성에 대해 심사숙고하면서도 결단력 있게 도전하는 사람	
균형 잡힌 사람 (Balanced)	자신과 타인의 행복을 위해 우리 삶의 지적·신체적·정서적 균형의 중요성을 이해하고, 세상에서 타인들과의 상호 의존성을 인식하는 사람	
성찰하는 사람 (Reflective)	세계와 자신의 생각 및 경험을 성찰하는 사람	

출처: 권민지(2023). IB, 수업과 평가는 어떻게 할까?

(5) 학습접근 방법(ATL: Approaches to Learning)
▶ 전이가 가능한 초학문적 학습 기능
▶ ATL은 교사의 가르침에 수동적으로 반응하는 학습이 아닌 적극적인 방식으로 스스로 수행하는 학습이 될 수 있도록 학생들의 주도성과 인지와 메타인지 기능 및 성향의 개발을 지원하는 것을 목표로 함. (Zimmeman, 2000)

구분	하위 기능
사고 기능	비판적 사고 기능, 창의적 사고 기능, 전이 기능, 성찰/메타인지 기능
연구(조사) 기능	정보 문해 기능, 미디어 문해 기능, 미디어/정보의 윤리적 활용
의사소통 기능	정보 교환 기능, 문해 기능, ICT 기능
사회적 기능	긍정적인 대인관계와 협업 기능, 사회 정서 지능 개발
자기 관리 기능	관리 기능, 마음 상태

출처: IBO(2018). Learning and Teaching

(6) 교수접근 방법(ATT: Approaches to Teaching)
▶ 교사의 가르침에 대한 기본 접근 관점

구분	하위기능
탐구 기반	학생 주도성, 탐구 질문, 정보 수집과 이해
개념적 이해 강조	다양한 개념 탐구·연결, 다양한 맥락으로의 전이
지역적-세계적 맥락과의 연결	실제 사례와 맥락 활용, 세계적 소양, 다양한 관점
팀워크와 협력 강조	학생과 학생, 교사와 교사, 교사와 학생
학습 방해 요소 제거	보편적 교육 강조, 지역 또는 계층간 경계 제거, 다양성 포용·존중, 정체성과 개별 학습 요구 중시
평가 정보 활용	학습 장려 및 측정에 중요한 역할, 피드백 강조

출처: 경기도교육청(2023). IB 이해하기

2. 학교급별 프로그램

(1) PYP 프로그램(초등학교)

▶ 개념 기반 탐구학습을 통한 주도적 수행: 최종 PYP 발표회
▶ 6가지 초학문적 주제: 우리는 누구인가 / 세계가 돌아가는 방식, 우리 자신을 표현하는 방법 / 우리가 속한 공간과 시간 / 우리 모두의 지구 / 우리 자신을 조직하는 방식(초학문적 통합 접근)
▶ 6개 교과군: 언어 / 사회 / 수학 / 예술 / 과학 / 체육과 생활지도
▶ 핵심 개념(key concepts): 형태(어떻게 생겼는가?), 기능(어떻게 작동하는가?), 인과(왜 그렇게 되었을까?), 변화(어떻게 변화하는가?), 연결(다른 것과 어떻게 연결되는가?), 관점(여러 관점은 무엇인가?), 책임(우리의 책임은 무엇인가?)

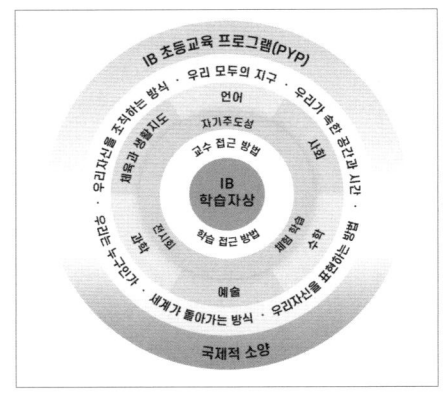

출처: https://www.dge.go.kr/ib/main.do

▶ 개념 기반 교육과정과 IB 프로그램의 용어 비교

개념 기반 교육과정	IB 프로그램
1. 매크로 개념(Macro concepts) 　- 광범위, 교과 간 전이	1. 핵심 개념(Key Concepts) 　- 광범위, 교과 간 전이
2. 마이크로 개념(Micro concepts) 　- 일반적으로 교과학문의 개념, 구체적	2. 관련 개념(Related Concepts) 　- 일반적으로 교과학문의 개념, 구체적
3. 개념적 렌즈(Conceptual Lens) 　- 학습 단원에서 중점을 두는 하나 혹은 두 개의 매크로 개념, 개념적 전이를 강조 　- 시너지를 내는 사고로 이끎	3. 핵심 개념(Key Concepts) 　- 학습 단원의 초점을 맞추는 데 사용되며, 상황을 넘나드는 개념적 전이 강조
4. 일반화(Generalization) 또는 원리(Principles) 　- 중요한 개념적 관계를 보여주는 개념적 이해; 시간, 문화, 상황을 관통, 전이되는 심층적인 이해	4. 중심 아이디어(Central Ideas) 　- 탐구의 결과(Statements of Inquiry)

▶ 개념을 이용한 단원 설계 방법

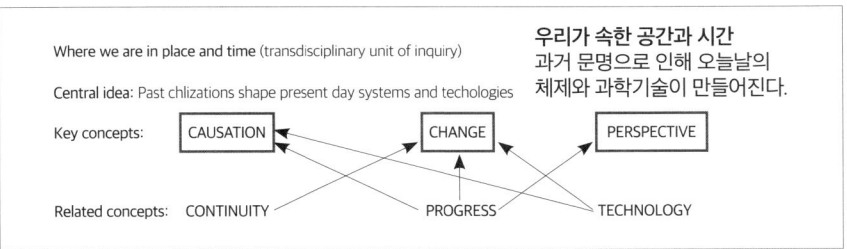

(2) MYP 프로그램(중학교)

▶ 핵심 개념(key concepts): 미학, 변화, 의사소통, 공동체, 연결, 창의성, 문화, 개발, 형식, 세계적 상호작용, 정체성, 논리, 관점, 관계, 시스템, 시간·장소 및 공간

▶ 세계적 맥락: 정체성과 관계, 시공간의 방향성, 개인적·문화적

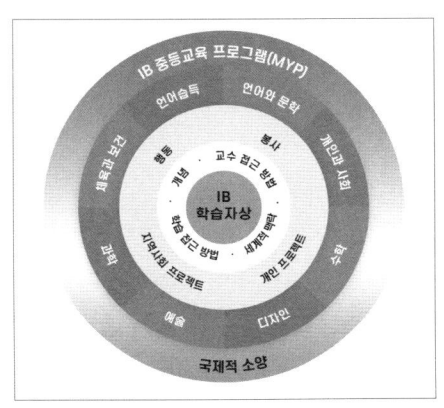

출처: https://www.dge.go.kr/ib/main.do

표현, 과학과 기술의 혁신, 세계화 및 지속가능성, 공정과 발전
- ▶ 8개 교과군: 언어와 문학, 언어 습득, 개인과 사회, 체육과 보건, 과학, 수학, 예술, 디자인
- ▶ 간학문적 통합 접근: 학년마다 하나 이상의 통합 교과 단원에 학생들을 참여시켜야 함.
- ▶ 지역사회 봉사 학습, 개인프로젝트
- ▶ PYP 초학문적 주제와 MYP 세계적 맥락의 연계

PYP 초학문적 주제	MYP 세계적 맥락
우리는 누구인가?	정체성과 관계
우리가 속한 공간과 시간	시공간의 방향성
우리 자신을 표현하는 방법	개인적·문화적 표현
세계가 돌아가는 방식	과학과 기술의 혁신
우리 자신을 조직하는 방식	세계화 및 지속가능성
우리 모두의 지구	공정과 발전

- ▶ MYP 평가: 학습자 수준의 발달에 따라 평가 준거를 A, B, C, D로 나누고 이를 모두 평가함. 일반적으로 A는 지식의 사용 수준, B는 탐구와 계획을 할 수 있는 수준, C는 지식의 적용과 수행 수준, D는 주로 성찰을 의미함. 단원이 끝나면 평가 준거를 포함하는 총괄평가를 실시하며 평가 준거의 성격에 따라 평가 방법을 선택함(지필/수행).

(3) DP 프로그램(고등학교)

- ▶ DP 핵심과정: 교과 학문과 연계
  - 지식이론: 비판적 사고력과 탐구하는 능력을 키워주는 과목으로 지식 자체를 배우는 것이 아닌 지식을 알아가는 과정에 초점을 둠. 학생이 특정 지식을 분석하고, 어떻게 구성되었는지 스스로 답을 찾아감.
  - 소논문: DP 과목 중 한 과목 또는 두 과목에서 선택하며, 적절한 주제를 선택하고 형식을 갖춰 4000단어 길이의 개별 연구 보고서를 완성함.
  - 창의, 활동, 봉사: 창의적 사고력을 수반하는 예술 및 창의 활동, 건강한 생활

습관을 위한 체육활동, 지역 공동체와의 협력적·상호적 참여 활동

▶ 6개 교과군: 언어와 문학, 언어 습득, 과학, 예술, 수학, 개인과 사회
- 각 교과군 그룹에는 다양한 세부 과목들이 있으며 그 중 6개 과목을 이수하게 됨. 과목들은 심화 수준(HL)과 표준 수준(SL) 과목으로 나뉨.

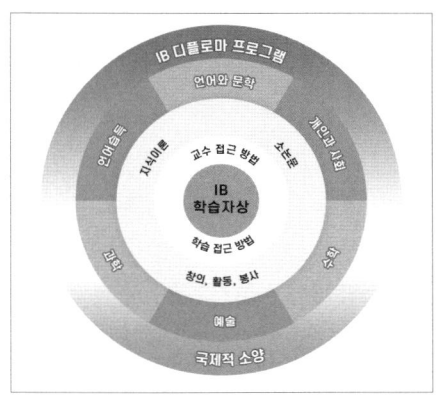

출처: https://www.dge.go.kr/ib/main.do

▶ DP 평가 체계: 나이스 성적 산출을 위한 내신 평가와 IB 디플로마 취득을 위한 디플로마 평가로 구분되며 디플로마 평가는 내부 평가(포트폴리오, 구술, 에세이 등)와 외부평가(IB 본부에서 파견한 채점관들에 의한 교차 채점, 재채점 방식)가 합산됨.

▶ DP 이수 기준(총 45점 만점): 총 24점 이상 + 창의·활동·봉사 이수
과목별 7점 만점(총 42점) + 지식이론과 소논문: A~E등급(환산점 3점 만점)
창의·활동·봉사는 필수 이수

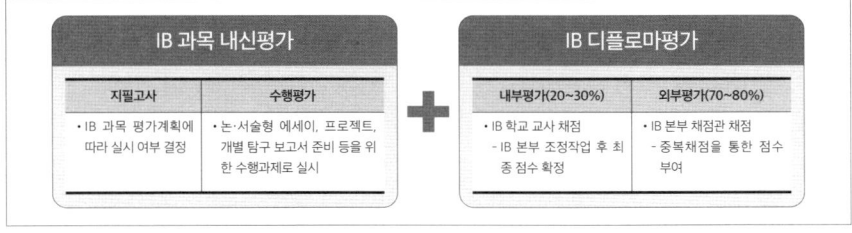

출처: 경기도교육청(2023). IB 이해하기

▶ 단순히 서·논술형 평가가 IB 평가는 아니며, 과목의 성격에 따라 다양한 방법을 활용함.

	교과목(과목)	외부평가	배점
1	언어와 문학 (한국문학)	제시된 방향에 따른 텍스트 분석 / 비교 에세이/ HL 에세이	7
2	언어 습득 (영어)	쓰기/ 듣기 및 읽기	7
3	개인과 사회 (세계사)	사료 기반 서술형 / 세계사 주제 제시 서술형 / 지역 제시 서술형	7
4	과학 (생물학, 화학, 물리)	필수 주제 선다형 / 데이터 기반 서술형 / 필수 및 옵션 주제 자료 기반 평가	7
5	수학 (수학분석과 접근)	서답형 및 확장형 평가/ 계산기활용 서답형 및 확장형 평가 / 확장된 문제 해결형 문항	7
6	예술 (연극이론 및 창작)	감독노트 / 연구발표 / 개인 극작품	7
핵심 과정	지식이론(TOK)	지식이론(TOK) 에세이 1,600단어	3
	소논문(EE)	소논문(EE) 4,000단어	
	창의·활동·봉사 (CAS)	창의·활동·봉사(CAS) 포트폴리오, 인터뷰, 학습성과 충족 여부 반영	

출처: 경기도교육청(2023). IB 이해하기

[참고 문헌]

IBO (2014). MYP: From principles into practice. Geneva, Switzerland
IBO (2018). Learning and teaching. Geneva, Switzerland
IBO (2020). Diploma Programme: From principles into practice. Geneva, Switzerland
권민지 (2023). IB, 수업과 평가는 어떻게 할까?. 전북교육정책연구소
경기도교육청 (2023). IB 이해하기
대구광역시교육청 IB 홈페이지 https://www.dge.go.kr/ib/main.do
조현영 (2023). IB로 그리는 미래교육. 학지사

PART 6

학급 경영

39차시

리질리언스와 자기결정성

1. 리질리언스

(1) 부정적 아동기 경험(Adverse Childhood Experience)이란?
▶ 폭력 피해 또는 목격, 학대 및 방임, 정신 건강 문제, 약물 남용, 부모의 별거 또는 이혼, 잦은 이사 등 0~17세 사이에 발생하는 잠재적 트라우마 사건(potentially traumatic events)
▶ 정서적으로 고통스럽거나 괴로울 수 있고 수년간에 걸쳐 지속적으로 영향을 미칠 수 있음.
▶ 외상 사건의 빈도와 심각성, 외상의 이전 이력, 유용한 가족과 사회적 지지가 외상에 대한 아동의 반응을 형성할 수 있음.

(2) 부정적 아동기 경험의 해로움
▶ 건강(비만, 당뇨병, 자살시도, 심장병, 암, 뇌졸중 등)
▶ 행동(흡연, 알코올 중독, 약물 사용 등)
▶ 삶의 잠재력(졸업률, 학업성취도, 업무 시간 낭비 등)
▶ 40가지 이상의 요인에 대하여 용량 반응 관계(화학물질 독성의 강도를 나타내는 지표로 질병의 전염 원인이나 양식을 연구하는 역학에서 위험요인과 반응 사이에 인과관계가 있다는 것을 시사하는 지표로 사용)를 나타냄.

(3) 부정적 아동기 경험과 학습
▶ 주의력, 충동적 행동, 의사결정, 학습, 정서, 스트레스에 대한 반응에 악영향

▶ 학교 교육 이수에 어려움.

(4) 외상 후 스트레스 장애(PTSD: Post Traumatic Stress Disorder)와 외상 후 성장(PTG: Post Traumatic Growth)
▶ 외상을 겪은 사람의 20%만이 외상 후 스트레스 장애를 경험함.
▶ 80%의 사람이 외상 후 성장을 경험함.

(5) 아동 청소년을 위한 리질리언스(Resilience) 보호 요인
▶ 앤 매스텐(Ann Masten)은 리질리언스를 '적응이나 발달의 심각한 위협에도 불구하고 좋은 결과를 이끌어 내는 것을 특징으로 하는 일군의 현상'이라 함.
▶ 리프와 싱어(Ryff & Singer)는 '도전 이후에 정신적 혹은 신체적인 건강이 유지, 회복, 향상되는 것'이라 함.
▶ 개인 요인
  - 인지적 자기조절: 행동의 방향을 결정하고 문제를 해결하는 실행기능과 관련
            (지능, 낙관적 기질, 적응 유연성, 긍정적 자기상, 유머 감각 등)
  - 정서적 자기조절: 어렵고 힘든 상황에서 정서를 조절하는 능력과 관련
            (충동을 통제하고 자기를 조절할 수 있는 능력)
▶ 가족 요인: 보호자와의 친밀한 관계, 적절한 기대와 안정적인 규칙을 따르는 지지적인 양육, 사이좋은 부모, 적절한 경제적 자원 등
▶ 사회 요인: 신뢰할 수 있는 이웃, 신뢰할 수 있는 교사와 친구, 수준 높고 이용이 편리한 보건 복지 서비스 등

2. 자기결정성

(1) 자기결정성 이론(Self-Determination Theory)이란?
▶ 안녕감과 행복감의 토대를 이루며 자기를 실현하려는 경향성으로도 해석되기도 함.
▶ 자율성, 유능성, 관계성의 개인적 경험을 뒷받침하는 조건은 향상된 성취, 끈기, 창의성을 포함하는 활동에 대하여 가장 자발적이고 질 높은 형태의 동기

부여와 참여를 촉진하는 것임.
- 자율성(autonomy): 자신의 가치나 재능, 성격을 발휘하기 위해 자유롭게 선택한 행위를 추구하며,
- 유능성(competence): 삶 속의 도전에 효과적으로 대응하려 하고,
- 관계성(relatedness): 타인과 친밀한 관계를 유지하고 발전시키려는 바람.
▶ 자율성, 유능성, 관계성이라는 세 가지 욕구는 성장과 통합을 위해 타고난 본성의 최적의 기능을 촉진하고, 사회적 발달과 개인적 웰빙을 위해 필수적인 것으로 나타남.

(2) 자기결정성 이론(Self-Determination Theory)과 내재적 동기(intrinsic motivation)
▶ 외부의 통제에 의한 동기보다 진정성을 가진 내적 동기를 가진 사람이 흥미, 열정, 자신감, 향상된 결과, 끈기, 창의성, 자존감, 전반적 웰빙 등이 더 높음.
▶ 내적 동기는 물질적 보상(tangible rewards)이나 위협, 지시, 강요된 목표, 압박평가 등에 의해 감소되는 반면에 자율성을 지지하는 교사나 부모에 의해 높아짐.
▶ 낯선 성인 앞에서 아이가 흥미로운 과제를 수행했을 때 아이의 시도에 반응을 보이지 않고 무시하는 어른이 있으면 내재적 동기가 낮아짐.
▶ 교사가 차갑고 무관심하다고 느끼는 학생의 내재적 동기가 낮음.

3. 리질리언스와 자기결정성의 필요성

(1) 아동권리선언 원칙
▶ 아동은 특별히 보호받아야 하고, 자유와 존엄성이 보장되는 조건 속에서 건전하고 정상적인 방식으로 신체적·정서적·윤리적·정신적·사회적 측면에서 성장할 수 있도록 법률을 포함한 모든 수단에 의해 모든 기회와 편의가 모든 아동에게 제공되어야 함. 이러한 목적으로 법률을 제정하는 경우, 아동의 이익이 최대한 보장될 수 있는지 가장 우선적으로 고려해야 함.

(2) 리질리언스와 자기결정성
▶ 피할 수 없는 부정적 아동기 경험을 예방하고 외상으로 인한 악영향을 최소화하며(리질리언스), 학생 개개인의 가진 자기를 실현하려는 경향성을 자기답게 모두 함께 스스로 꽃피워 가도록(자기결정성) 돕는 일이 바로 학교와 교사 그리고 보호자가 해야 할 일이자 아동인권을 보장하는 일임.

40차시
지능이원론과 발달의 결정적 시기

1. 지능이원론과 발달

(1) CHC 이론(Cattell-Horn-Carroll theory)
▶ 인간 지능 연구 중 가장 영향력 있는 이론으로 널리 알려짐.
▶ 최상위층의 일반지능, 중간층의 결정지능과 유동지능과 관련된 9~10개(처리 속도, 추론, 시각 처리 능력 등)의 능력, 최하층의 70여 가지(읽기 속도, 수와 연합 등) 능력으로 구성되어 있음.
▶ Gf-Gc 이론은 지능을 낯선 과제를 학습하는 과정에서 빠른 의사결정이나 비언어적 내용과 관련된 영역을 학습하는 데 중요하게 작용하는 유동지능(fluid intelligence, Gf)과 언어나 배경지식 혹은 통찰처럼 친숙한 과제를 수행하는 데 중요한 영향을 미치는 결정지능(crystallised intelligence, Gc)으로 나눔.
▶ 유동성 지능은 유전된 생물학적 요인의 결과임.
▶ 결정성 지능은 유동성 지능과 경험에 의존하여 유전과 환경 모두의 영향을 받음.
▶ 기초적인 유동성 지능을 기반으로 결정성 지능의 고차원적 기능이 만들어진다는 뜻임.
▶ 유동성 지능은 25~30세 절정에 다다르고, 결정성 지능은 약 70세까지 계속 향상됨.

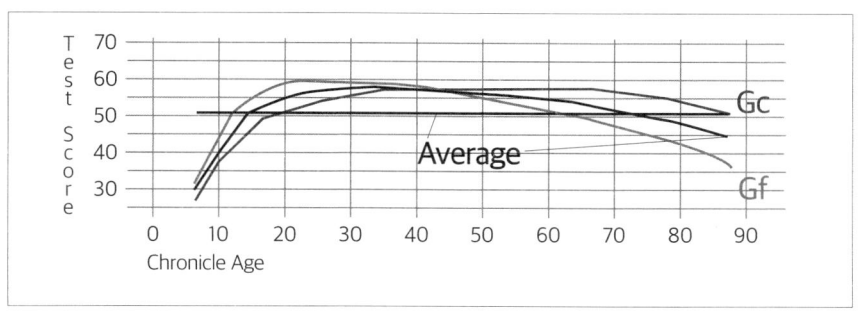

<On the Dynamics of Active Aging>

출처: https://ko.wikipedia.org/wiki/On_the_Dynamics_of_Active_Aging_JohannesSchroots_CCL.svg

2. 발달의 결정적 시기와 학교

(1) 발달의 민감기

▶ 미 캘리포니아의 '지니'는 만 열세 살이 되던 1970년, 자신을 학대하던 부모로부터 벗어날 당시 몸무게가 약 27kg에 불과하였고, 말도 전혀 하지 못했으며, 배변을 가리지 못했고, 똑바로 서지도 못했음.

▶ 의사, 심리학자, 사회복지사 등이 아이의 치료를 위해 열심히 노력한 결과, 신체는 매우 건강해졌고 지능은 정상 범위에 들 만큼 회복하였으나 안타깝게도 언어 수준은 만 3, 4세 수준에 불과하였음.

▶ 이는 생애 초기 10년간 문장에 노출되지 못해 문법과 낱말을 습득하지 못하여 복잡한 문장을 구사하지 못하게 된 것으로 보임.

▶ 결국 사회적 의사소통이 힘들어서 타인과 잘 어울리지 못해 보호시설에서 지냄.

(2) 가지치기

▶ 신경생리학자인 제이 지이드(Jay Giedd)에 따르면 뉴런과 뉴런을 연결하는 시냅스 중에서 불필요한 연결을 정리하는 가지치기(Pruning)가 만 2세 정도에 멈췄다가 만 11세에서 12세경에 다시 시작한다고 함.

▶ 뉴런에서 전기 신호를 받는 수상돌기가 과잉 생산되는 '발전'이 '충동'을 조절하는 전전두 피질에서 '절정'에 다다르면서 사용하지 않는 뉴런들은 사라지는

'가지치기' 과정이 계속 일어남에 따라 충돌을 조절하는 기능이 떨어짐.
▶ 청소년기 동안 정서 조절과 관련된 영역이 정보를 빠르게 전달하는 미엘린화 과정이 진행됨.
▶ 따라서 초등 저학년보다 사춘기에 접어든 청소년의 충동 조절이 힘들고 마음이 쉽게 흔들림.

(3) 지능에 영향을 미치는 5가지
  ① 식사: 원재료를 가공한(미생물의 양과 질) 혈당지수(Glycemic Index)가 낮고 고른 영양소를 갖춘 음식을 끼니때에 맞게 섭취해야 함.
  ② 수면
   - 오전 10시나 11시에 다시 잠들 수 있거나 정오가 되기 전에 카페인 없이 몸과 마음이 최적의 상태가 되기 힘들면 수면의 양과 질이 나쁨.
   - 수면 및 일주기 리듬 교란(Sleep and Circadian Rhythm Disruption)은 인지 및 정서 발달에 큰 충격을 줌.
   - 수면의 양은 해마에 저장된 단기 기억을 장기 기억 저장소인 피질로 넘기는 데 필요한 시간과 관련이 있고, 수면의 질은 사건과 관련된 정서의 크기를 줄이는 과정과 관련됨.
   - 충분하고 질 좋은 수면은 학습의 효율성을 높이고 즐거운 하루의 시작을 할 가능성을 높이며 타인과 원만한 관계를 만들어 갈 가능성을 높임.
  ③ 운동
   - 1980년대 아동 청소년에 비하여 신체 활동 지수가 삼분의 일 정도로 줄어듦.
   - 줄어든 신체활동만큼 골격근량도 줄어듦.
   - 생활습관으로 얻는 제2형 당뇨병 증가함.
   - 50분을 앉아 있으면 신진대사가 50% 아래로 내려감.
   - 주 3회 이상 30분씩 최대 심박 수 75~85%의 운동이 모든 학습에 영향을 미치는 실행 기능(Executive Funtions)과 관련된 해마와 피질의 기능을 향상시켜 줌.

④ 학습
  - 음성언어와 문자언어 습득을 토대로 다양한 학문을 배울 기회 제공
  - 수많은 학문은 세상을 바라보는 다양하고 균형 잡힌 관점 획득
  - 배우는 삶의 태도가 알츠하이머 예방 및 타인과의 원만한 관계에 필수적
⑤ 관계: 애착, 사랑, 우정, 용서 등은 친밀하고 안전한 사회적 자원 획득을 위해 꼭 배워야 할 역량

※ 식사, 수면, 운동, 학습, 관계 등 다섯 가지 요인을 바탕으로 각 개인이 가진 지능을 최대로 발달시키는 것이 곧 리질리언스와 자기결정성을 키우는 일임.

41차시

의미 만들기
(Distress보다 Eustress)

1. Stress
▶ 신체적·정신적 자극에 의해 나타나는 정신적 긴장감으로 스트레스 요인에 대응하고 대처하려는 몸과 마음의 변화 과정을 의미
- 실제 경험하는 스트레스나 머릿속으로 행해지는 부정적 사고를 통해 받는 스트레스에 쉬지 않고 반응하면 코르티솔이 과도하게 분비됨.
- 장시간 스트레스에 노출되면 스트레스 해소에 도움이 되는 정보에 주의를 기울이지 않아 면역력, 인지능력이 떨어지고 건망증에 시달리게 될 위험에 놓임.
- 한스 셀리에(Hans Selye)는 스트레스를 기분을 좋게 하고 활력을 높이는 긍정적 스트레스인 유스트레스(Eustress)와 기분을 나쁘게 하며 기운 빠지게 하는 부정적 스트레스인 디스트레스(Distress)로 구분함.
- 상황과 맥락에 따라 스트레스에 대한 해석이 달라짐.
- 극단적 스트레스 상황이 아니라면 짧은 스트레스는 크게 부정적이지 않으나 같은 스트레스라도 오래 지속되면 위험함.
- 스트레스를 받느냐 아니냐를 결정하는 것은 각 개인이 상황을 주관적으로 평가하고 반응한다는 리처드 라자루스(Richard Lazarus)의 상호 행동적 스트레스 모델과 생리학자 존 메이슨(John Mason)의 스트레스 반응은 개인이 내리는 주관적 평가와 관련이 있다는 의견에 따르면 외부로부터 들어오는 자극에 대한 해석이 중요함.
- 인지가 감정을 순화시킬 수 있으므로 환경과의 관계를 새롭게 평가하는 것이 스트레스와 감정에 영향을 미치게 됨.

- 리처드 라자루스와 존 메이슨의 연구를 바탕으로 자신의 성장에 도움이 되는 스트레스를 유스트레스로 받아들이도록 인지적 재평가를 하는 것이 바로 의미 만들기임.

2. 의미 만들기(Meaning Making)
▶ 의미 만들기는 사람들이 일상에서 일어나는 일이나 관계 혹은 자아를 이해하거나 의미를 부여하는 과정으로 학생 개인이 교실에서의 모든 경험을 의미 있게 만들고 이해하는 능력을 키우는 데 도움이 됨.
- 빅터 프랭클(Viktor Frankl)은 그의 저서 〈죽음의 수용소에서 Man's Search For Meaning〉에서 '살아야 할 이유'가 있는 사람은 거의 모든 일을 견뎌낼 수 있다고 함.
- 이해하기 이론(Sense Making Theory)을 만든 칼 웨이크(Karl E. Weick)는 인간은 주변에서 일어나는 사건을 이해하려고 노력하므로 삶의 목적과 바람직한 실존적 맥락을 제공하는 방식으로 현재와 미래를 이해하려고 시도하는 의미 만들기가 행복과 만족을 예측하는 가장 중요한 요인이라고 함.
- 의무교육인 학교에 다니는 행위는 낯선 타인과 교실이란 하나의 공간에서 하루를 함께 보내며 많은 긴장과 불안 그리고 스트레스를 일으키는 일임.
- 대부분의 자동적 행동이 인지보다 앞서 있고, 이는 뒤늦게 행동의 이유를 이해하려고 애쓰는 까닭임.

3. 의미 만들기 방법
▶ 의미 만들기의 개념은 타당성이 학습을 안내하는 지속적인 기준임을 시사
- 서로의 말과 행동을 관찰하고 그 의미에 대하여 함께 대화하기(탐색)
- 질문을 통해 학생의 태도, 동기, 자존감, 성격, 도덕성에 대해 대화하기(인식)
- 자신의 정서, 태도, 가치 등을 언어로 표현하기(표현)

▶ 시 암송하기
- 좋은 시를 함께 읽고 시의 의미에 대해 함께 대화 나누기
- 알프레드 디 수자의 '사랑하라, 한 번도 상처받지 않은 것처럼'(삶을 대하는 태도),

이해인 수녀의 '나를 키우는 말'(언어), 도종환의 '담쟁이'(리질리언스), 윤동주의 '서시'(자기성찰), 김준엽의 '내 인생에 가을이 오면'(자기성찰) 등
- 예: 함께 넘어서는 벽 만들기 등

▶ 글그릇 키우기
- 좋은 문장을 함께 읽고 문장의 의미를 곱씹으며 자신의 생각이나 느낌을 표현하기
- 이케다 다이사쿠의 '타인의 불행 위에 자신의 행복을 구축하지 않는다'(도덕성), 마크 트웨인의 '좋은 책을 읽지 않는 사람은 책을 읽을 수 없는 사람보다 나을 바가 없다'(독서의 중요성), 미드라쉬의 '험담은 세 사람을 죽인다. 험담을 한 자, 험담을 들은 자, 험담의 대상이 된 자'(험담의 유해성 등)
- 학급 내 각종 문제 상황과 관련지어 학생들이 문장을 떠올리게 하고 어떻게 말하고 행동해야 하는지 묻기
- 문제 상황에 대한 새로운 해석을 통해 효과적인 대처 방법을 습득하도록 함.

▶ 좋은 단어로 말과 행동 해석하기
- Grit(꿈을 이루기 위한 열정과 인내), Proactivity(주도적인 삶), Growth Mindset(자신의 능력을 향상시킬 수 있다는 믿음), Self-Control(눈 앞의 유혹에지지 않고 최선을 다함), Curiosity(더 많은 것을 알고 싶어함), Intellectual Humility(내가 모르는 것이 무엇인지 앎), Creativity(새로운 대안 생각하기), Judgement(가능한 한 최선의 답을 찾기), Decision(현명하게 선택하기), Honesty(진실을 숨기지 않고 말하기), Purpose(사회에 기여하는 삶), Kindness(타인을 도우려는 말과 행동), Gratitude(주어진 것에 고마워하고 보답하려는 마음), Emotional Intelligence(자기 감정을 이해하고 현명하게 표현하기), Social Intelligence(타인과 소통하는 능력)
- 학급에 꼭 필요한 가치를 아이들과 함께 3~5가지를 고른 후 교실에 게시함.
- 학생의 미성숙한 말과 행동에 대하여 어느 가치에 해당하는지 생각하고 답변하도록 함.
- 해당하는 가치에 부합하는 학생이 되기를 기대함.

42차시
칭찬과 비판 그리고 긍정적 자기상

1. 비판

▶ 지적은 쉽고 비판은 고통스러움.
- 수업을 방해하는 학생이 자주 경험하는 일은 지적과 지시일 가능성이 매우 높음.
- 모두가 보는 앞에서 자주 지적과 지시를 당하는 공격으로 인식하게 됨.
- 모든 사람이 추구하는 유능하다는 느낌(자기결정성의 3가지 구성 요인 중 하나인 유능성)을 부정당하고, 스스로 할 수 없다는 인식(자율성의 부정)을 심어주며, 교사와 친구들로부터 신뢰를 잃게 되는(관계성) 상황에 자주 놓이게 됨.
- ADHD나 자폐성 발달장애 혹은 경계선 지능이나 학습 장애를 가진 아이일수록 수업 시간에 교사나 친구들로부터 공개적으로 지적이나 지시를 당하는 경험을 할 가능성이 높음.
- 지적과 지시는 스트레스 호르몬인 코르티솔 수치를 높이고, 높아진 코르티솔 수치는 공격 또는 회피(Fight or Flight) 반응을 보일 가능성을 높임.

▶ 교실이 지적과 비판을 받는 영역이 될수록 학교에서의 자존감이 낮아짐.
- 자존감은 영역·상태 자존감과 특질 자존감으로 나뉨.
- 야단맞는 순간(상태)에는 자존감이 낮아지지만, 상황이 종료되면 각 개인이 가진 고유의 자존감(특질) 수준으로 돌아옴.
- 자신 없는 교과수업 시간(영역)에는 자존감이 낮아지지만, 자신 있는 교과수업 시간(영역)에는 자존감이 원래(특질) 자존감보다 높아짐.
- 교실에서 타인(교사와 친구)으로부터 부정적인 피드백을 자주 경험할수록 영역과 상관없이 학교에 머무는 모든 순간에 자존감이 낮아지게 됨으로써 자신에

대해 부정적인 이미지를 갖게 될 가능성이 높아짐.
▶ 잘못된 행동에 질책으로만 대응하면 방어나 공격을 야기할 수 있음.
- 지적과 지시는 유능성과 자율성을 다치게 하여 오히려 교사가 없을 때 스스로 노력하지 못하게 만들 가능성이 높음.
- 폴 칼다렐라(Paul Caldarella) 등의 '교사 질책이 학생의 파괴적 행동과 참여에 미치는 영향'에 관한 연구에 따르면, 교사의 질책은 일시적으로 잘못된 행동을 억제할 수는 있으나 시간이 지남에 따라 파괴적 행동을 감소시키지도, 참여를 높이지도 않았음.

2. 칭찬

▶ 칭찬은 어렵고 격려는 힘이 됨.
- 규칙을 지키는 일은 다수가 당연히 하는 일이라 눈에 띄지 않는 반면, 규칙을 어기는 일은 소수가 빈번하게 일으키는 일이라 쉽게 눈에 띔.
- 규칙을 어기는 모습을 목격하면 부정적 감정이 일어나기 쉬움.
- 부정적 감정을 빠르게 해소하기 위해 신속히 문제를 해결하려고 함.
- 지적과 지시는 눈앞의 문제 상황을 즉시 해결하는 데 효과적임.
- 규칙을 지켜온 과정이 규칙을 어긴 순간보다 길다는 것에 주목해야 함.
- 실수할 수 있는 공간임을 인식해야 심리적으로 안정감을 갖게 됨.
- 심리적 안정감을 느껴야 코르티솔 수치가 낮아지고 충동 조절 및 인지와 관련된 실행기능에 영향을 주는 해마와 피질이 기능하기 시작함.
- 따라서 노력과 과정에 대하여 실수는 개별적으로 알려주고 보다 바람직한 행동에 대해 아이가 스스로 대답하도록 해야 함.
- 아이가 스스로 바람직한 행동에 대하여 언급할 경우에는 이를 칭찬하고 꼭 해낼 수 있도록 격려해야 함.

▶ 실수나 잘못을 공개적으로 지적하기보다 규칙을 지키거나 노력한 일에 대하여 칭찬을 공개적으로 하는 것이 효과적임.
- 폴 칼다렐라(Paul Caldarella) 등의 '중학교 교사의 칭찬과 질책 비율(Praise-to-Reprimand Ratios)이 학생의 교실 행동에 미치는 영향'에 관한 연구에 따

르면, 질책에 비해 칭찬의 비율이 높을수록 과제 수행 행동 및 성적이 증가하고 정서행동 장애(Emotional and Behavioral Disorders) 위험이 있는 학생의 수가 줄어듦.
- 칭찬을 할 때 행동별 칭찬(Behavior-Specific Praise)이 더 효과적임.
- 행동별 칭찬(BSP)은 칭찬받는 사람이 누구인지 알 수 있게 이름을 말하고, 개인의 바람직한 행동을 구체적이고 긍정적으로 피드백하는 것임.
- 학생이 칭찬을 수집하도록 하는 것도 효과적임.
- 과제를 완수한 후 교사의 칭찬을 기록하도록 함으로써 교사와 학생 모두 노력한 일에 주의를 기울이게 하여 문제 행동을 수정하는 것이 아니라 바람직한 행동의 횟수를 늘림으로써 문제 행동의 횟수를 줄이는 것임.

3. 긍정적 자기상

▶ 자기 자신에 대하여 객관적이고 긍정적으로 바라보고 해석하여 자신을 존중
- 스트로흐밍거(Strohminger) 등에 따르면 사람은 누구나 자신을 가장 긍정적이고 도덕적인 모습으로 표현하려는 긍정성 편향을 갖고 있음.
- 세레노(Sereno)와 리어리(Leary) 등에 따르면 개인적 특징이나 욕구와 일치하는 긍정적 행동과 부정적 행동 중에서 긍정적인 행동이 진정한 자신의 모습과 일치한다고 여김.

▶ 긍정적인 점, 노력하는 모습, 잘한 행동을 공개적으로 칭찬하기
- 학생의 긍정적인 면을 모든 사람 앞에서 부각시켜 바람직한 행동에 대한 기대가 더 많은 칭찬을 받는 이유로 이어지는 자기충족적 예언을 만들 수 있음.
- 학생의 이름을 붙여서 바람직한 행동에 대하여 칭찬과 고마움을 더하여 많은 사람 앞에서 표현하는 것이 학생의 긍정적 자기상을 만드는 가장 효과적인 방법임.

실행기능과 인지부하

1. 실행기능(Executive functions)
▶ 실행기능(인지적 조절이라고도 함. cognitive control)은 작업의 우선순위 지정 및 작업 전환, 의사 결정, 주의 할당 및 주의 지속, 작업기억 및 자기조절 사용과 관련
  - 주의를 기울이고 집중해야 할 때나 자동적으로 움직이거나 본능 혹은 직관에 의존하는 것이 부적절하거나, 불충분하거나, 불가능할 때 필요한 하향식 과정으로 주로 피질에서 변연계와 뇌간으로 영향을 미치는 이성과 관련이 있음.
  - 더 나은 행동을 실천하는 것보다 하던 대로 하는 것이 유혹에 저항하는 것보다 굴복하는 것이, 다음에 무엇을 할 것인지 고민하기보다 시키는 대로 하는 것이 인지 에너지 소모가 적기 때문에 쉽다고 느끼므로 실행기능을 사용하는 것은 어려운 일임.
  - 실행기능은 억제(억제 조절 inhibitory control, 행동억제 behavioral inhibition와 선택적 주의 및 인지 억제 selective attention and cognitive inhibition를 포함), 작업 기억, 인지적 유연성(장면 전환 set shifting, 사고 유연성 mental flexibility, 창의성과 밀접한 관련이 있음)의 3가지 요인으로 구성됨.
  - 실행기능은 중독, 주의력 결핍 및 과잉행동 장애, 품행장애, 우울, 강박 등과 관련이 깊음.
  - 낮은 실행기능은 비만, 과식, 약물남용, 치료 협조의 어려움과 관련이 있음.
  - 지능이나 수학, 낮은 수준의 읽기 능력보다 학교 적응에 더 중요함.
  - 실행기능은 학령기 동안의 수학 및 읽기 역량을 예측함.

2. 인지부하 이론(Cognitive Load Theory)

▶ 학습이나 과제를 해결하는 과정에서 필요한 인지 에너지의 요구량으로 개인이 가진 작업 기억 안에서 기억하고 처리해 낼 수 있는 정보보다 처리해 내야 하는 정보가 많으면 부하가 생기게 되는 것을 말함.
  - 낱말-문장-문단-차시-소단원-중단원-대단원-교과목처럼 수업에서 다루는 학습 자료의 난이도가 높거나, 다루는 범위가 넓거나, 각 개념과의 상관이 복잡할수록 인지부하가 큼.
  - 과제 해결에 필요한 인지자원의 양이 개인이 가진 인지자원의 양을 초과할 때 인지과부하(cognitive overload)가 일어났다고 하며, 인지부하이론에서 학습부진의 원인으로 이야기함.

▶ 주의집중과 멀티태스킹의 관계
  - 주의집중은 정해진 시한에 맞추기 위해 정신을 집중하는 경계(alerting)와 먼저 답해야 하는 공문을 읽거나 수신된 메시지 알림에 응답하는 등의 모여드는 자극의 우선순위를 정하는 방향설정(Orienting), 불필요한 자극을 차단하여 집중을 유지하는 실행통제(executive control)로 구성됨.
  - 같은 감각의 자극을 통한 작업을 동시에 전환하며 작업하는 경우에는 더 많은 방해를 받아서 두 가지 작업 모두 수행하기가 더 어려움.
  - 다른 일을 오고가는 것은 머릿속의 화이트보드 위에 입력된 정보를 지우고 그 위에 다시 새로운 일과 관련된 정보를 입력했다가 다시 지우고 원래 업무와 관련된 정보를 입력하는 것과 같음.
  - 콜로피(Collopy)의 연구에 따르면 컴퓨터 앞에서 보내는 시간에 대한 사람들의 인식이 많이 사용하는 그룹은 컴퓨터 사용 시간을 과소평가했고, 적게 사용하는 그룹은 과대평가함.
  - 한 화면에 집중하는 평균 시간은 2004년에 150초, 2012년 75초, 2016~2021년 44~50초 사이로 점점 줄어듦.
  - 지금 보는 영상이 재미없는 경우, 이전에 보던 영상이 현재 보는 영상에 방해가 되는 현상을 주의 집중 잔여물(Attention residue)라고 부름.
  - 뉴스와 같은 매체를 통해 정보를 접한 후 화가 나거나 슬픈 감정을 느낀 후 업

무를 할 때 감정의 잔여물이 주의집중을 더 어렵게 함.
- 하던 일을 멈추고 다른 일을 하다가 원래의 업무에 다시 집중하는 데 약 25분 정도 걸림.
- 자이가르닉(Zeigarnik)에 따르면 완결된 일보다 미완결된 일을 더 잘 기억함.
- 미완결된 일로 인해 지금 하는 일이 방해받기 쉬움.
- 따로 기록해 놓는 것이 지금 하는 일에 집중하도록 만들고 숙면에도 도움이 됨.

3. 실행기능을 키우는 4가지 방법

▶ 학년이 올라갈수록, 학교 급이 바뀔수록 하루 일정은 복잡해지고 학업은 힘들어지며 친구 관계는 넓어짐에 따라 실행기능을 키워야 함.

① Recognize pressure points. 시험 전 5분 동안 '노력에 집중하는 자신에게 조용히 격려의 말을 건네는' 것처럼 시험이나 시합 혹은 수행평가와 같은 압박 요인을 인식하고 대응하는 것이 정서를 안정시키고 학업성취를 높임.

② Have kids write about it. 시험 전 10분 동안 시험에 대해 글을 쓰면서 '불안'을 '도움이 되고 활력을 주는 힘'으로 표현하는 글쓰기를 했을 때 낙제율이 급감했으며, 중학생이 되는 초등 6학년 학생들에게 걱정과 불안을 이겨낸 중학생의 이야기를 읽은 후에 자신들의 적응이나 친구관계에 대해 걱정하는 이유를 쓰게 하자 성적, 출석, 행동이 개선되는 결과를 가져옴.

③ Empower peer advisors. 집중해서 공부하기 좋은 최적의 학습 장소와 가장 효과적인 학습전략에 대해 또래 친구들에게 조언하는 글을 써서 설명한 청소년의 성적이 크게 향상되었음.

④ Ask about interests and passions. 심각하다고 판단되는 부당한 일에 대한 해결책 중심의 에세이를 쓴 후에 후배들에게 학습이 어떻게 세상을 더 나은 곳으로 만들 수 있는지 간단히 전하는 글을 써서 제출하도록 하자 전체 학생의 성적이 향상되었고, 특히 성적이 낮은 학생의 성취가 높아졌으며 스스로 학습시간을 늘리는 결과를 가져옴. 따라서 학생의 관심사나 추구하는 가치에 대하여 살펴볼 수 있는 질문지나 수업을 하는 것이 좋음.

[PART 6 참고 문헌]

Centers for Disease Control and Prevention (2019) Adverse Childhood Experiences (ACEs) Prevention Resource for Action

American Psychologist (2000) Self-Determination Theory and the Facilitation of Intrinsic Motivation, Social Development, and Well-Being

Declaration of the Rights of the Child (1959)

European Research Institute on Health and Aging (2012) On the Dynamics of Active Aging

James Goodwin(2022) 건강의 뇌 과학. 현대지성

Jennifer Heisz(2023) 운동의 뇌 과학. 현대지성

Jensen, Frances E. / Nutt, Amy Ellis(2018) 10대의 뇌. 웅진지식하우스

Matthew Walker(2019) 우리는 왜 잠을 자야할까. 열린책들

Richard Restak(2023) 늙지 않는 뇌. 유노라이프

Rose Anne Kenn(2023) 노화의 정복. 까치

Russell Foster(2023) 라이프 타임 생체시계의 비밀. 김영사

Baxter Magolda, Marcia B. King, Patricia M. (2012). Assessing meaning making and self-authorship: theory, research, and application. ASHE higher education report. Vol. 38. Hoboken, NJ: Jossey-Bass/Wiley. ISBN 978-1118500545

Kegan, Robert (1980). "Making meaning: the constructive-developmental approach to persons and practice". The Personnel and Guidance Journal. 58 (5): 373-380

Karl E. Weick, Kathleen M Sutcliffe, David Obstfeld(2005) Organizing and the Process of Sensemaking, Organization Science 16(4):409-421

Urs Willmann(2017) 스트레스는 어떻게 삶을 이롭게 하는가. 심심

Viktor Emil Frankl(2023) 죽음의 수용소에서. 청아출판사

Andrew Markelz, Benjamin Riden, and Karen Rizzo (2018) Training Students With Behavioral Problems to Recruit Teacher Praise. Beyond Behavior. 2018, Vol. 27(1) 37 -44

Jongman-Sereno, k., & Leary, M. R.(2016) Self-perceived Authenticity is Contaminated by the Valence of One's Behavior. Self and Identity. 15(3). 283-301

Paul Caldarella, Ross A. A. Larsen, Leslie Williams, Howard P. Wills, and Joseph H. Wehby(2020) "Stop Doing That!": Effects of Teacher Reprimands on Student Disruptive Behavior and Engagement, Journal of Positive Behavior Interventions

Paul Caldarella, Ross A. A. Larsen, Leslie Williams, Howard P. Wills (2021) Effects of Middle School Teachers' Praise-to-Reprimand Ratios on Students' Classroom Behavior, Journal of Positive Behavior Interventions

Strohminger, N., Knobe, J., & Newman, G. (2017). The True Self: A Psychological Concept Distinct From the Self. Perspectives on Psychological Science, 12(4), 551-560

김미영(2008) 학습자의 사전지식, 인지부하, 몰입, 학습성취도 간의 관계 규명. 석사학위 논문. 서울: 이화여자대학교

Adele Diamond (2013) Executive Functions. Annu Rev Psychol. 2013 ; 64: 135-168

Christopher S. Rozek, Gerardo Ramirez, Rachel D. Fine, and Sian L. Beilock(2018) Reducing socioeconomic disparities in the STEM pipeline through student emotion regulation, Psychological and Cognitive Sciences, Volume 116 Number 5 1553 - 1558

Collopy, F. (1996). Biases in Retrospective Self-Reports of Time Use: An Empirical Study of Computer Users. Management Science, 42(5), 758-767

David S. Yeager, Marlone D. Henderson, etl(2014) Boring but Important: A Self-Transcendent Purpose for Learning Fosters Academic Self-Regulation, Journal of Personality and Social Psychology, 107(4), 559-580

Geoffrey D. Borman, Christopher S. Rozek, Jaymes Pyne, and Paul Hanselman(2019) Reappraising academic and social acversity improves middle school students' academic achievement, behavior, and well-being, Psychological and Cognitive Sciences, Volume 116 Number 33 16286 - 16291

Gloria Mark (2023) 집중의 재발견. 위즈덤하우스

Lauren Eskreis-Winkler, Katherine L. Milkman, Dena M. Gromet, and Angela L. Duckworth(2019) A large-scale field experiment shows giving advice improves academic outcomes for the advisor. Psychological and Cognitive Sciences, Volume 116 Number 30 14808-14810

Kahneman, D. (1973). Attention and Effort

Sander Thomaes, Iris Charlotte Tjaarda, Eddie Brummelman, Constantine Sedikides (2020) Effort Self-Talk Benefits the Mathematics Performance of Children With Negative Competence Beliefs, Child Development, November/December 2020, Volume 91, Number 6, Pages 2211-2220

PART 7

생활지도

44차시
학교폭력보다 우정

1. 프레임과 학교폭력 예방교육
▶ 프레임(frame)은 사람과 사회를 바라보는 틀로서 다른 말로 '관점'이라고 할 수 있음.
- 「학교폭력예방 및 대책에 관한 법률 시행령」제17조제2항에 따라 학생과 교직원 및 학부모에 대한 학교폭력 예방교육을 학기별로 1회 이상 실시함.
- 초등학교 1학년 1학기부터 고등학교 3학년 2학기까지 1년에 2회씩 12년간 최소 24차례에 걸쳐 학교폭력 관련 법령에 관한 내용과 학교폭력 발생 시 대응요령 등을 학습함.
- 만 6, 7세 아동이 학교에 입학하면서부터 또래 친구의 말과 행동을 학교폭력의 관점으로 해석하도록 함.
- 학교와 가정에서 유사한 질문이 반복되어 친구의 말과 행동을 학교폭력의 프레임을 바탕으로 한 해석이 부정성 편향에 의해 강화될 가능성이 높아짐.
- 질문이 생각의 방향을, 언어가 생각의 영역을 결정함.

▶ 초두효과(Primary effect)
- 처음 제시된 정보가 나중에 알게 된 정보보다 더 강력한 영향을 미치는 현상을 말함.
- 결과가 부정적인 경우에는 이를 뒤집는 데 200배의 정보량이 필요함.
- 학교폭력실태조사는 초등학교 4학년부터 고등학교 3학년까지 9년 동안 연 2회씩 총 18회 실시함.
- 실태조사는 스스로를 학교폭력의 피해자로 가정하고, 자신이 아는 모든 친구를 가해자로 가정한 후에 그들의 말과 행동 중에 학교폭력행위 해당 여부에 주

의를 기울이게 함.
- 나이가 들수록 타인의 말과 행동을 해석하는 프레임을 바꾸기는 어려워짐.

▶ 학교폭력 실태조사(2023년 1차 학교폭력 실태조사 4.10. ~ 5.10. 실시 결과)
- 학교폭력 피해 응답률: 초등 3.9%, 중학교 1.3%, 고등학교 0.4%
- 학교폭력 피해 미응답률: 초등 96.1%, 중학교 98.7%, 고등학교 99.6%
- 학교폭력이 줄어든 것이 아니라 신고해도 소용없어서가 아닌가라고 해석함.
- 학교폭력 가해자가 없는 곳이 아니라 학교폭력으로부터 지켜줄 친구들이 있는 곳이 되어야 하지 않을까?

▶ 이야기 상대가 있는 사람의 비율(2022년 아동·청소년 삶의 질 보고서-통계청 사회조사 기반)
- 이야기 상대가 있는 사람의 비율은 2011년 84.6%에서 2021년 84.2%로 소폭 감소
- 이야기 상대가 없는 사람의 비율은 2011년 15.6%에서 15.8%로 소폭 증가
- 주변의 도움을 받을 수 있는 평균 인원은 2011년 4.8명에서 2021년 4명으로 감소
- 학교폭력 가해자에게 이야기 상대는 얼마나 있을지, 주변에 도움을 받을 수 있는 친밀한 친구는 얼마나 될지 알아보는 건 어떨까?
- 학교폭력 가해자를 발본색원하여 처벌하는 데 관심을 가져야 할까?
- 아니면 좋은 친구가 될 수 있는 방법과 기회를 주는 교육에 관심을 가져야 할까?

▶ 앨버트 반두라(Albert Bandura)의 '평범한 사람이 잔인한 행동을 하는 원인'을 찾는 실험
- 실험 참가자를 두 집단으로 나누어 한쪽은 평가 대상이 이해력이나 인간성이 좋다는 칭찬을 듣고 실험에 임하고, 한쪽은 평가대상의 도덕성을 지적하며 짐승 같다는 비인간적인 비난을 듣고 실험에 임함.
- 인간적이라는 평가를 받은 집단보다 비인간적이라는 평가를 받은 집단이 2~3배 더 강한 전기 충격을 받았고, 징벌에는 4배의 격차가 벌어짐.
- 학교폭력을 다루는 언론의 학생에 대한 평가는 인간적일까? 비인간적일까?
- 촉법 연령을 낮춰서 강하게 처벌하는 것이 교육적일까? 교육적 지도를 통해 자

신의 잘못을 인정하고 사과하는 법을 가르치도록 하는 것이 교육적일까?

2. 우정의 중요성
▶ 청소년기의 핵심발달 과제
- 우정을 만드는 것은 초기 청소년기의 핵심 발달 과제임.
- 보우커(Bowker) 등의 연구에 따르면 청소년의 우정이 한 학기 동안 유지되는 비율이 절반 정도에 불과하다고 함.
- 하나의 교실에서 하루 종일 함께 보내는 초등학교와 달리 더 많은 또래 친구들과 새로운 우정을 쌓는 중학교, 고등학교에서는 또래와의 접촉이 거의 없을 수도 있음.
- 우정은 핵심 발달 과제를 해결하지 못하는 학생에게 관심을 가져야 하는 이유임.

▶ 청소년기와 우정
- 호산과 호그란(Hosan & Hoglan)의 연구에 따르면 양질의 우정이 학습 동기부여와 참여를 높이는 데 중요한 자원을 제공함.
- 라드(Ladd) 등의 연구에 따르면 안정적이고 안전한 우정 기반이 없으면 수업 참여가 줄어들고 교실 활동에서 물러날 수 있음(성적보다 관계가 우선인 이유).
- 아킨스(Aikins) 등의 연구에 따르면 학교급이 바뀌는 시기에 안정적인 친구 관계를 유지하는 것이 학교에 대한 긍정적 태도, 높은 성적, 교사의 관심을 높이는 데 도움이 된다고 함.
- 따라서 학교급이 바뀌는 1학년이 건강하고 안정적인 우정을 구축하는 것이 특히 필요함.

3. 우정 수업
▶ 질문이 생각의 방향을 결정하고 언어가 생각의 영역을 제한함.
- '거울, 사랑, 우주, 지우개, 학교폭력, 우유'와 같은 낱말을 접하고 추후 기억을 떠올리면 부정적인 단어가 먼저 생각날 가능성이 높음.
- 어떤 언어를 자주 접하느냐가 생각의 범위를 결정하기 쉬움.
- 친구란 '가까이 두고 오래 사귄 벗'임.

- 가까이 두고 오래 사귀고 싶은 사람은 어떤 사람인지, 가까이 두고 오래 사귀고 싶은 사람이 주변에 있는지(대인관계), 자신이 가까이 두고 오래 사귀고 싶은 사람이 되려면 어떤 노력을 해야 하는지(자기인식) 살펴보는 것이 중요함.

▶ 우정 질문지 만들기
- 좋은 친구에 대한 질문하기(예: 가까이 두고 오래 사귀고 싶은 친구가 있는가? 그 친구가 좋은 이유는 무엇인가? 좋은 친구는 어떤 친구인가? 등)
- 아이들의 대답을 질문으로 바꾸기(예: 자신의 잘못을 먼저 인정해서 → 자신의 잘못을 먼저 인정하는 친구가 있나요? 등)
- 질문에 답하려면 주변에 좋은 친구가 있는지 살펴야 함.
- 아이들과 만든 질문에 '나는'을 붙이기(예: 나는 자신의 잘못을 먼저 인정하는 친구인가요?)
- 아이들 각자가 스스로 좋은 친구인지 성찰하게 함.
- 가까운 친구를 떠올리며 학교폭력보다 우정을, 가해자보다 좋은 친구라는 말을 더 자주 생각하고 쓸수록 건강하고 안정적인 우정을 구축하는 데 효과적임.

45차시

갈등과 다툼보다 용서와 사과

1. 갈등과 다툼의 원인

▶ 만 19세 미만의 청소년은 건전한 인격체로 성장할 수 있도록 「청소년 보호법」으로 보호하고 있음.
- 미성숙하기에 미성년자라고 부름.
- 각기 다른 가정에서 자란 미성년이 하나의 공간에서 오랫동안 함께 어울리면 갈등과 다툼이 필연임.
- 또래로부터 폭력을 당한 경험이 있는 아동·청소년의 비율도 욕설이나 무시하는 말을 지속적으로 듣는 언어폭력이 4.1%로 가장 큰 비중을 차지하였음.
- 대부분의 폭력유형별 비율이 감소하였으나 스크린 타임 이용 시간 증가함에 따라 사이버상 따돌림이나 괴롭힘은 2018년 0.9%에서 2021년 1.1%로 증가함.
- 사이버상의 따돌림이나 괴롭힘의 증가는 교사가 발견하기 어려운 폭력이 증가한다는 뜻임.
- 갈등과 다툼을 예방하려면 교사가 없을 때 학생의 갈등 해결 역량을 키워야 함.

▶ 정신통제의 역설적 효과(Ironic effects of mental control)
- 웨그너(Wegner)는 실험 참가자에게 흰 곰에 대해 생각하지 않으려고 노력해 달라고 한 후 흰곰 생각이 나면 종을 쳐달라고 함. 실험이 끝나면 많은 참가자가 흰 곰에 대해 강한 반향 효과(Rebound effect)를 나타냄. 이는 흰곰에 대해 생각하지 말자는 생각이 흰곰에 대한 주의를 지속시키는 이유가 되기 때문임.
- 다투지 말아야지라는 생각이 다툼이 생기는 과정에 더 주의를 기울이게 할 가능성이 높음.

- 갈등과 다툼이 생기는 것은 자연스러운 일임.
- 갈등과 다툼이 생기는 일을 지적하고 비판하는 것은 학생으로 하여금 자신의 유능성을 부정당하는 일이고, 갈등으로 인한 자연스런 감정을 억제함으로써 자기감정을 부정하도록 만들 가능성이 높음.
- 갈등과 다툼을 어떻게 해결하도록 하느냐가 이후 벌어질 갈등과 다툼의 크기를 줄이는 데 훨씬 효과적임.

2. 용서

▶ 용서의 뜻과 어려움
  - '모든 것을 이해하는 것은 모든 것을 용서하는 것이다. Tout comprendre, c'est tout pardonner.' - 프랑스 속담
  - 로버트 엔라이트(Robert D. Enright) 등은 용서는 자신에게 상처를 준 사람에 대한 분노, 부정적인 판단, 부정적인 행동을 버리는 선택부터 시작하는 과정이라고 함.
  - 용서는 상처를 잊거나 참는 것이 아니라 용서할 수 있는 힘과 용기가 필요한 어려운 일임.

▶ 용서하는 사람에게 이로운 점
  - 용서는 용서하는 사람의 행복감을 높이고 분노, 불안, 우울증을 줄임.
  - 따돌림이나 괴롭힘을 당하는 사춘기 소녀들의 분노, 공격성, 비행을 감소시키는 동시에 공감능력을 높이고 성적을 향상시키는 데 도움이 될 수 있음.
  - 용서하는 청소년의 학업 성적도 더 높은 경향이 있음.
  - 갈등은 피할 수 없는 일임으로 상대방을 이해하고 용서하도록 가르치는 것이 더 효과적임.
  - 타인의 실수나 잘못을 지적하고 비난하는 것보다 이해하고 용서하는 것이 더 높은 경애임을 가르쳐야 함.
  - 진정한 사과부터 가르쳐야 함.

▶ 연령대별 용서 가르치는 법(Robert D. Enright & Richard P. Fitzgibbons - 용서 치료)

- 4~5세: 용서 개념을 가르치기 전에 상대방의 미숙함을 배려하는 그림책을 읽어주며 용서를 가르쳐 줄 수 있음.
- 6~8세
    - 1단계: 어떤 사람이든 모든 사람은 가치가 있다는 생각을 주제로 시작함. 모든 사람은 누구도 대체할 수 없는 존재임을 가르치기
    - 2단계: 친절, 존중, 관용을 주제로 용서의 기초 다지기
    - 3단계: 상처 준 사람을 용서한 이야기를 통해 용서에 대해 소개하기. 친절하지 않은 사람에게도 친절하고, 존중하지 않았던 사람에게도 존중을 표현하며, 관대하지 않았던 사람에게도 관대하려고 노력하고, 자신을 사랑하지 않는 가족도 사랑하려고 노력하는 것이 용서임을 설명하기
    - 4단계: 용서하는 사람의 마음이 더 넓다는 것을 가르쳐 주되, 용서가 곧 화해는 아니며, 괴롭히는 친구가 있으면 바로 보호자에게 이야기하도록 가르치기

    5단계: 용서할 준비가 되었을 때 용서를 고려하되 용서를 강요하지 않도록 하기
- 9~13세
    ① 용서받기: 잘못을 인정할 줄 아는 용기와 마음 상하게 한 친구가 용서할 준비가 될 때까지 기다리는 자세가 필요함을 가르치기
    ② 용서하기: 잘못한 사람이 변화하려는 노력을 보이건 보이지 않건 용서하는 사람의 마음에 달림을 가르치기
    ③ 화해하기: 서로 다시 만나고자 하는 의지가 생기는 것이 화해임을 가르치기
- 14~18세
    ① 분노나 증오 같은 정서적 고통을 적절하게 표현하기
    ② 분노나 증오에 집중할수록 고통스러움을 깨닫고, 가해자에 대한 생각이나 복수하려는 마음을 포기하기
    ③ 가해자의 어린 시절을 이해하려 노력하거나 어떤 스트레스를 받았는지 이해함으로써 공동체의 인식을 기르되 화해가 포함될 수도 안 될 수도 있음.
    ④ 가해자를 용서하는 과정에서 자신이 정서적 안정을 얻게 되는 것을 경험함

(경우에 따라 일부만 경험할 수 있음).

3. 사과
▶ 사과의 어려움
- 시켜야 사과하거나 사과할 줄 모르는 것은 미성숙
- 잘못을 인정하고 사과할 줄 아는 것은 성숙
- 지적당하는 일은 자신의 잘못을 드러내는 일이므로 고통을 수반
- 자신의 미성숙을 인정하는 일은 용기가 필요한 일
- 잘못을 인정하고 사과할 줄 아는 어른을 만나기 어려움
- 잘못을 인정하는 높은 위계의 타인을 만나는 경험이 필요
- 잘못을 인정할 줄 아는 용기를 가진 사람으로 자라기를 기대

▶ 사과 수업
- 사과란 '자기의 잘못을 인정하고 용서를 비는 것'
- 잘못을 인정하는 사람과 잘못을 인정하지 않는 사람 중 누가 좋은 사람인지 묻기
- 어린 시절 교사가 당했던 억울했던 일 중 사과받지 못했던 이야기 꺼내기(자기개방)
- 사과하는 일의 어려움에 대해 이야기하기
- 사과할 때 가장 필요한 건 자신의 잘못을 인정하는 용기라는 것을 가르치기
- 아이들이 겪은 억울한 일 적어보게 하기
- 자신이 당한 억울한 일 발표하기
- 비슷한 경험을 한 친구들 손들기
- 억울한 일을 겪게 한 사람들의 공통점 찾기
- 억울한 일을 겪게 한 사람들과 같은 사람이 되지 않겠다는 다짐하기

46차시

하지 말아야 할 것보다 해야 할 것

1. 하지 말아야 할 것에 집중하면 생기는 일
▶ 작업기억은 감각기관을 통해 들어온 정보를 기억하여 '처리'하는 것을 말함.
  - 작업기억의 용량은 5±2라고도 하나 보통 4±2라고 함.
  - 사람은 섭취한 에너지의 20%를 항시 뇌에서 사용하므로 새로운 방식의 말과 행동을 표현하기보다 과거에 해온 대로 경로에 의존하는 효율성을 추구함.
  - 따라서 대부분의 사람은 행동한 후에 까닭을 생각하기 마련임.
  - 학생생활 인권규정이나 학교 교칙을 전부 기억하고 그에 따라 행동하기는 거의 불가능함.
  - 민주적 학급 공동체 만들기를 통해 세운 학급 규칙의 수가 작업기억의 용량을 초과하기 쉬움.
  - 규칙을 잘 어겨온 아이일수록 규칙의 수가 많아지면 스스로의 유능성을 부정할 가능성이 높음.
  - 피질의 인지부담이 커지면 그 직후에 타인의 실수나 잘못에 대해 관용을 베풀지 않거나 도움이 필요한 경우에 도움의 손길을 내밀지 않는 사회적 상호작용의 부정적 행동이 더 많아짐.
▶ 바버라 프레드릭슨(Barbara Fredrickson)의 정적 정서의 확장구축 이론
  - 정적인 정서는 인간의 사고와 행동의 범위를 확장시킴.
  - 정적인 정서는 부적인 정서와 양립할 수 없어서 부적 정서의 효과를 약화시킴.
  - 부적 정서는 부적 정서를 유발시킨 원인에 주의를 기울이느라 다른 영역에 대한 주의를 기울이지 못하게 되는 경향이 있고, 지금 당장의 문제를 해결하는 데

주로 집중하므로 장기적인 관점에서 사고하지 못하는 문제가 생김.
- 정적 정서는 실제 시야각이 넓고 실행기능이 효과적으로 기능하는 데 도움이 됨.
- 정적 정서를 경험할 수 있는 일을 통해 다른 영역에 대한 주의가 확장되고 정적 정서 경험을 통해 장기적 관점에서 사고할 수 있도록 실행기능이 효과적으로 기능하도록 해야 함.

▶ 하지 말아야 할 것에 주의를 기울이는 일
- 작업기억을 초과하는 규칙을 기억하고 따르는 과정이 인지과부하임.
- 하지 말아야 할 것을 기억하는 것은 스트레스 상황이자 심한 인지 과부하 상태로 내모는 일임.
- 중요하다는 사실을 기억하는 일과 할 것인가 말 것인가를 판단해야 하는 상황에 놓이는 것임.
- 하지 말아야 할 것을 기억하느라 할 것인지 말 것인지 판단하는 데 기울이는 에너지가 부족해짐.
- 하지 말아야 할 일을 한 후에 후회함.
- 따라서 인지부하를 최소화하여 해야 할 일에 주의를 기울이도록 하는 것이 가장 효과적임.

2. 주된 갈등 영역은 학습과 관계

▶ 교사와 학생 사이의 갈등 영역은 학습과 관계
- 부모와 교사가 자녀와 학생을 야단치고 처벌하는 이유는 스스로 공부하지 않고 사이좋게 지내지 않기 때문임.
- 아동·청소년의 인권 보호를 위해서 노동을 제한하고 유해요소로부터 보호하도록 「청소년 보호법」으로 보호하고 있는 이유는 발달의 정점에 달하는 성인이 되기 전에 건강한 신체, 인지, 정서 발달을 도모하기 위해서임.
- 의무 교육을 무상으로 실시, 「헌법」 제31조제2항에 '모든 국민은 그 보호하는 자녀에게 적어도 초등교육과 법률이 정하는 교육을 받게 할 의무를 진다'고 하여 헌법에서 초등교육을 의무화하고 있으며, 「교육기본법」 제8조제1항에서는 6년의 초등교육과 3년의 중등교육을 의무교육으로 지정하고 있음.

- 교육은 홍익인간의 이념 아래 모든 국민으로 하여금 인격을 도야하고 자주적 생활능력과 민주시민으로서의 자질을 갖추게 하여 인간다운 삶을 영위하게 하고 민주국가의 발전과 인류공영의 이상을 실현하는 데에 이바지하게 함을 목적으로 함(「교육기본법」 제2조-교육이념).
- 스스로 배우는 삶을 살아가게 하고(학습), 어떤 타인과도 원만한 사회적 관계를 맺는 것이 중요함.

3. 해야 할 것을 가르치기

▶ 도덕의 뜻에 대해 이야기 나누기
  - 도(道)는 어떤 길을 가리키는 말인지 질문하기
  - 덕(德)을 쌓는다는 것은 어떤 행위를 가리키는 말인지 질문하기
  - 톨스토이의 3가지 질문(가장 중요한 때는 언제인가? 가장 중요한 사람은 누구인가? 가장 중요한 일은 무엇인가?)하기
  - 가장 중요한 일은 지금 내 옆에 있는 친구에게 선을 베푸는 일
▶ 인간의 가능성을 확인하는 법
  - 사람의 가능성을 판단하는 근거에 대해 질문하기
  - 심리검사, 타인의 판단이나 관찰, 개인의 노력 중에서 가장 확실한 것은 무엇인지 질문하기
  - 스스로 노력하여 자신이 가진 재능이나 흥미 혹은 적성을 확인하는 길 이외에 효과적인 방법이 없음.
  - 지금 내게 주어진 일에 최선을 다해야 하는 이유는 내가 가진 가능성을 확인하기 위한 가장 효과적이고 유일한 수단이기 때문임.
▶ 학급 규칙은 단 두 가지: '지금 내 옆에 있는 친구에게 선을 베풀었는가?'와 '지금 내가 해야 할 일에 최선을 다했는가?'
  - 규칙의 수가 적으므로 인지부하를 최소화함.
  - 긍정적 행동을 기대하므로 스스로에 대한 긍정적 이미지 형성에 도움이 됨.
  - 교사가 없는 상황에서도 자신과 타인의 말과 행동에 대한 내적 기준을 세우는 데 도움이 됨.

47차시

훈화보다 대화

1. 훈화(訓話)와 또래 집단행동

▶ 앞으로의 행동이나 생활에 지침이 될 만한 것을 가르치는 교훈이나 가르쳐 보여주거나 타이르는 행위를 가리키는 훈시가 훈화임.
  - 훈화는 교사 한 명이 다수의 학생에게 전하는 말을 가리키는 경우가 많음.
  - 다수의 학생에게 행동이나 생활에 지침이 될 만한 것을 가르치거나 타이를 경우, 자신은 해당하지 않는다고 여겨서 모두가 주의를 기울이는 일은 거의 없음.
  - 정보의 전달사항이나 실제 잘못을 지적하는 생활지도는 물론, 수업내용 역시 각 개인의 주의 선택으로 인해 제대로 전달되지 않는 경우가 많음.
  - 메시지 전달의 수신 유무를 확인하기 위해 온라인 메신저에 1이란 기호를 넣어둠.
  - 1이 지워져도 자세히 읽지 않는 경우가 허다함.
  - 공개적인 자리에서 자신의 잘못을 지적당하면 고통스러운 순간에서 주의를 돌리는 보호행동을 하기 쉬움.
  - 스트레스 수준을 낮추기 위해 입력된 정보를 재평가하거나 다른 곳으로 주의를 전환하여 청각 신호를 왜곡함.
▶ 만 11세를 기준으로 또래행동이 증가하기 시작
  - 만 11세가 되면 스트레스 상황에서 보호자보다 친구들과 있을 때 코르티솔 수치가 낮아짐.
  - 만 13세가 또래활동이 최고조에 이르는 시기여서 중학교 2학년 학생들을 가장 가르치기 힘들어하는 것으로 보임.
  - 실제로 우리 뇌의 작업기억, 집행기능, 만족지연, 장기계획, 정서조절, 충동 통

제 등의 주된 역할을 하는 전두엽 피질에서 2차 가지치기(Pruning)가 일어나기 때문에 변연계에 있는 편도체(Amygdala)가 폭주를 해서 인지적 사고가 멈추기 쉬운 상황에 자주 놓임.
  - 후회할 때가 많지만 잘못을 인정하는 것이 스스로의 유능성을 공개적으로 낮추는 것으로 여겨서 무시할 때가 많기 때문에 믿을 수 있는 타인과의 개인 대화가 중요함.
▶ 집단행동이 위험한 이유
  - 특히 위계질서가 엄격한 집단에 들어가거나 자신을 함부로 대하는 가족이나 친구와 지낼 경우에 높은 스트레스 상황에 장시간 노출되는 것임.
  - 스트레스의 주된 반응인 도전 또는 회피 행동을 보이기 쉽다는 뜻임.
  - 타인을 공격하거나 스스로를 망가뜨리는 행동을 할 가능성이 높다는 의미임.
  - 청소년들의 극단적인 사건은 대부분 집단행동에서 비롯되는 경우가 많음.
▶ 훈화의 역효과
  - 신체 발달에 미치지 못하는 인지, 정서 발달은 청소년기 혼란의 주된 원인임.
  - 스스로 성인이라 인식하나 성인의 태도는 여전히 어린아이를 대하는 방식임.
  - 이에 무시당한다는 느낌을 받는 청소년은 자신을 둘러싼 성인에게 적대적이기 쉬움.
  - 또래행동이 절정에 다다른 청소년 집단을 대상으로 어린아이를 훈계하듯이 대하는 훈화에 주의를 기울이기보다 반감을 보일 가능성이 더 높음.
  - 자신과 비슷한 생각을 가진 또래의 의견에 더 주의를 기울이게 됨.
  - 미성숙한 또래의 판단에 다수의 말과 행동이 결정되는 위험에 놓임.

2. 대화가 중요한 이유

▶ 메라비언의 법칙: 의사소통의 7%는 말로 전달되고, 38%는 목소리 톤으로, 55%는 표정을 포함한 몸짓 등으로 전달된다는 연구
  - 다른 언어를 사용할 경우에는 비율이 달라지지만 비언어적 의사소통의 비중이 크다는 것을 확인시켜준 연구임.
  - '내일 보자'는 문자보다 '내일 보자. :)'는 문자가 더 심리적으로 편안함.

- 눈을 마주보고 나누는 일대일의 대화가 가장 효과적인 의사소통 방법임.

▶ 효과적인 피드백의 3가지 원칙
- 실제 과제 수행 수준을 높이기 위해서 가장 필요한 것은 피드백임.
- 피드백은 칭찬이나 격려가 아니라 정기적이고 구체적이며 설명이 포함된 정보를 전달하는 것이 중요함(TOP 20 PRINCIPLES -PRINCIPLE6).
- 일대일 개인지도에 높은 비용을 지불하는 이유는 학생 개인이 과제를 수행하는 과정(즉시)에 구체적인 정보를 제공할수록 수행의 정도가 달라지기 때문임.
- 일주일에 한 번보다 두 번이, 두 번보다 세 번이 더 효과적인 이유이기도 함.
- 따라서 즉시, 자주, 간격을 좁게 해서 행위에 대한 구체적인 피드백을 제공받는 것이 행동을 개선하는 데 가장 효과적인 방법임.

3. 대화를 통해 생활지도하는 법

▶ 기대효과(Rosenthal Effect)
- 하버드대 심리학과 로버트 로젠탈(Robert Rosenthal) 교수가 초등학교 교장 선생님과 함께 칭찬의 긍정적 효과를 실험함.
- 전교생을 대상으로 지능검사를 실시한 후 검사 결과와 상관없이 무작위로 뽑은 실험집단에 속한 학생들이 지능지수가 높은 학생이라고 교사에게 전달함.
- 실험 결과, 실험 전 IQ 결과와 상관없이 실험집단에 속한 학생의 지능이 더 높고 성적도 향상되었음.
- 목소리를 제거한 교사의 수업 영상만 보고도 교사가 학생을 긍정적으로 평가하는지, 부정적으로 평가하는지 학생 대부분 정확히 맞힘.
- 긍정적 기대의 언어적 표현과 실제 비언어적 표현의 일치가 중요하다는 의미임.
- 진심으로 학생을 긍정적으로 바라보는 교사의 지도와 여기에 부응하는 학생의 노력의 합이 중요함.

▶ 신뢰 구축하기
- 교사보다 훌륭한 사람으로 키우는 것이 교사로서의 로망(청출어람)임을 전달하기
- 교사가 생각하는 학생의 장점에 대해 전달하기
- 학생의 걱정과 고민 나누기

- 친한 친구들의 좋은 점에 대해 묻기
- 잘못된 행동을 할 때는 친구로서 어떻게 하는지 묻기
- 스스로를 위한 행동이나 친구들을 위한 행동 중 바람직한 행동을 이야기할 경우 개인적으로 약속하기(비밀 유지)
- 추후 개인적으로 약속에 대해 확인하고 응원의 마음 전하기

48차시

교사보다 친구

1. 교사와 학생 관계의 중요성
▶ 사람은 자신이 좋아하는 사람의 말에 귀를 기울임.
- 교사와 학생의 관계가 긍정적인 경우에는 전반적으로 학년이 더 높을수록 학교생활 참여가 더 높고 학업 성취도 유의미하게 좋으며, 부정적인 경우에는 초등학생의 경우에 더 강한 영향을 받음.
- 교사의 관심과 지원, 새로운 학습과 역량 향상을 촉진하는 과제, 친구와 함께 다양한 활동에 참여할 기회를 받을수록 학생의 동기부여, 인식된 역량, 학업 성취도, 친사회성이 좋아짐.

▶ 학습자 중심의 수업을 하려면 학습자의 관점에서 교실 수업을 바라보는 연습이 필요함.
- 학생과 교사 사이에 세상을 해석하는 방식의 차이가 있어서 올슨과 브루너(Olson & Bruner)는 교사가 자신의 일을 하기 위한 첫 번째 단계가 학생의 마음을 잘 이해할 수 있도록 노력하는 것이라고 함.
- 학생이자 한 개인으로서 아이들의 경험에 대해 아이들과 이야기 나누는 것이 중요함.
- 아이들의 보호자와 대화를 나누는 것(학부모 상담)은 아이들의 관심사와 학교 밖의 삶과 관련하여 부족한 부분을 채우도록 도울 수 있음.

▶ 교사 학생 관계는 모든 학교 급의 학생과 교사 모두에게 중요함.
- 교사와 학생 사이의 갈등이 적고 지지적일 때 영유아의 사회성, 학업성취가 더 좋음.

- 초, 중, 고등학교에서도 교사와 학생 사이가 긍정적일 경우에 학생의 참여가 더 높고, 성취가 높으며 위험한 행동에 참여할 가능성이 낮음.
- 교사가 가르치는 일의 기쁨을 느끼고 소진을 예방하는 데에도 도움이 됨.
- 교사의 스트레스 감소를 위해 교사의 사회정서 역량(teachers' social and emotional competence)을 지원해야 함.

▶ 모든 학생과 좋은 관계를 맺는 것은 불가능함.
- 교사의 관심과 지지가 모든 학생에게 긍정적으로 해석되지 않을 수 있음.
- 말과 행동에 대한 해석은 개인의 경험에 기반하기 때문임.
- 어떤 학생은 교사의 진심을 이해하고 공감하지 않을 수 있음.
- 그럼에도 불구하고 모든 학생과 좋은 관계를 맺으려는 교사의 노력은 가능함.

▶ 학년이 올라갈수록 교사보다 또래의 영향이 더 커짐.
- 교사와 일대일로 상호작용하는 시간보다 또래와 상호작용하는 시간이 더 많음.
- 같은 발달을 거치는 또래와는 내집단을, 자신과 다른 연령대인 교사는 외집단으로 느끼기 쉬움.
- 따라서 미성숙한 아이들의 집단행동이 위험한 행동을 초래할 가능성이 높음.

2. 친구의 역할

▶ 가장 친한 친구가 한 명이라도 있는 아이는 또래의 괴롭힘 예방이 중요함.
- 아이들의 괴롭힘이 증가할수록 아이들의 외현화 및 내현화 행동의 증가를 예측하였으나 친한 친구가 한 명만 있어도 나쁜 또래들의 괴롭힘으로부터 보호하기에 충분할 수 있음.
- 친한 친구가 한 명만 있어도 자존감이 더 높은 반면, 친구가 많다고 해서 자존감이 더 높아지지는 않음.

▶ 근묵자흑, 근주자적
- 친한 친구가 친사회적일수록 친사회적인 목표를 설정하고 스스로 친사회적인 행동을 할 가능성이 높음.
- 학생의 문제행동을 지적하고 훈계하기보다 친사회적인 친구와 어울릴 수 있는 기회를 제공하는 것이 훨씬 효과적일 수 있음.

▶ 대인매력이론의 3가지 구성 요인(유사성, 상호성, 근접성과 친숙성)
  - 타인의 호감을 결정하는 요인, 즉 자신과 비슷한 가치관이나 좋아하는 물건, 취미, 사람을 대하는 태도 혹은 정서를 가진 사람일수록 호감이 감.
  - 상대방이 자신을 긍정적으로 평가한다고 여길 때도 호감을 느끼고 좋게 평가할 가능성이 높음.
  - 가까울수록(근접성) 익숙함(친숙성)이 커져서 다음에 이어질 행동이 예측 가능해짐에 따라 심리적으로 편안함을 느끼기 쉬움.
▶ 자아의 확장이 타인에 대한 편견을 감소시킴.
  - 서로의 공통점을 바탕으로 타인을 이해할수록 서로에 대한 수용이 높아지고 하나의 공동체로 보게 됨.
  - 편견, 인종 차별, 타자화의 장벽을 허무는 가장 효과적인 방법 중 하나가 겉으로 보이는 정체성(성별, 거주지, 종교, 학력 등)이 아닌 인간적인 면을 서로 알아가도록 가르치는 것임.

3. 긍정적 사회자원 구축하기

▶ 나도 나도 게임
  - 원으로 둘러앉은 후 두 사람씩 짝 만들기
  - 1~2분 안에 서로 몰랐거나 눈에 보이지 않는 공통점 찾기
  - 시작 전에 눈에 보이는 공통점은 말하지 않도록 이야기하기(예: 안경을 썼다, 3학년 3반이다 등)
  - 서로 좋아하는 음식이나, 여가 시간에 무엇을 하는지, 가장 기뻤던 순간은 언제인지, 좋아하는 책이나 노래는 무엇인지 등 관심을 갖지 않으면 대답하기 어려운 질문하기
  - 시간이 다 되면 공통점을 공유하는 한 팀이 원의 가운데로 들어와 모두에게 공유
  - 같은 공통점을 가진 친구들도 함께 들어옴.
  - 뒤에 들어온 친구들 중 다른 공통점을 이야기함.
  - 다른 공통점에 해당하는 다른 친구들도 원 안으로 들어옴.
  - 모두가 원안으로 들어온 후 모두가 서로 비슷한 공통점으로 연결되어 있음을 확인

- 공통점의 주제를 음악, 운동, 음식 등으로 나누어 하거나 말이 아니라 동작으로만 표현하도록 할 수도 있음.

▶ 고마운 일, 미안한 일
- 한 달에 한 번 교사가 학생에게 고마운 일, 미안한 일, 바라는 일을 이야기하기
- 친구들과 선생님 그리고 가족에게 고마운 일, 미안한 일, 바라는 일을 생각하고 쓰고 발표하기(미리 양식을 나눠주고 생각해서 작성해 온 후 발표해도 됨)
- 감사를 표현할수록 행복감이 높아지고, 미안한 일을 생각해 볼수록 자기성찰이 향상됨.

[PART 7 참고 문헌]

교육부 (2023) 학교폭력실태조사

이동귀 (2016) 상식으로 보는 세상의 법칙 : 심리편. 21세기북스

천경호 (2023) 천경호 선생님의 보통의 교실, 단단한 학급경영. 우리학교

통계개발원 (2022) 아동청소년 삶의 질 2022

Aikins JW, Bierman KL, & Parker JG (2005). Navigating the transition to junior high school: The influence of pre-transition friendship and self-system characteristics. Social Development, 14, 42-60

Bowker A (2004). Predicting friendship stability during early adolescence. The Journal of Early Adolescence, 24, 85-112

Hosan NE, & Hoglund W (2017). Do teacher-child relationship and friendship quality matter for children's school engagement and academic skills? School Psychology Review, 46, 201-218

Ladd GW, Kochenderfer BJ, & Coleman CC (1996). Friendship quality as a predictor of young children's early school adjustment. Child Development, 67, 1103-1118

Chad M. Magnuson, Robert D. Enright, Becki Fulmer, Kirstin A. Magnuson (2009) Waging Peace through Forgiveness in Belfast, Northern Ireland IV: orgiveness in Belfast, Northern Ireland IV: Journal of Research in Education

Jong-Hyo Park, Robert D. Enright., et al.(2013) Forgiveness intervention for female South Korean adolescent aggressive victims. Journal of Applied Developmental Psychology Volume 34, Issue 6, November-December 2013, Pages 268-276

Robert D Enright and the Human Development Study Group. (1991) Handbook of moral behavior and development (pp.123-151) Chapter: The moral development of forgiveness

Robert D. Enright & Richard P. Fitzgibbons (2014) Forgiveness Therapy: An Empirical Guide for Resolving Anger and Restoring Hope. American Psychological Association

Suzanne Freedman (2018) Forgiveness as an educational goal with at-risk adolescents, Journal of Moral Education, 47:4, 415-431

Wegner, D. M. (1994). Ironic processes of mental control. Psychological Review, 101(1), 34-52

Taysi, E., Vural, D. (2016) Forgiveness Education for Fourth Grade Students in Turkey. Child Ind Res 9, 1095-1115

Lev Nikolayevich Tolstoy(2018) 세 가지 질문. 더클래식

Nicole L. Mead, Roy F. Baumeister, Francesca Gino, Maurice E. Schweitzer, Dan Ariely (2009) Too Tired to Tell the Truth: Self-Control Resource Depletion and Dishonesty, J Exp Soc Psychol. 2009 ; 45(3): 594-597

Tracy Alloway (2014) 파워풀 워킹 메모리, 문학동네

Wegner, Daniel M. 2009. How to think, say, or do precisely the worst thing for any occasion. Science 325(5936): 48-50

정성훈(2011) 사람을 움직이는 100가지 심리법칙. 케이앤제이

APA (2015) TOP 20 PRINCIPLES FROM PSYCHOLOGY FOR PreK-12 TEACHING AND LEARNING Coalition for Psychology in Schools and Education

Mehrabian, A. & Wiener, M. (1967). Decoding of inconsistent communications. Journal of Personality and Social Psychology 6 (1), p. 109-114

Mehrabian, A. & Ferris, S. (1967). Inference of attitudes from nonverbal communication in two channels. Journal of Consulting Psychology, 31 (3), p. 248-252

Barry, C. M., & Wentzel, K. R. (2006). Friend influence on prosocial behavior: The role of motivational factors and friendship characteristics. Developmental Psychology, 42(1), 153-163

Bishop, J. A., & Inderbitzen, H. M. (1995). Peer Acceptance and Friendship: An Investigation of their Relation to

Self-Esteem. The Journal of Early Adolescence, 15(4), 476-489

Denise H. Daniels and Kathryn E. Perry (2003) Theory into Practice, Vol. 42, No. 2, Learner-Centered Principles: A Framework for Teaching, pp. 102-108

Frank Naumann(2009) 호감의 법칙. 그책

Hodges, E. V. E., Boivin, M., Vitaro, F., & Bukowski, W. M. (1999). The power of friendship: Protection against an escalating cycle of peer victimization. Developmental Psychology, 35(1), 94-101

Olson, D., & Bruner, J. (1996). Folk psychology and folk pedagogy. In D. Olson & N. Torrance (Eds.), The handbook of education and development: New models of learning, teaching, and schooling (pp. 9-27). Malden, MA: Blackwell

Page-Gould E, Mendoza-Denton R, Mendes WB. Stress and coping in interracial contexts: The influence of race-based rejection sensitivity and cross-group friendship in daily experiences of health. J Soc Issues. 2014 Jun;70(2):256-278

Roorda, D. L., Koomen, H. M. Y., Spilt, J. L., & Oort, F. J. (2011). The influence of affective teacher-student relationships on students' school engagement and achievement: A meta-analytic approach. Review of Educational Research, 81(4), 493-529

Samuel L. Gaertner , John F. Dovidio , Phyllis A. Anastasio , Betty A. Bachman & Mary C. Rust (1993) The Common Ingroup Identity Model: Recategorization and the Reduction of Intergroup Bias, European Review of Social Psychology, 4:1, 1-26

Timothy W. Curby, Jennifer LoCasale-Crouch , Timothy R. Konold et al,. (2009) The Relations of Observed Pre-K Classroom Quality Profiles to Children's Achievement and Social Competence, Early Education and Development, 20:2, 346-372

Watkins, P., Woodward, K., Stone, T., & Kolts, R. (2003). Gratitude and happiness: Development of a measure of gratitude and relationships with subjective well-being. Social Behavior and Personality: An international journal, 31(5), 431-452

PART 8

학부모 관계

49차시
부정성 편향과 부모님께 보내는 편지

1. 부정성 편향

▶ 부정적 사건이나 감정이 긍정적인 사건이나 감정보다 더 강력한 영향을 미치는 경향
  - 부정적 감정을 일으키는 사건을 언론은 기사로 내보내는데, 사람들은 긍정적인 사건보다 부정적인 사건에 더 주의를 기울이는 경향
  - 부정적 정서 경험을 피하고 싶은 본능에 따라 부정적 정서를 일으키는 사건이나 정보에 더 주의를 기울이는 것이 자기 보호에 효과적

▶ 자신에게는 낙관성 편향(Optimism bias)
  - 강력범죄로 감옥에서 복역 중인 사람들은 자신들이 일반 사람보다 정직하고 도덕적이며 스스로를 잘 다스리고 타인을 생각하는 마음이 크다고 평가함.
  - 자신에 대해서는 지나치게 낙관적으로 평가하는데 과제 기한을 방해할 요소를 고려하지 못한 채 완료 시점을 짧게 잡음.

▶ 결정적 긍정성 비율(Critical positivity ratio)
  - 일정 기간 정적 정서 경험이 부적 정서 경험의 3배 정도 높으면 좋은 하루를, 그 이하면 힘든 하루를 보낸 것을 의미함.
  - 하루 중 90% 이상 정적 정서 경험하는 이들은 이기적이거나, 조증이거나, 부인(Denial)을 잘하거나 지나치게 비현실적으로 보임.
  - 프레드릭슨과 로사다(Fredrickson & Losada)의 연구에서 보듯이 긍정성의 일반 이론(General theory of positivity)에 따르면 1:3~12(정확히는 1:2.9~1:11.6) 정도 사이의 부적 정서와 정적 정서 경험의 비율이 건강한 삶인

것으로 보임.

2. 부정성 편향과 보호자와의 관계

▶ 과거의 경험으로 현재를 판단
  - 영국의 런던과 스페인의 마드리드에 비가 올 확률이 10%라고 할 때 런던에 비가 올 가능성이 더 크다고 여기는 경향이 있음.
  - 일의 과정이 익숙할수록 자신의 과거 경험이 재현될 가능성이 크다고 판단함.

▶ 손실회피(Loss aversion)
  - 카너먼과 트버츠키(Kahneman & Tversky)에 따르면 얻는 것보다 잃어버리는 것의 가치를 더 크게 평가하는 것으로 같은 금액을 얻었을 때보다 잃었을 때 가치를 약 2배 정도로 평가한다고 함.
  - 하나의 긍정적 사건에 비해 하나의 부정적 사건이 두 배에서 다섯 배 정도 더 큰 정서적인 영향을 미침.
  - 나쁜 일은 좋은 일보다 최소 두 배 더 강력한 영향을 미치며, 돈이나 물건이 아닌 정서와 관계된 경우에는 세 배 더 강력한 영향을 미친다고 함.
  - 손해를 볼 위험에 놓이면 더욱 비합리적으로 행동하는 것임.
  - 자신이 손해를 본다고 여기면 비상식적으로 행동하기 쉽다는 뜻임.
  - 어디에 주로 주의를 기울이는지 확인할 수 있음.

▶ 부정성 편향과 보호자와의 관계
  - 매체 사용 시간이 늘어날수록 부정적 사건이나 경험에 주의를 기울이기 쉬움.
  - 스스로에 대해서 낙관적 편향을 지니기 쉬움.
  - 지나친 가사와 양육 스트레스는 부정적 정서 경험이 긍정적 정서 경험보다 클 가능성이 큼.
  - 아이의 학교생활을 경험해 보지 못한 보호자는 자신의 과거 학창 시절 경험으로 현재 내 아이의 학교생활을 추정하기 쉬움.
  - 자녀를 키우는 이웃 간의 친밀한 교류가 거의 없음.
  - 아이를 키우는 어려움은 공유되지 못하고 어려움을 해결하기 위한 확인되지 않은 정보가 자주 공유됨.

- 학부모 총회, 학부모 공개수업, 학부모 상담 이외에 학교와 교사를 이해할 기회도 거의 없음.
- 내적 친밀함이 없는 공동체 구성원 간 정보 격차로 인해 아이 교육에 손해를 볼지 모른다는 두려움이 커짐.
- 손실회피의 원리에 따라 내 아이가 손해를 본다고 여길 경우에는 비상식적으로 행동하기 쉬움.

▶ 가정과 학교 간 협력의 중요성
- 수잔 쉐리던(Susan M. Sheridan) 등의 '가족-학교 개입과 아동의 사회·정서적 기능에 대한 메타 연구'에 따르면 부모와 자녀 사이의 관계를 개선하고, 보호자가 학생과 함께 학교 교육에 참여하도록 할수록 학생들의 언어능력, 학업성취, 학교에서의 적응 행동이 크게 개선되었다고 함.
- 앤 핸더슨(Anne T. Henderson)과 카렌 맵(Karen L. Mapp)의 '학교, 가족, 지역사회와의 연계가 학생 성취도에 미치는 영향에 관한 메타 연구'에 따르면 위와 같은 교사와 보호자의 협력관계 구축을 위해 아동의 교육적 발달이 공동의 과제라는 것을 보호자에게 인식시켜야 하고, 모든 보호자가 자녀가 잘하기를 바란다는 것을 교사 자신도 인식해야 한다고 함.
- 따라서 가정과 학교에서 보내는 일상의 공유와 학교와 가정 간 협력관계를 구축하기 위한 소통, 과학적 근거를 기반으로 한 효과적인 교육방법에 관한 안내가 교육활동의 가시적 효과를 만들기 위해 반드시 필요한 일이라 할 수 있음.

3. 부모님께 보내는 편지

▶ 집단에 대한 이미지는 부정적, 개인에 대한 이미지는 긍정적이기 쉬움.
- 학생과 학생의 보호자가 각각 학교와 교사를 어떻게 생각하는지 알 수 없음.
- 처음 만나는 타인과 믿을 수 있는 관계를 맺는 첫걸음은 자기개방임.
- 보호자에게 보내는 첫 번째 편지에 해당하는 담임 소개서는 각종 규칙이나 챙겨야 할 준비물보다 어떤 교육을 하고 싶은지(교육철학), 이를 위해 어떤 이론을 바탕으로 어떻게 가르칠 것인지(교육이론) 소개하는 것이 중요함.
- 규칙이나 챙겨야 할 준비물 혹은 가정에서 지도하기를 바라는 여러 가지 효과

적인 방법에 대해 안내하는 것은 인지부하이론에 따라 바쁜 일상을 보내는 대다수의 보호자가 주의를 기울이기 어려울 수 있음.
- 이는 학교나 교사에 대한 부정적 이미지를 가진 보호자로 하여금 협력보다 공격이나 무관심한 행동을 일으키기 쉬움(스트레스 반응).
- 따라서 교사가 가진 철학과 이를 실현하기 위한 이론, 이론을 구체화하는 실천 방법을 안내하는 것이 교원의 전문성을 표현하는 방법이자 보호자의 신뢰를 얻는 첫걸음임.

▶ 같은 방식으로 아이를 대하는 보호자 연대를 만드는 것이 목적
- 대다수 OECD 국가의 출산율이 낮은 것에서 보듯이 아이를 키우는 일은 어렵고 고된 일임.
- 통계 개발원에서 발표한 '2022 아동청소년 삶의 질 보고서'에 따르면 아동학대 피해 경험률은 2001년 10만 명당 17.7건에서 2021년 10만 명당 502.2건으로 급증하였음.
- 다수의 아동학대 가해자가 주 양육자임.
- 2021년 민법의 친권자의 징계 권한 삭제되었음.
- 신체학대와 정서학대 비율이 비슷한 수준으로 증가하고 있음.
- 감정도 읽어주지 못하고 행동조차 말이 아닌 물리적인 힘으로 통제하는 가정과 민주적인 방식으로 학급운영을 하는 교실은 학생에게 서로 상반된 공간이 됨.
- 양가적인 가치관을 따라야 하는 학생은 혼란을 경험하기 쉬움.
- 따라서 학교와 동일한 방식으로 가정에서 자녀를 존중하도록 하는 것이 중요함.
- 이는 정서적 안정감을 바탕으로 인지적 학습이 이루어지기 때문임.

▶ 부모님께 보내는 편지의 내용
- 학교에서 일어난 일과 가르친 내용 그리고 그 일에 대한 교사의 지도 원리 혹은 방법 소개
- 아이들이 기울인 노력과 긍정적이고 바람직한 행동에 대한 소개
- 힘든 일임에도 믿고 응원하는 방식으로 양육해 주셔서 감사하다는 표현
- 보호자 의견을 쓰는 란

50차시

가족 숙제와 자녀에게 편지 쓰기

1. 가족 숙제의 의미와 목적

▶ 가족의 지지 요인
- 보호자와의 친밀한 관계
- 보호자 사이의 갈등이 적은 화목한 가정
- 자녀의 교육에 함께하는 보호자
- 긍정적인 기대와 안정적인 규칙을 따르는 지지적인 가족 문화
- 가족 구성원이 상호 신뢰하고 존중하는 관계 등

▶ 의미 있는 활동의 중요성
- 피터슨(Peterson)과 셀리그만(Seligman)의 행복과 삶의 만족도에 관한 연구에 따르면 즐겁고 흥미롭고 의미 있는 활동을 할수록 삶의 만족도가 높아짐.
- 허프만(Huffman) 등에 따르면 정신적으로 어려움을 겪는 사람들에게도 의미 있는 재미있으며 가치 있는 활동을 통해 낙관성이 높아지고 절망감이 줄어들었다고 함.
- 켈트너(Keltner) 등은 친사회성은 직관적이고 보편적이며 인간의 행동 경향에 깊게 뿌리를 내리고 있을 가능성이 크다고 함.
- 따라서 서로를 위한 즐겁고 의미 있는 행동은 아동 청소년의 가족 지지 요인을 높이는 데 도움이 될 것으로 예상됨.

▶ 가족 숙제의 목적
- 스테거(Steger) 등에 따르면 의미 있는 일은 개인의 성장에 중요하고 더 큰 선에 기여한다고 함.

- 앨란(Allan) 등에 따르면 의미 있는 일은 안녕감과 정신건강을 촉진하는 역할을 한다고 함.
  - 가족이 함께하는 의미 있는 일을 통해 가족 구성원의 안녕감과 정신건강, 학생 개개인의 성장을 도모할 수 있음.
  - 아이를 키우는 양육 스트레스를 줄이고, 자녀와 긍정적인 관계를 맺으며, 아이의 자기결정성을 높이는 활동을 가족과 함께 하도록 돕는 일임.
  - 자녀에게 긍정적이고 가족 구성원 간 화목하며 정서적으로 안정적인 가정이 될수록 학교생활 참여가 높아지고, 사회적 관계가 좋아지며, 학업 성취가 향상될 가능성이 높아질 것으로 기대됨.
  - 가정의 화목은 가계소득과 상관이 적음.
  - 가정 내 아동학대 예방과도 관련됨.
  - 교사의 소진을 예방하고 가르치는 일의 의미를 자주 경험하기 위한 요인과 관련됨.
▶ 가족 숙제의 예시
  - 가족에게 선생님의 훌륭한 점, 고마운 점을 찾아서 이야기하기
  - 가족에게 고마웠던 일 말씀드리기 / - 가족이 좋아하는 노래 한 곡 같이 듣기
  - 하루 동안 있었던 일 중 좋았던 일에 대해 눈을 마주 보고 이야기하기
  - 가족들의 좋은 친구에 관해 이야기 듣기
  - 가족이 좋아하는 책 소개받기 / - 가족의 눈 마사지 해드리기 등

2. 편지의 이로움

▶ 말은 날아가지만 글은 남는다(Verba volant scripta manent. 라틴어 격언).
  - 말에 관한 기억은 왜곡되기 쉬움.
  - 글은 시간이 지나도 달라지지 않음.
  - 루보머스키(Lyubomirsky)의 연구에 따르면 한 사람이 8주 동안 한 주에 15분씩 감사편지를 쓰면 실험이 끝난 후 9개월까지 행복감을 높여졌다고 함.
  - 셀리그만(Seligman) 등의 연구에 따르면 감사편지를 직접 전달하는 것도 행복감을 높인다고 함.
  - 누군가와 관련된 고마운 일을 떠올리고 고마운 마음을 표현하는 활동이 자신

과 타인 모두의 행복감을 높이는 데 큰 도움이 됨을 알 수 있음.

3. 자녀에게 보내는 부모님의 편지

▶ 편지를 받는 건 어른, 편지를 쓰는 건 아이들
- 스승의 날 행사로 선생님에게 편지를 쓰는 아이들이 많음.
- 편지를 받은 선생님에게 답장을 받은 아이들은 거의 없음.
- 어버이날 행사로 보호자에게 편지를 쓰는 아이들이 많음.
- 편지를 받은 보호자에게 답장을 받은 아이들은 거의 없음.
- 타인을 위한 행동에 대하여 물질적 보상이 아닌 정서적 보상이 바람직한 행동을 증진시키는 데 효과적임.
- 덴햄(Denham)과 코차노프(Kochanoff)에 따르면 자기 삶의 고마운 일에 대한 감사 표현이나 보답을 일관되게 보일 때, 특히 자녀가 보여준 고마운 일에 대해 보호자가 고마운 반응을 보여주는 것과 같은 정서 반응에 대한 보호자의 모델링이 정서 발달에 가장 강력한 요인이라고 함.

▶ 아이들이 커갈수록 가족이 함께 어울리는 시간이 줄어듦.
- 가족보다 또래와 어울리는 시간이 더 김.
- 따라서 보호자보다 또래 집단의 인정을 받는 것이 중요해짐.
- 이는 가족 갈등의 원인으로 작용하기 쉬움.
- 함께하는 시간이 줄어들수록 서로의 행동을 이해하기 어려워짐.
- 이해하기 어려운 만큼 오해하기 쉬워지고 갈등이 깊어지는 악순환에 빠짐.
- 따라서 보호자와 자녀 사이의 친밀하고 긍정적인 관계를 맺기 위한 상호 간 장기간에 걸친 노력이 필요함.

▶ 언제나 삶을 함께 살아가는 것은 아님.
- 아이들도, 보호자도 서로에게 언제나 건강하게 존재하지 않을 수 있음.
- 가족 구성원의 상실에 대하여 서로를 위하는 마음이 담긴 의미 있는 흔적을 갖는 것이 중요함.
- 흩어지지 않고 남아 있는 보호자의 자녀를 위하는 마음이 담긴 편지가 살아남은 사람의 삶에 위안이 됨.

51차시

생일 프로젝트

1. 은혜를 아는 것은 인륜

▶ 학생의 생일은 보호자와 학생 모두에게 중요한 의미
  - 많은 교실에서 학생의 생일을 축하하는 활동을 함.
  - 반면 아이를 키운 보호자의 노고는 다루지 못할 때가 많음.
  - 학교라는 공간에서 교사와 친구들의 관심과 지지를 받고 있음을 보호자에게 확인시키기 좋은 기회임.

▶ 감사란 자신에게 생긴 좋은 일이 다른 사람 덕분이라는 것을 인정하며 고마워하는 마음
  - 감사심리학을 연구하는 왓킨스(Watkins) 등에 따르면 자신에게 좋은 일이 생겼다는 것을 확인할 때와 누군가의 노고 덕분에 이로움을 얻었다는 것을 인정할 때 감사를 경험한다고 함.
  - 프로(Froh), 보노(Bono), 에몬스(Emmons)는 감사가 삶의 만족도를 높이는 주된 이유 중 하나가 감사가 사회적 통합 과정에 도움을 주기 때문이라고 함.
  - 프로(Froh), 유르케비치(Yurkewicz), 카슈단(Kashdan)은 고마운 일 헤아리기와 같은 감사 개입 프로그램에 참여한 이후에 안녕감이 크게 증가하였다고 함.
  - 프로(Froh), 세픽(Sefick), 에몬스(Emmons)는 청소년기의 고마운 일 헤아리기와 같은 감사 개입 프로그램이 청소년의 낙관성, 삶의 만족도를 높여주고 부적 정서를 줄여주며, 학교생활 만족도도 크게 높였다고 함.
  - 따라서 고마운 일과 고마운 사람을 찾아 고마운 까닭을 생각해보고, 고마운 일을 써보며 고마움을 표현하고 고마움에 보답하는 감사활동은 학생 개개인의

삶의 만족도와 낙관성, 학교생활 만족도를 높이고 부적 정서를 줄이며 공동체 구성원으로서의 학교 사회의 통합성도 높일 수 있을 것으로 기대함.

2. 친절, 감사 그리고 우정

▶ 친절과 감사 그리고 우정의 관계
- 블루스(Bluth) 등의 연구에 따르면 학생들은 자신을 행복하게 해주는 소중한 누군가에 대해 생각하고 상대를 위하는 바람직한 바람을 전하는 활동을 할수록 우울, 스트레스, 부정적 정서가 줄어들었고 리질리언스가 커졌으며, 새로운 활동에 도전하려는 마음도 커졌다고 함.
- 워네킨(Warneken)과 토마셀로(Tomasello)의 연구에 따르면 14개월 만 되어도 보답이나 평판과 상관없이 손닿지 않는 곳의 물건을 가져다주는 등의 이타적인 행동을 하는 경향이 있음.
- 외적 보상은 이와 같은 이타적 행동의 경향을 약화시킴.
- 레이우스(Layous)와 넬슨(Nelson) 등에 따르면 친절한 학생들은 친구들에게 도움이 되고 협조적이며 스스로 정서적으로도 잘 적응하는 것으로 나타남.
- 카프라라(Caprara)와 바바라넬리(Barbaranelli) 등의 연구에 따르면 어릴 때부터 이뤄지는 친사회적 행동이 학업적, 사회적 성취에 큰 영향을 미쳤음.
- 친구와 함께 타인을 돕는 의미 있는 활동은 아이들의 사회적 기술과 정서적 기술을 높이는 데 도움이 됨.

3. 좋았던 과거 떠올리기

▶ 좋았던 과거를 떠올리기
- 카버(Carver)와 존슨(Johnson)에 따르면 긍정적인 정서 경험을 자주 꺼내서 이야기할수록 우울증이 덜하고 더 자주 행복감을 느낌.

▶ 부모님 자랑하기(학생이 보호자에 대하여)
- 부모님이 고마웠던 일 쓰기(시간, 장소, 사건을 자세히 써주세요.)
- 부모님께 미안했던 일 쓰기(시간, 장소, 사건을 자세히 써주세요.)
- 부모님과 함께해서 좋았던 일 쓰기(시간, 장소, 사건을 자세히 써주세요.)

- 좋은 사건을 음미할 수 있고, 더 좋은 관계를 맺기 위해 스스로 노력해야 할 점을 고민하게 할 수 있으며, 언젠가 헤어짐의 순간이 왔을 때 긍정적으로 추억할 수 있는 흔적을 만드는 데 도움이 되기 때문임.
- 부모님 자랑하기와 관련된 교사의 이야기를 들려주거나 서로 이야기를 공유하는 것이 도움이 됨.
- 종업(졸업)식 날 돌려주기

▶ 부모님의 노고 기억하기(보호자가 학생에 대하여)
- 아이가 커갈수록 아이에 대한 새로운 기대가 더해지며 관계가 나빠지기 전에 보호자가 처음 아이를 가졌을 때의 마음을 다시 떠올리는 계기를 만들고자 함.
- 아이를 갖기 시작한 순간부터 태어날 때까지 보호자가 기울인 노고를 이해함으로써 부모에게 자신이 얼마나 소중한 존재인지 느끼게 하고자 함.
  - 부모님이 저를 가졌을 때 있었던 음식과 관련된 에피소드를 알려주세요.
  - 부모님이 저를 가졌을 때 한 여행이나 이동(버스나 전철, 기차 탈 때 어떻게 조심하셨는지 등)과 관련된 에피소드를 알려주세요.
  - 부모님이 저를 가졌을 때 힘들었던 일이 있으면 알려주세요.
  - 제가 태어났을 때, 처음 "아빠" 또는 "엄마"라고 말했을 때, 처음 걸음마를 시작했을 때가 언제였는지, 어떤 느낌이었는지 알려주세요.
- 종업(졸업)식 날 돌려주기

▶ 생일 맞은 친구의 좋은 점 쓰기(친구가 학생에 대하여)
- 모든 가정의 공통 고민 중 하나가 '학교폭력'임.
- 내 아이를 둘러싼 반 친구들과의 관계가 보호자의 주된 관심사임.
- 비난은 쉽고, 칭찬은 어려움.
- 칭찬에는 근거, 근거 찾으려면 관찰이 필요하며, 관찰하려면 관심을 가져야 함.
- 평상시에 친구들의 노력하는 모습, 잘 해내는 모습, 남을 위하는 모습을 찾아서 기록해 두는 것이 도움이 됨.
- 반 아이들이 적어 준 생일인 친구의 좋은 점 3가지를 한데 모아서 '○○○을 훌륭한 친구로 길러주셔서 감사합니다. ○학년○반 친구 일동'이라고 써서 생일인 아이의 보호자에게 선물로 보내드림.

52차시

학부모 상담

1. 기댈 곳이 없는 부모
▶ 동료 양육자를 만날 수 없는 보호자
  - 낮은 출산율로 아이를 키우는 이웃을 만나기 어려움.
  - 공동주택 거주의 문제점 중 하나인 층간소음으로 이웃 간 교류가 어려움.
  - 아이 키우는 어려움을 이해하는 이웃이 줄어듦.
  - 아이를 믿고 맡길 이웃이 사라짐.
  - 친척 간의 왕래가 줄어들어 아이를 키우는 친척 간 교류도 거의 없음.
  - 내 아이와 비슷한 또래의 아이들을 만나기 힘듦.
▶ 동료가 아닌 경쟁 상대로서의 이웃
  - 이웃과 함께 시간을 보내기 어려움.
  - 같은 또래의 자녀 간 신체, 인지, 정서 발달의 차이에 주목하기 쉬움.
  - 개인 간 발달의 차이가 양육의 결과라고 오인할 가능성이 큼.
  - 아이가 커갈수록 비슷한 발달을 거치는 또래 친구의 보호자와 집단을 이루는 경향이 강함.
▶ 아이를 맡아 가르칠 교사에 대한 정보 부족
  - 담임 이름만 소개하는 학부모 총회, 학기별 1회에 불과한 학부모 공개수업, 20~30분에 불과한 학부모 상담
  - 교사와 학생 사이의 관계가 학부모가 교사를 알 수 있는 유일한 통로
  - 오해가 쌓이기 쉬운 구조
  - 사실상 학부모 상담이 학부모가 교사를 직접 만나서 판단할 수 있는 유일한 기회

2. 교사와 학부모는 학생의 행복과 성장을 위한 한편
▶ 아이를 대하는 일관된 태도 형성하기
- 스트롬(Strom)과 보스터(Boster)의 2007년 메타 연구에 따르면 학교에 대한 보호자의 긍정적 기대를 자녀와 공유하는 것이 65%로 자녀와 나누는 긍정적 의사소통 중 학업성취도에 미치는 영향이 가장 컸음.
- 보호자가 학교와 교사에 대하여 긍정적인 기대를 갖고 자녀와 의사소통하는 것이 학생의 학업성취도에 중요하다는 뜻임.
- 교사와 보호자는 학생의 삶에 가장 큰 영향을 주는 아이보다 성숙한 타인임.
- 교사는 보호자를, 보호자는 교사를 상호 존중하는 태도가 학생에게 전달됨.
- 학업성적보다 인간적 성장을 중요하게 여기고, 학원생활보다 학교생활을 우선하는 태도
- 아이 스스로의 노력, 아이가 남을 위해 애쓴 일 등 아이의 성장에 주목하고 서로 공유하기

3. 학부모 상담 내용 및 순서
▶ 가정에서의 일상이 학교생활에 미치는 영향과 관련된 질문
- 아이가 학교생활(교사와 친구)을 어떻게 느끼는지: 보호자 및 학생 사이의 관계 및 학생의 학교 생활 만족도 관련
- 밤에 잠은 잘 자는지(수면의 양, 코로 숨을 쉬는지, 잘 깨지는 않는지 등): 학생의 학습의 효율성과 심리적 안녕감 관련
- 방과후나 주말 여가 활동은 어떻게 보내는지: 학생의 친구관계와 가족관계의 질 관련
- 저녁식사는 누구와 함께하는지: 학생의 가족관계 및 가정의 분위기 파악
- 자녀와의 대화는 어떤지 등: 학생과 보호자가 나누는 대화 주제 파악

▶ 양육과 관련된 보호자의 궁금증 해소
- 교과학습 성취 수준
- 교우 관계
- 수업 태도 및 주의집중력

- 아이의 노력, 고마운 점, 친구를 위한 행동 등
▶ 보호자에게 부탁하는 행동
	- 등교할 때는 배웅을, 하교할 때는 마중을
	- 가능하면 배웅이나 마중할 때 포옹이나 하이파이브도 함께
	- 아이와 나누는 대화의 주제는 사소한 것에서 시작(음악, 영화, 스포츠, 게임, 음식, 패션, 책 등)
▶ 보호자에게 부탁하는 질문
	- 오늘은 어떤 좋은 일이 있었는지?(관계)
	- 오늘은 어떤 질문을 했는지?(학습)
	- 친구나 선생님의 훌륭한 점이나 고마운 점 혹은 배울 점에 대해 묻기(사회적 지능 관련)

53차시

학부모 공부 모임

1. 학부모 교육의 실효성
▶ 전문가 초청 학부모 교육
- 전문가는 학급 학생에 대한 이해가 없으므로 보편적 특성에 대하여 이야기하기 쉬움.
- 학생의 일상에 대한 관찰 없이 전문가의 경험이나 지식을 바탕으로 내용을 전달하기 쉬움.
- 1회성 학부모 교육 강의 수강 후 배운 것을 실천한들 전문가의 피드백을 받기 어려움.
- 교사 학생 관계 및 학생과 학생 관계는 다루기 어려움.

▶ 돌봄소진 Caring Burnout(스코브홀드 Skovholt, 그리어 Grier, 핸슨 Hanson (2001))
- 전문가로서의 애착이 에너지를 소모시킴.
- 쉼 없는 돌봄에도 불구하고 사람을 상대하는 직업을 가진 사람들은 자신이 하는 일이 가치 있다는 것을 확인하고 싶어함.
- 일의 특성상 즉각적인 결과가 보이지 않아 자신이 하고 있는 일이 변화를 가져오는지 의심하게 되고, 심신을 약화시키는 결과를 초래하기 쉬움.
- 같은 일을 하는 동료와 교류가 거의 없거나 지나치게 어려움이 많은 아이를 만나고 있거나 업무 이외에 동료 혹은 가족으로부터 다른 관심을 받지 못하는 경우, 점점 더 내담자에게 집중하기 힘들고 하던 대로 무심하게 반응하는 현상을 돌봄소진이라 함.

▶ 자조집단의 필요성
- 공통적인 문제를 가진 사람들이 모여 공통의 목적을 위하여 자발적인 비전문적 활동을 함으로써 집단 구성원 개개인이 도움을 얻는 모임임.
- 교육과 양육이라는 사람을 길러내는 어려움을 겪는 교사와 보호자가 한데 모여 학생의 건강한 성장과 행복을 위해 자발적으로 모여서 도움을 주고받는 모임이 필요함.

▶ 정보 공유보다 필요한 정서 공유
- 온라인 커뮤니티(맘카페, SNS 등)를 통한 양육 관련 정보 공유는 활발히 일어남.
- 현재 내 아이가 다니는 학교의 보호자들과 나누는 정서 공유는 거의 일어나지 않음.
- 보호자로서 부모로서의 어려움을 토로할 곳이 없음.

▶ 부정확한 정보 공유의 문제
- 온라인 커뮤니티를 통해 얻은 정보의 편향성
- 학습, 학원 이외의 발달이나 학교생활에 관한 정보 부족 또는 왜곡된 정보 습득
- 각기 다른 학교급 및 학년별 차이에 대한 몰이해

▶ 낮은 이해가 불러오는 낮은 신뢰
- 학생과 관련된 정보를 주로 제공하는 쪽은 생존이 걸린 학원
- 학교 교육과정 및 학교생활의 중요성에 대한 낮은 인식
- 학교생활보다 중요한 학원생활
- 학교와 교사에 거는 낮은 기대와 교사를 신뢰하지 않는 학생

2. 학부모 공부 모임의 필요성

▶ 학부모 모임의 과거
- 과거에는 아이들이 등교하면 보호자들이 서로 모여서 자녀 양육 및 각 가정사에 대한 고민을 털어놓고 조언을 구하는 자생적인 자조집단이 존재했음.
- 특히 서로 다른 다양한 연령대의 자녀를 둔 여러 보호자를 통해 부모로서 자녀를 키우며 갖게 되는 여러 가지 고민이나 어려움을 즉시, 자주, 정기적으로 물어볼 기회가 있었음.

- 매체가 발달하면서 다양한 정보의 홍수에 휩싸여 있으나 정작 내 아이와 관련된 정보를 분류하고 습득하기는 이웃과의 소통 부재로 인해 불가능에 가까워짐.
- 흩어진 가정이 각기 다른 경로를 통해 자녀의 발달 등에 대한 '냉장고 엄마'나 '왕의 DNA' 같은 비과학적인 정보를 접함으로써 아이는 물론 아이를 둘러싼 많은 이들을 고통으로 내몰기도 함.
- 따라서 여러 사람의 교차 검증을 거친 과학적 근거를 기반으로 한 전문적인 양육 정보를 배우고 실천할 수 있는 기회가 절실함.

3. 교육의 주체(교사)와 협력의 주체(학부모)가 함께 만드는 공동체

▶ 학습의 주체(학생)를 위해 반드시 필요한 가정과 학교의 협력
  - 보호자에 비해 학생의 학교교육활동에 대한 이해가 높은 교사
  - 교사에 비해 자녀의 가정생활에 대한 이해가 높은 학부모
  - 학교와 가정이라는 서로 다른 환경에서 지내는 학생의 삶을 공유
  - 학생에 대한 깊은 이해가 학습자 중심 수업의 바탕이자 가정 내 긍정적 의사소통의 밑거름

▶ 학부모 공부 모임 만들기
  - 학교장 및 교감 선생님의 동의 구하기
  - 학부모회 업무 담당자를 통한 학부모 공부모임 일정과 방식의 학부모 안내
  - 공부 모임 횟수 정하기(예: 1학기에 6회씩 1년간 12회 실시)
  - 공부 모임 간격 및 시간 정하기(1주 간격으로 2시간씩, 2주 간격으로 1시간씩 등)
  - 한 학기에 함께 읽을 책을 정한 후 매회 정해진 분량을 함께 읽고 서로의 생각 나누기
  - 매회 간단한 실천과제를 정하고 실천한 후 다음 회기에 소감 나누기

▶ 공부 모임 참가자가 지켜야 할 태도 2가지
  - '당신의 아이를 모릅니다.', '당신의 아이가 궁금합니다.'
  - 함부로 충고, 조언, 평가, 판단하지 않도록 경계하기 위함.

▶ 긍정적인 면과 한계
  - 보호자의 학교생활에 대한 이해도 향상

- 교사와 학부모 간 이해 및 공감 확대
- 모든 부모는 자신의 자녀를 잘 키우고 싶어하나 이를 배울 수 있는 시간이 없는 경우가 많음.
- 의지는 있으나 시간이 없는 보호자를 위해 서천석 박사의 〈아이와 함께 자라는 부모〉와 같은 책 등을 참고하여 자녀 양육과 관련된 팁을 정기적으로 안내할 수 있음.

[PART 8 참고 문헌]

천경호(2023) 천경호 선생님의 보통의 교실, 단단한 학급경영. 우리학교

Anne T. Henderson Karen L. Mapp(2002) A New Wave of Evidence The Impact of School, Family, and Community Connections on Student Achievement . National Center for Family and Community Connections with Schools

Fredrickson BL, Losada MF. Positive affect and the complex dynamics of human flourishing. Am Psychol. 2005 Oct;60(7):678-86

John Tierney, Roy F. Baumeister (2020) 부정성 편향. 에코리브르

Kahneman, D., & Tversky, A. (1977). Prospect Theory. An Analysis of Decision Making Under Risk

Sheridan, S. M., Smith, T. E., Kim, E. M., Beretvas, S. N., & Park, S. (2019). A meta-analysis of family-school interventions and children's social-emotional functioning: Moderators and components of efficacy. Review of Educational Research, 89(2), 296-332

Allan, Blake & Dexter, Chelsea & Angel, Rebecca & Parker, Shelby. (2016). Meaningful work and mental health: job satisfaction as a moderator. Journal of Mental Health. 27. 1-7

Denham, S., & Kochanoff, A. T. (2002). Parental contributions to preschoolers' understanding of emotion. Marriage & Family Review, 34(3-4), 311-343

Huffman JC, DuBois CM, Healy BC, Boehm JK, Kashdan TB, Celano CM, Denninger JW, Lyubomirsky S. Feasibility and utility of positive psychology exercises for suicidal inpatients. Gen Hosp Psychiatry. 2014 Jan-Feb;36(1):88-94

Keltner D., Kogan A., Piff P. K., Saturn S. R. (2014). The sociocultural appraisals, values, and emotions (SAVE) framework of prosociality: Core processes from gene to meme. Annual Review in Psychology, 65, 425-460

Lyubomirsky, S., King, L., & Diener, E.(2005). The Benefits of Frequent Positive Affect: Does Happiness Lead to Success?. Psychological Bulletin , 131(6), 803-855

Peterson, C., Park, N. & Seligman, M.E.P. Orientations to happiness and life satisfaction: the full life versus the empty life. J Happiness Stud 6, 25-41

Seligman, Martin & Ernst, Randal & Gillham, Jane & Reivich, Karen & Linkins, Mark. (2009). Positive Education: Positive Psychology and Classroom Interventions. Oxford Review of Education

Steger, Michael & Dik, Bryan & Duffy, Ryan. (2012). Measuring meaningful work: The Work as Meaning Inventory (WAMI). Journal of Career Assessment - J CAREER ASSESSMENT. 20. 322-337

Bluth, K., & Eisenlohr-Moul, T. A. (2017). Response to a Mindful Self-Compassion Intervention in Teens: A Within-Person Association of Mindfulness, Self-Compassion, and Emotional Well-Being Outcomes. Journal of Adolescence, 57, 108-118

Caprara GV, Barbaranelli C, Pastorelli C, Bandura A, Zimbardo PG. (2000) Prosocial foundations of children's academic achievement. Psychol Sci. 2000 Jul;11(4):302-6

Carver, C.S., Johnson, S.L. (2009) Tendencies Toward Mania and Tendencies Toward Depression Have Distinct Motivational, Affective, and Cognitive Correlates. Cogn Ther Res 33, 552-569

Froh, J. J., Bono, G., & Emmons, R. (2010). Being grateful is beyond good manners: Gratitude and motivation to contribute to society among early adolescents. Motivation and Emotion, 34(2), 144-157

Froh, J. J., Sefick, W. J., Emmons, R.(2008) Counting blessings in early adolescents: An experimental study of gratitude and subjective well-being, Journal of School Psychology, Volume 46, Issue 2, Pages 213-233

Froh JJ, Yurkewicz C, Kashdan TB. Gratitude and subjective well-being in early adolescence: examining gender differences. J Adolesc. 2009 Jun;32(3):633-50

Layous K, Nelson SK, Oberle E, Schonert-Reichl KA, Lyubomirsky S (2012) Kindness Counts: Prompting Prosocial

Behavior in Preadolescents Boosts Peer Acceptance and Well-Being. PLoS ONE 7(12): e51380

Warneken, F. and Tomasello, M. (2009), The roots of human altruism. British Journal of Psychology, 100: 455-471

Watkins, P. C., & Scheibe, D. (2018). Gratitude. In J. E. Maddux (Ed.), Subjective well-being and life satisfaction (pp. 210-229). Routledge/Taylor & Francis Group

Renee E. Strom & Franklin J. Boster (2007) Dropping Out of High School: A Meta-Analysis Assessing the Effect of Messages in the Home and in School, Communication Education, 56:4, 433-452

Skovholt, Thomas & Grier, Tabitha & Hanson, Matthew. (2001). Career Counseling for Longevity: Self-Care and Burnout Prevention Strategies for Counselor Resilience. Journal of Career Development. 27

PART 9

미래 교육

54차시
소프트웨어·인공지능 교육과 학교 현장의 변화

1. 2022 개정 교육과정에서의 SW·AI 교육

(1) 디지털 기초 소양 강화
▶ 디지털 문해력(리터러시), 논리력, 절차적 문제 해결력을 교육 전반에 걸쳐 강조하며, 특히 언어, 수리, 디지털 소양을 기초 교육에서 중요한 요소로 취급함.

(2) SW 및 AI 교육 확대
▶ 초등학교 및 중학교에서의 SW 교육 필수화 및 고등학교에 AI 관련 과목 신설, 수업 시간 확대를 통해 학생들이 소프트웨어 이해 및 활용 능력과 창의적 문제 해결력을 기를 수 있도록 함.

(3) 학습 부담 경감
▶ 놀이, 체험활동, 실생활 문제 해결 과정 등을 컴퓨터 프로그램으로 구현하여 정보 기초 소양 학습 내용을 재구성, 학습의 재미와 효과성 증진

초등학교	중학교	고등학교
• 놀이 중심 알고리즘 체험 학습 • 블록 기반 컴퓨터 언어 경험	• SW-AI 등 기초원리 이해 학습 • 실생활 문제 해결 코딩 활용	• 문제 해결 알고리즘 설계 학습 • 텍스트 기반 컴퓨터 언어 교육

출처: 관련 부처(2022)

▶ 초등 교육과정 속 AI 관련 내용
- 목표 : 디지털 사회에서 필요한 기초적인 컴퓨터 지식과 AI 이해를 바탕으로 실생활 문제 해결을 위한 프로그래밍 능력을 함양하도록 설계함.
- 내용 구성 : 컴퓨터와 AI의 기본 개념부터 실생활에서의 적용, 데이터 유형과 형태의 탐색, AI 만들어지는 과정과 사회적 영향까지 아우름.
- 특징 및 중요성
  - 실생활 연계 : 학생들이 일상에서 마주칠 수 있는 문제를 컴퓨팅 사고와 프로그래밍을 통해 해결할 수 있는 능력을 배양함.
  - AI 이해 및 적용 : AI의 기본 원리와 만들어지는 과정을 이해함으로써, 미래 사회의 중요한 구성 요소로서 AI에 대한 긍정적인 태도를 형성함.
  - 창의력 및 협력 강조 : 개별적 및 협력적 활동을 통해 문제 해결 과정에서 창의력을 발휘하고, 결과를 공유함으로써 소통과 협력의 중요성을 깨닫게 함.

2022 개정 실과 성취기준(디지털 사회와 AI)

[6실05-01] 컴퓨터를 활용한 생활 속 문제 해결 사례를 탐색하고 일상생활 속 문제를 해결하기 위한 알고리즘을 다양한 방법으로 표현한다.

[6실05-02] 컴퓨터에게 명령하는 방법을 체험하고, 주어진 문제를 해결하는 프로그램을 작성한다.

[6실05-03] 실생활의 문제를 해결하는 프로그램을 협력하여 작성하고, 산출물을 타인과 공유한다.

[6실05-04] 디지털 데이터와 아날로그 데이터의 특징을 이해하고, AI에 활용할 수 있는 데이터의 유형이나 형태를 탐색한다.

[6실05-05] AI이 만들어지는 과정을 체험하고, AI이 사회에 미치는 영향을 탐색한다.

출처: 교육부(2022b)

2. 국내 SW·AI 교육 현황

▶ 국내 SW·AI 교육 현황
- SW·AI 산업의 빠른 성장으로 사회적으로 관련 인력 수요는 계속해서 커지고 있음.
- 디지털 역량을 보유한 인력 수요는 향후 5년간 전 영역에 걸쳐 100만 명 이상을 예상할 정도로 급증할 것으로 보임.

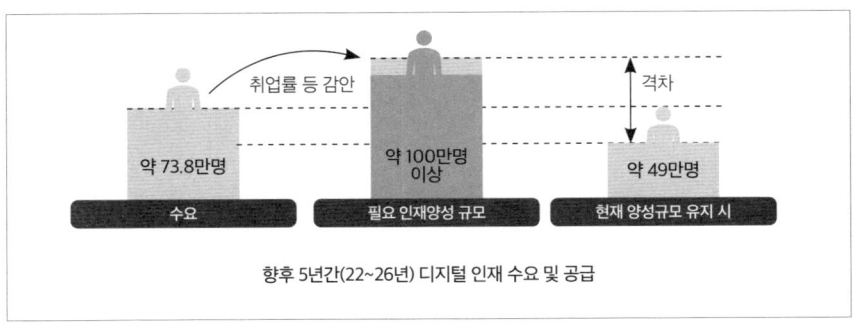

출처: 장혜정 외(2022)

3. 디지털 인재 양성

▶ 정부는 2022년부터 2026년까지 총 100만 명의 디지털 인재를 양성하기 위한 종합방안 추진

(1) 유·초·중등 SW·AI 교육 확대
▶ 2022년 개정 교육과정을 통해 모든 학년에 SW·AI 교육 확대
(초등 '정보 교육' 시수 17차시 → 34차시 이상으로, 중학교 '정보 교과' 시수 34차시 → 68차시 이상으로 확대)
▶ 방과후 프로그램과 진로교육을 통해 디지털 역량을 강화하고, 다양한 SW·AI 융합교육 프로그램을 개발·보급

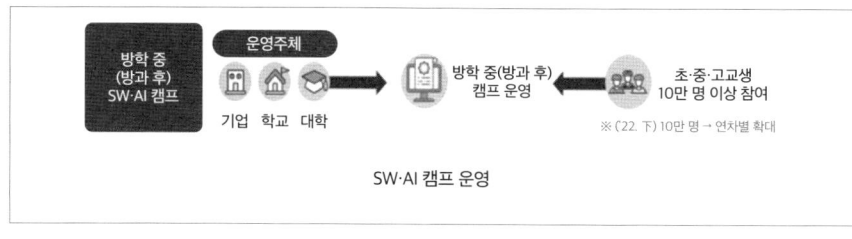

출처 : 장혜정 외(2022)

(2) 디지털 격차 해소를 위한 리터러시 교육
▶ 학교 교육과정과 연계한 교육, 성인 대상 기초 및 맞춤형 디지털 문해 교육 실시
▶ 지역 주민센터 및 도서관을 활용한 전 국민 대상 디지털 역량 강화 교육을 통해 디지털 격차 해소
▶ 교육 소외지역 초등학교에 '디지털 튜터'를 배치하여 학생들이 디지털 기술을 배울 수 있도록 지원
▶ 정보 소외지역 초·중등 학생들을 위한 SW 교육을 지원하는 'SW미래 채움 센터' 확대·운영

(3) 디지털배지 활성화
▶ 다양한 디지털 교육 및 자격 이력을 증명할 수 있는 인증체계로, 정규 교육 외의 활동을 포함하여 디지털 학습 이력 관리 및 인증 가능
▶ 디지털 인재 채용 및 평가에 유용하게 활용

(4) 재능사다리 체계
▶ 정부와 민간이 협력하여 우수 교육생을 선발하고 디지털 전문가로 성장할 수 있도록 체계적인 지원 제공
▶ 고교학점제 및 온라인고교 신설을 통해 학생들에게 다양한 학습 기회 제공

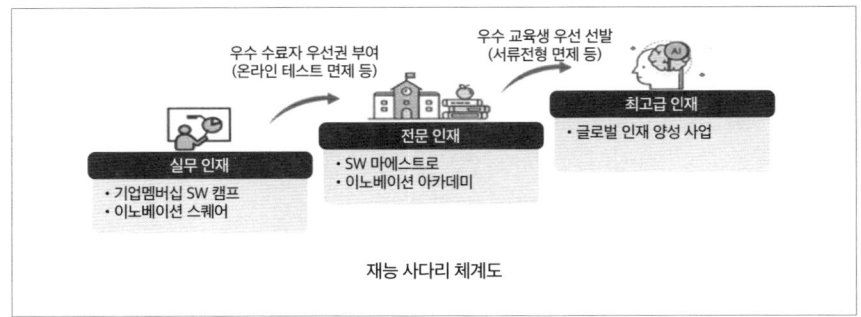

출처: 관련부처 합동(2022)

4. 디지털 교육 교원 역량 강화
▶ 정부는 교원들의 디지털 전문성 향상을 위해 다양한 정책적 방안 적용하고, 교육부는 이러한 목표를 달성하기 위해 여러 정책과 프로그램 추진

(1) 교원의 디지털 전문성 향상
▶ 정보교과 담당 교원 배치 확대, 교직이수과정 정원 확대, 복수·부전공 연계 확대, 첨단분야 전문가의 교직 진출 활성화
▶ 기간제교원 및 전문 강사 활용, 시·도별 특별 연수 활성화, 민간 전문가 및 해외 교원 유치 등을 통한 교원 역량 강화

(2) 교·사대 등 교원양성기관 디지털 역량 강화 지원
▶ 미래교육센터 구축, SW 교육중심대학 지정, 교육실습학기제 도입, AI 교육과정 설립 등을 통해 예비 및 현직 교원의 디지털 역량 강화

(3) 디지털 역량 함양 교원 양성을 위한 AIEDAP 구축
▶ AIEDAP는 교원의 AI·디지털 역량 진단, 맞춤형 연수 추진, 교육과정 개선 및 디지털 기반 수업 운영 가이드라인 개발 등을 지원하는 종합 지원 체제 구축

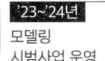

AIEDAP 로드맵

출처: 관련부처 합동(2022)

5. 디지털 교육 환경 조성

(1) AI 기반의 맞춤 학습체제 도입

▶ AI 기술을 활용하여 맞춤형 학습 지원을 강화하는 'AI 학습 튜터링 시스템' 개발 중

▶ 학습 빅데이터 분석을 통해 개별 학생의 학습 수준을 파악하고 맞춤형 학습 자료 제공

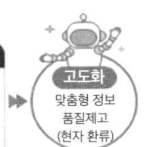

디지털 AI 보조교사 구축 로드맵

출처: 관련부처 합동(2022)

(2) 에듀테크 활용 교원 활동 지원

▶ 4세대 지능형 나이스 개발로 교원 업무를 자동화하고 경감하며, 에듀테크 기업과의 협업으로 교직원 행정 업무 경감 모형 발굴

▶ 맞춤형 콘텐츠 개발 및 제작 플랫폼 탑재, 실감형 콘텐츠(AR, VR 등) 개발 및 보급을 통해 디지털 교육 강화

(3) 제도적 기반 마련
▶ AI교육진흥법과 AI교육 윤리기준을 통해 AI와 디지털 교육의 체계적 추진 및 안전하고 윤리적 활용을 위한 법적 근거 및 자율규범 마련
▶ 인문학 및 기초 과학, 수학 교육 강화 정책을 통해 AI 시대에 필요한 핵심 역량을 갖춘 인재 양성 지원

(4) 통합 교육 플랫폼 구축
▶ 유·초·중등 학생들의 핵심 역량 강화를 위한 디지털 교수·학습 통합플랫폼 구축 예정
▶ 이 플랫폼은 콘텐츠, 학습관리시스템(LMS), 학습도구 등의 유연한 유통 및 AI·빅데이터 분석 기반 맞춤형 교육 구현 목표

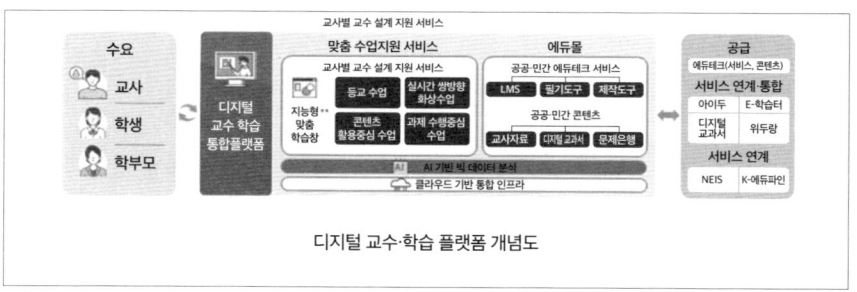

디지털 교수·학습 플랫폼 개념도

출처: 관련부처 합동(2022)

(5) 디지털 교육 환경 구축
▶ 스마트 공간 혁신을 추진하여 유·초·중등교육 기관 및 대학의 디지털 전환 및 스마트 학습환경으로의 전환 지원
▶ 디지털 인프라 구축 지원을 통해 교육시설 통합정보망 구축 및 운영 추진으로 디지털 교육 환경 조성 및 관리 효율화 진행

[참고 문헌]

산업통상자원부, 한국산업기술진흥원(2022). 2022년도 산업기술인력 수급 실태조사 결과. 공표자료. 통계청 일반통계 제115016호

과학기술정보통신부(2020). 2020 AI산업 실태조사

소프트웨어정책연구소(2023). 우리나라 및 주요국 AI 기술수준의 최근 변화 추이

관계부처 합동(2022). 디지털 인재양성 종합방안 [PDF 파일]. 보도자료 붙임

장혜정, 유한구, 정란, 박동찬(2022). 디지털 전환에 따른 신기술 분야 인력양성 및 경력전환 체계 개발 연구. 한국직업능력연구원

교육부(2022b). 2022 개정 실과(기술·가정) 교육과정 총론. 교육부 고시 제2022-33호. [별책 10]

정영식, 성영훈, 전형기(2023). SW미래채움 2023교육과정 가이드라인 개발 연구

55차시
디지털 전문가로 거듭나는 에듀테크 소양 쌓기

1. 에듀테크 활용 교육
(1) 에듀테크의 개념
▶ 교육(Education)과 기술(Technology)의 합성어로, 다양한 디지털 기술을 활용하여 교육의 효과성을 높이는 제품 서비스를 총칭
- '에듀테크 활용 교육'이란 에듀테크를 활용하여 이루어지는 교수 학습 평가, 교육 행정 및 정책 수립 등의 활동을 말함.

> [참고] 에듀테크에 대한 다양한 개념 정의
> - 인간의 성장과 발달을 위해 온·오프라인 교육에 활용하는 신기술과 그것을 적용한 교육 방법(에듀테크 활성화 종합방안, 한국교육학술정보원, 2023)
> - 에듀테크는 교수 학습과 교육기관 운영 등을 지원하기 위한 기술 활용을 의미하며, 하드웨어, 디지털 자원, 소프트웨어 및 서비스를 포함(Realising the potential of technology in education, 영국 교육부, 2019)
> - 전통적 교육 서비스가 빅데이터, VR/AR, AI 등 ICT 기술과 융합하여 기존과 다른 새로운 학습 경험을 제공하는 혁신 분야(산업통상자원부, 2018)

▶ 에듀테크와 유사 개념
- 이러닝은 '전자적 수단, 정보통신 및 전파(방송) 기술을 활용한 학습'으로 인터넷과 컴퓨터에 교육을 접목한 온라인 교육을 말함.
- 스마트러닝은 '스마트폰, 태블릿, 개인용 PC, E-book, 스마트 단말기 등의 스

마트 장비와 이러닝의 융합'으로 스마트 기기를 활용한 교육을 말함.
- 에듀테크는 '교육에 ICT 기술을 접목해 기존 서비스를 개선하거나 새로운 서비스를 제공하는 것'으로 데이터와 소프트웨어 기술 기반 교육을 말함.
- 이러닝과 스마트러닝은 학습수단(인터넷, 컴퓨터, 스마트 기기 등)에 중점을 둔다면, 에듀테크는 데이터와 소프트웨어 활용에 중점을 둠.
▶ 다양한 교육 활동과 결합하여 차별화된 경험을 제공하며, 온라인교육을 넘어 개인 맞춤 학습을 실현하는 도구로 진화

<교육에 있어서 기술을 활용하는 방식 변화>

	1990년대	2000년대	2010년대	2020년대
기술(기기)	데스크탑 PC	인터넷	스마트 기기	AI, 빅데이터, XR
에듀테크	EBS 학습 자료, 교육용 CD 학습	인터넷 강의	교육용 단말기, 모바일 콘텐츠	AI 튜터, 생성 AI, XR 콘텐츠
활용 모습	교육에 전자기기 활용	기존의 수업을 온라인으로 이동	공간 제약이 없는 이동 학습	교육효과를 높이는 다양한 도구

출처: 관련부처 합동(2023)

(2) 에듀테크의 활용

▶ 에듀테크를 통한 교육의 변화 모습

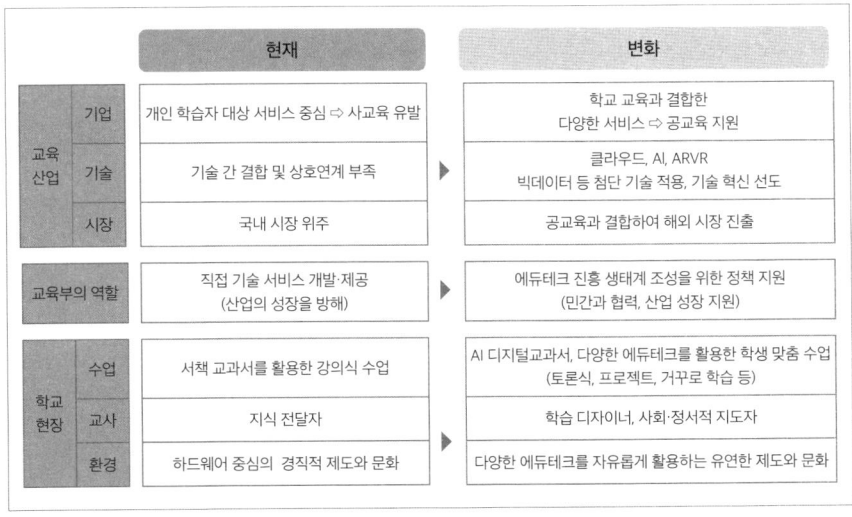

출처: 관련부처 합동(2023)

▶ 교사들이 교과 수업, 학생 지원, 행정 업무 등의 분야에서 다양한 에듀테크를 필요에 따라 자유롭게 선택하여 활용

<교사들의 에듀테크 활용 현황(KERIS 설문조사, 2022)>

분야	내용	주요 에듀테크 서비스				
교과 수업 (방과후 포함)	원격 수업 도구	줌	구글	유튜브	meet	카카오톡
	콘텐츠 제작 도구	미리캔버스	MS 오피스	파워포인트	한글	구글docs
	협업 도구	띵커벨	패들렛	구글docs	구글클래스룸	구글
	과제 제시 및 평가 피드백 도구	클래스카드	구글클래스룸	패들렛	AI펭톡	클래스팅
	학습 도구(온라인노트)	마인드마이스터	패들렛	마인드맵	멘티미터	edrawmind
	학습 이력 관리	네이버웨일	E-학습터	구글클래스룸	칸아카데미	리로스쿨
학생 지원	학습 관리(생활·학습 계획)	E-학습터	구글클래스룸	클래스팅	위두랑	MS teams
	진로/상담	마플	카카오톡	구글클래스룸	리로스쿨	커리어넷
	학생 안전 관리(건강, 안전)	네이버밴드	클래스팅	클래스123	카카오톡	하이클래스
행정 업무	교무행정(학급관리, 생기부)	키즈콜	자가진단앱	구글클래스룸	하이클래스	네이버밴드
	학부모 상담관리	클래스팅	에듀넷	네이버밴드	아이엠스쿨	하이클래스

출처: 관련부처 합동(2023)

▶ 학생들이 정규교육에서 교사가 선택한 수업 협업도구 등을 통해 수업에 참여하며, 방과후에는 학습 컨텐츠를 개별 학습

(3) 에듀테크의 유형별 분류(한국교육학술정보원, 2022)

▶ 학습 콘텐츠를 담은 에듀테크

대분류	중분류	소분류	에듀테크 종류
학습 콘텐츠	교수학습 지원자료	수업 지원	디지털교과서, 똑똑! 수학탐험대, Vrew, 잇다(ITDA), 지식샘터, Noteshelf
		학습 지원	라이브워크시트, Seesaw Class, 띵커벨, 콴다, 구글 아트앤컬처, 스마트 북클럽, AI펭톡, 칸아카데미, 토도수학, Fraction Challenge
		실감형 콘텐츠	구글스트리트뷰, 구글어스, 실감형 콘텐츠, 사이언스올 실감형콘텐츠, CoSpaces Edu, 스텔라리움, UniteAR, Quiver, 서커스AR

자기주도 학습	SW 교육	라이트봇, 스크래치, 야미코팅, 어메이징 드론, 엔트리, Orange 3, 이솦, Code.org, 팅커캐드, 누리 VR코딩, 스케치업, 아두이노, 카미블록, 파이썬
	AI 교육	구글두들바흐, Blob Opera, Deep Dream, Scroobly, AutoDraw, AI for Oceans, KT AI 코딩 블록, 퀵드로우, TensorFlow, 티처블머신. 머신러닝 for 키즈, Affectiva, AI Duet, Power BI

▶ 소통을 위한 에듀테크

대분류	중분류	소분류	에듀테크 종류
소통	영상 활용	화상수업	게더타운, 네이버웨일온, 온에어스튜디오, EBS 온라인클래스, 이프랜드, e학습터, MS팀즈, ZOOM, 스트림 야드, U-Smartor, 미더스, 카카오 워크
	텍스트 활용	마인드맵	MindMeister, XMind, OKMINDMAP
		실시간 협업	구글잼보드, NearPod, 멘티미터, Allo, WordWall, 패들렛, WHITEBOARD.fi

▶ 창작 도구 에듀테크

대분류	중분류	소분류	에듀테크 종류
창작	자료	저작도구	Number pices, 네이버클로바더빙, 망고보드, 미리캔버스, bookcreator, Smart Maker, 알지오매스, Explain Everything, 키즈페인트, PENUP, 구글 프레젠테이션, Sway, ArtRage, office365, 이비스 페인트 X, 파워포인트, 프레지
	영상	영상제작	유튜브 스튜디오, 키네마스터, 플립그리드, OBS Studio, 프리즘 라이브 스튜디오

▶ 관리 도구 에듀테크

대분류	중분류	소분류	에듀테크 종류
관리	학급운영	과제관리	구글클래스룸
		일정관리	Notion, 원노트 구성원관리
		구성원관리	클래스팅, 위두랑

평가	교사 피드백	Socrative, 카훗, QuizN, 클래스카드, 구글 설문지, MS 폼즈, plickers
	AI 피드백	CLASSTING AI, 노리 AI 스쿨 수학, 매쓰플랫, 밀크티

2. 에듀테크 교육 정책

(1) 국내 에듀테크 정책

▶ 교육정보화라는 이름으로 추진, 1996년 1단계 기본계획 시작, 2018년 제6차 교육정보화 기본계획(2019~2023) 발표, 2023년 제 7차 교육정보화 기본계획 발표

▶ 교육부 수준의 교육정보화 기본계획과 시도교육청 수준의 시행계획 수립 및 실행

▶ 국내 에듀테크 활용 사례(시도교육청 단위) : 서울시교육청의 AI교수학습플랫폼 '뉴쌤 3.0', 경기도 교육청의 '가상현실(VR)기반 IT체육교실', 경남교육청의 빅데이터 AI플랫폼 '아이톡톡', 전북교육청의 '전북형미래환경 구축'

(2) 에듀테크 활용 인프라

▶ 2023년 6월 기준, 초중고교의 디바이스 보급률은 약 58%(약 309만대)이며, 학교의 무선 통신망 설치율은 교실 수 대비 100% 이상

(3) 학교 현장의 에듀테크 활용 활성화

▶ 디지털 코칭이 가능한 선도 교원 양성 확대

  - TOUCH 교사단 등 디지털 선도교사를 집중 양성하되, 동료 교원에 대한 디지털 코칭(장학)까지 가능하도록 연수('23~, 계속)

    ※ T.O.U.C.H.(터치, Teachers who Upgrade Class with High-tech) 교사단 : 디지털 기반 교육 대전환 시대에 첨단 기술을 바탕으로 맞춤 교육을 구현하고, 학생들과의 인간적인 연결을 통해 학생들의 성장을 이끄는 교사 그룹
    ※ TOUCH 교사단: ('23) 400명→('24) 1,200명→('25) 2,000명
       AIEDAP 마스터교원: ('23) 700명→('24) 900명→('25) 1,500명

  - 디지털 교육 전환 유공 교원에 대해 승진 가점(디지털교육연구대회 연구점수), 글로벌 에듀테크 체험 연수, 각종 포상 등 인센티브 제공('23~, 계속)

▶ 디지털 소양부터 하이터치-하이테크까지 교사 맞춤 연수
  - 디지털 소양연수 : AI·디지털에 대한 기본적인 이해와 디지털 활용 역량을 갖출 수 있도록 온라인 연수과정(AIEDAP 연계) 제공
  - 실전 연수 : AI디지털교과서 도입과 연계하여 디지털 기술을 활용해 수업을 혁신할 수 있도록 하이터치-하이테크 실습 연수 제공
▶ 다양한 수업 모델 공유
  - 학교급, 과목, 활용 방식, 수업 형태 등 학교 현장의 다양성을 반영한 에듀테크 수업 모델을 개발하고, '에듀테크 활용 가이드라인'을 학교에 보급('23.9)

(4) 에듀테크의 활용 효과(한국교육학술정보원, 2023)
▶ 수업 전문성 강화, 교원업무 경감, 개별 학생 맞춤 교육 가능, 다양한 수업 활동 지원, 대안 교육 지원, 흥미 유발, 학업 성취도 향상, 학습 격차 완화

[참고 문헌]
관계부처 합동(2023). 에듀테크 진흥방안 [PDF 파일]
한국교육학술정보원(2022). 에듀테크 수업 활용 가이드북. 교육자료 TL 2022-07호
양경화(2023). 국내·외 에듀테크 정책 및 활용 사례. 교육통향분석 4호
김성희(2021). 디지털 빅데이터 교실에서 스마트교육의 실제와 활용: 에듀테크를 활용한 학습자 중심교육. 한국엔터테인먼트산업학회

56차시
EBS 이숲을 AI·SW·디지털 리터러시 수업에 활용하기

1. 이숲의 의미 및 서비스 제공 방향
(1) 이숲의 의미
- ▶ EBS 소프트웨어 교육 플랫폼으로서 EBS와 SOFTWARE의 앞 글자를 따서 ESOF, 즉 이숲이라고 네이밍
- ▶ '세상을 살아가는 지혜를 전하는 역할을 하는 이솝 우화'를 모티브로, 디지털 세상에서 살아가는 지혜를 나누고 전하는 플랫폼으로써의 역할을 하기 위해 구축된 전 국민을 위한 소프트웨어 교육 플랫폼

(2) 이숲의 서비스 제공 방향
- ▶ SW 교육의 목적인 '컴퓨팅 사고력' 함양을 위해 프로그래밍 기술을 넘어 디지털 문제 해결력 향상을 모든 서비스의 지향점으로 설정하고 운영
- ▶ EBS의 양질의 영상 콘텐츠를 기반으로 한 SW·AI 교육 콘텐츠와 기초적인 문제 해결부터 피지컬 컴퓨팅까지 다양한 영역의 교육 콘텐츠 제공
- ▶ SW 관련 업무 또는 학습 경험을 기반으로 콘텐츠를 만들어 제공하는 '크리에이터'와 학습 코칭을 제공하는 '멘토' 참여 활동을 통한 자발적인 개방형 SW 교육 생태계 조성

2. EBS 이솦 사이트 메뉴 구성

AI·SW학습	AI·SW실습	코딩프로젝트	참여교육	지식나눔	교사지원센터
맞춤학습진단	CT테스트	싱글	기관	교육뉴스	이솦활용연수
이솦강좌	블록코딩	그룹	크리에이터	포럼	교과서기반
참여강좌	텍스트코딩	챌린지	멘토	자유Q&A	교과융합형
도서	게임형실습	화상멘토링			디지털소양
러닝맵	코딩작품방				교사Q&A

▶ AI·SW 학습: 자기주도학습을 지원하는 교육용 영상및 강의형 콘텐츠 제공
▶ AI·SW 실습: 다양한 프로그래밍 언어를 설치 없이 실습할 수 있는 통합개발환경과 블록코딩과 인공지능을 쉽고 재미있게 학습할 수 있는 게임형 실습 콘텐츠 제공
▶ 코딩 프로젝트: 개인 또는 그룹형 코딩프로젝트를 운영하고 관리할 수 있는 프로젝트 서비스 제공
▶ 참여교육: 단체그룹의 이용목적에 맞게 강의, 퀴즈, 프로젝트, 학습자를 관리할 수 있는 기관 홈페이지(LMS 서비스) 제공, 강의 제작자로 참여할 수 있는 크리에이터 / 어려움을 겪는 회원들의 질문에 전문지식으로 답변하는 멘토 기능 제공
▶ 지식나눔: AI·SW 지식 공유·소통 공간
▶ 교사지원센터: 교육과정에 기반한 교실수업지원 콘텐츠 제공

3. AI·SW 학습 기능

▶ 나에게 맞는 강좌를 추천해주는 맞춤학습진단
▶ EBS 제작 AI·SW교육 전문강좌 이솦강좌
▶ 이솦 회원이 직접 제작하여 공유하는 참여강좌
▶ 이솦 강좌와 함께 학습할 수 있는 도서(교재 PDF, 소스코드, 강의 무료 제공)
▶ 효율적인 학습을 지원하는 러닝맵

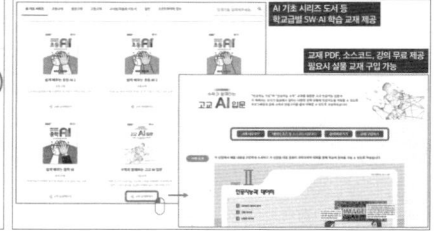

4. AI·SW 실습 기능
▶ 게임형 테스트로 나의 컴퓨팅 사고력 잠재력 측정하기 CT 테스트(컴퓨팅 사고력 테스트)
▶ 엔트리, 스크래치 실습 블록코딩
▶ 파이썬, C, 자바 등 프로그래밍 언어 실습 텍스트코딩
▶ EBS 캐릭터와 함께하는 AI·SW 게임형 실습
  - 쉽고 재미있게 코딩을 배우는 미션형 블록코딩 실습(미션형, 인공지능 기초, 교과융합형)
  - 인공지능 개념을 쉽게 배우는 AI 기초 실습(티처블머신, 텐서플로 플레이그라운드, 주피터노트북)
▶ 블록코딩과 텍스트코딩으로 만든 나만의 작품을 공유하는 공간 코딩 작품방

5. 코딩 프로젝트 기능
(1) 자유롭게 의견을 나누고 협업할 수 있는 코딩 프로젝트
▶ 싱글 프로젝트 : 친구들과 하나의 주제를 해결하는 협업 프로젝트
▶ 그룹 프로젝트 : 여러 개의 프로젝트를 그룹별로 나눠서 분담하는 협업 프로젝트

▶ 챌린지 프로젝트 : 여러 그룹이 제시된 미션을 도전하는 프로젝트

(2) 학생들과 1:1로 대화하며 지도가 가능한 화상 멘토링

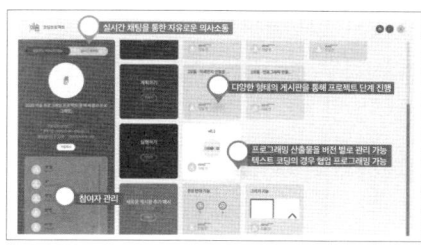 

6. 참여 교육 기능

▶ 기관, 크리에이터, 멘토가 되어 AI·SW 교육에 참여
  - 기관(학습관리 홈페이지 운영), 크리에이터(강좌 제작), 멘토(강좌 검수, 질문답변)
▶ 이숲 안의 작은 이숲 기관 홈페이지 서비스
  - 소프트웨어 교육을 하고자 하는 학교, 기관, 단체 등에서 개설할 수 있는 교육 홈페이지로, LMS 기능을 통해 소속 학습자 관리, 오프라인 블렌디드 러닝을 제공함으로써 효과적인 소프트웨어, 인공지능 교육 지원
▶ 본인만의 교육강좌를 제작하고 공유하는 크리에이터
▶ 학습에 어려움을 겪는 학습자를 도와주는 멘토

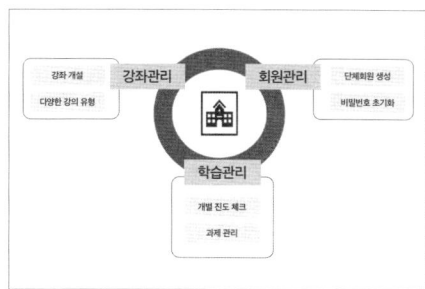 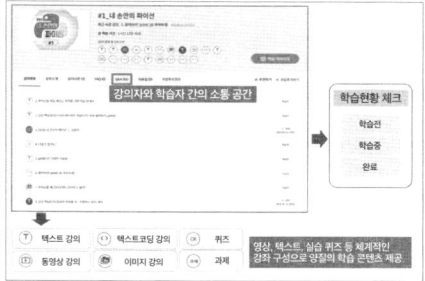

7. 지식 나눔과 교사지원센터 기능

(1) AI·SW 관련 정보와 지식을 공유하는 지식나눔
▶ 교육뉴스: AI·SW 교육 관련 새로운 소식과 정보

▶ 포럼: 토론하고 의견을 나누며 학습
▶ 자유 Q&A: 궁금증 해소 창구

(2) SW 교육 의무화에 따른 교육과정 서비스 교사지원센터
▶ 이솦을 활용한 SW·AI 수업에 대한 연수 영상과 수업보조자료 제공
▶ 학년별 교과서 출판사의 SW·AI 수업자료 제공
▶ AI 기초 도서를 기반으로 AI를 쉽게 이해하기 위한 동영상 및 수업자료를 학년별로 학습 난이도에 맞게 제공
▶ 디지털 리터러시, 인공지능, ICT, 문제 해결 등 SW/AI 교육에 필요한 학습자료를 학습대상에 맞게 다양하게 제공(수업 PPT, 평가지, 활동지, 지도안)
▶ 학습지도에 필요한 Q&A를 자유롭게 요청할 수 있도록 서비스 제공

[참고 문헌]
EBS 이솦 SW교육팀(2023). EBS SW 교육플랫폼 이솦 소개자료 [PDF 파일]

57차시
모두를 위한 지속가능발전교육
(Education for Sustainable Development, ESD)

1. 지속가능발전(sustainable development)

(1) 지속가능발전의 정의(세계환경개발위원회(WCED) 보고서, 1987)
▶ 미래 세대가 그들의 필요를 충족시킬 능력을 저해하지 않으면서 현재 세대의 필요를 충족시키는 발전(development that meets the needs of the present without compromising the ability of generations to meet their own needs)

(2) 우리나라 「지속가능발전법」(2008)에서의 정의
▶ 현재 세대의 필요를 충족시키기 위하여 미래 세대가 사용할 경제·사회·환경 등의 자원을 낭비하거나 여건을 저하시키지 않고 서로 조화와 균형을 이루는 것을 뜻하는 지속가능성 개념에 기초하여 경제의 성장, 사회의 안정과 통합 및 환경의 보전이 균형을 이루는 발전

(3) 지속가능발전의 개념적 의의
▶ 자연의 자원을 적절히 이용하여 인류의 경제적, 사회적, 문화적, 환경적 요구를 충족시키는 방식
▶ 인간과 자연 사이의 균형을 유지하면서 인류의 복지와 번영을 추구하는 개념

2. 지속가능발전의 세 가지 요소
(1) 경제적 측면
▶ 지속가능한 경제 성장을 통한 일자리 창출, 소득 증가, 경제 발전 실현
▶ 자원의 효율적인 이용과 공정한 분배 추구

(2) 사회적 측면
▶ 모든 사람이 기회와 혜택을 공평하게 누리고 사회적 불평등을 해소하는 것
▶ 인권 보호, 사회적 포용, 평등한 접근이 중요한 가치

(3) 환경적 측면
▶ 자연환경을 보호하고 지구의 생태계를 유지하면서 자원의 지속 가능한 이용을 추구
▶ 환경 오염과 생태계 파괴를 최소화하고 생태계를 보호하는 것이 중요

3. 지속가능발전목표(Sustainable Development Goals, SDGs)
(1) 등장 배경
▶ 2015년 9월 25일 유엔 총회에서 채택된 '2030 지속가능발전 아젠다'의 일환으로 17개의 목표 구성
  - 세계적으로 지속가능한 개발 촉진
  - 기후 변화, 빈곤, 불평등, 환경 파괴 등의 긴급한 문제를 해결하기 위한 글로벌 노력을 내포
▶ 2016년 1월 1일부터 2030년까지 15년 동안 세계 각국이 채택한 목표
▶ 경제, 사회, 환경 분야에서의 지속가능한 발전 추진

(2) 지속가능발전목표 이미지

(3) 지속가능발전목표의 17목표

목표	심볼 이미지	내용
1. 빈곤 퇴치 (No Poverty)	1 NO POVERTY	- 모든 사람이 극도의 빈곤과 기아에서 벗어나 안정된 경제적 상황을 누릴 수 있도록 노력 - 소득, 식량, 건강, 교육, 인프라, 접근성 등 빈곤의 다양한 측면에 대한 개선 필요
2. 기아 종식 (No Hunger)	2 ZERO HUNGER	- 기아와 영양 부족 문제 해결 - 농업 생산성의 증가 및 식량 분배 시스템의 강화를 통한 식량 보안 확보
3. 건강과 웰빙 (Good Health and Well-being)	3 GOOD HEALTH AND WELL-BEING	- 모든 사람이 건강하게 살 수 있는 환경 구축 - 보건 서비스 접근성 개선 - 전염병 예방, 정신 건강 촉진 등의 다양한 보건 정책 필요
4. 양질의 교육 (Quality Education)	4 QUALITY EDUCATION	- 고품질의 교육이 모두에게 제공 - 모든 연령의 학습자들에게 공평한 기회 제공 - 질 좋은 교육과 평생교육 보장
5. 성평등 (Gender Equality)	5 GENDER EQUALITY	- 여성과 남성에게 동등한 기회와 권리 부여 - 모든 영역에서 차별이 없는 세상 구축 - 성평등에 대한 법률적, 사회적, 경제적 조치 필요

6. 깨끗한 물과 위생 (Clean Water and Sanitation)	6 CLEAN WATER AND SANITATION	- 안전하고 저렴한 음용수 및 적절한 위생 시설에 대한 접근성 확대 - 이를 통한 감염병 예방 및 생활 환경 개선
7. 적정 가격의 깨끗한 에너지 (Affordable and Clean Energy)	7 AFFORDABLE AND CLEAN ENERGY	- 신재생 에너지 활용 - 깨끗한 에너지에 대한 접근성 증대 - 환경 오염의 감소 및 지속가능한 에너지 사용 촉진
8. 양질의 일자리와 경제 성장(Decent Work and Economic Growth)	8 DECENT WORK AND ECONOMIC GROWTH	- 적정한 일자리와 경제적 기회 제공 통한 모든 사람의 삶의 질 향상 - 고용 창출, 노동자의 권리 보장, 기업의 사회적 책임 등이 중요
9. 산업, 혁신, 사회 기반시설(Industry, Innovation, and Infrastructure)	9 INDUSTRY, INNOVATION AND INFRASTRUCTURE	- 지속 가능한 산업화와 혁신 촉진 - 인프라 개선 - 이를 통한 경제 성장과 사회 발전 이룩
10. 불평등 감소 (Reduced Inequality)	10 REDUCED INEQUALITIES	- 불평등을 줄이고 포용적인 사회 구축 - 소득, 재산, 기회의 불평등을 해소하는 정책 필요
11. 지속가능한 도시와 지역사회 (Sustainable Cities and Communities)	11 SUSTAINABLE CITIES AND COMMUNITIES	- 지속가능한 도시 및 지역사회 구축하고 인프라 강화 - 도시 환경, 생활 편의성, 사회적 통합 개선
12. 책임 있는 소비와 생산(Responsible Consumption and Production)	12 RESPONSIBLE CONSUMPTION AND PRODUCTION	- 자원의 효율적 이용과 지속 가능한 소비 촉진 - 자원 낭비와 환경 오염 감소
13. 기후 행동 (Climate Action)	13 CLIMATE ACTION	- 기후 변화에 대한 적극적인 대응 필요 - 온실가스 감축, 재생에너지 사용 증대, 기후 변화 대응 능력 강화 등의 조치 필요
14. 수 생태계 보전 (Life Below Water)	14 LIFE BELOW WATER	- 바다와 해양 생태계를 보호하고 지속 가능 해양 자원 관리 촉진 - 수산 자원의 지속 가능한 이용, 해양 환경 보호

15. 육상 생태계 보전 (Life on Land)		- 육상 생태계 보호와 복원을 통해 지구의 생물 다양성 보호 - 산림 보호, 산업과의 균형, 야생동물 보호 필요
16. 평화, 정의, 강력한 제도(Peace, Justice, and Strong Institutions)		- 평화와 안전을 촉진할 수 있는 효과적이고 포용적 제도 구축 - 법률, 정부기관, 사회기관의 제도 강화 중요
17. 목표 달성을 위한 파트너쉽 (Partnerships for the Goals)		- 국가 간, 기관 간, 시민사회 및 사업체 등의 다양한 이해 관계자 간의 협력과 파트너쉽 강화 - 지식 공유 및 기술 이전, 연구 및 개발 협력, 정책 협조 및 제도 개혁 등

(4) 국가 지속가능발전목표(K-SDGs)
▶ 한국 정부가 국내에서 지속가능발전목표를 실현하기 위해 도입한 프로그램
▶ 주로 한국 내의 사회, 경제, 환경 등의 문제를 다룸.
▶ 한국 내에서 활동하는 정부, 비정부 기구, 시민 단체 등의 이해관계자가 대상
▶ 심볼 이미지

4. 지속가능발전교육의 학교 교육 적용

(1) 교육 방법

방법	내용
프로젝트 학습	- 모둠별 지속가능발전목표 주제 선정 및 해결목표 설정 - 조사 및 자료 수집, 계획, 실행, 평가, 공유 및 발표 과정 - '우리 지역의 해양 육상생태계 보전을 위해서 우리가 할 수 있는 일은 무엇이 있을까?' 등
토의 및 토론	- 특정 지속가능발전 주제에 대한 토론 및 토의 기회 제공 - 서로의 의견을 공유하고 자신의 생각을 발표함으로써 각 목표에 대한 깊은 이해 도모
연구 및 발표	- 특정 주제에 대한 연구 및 발표 기회 부여 - 학생 독립적으로 정보 수집 및 분석, 발표를 통해 자신의 발견을 구체화시키고 발전시키며 다른 학생들과 공유
역사적 사례 연구	- 역사적 사례를 통해 지속가능발전의 중요성과 성공, 실패 사례 학습 - 과거의 경험을 통해 현재와 미래에 대비할 수 있는 역량 습득
롤플레이 및 시뮬레이션	- 특정 상황이나 시나리오를 시뮬레이션하거나 롤플레이를 함으로써 학생들에게 지속가능한 선택과 결과에 대한 이해도 제고 - 실생활 상황에서의 의사 결정에 대한 감각 고양
학교 내·외부 활동	- 지속가능발전 관련 기관, 단체와의 협력을 통한 학교 내외에서의 다양한 활동 실시 - 환경 정화 활동, 지속가능한 농업 체험 등을 통해 실제 경험으로 지식을 습득하고 실무 능력 향상

(2) 지속가능발전교육을 위한 학교 안, 학교 밖 활동 예시

구분	내용	세부사항
학교 안	캠페인 및 이벤트	- 학생 자치회에서 환경 보호, 사회적 평등, 기후 변화 등의 주제를 다루는 캠페인이나 이벤트를 기획하고 진행 - 관련 축제나 행사 개최
	동아리 활동	- 지속가능발전목표와 관련된 학교 내 동아리 창설 - 환경 동아리, 사회봉사 동아리, 학교 SDGs 연구 모임 등
학교 밖	사회봉사 활동	- 지역사회봉사 활동 실시 - 환경 정화, 노인 돌봄, 아동 지원 등
	환경 보호 활동	- 지역 공원 정리, 쓰레기 수거 활동 - 식물 심기, 공공기관 환경 교육 프로그램 참여 등
	사회적 캠페인 참여	- 지역단체, 비영리기관이 주최하는 사회적 캠페인 참여

연구 및 조사 활동	- 지속가능발전목표 관련 연구, 조사 실시 - 지역사회의 환경 문제, 사회 문제에 대한 조사를 통해 학생들이 현실을 이해하고 변화에 대비
전시 및 발표	- 지속가능발전목표와 관련된 주제에 대한 전시, 발표 - 지역의 다른 학교, 지역사회에 자신들의 연구 결과 및 활동 등 공유

▶ 실제 프로젝트 1 - 다양한 SDGs의 목표를 활용한 10차시 프로젝트 학습

주제	지속가능한 도시 발전을 위한 방안 탐구		
학습 목표	- 도시의 지속가능성과 다양한 요인의 상관관계에 대한 이해 - 창의적이고 혁신적인 해결방안 모색을 통해 문제 해결 능력 향상		
차시	관련 교과	내용	관련 SDGs 목표
1~2	국어과	- 주제 소개 및 배경 이해 - 팀원 간 의견 조율 및 프로젝트 방향성 설정	3. 건강과 웰빙 7. 적정 가격의 깨끗한 에너지 11. 지속가능한 도시와 지역사회 12. 책임 있는 소비와 생산 13. 기후 행동
3~4	사회과	- 도시의 지속가능성에 대한 이해 - 도시화와 환경 파급 효과 분석 - 도시 문제 도출과 해결 방안 모색	
5~6	과학과	- 도시 환경 오염과 에너지 소비 분석 - 환경 보호와 에너지 절약을 위한 기술 및 과학적 해결책 탐구	
7~8	수학과	- 도시 인구 증가에 따른 자원 사용량 분석 - 수학적 모델링을 통한 자원 관리 및 최적화 방안 모색	
9~10	미술과	- 프로젝트 결과물 및 솔루션 시각화 - 창의적 발표 및 피드백	

▶ 실제 프로젝트 2 - '10. 불평등 감소' 목표를 활용한 5차시 프로젝트 학습

주제	불평등 감소를 위한 사회적 인식과 변화		
학습 목표	- 불평등에 대한 사회적 이해와 인식도 제고 - 자신의 생각을 표현하고 해결방안 모색을 통해 문제 해결 능력 향상		
차시	관련 교과	내용	관련 SDGs 목표
1	사회과 도덕과	- 불평등에 대한 소개와 개념 설명 - 다양한 사례와 이야기를 통한 불평등 인식	

2	사회과	- 불평등이 발생하는 이유와 영향에 대한 탐구 - 불평등 감소를 위한 사회적 조치와 정책 조사	10. 불평등 감소
3	국어과 미술과	- 문학 작품이나 미술 작품을 통해 불평등의 경험과 감정 표현 분석 - 자신의 감정과 생각을 문학적, 미술적 표현	
4	수학과	- 통계 및 데이터 분석을 통해 불평등의 현황 파악 - 수학적 모델링을 통한 불평등 감소 방안 모색	
5	국어과 사회과	- 학생들이 지금까지 학습한 내용을 바탕으로 토론 및 그룹 토의 진행 - 학생 자신의 의견과 솔루션을 발표하고 공유하는 시간 마련	

58차시
다문화·세계화로 달라지는 학교의 모습과 교육

1. 다문화(multicultural)란?
- ▶ 여러 가지 문화가 함께 공존하는 상황
- ▶ 한 지역 또는 사회에서 여러 가지 국적, 종교, 언어, 문화가 공존하며 섞여 살아가는 것
- ▶ 이민이나 국제화로 인해 다양한 문화가 한 곳에서 공존하고 혼합되는 사회적 현상
- ▶ 다양한 문화 간의 상호작용 증가: 새로운 가치와 관습이 형성되기도 함.
- ▶ 사회적 다양성을 증진, 문화적 통합을 촉진하는 중요한 역할
- ▶ 다문화로 인한 다양한 사회적 문제 발생: 상호 이해와 존중, 평등한 대우 등이 필요

2. 다문화 교육
- ▶ 다문화 사회에서 다양한 문화적 배경을 가진 학생들을 대상으로 하는 교육방법과 프로그램
    - 다양성을 인정하고 존중하는 교육 철학 반영
- ▶ 다문화 교육의 주요 목표
    - 다양한 문화권의 모든 학생이 공평하게 교육을 받는 것
    - 다양한 문화적 배경을 가진 학생들이 성공적으로 통합될 수 있도록 지원하는 것
- ▶ 다문화 교육의 중요성
    - 다양성 존중: 다른 문화와 배경을 가진 친구들을 이해하고 존중하는 것을 학습

- 공정한 교육 기회 제공: 공정한 교육 기회 제공을 통한 다문화 학생의 교육적 인권 보호
- 문화 감수성 함양: 문화적 다양성을 존중하고 활용하는 교육 환경은 학생들의 타 문화 수용에 대한 유연성을 증진시키고 문화 감수성을 함양하는 데 도움
- 사회 통합: 다문화 교육은 사회 통합을 촉진하고 다양한 문화 간의 이해와 협력 촉구

3. 한국의 다문화 학생 비율

(1) 학교급별 다문화 학생 수 통계

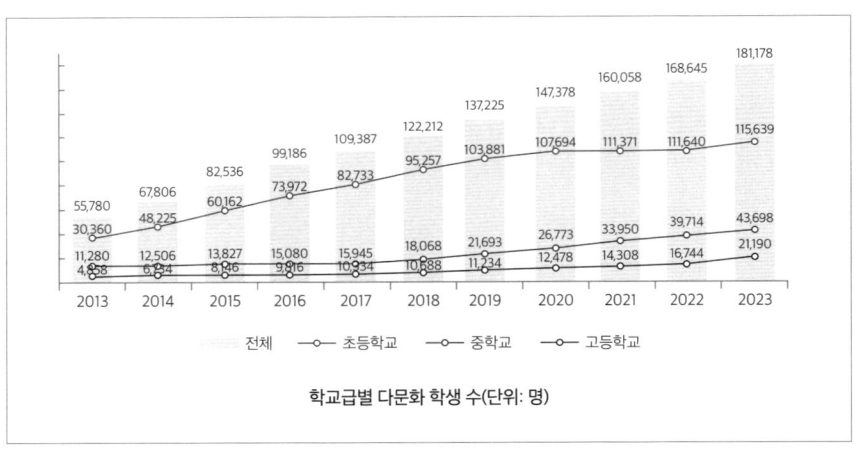

출처: 교육부(2023.08.31. 조간보도자료). 2023년 교육기본통계 조사 결과 발표

(2) 다문화 학생 증가 원인
▶ 출생률 감소: 한국인 학생 감소로 인해 다문화 학생의 비율이 상대적으로 증가
▶ 다문화 가정의 증가
  - 국제결혼의 증가로 다문화 학생 증가
  - 다문화 가정 출신 학생들은 한국인 학생들보다 출생률이 높은 경향이 있음.
▶ 외국인 근로자의 증가: 외국인 근로자 수가 증가하면서 그들의 자녀가 함께 한국에 정착하는 비율이 높아짐.

▶ 다문화 정책 강화
- 정부의 다문화 정책 강화로 다문화 학생의 교육 기회 보장
- 외국인 학생의 한국 교육 접근 용이

4. 한국의 다문화 학생이 겪는 어려움
(1) 언어 장벽
▶ 부모 모두의 모국어가 한국어가 아닌 다문화 학생의 경우에는 한국어 구사 능력이 부족함.
▶ 수업 내용 이해, 주변 사람들과의 언어적 의사소통에서 어려움을 겪음.

(2) 문화적 적응 문제
▶ 한국의 문화, 교육 체계에 적응하는 데 어려움을 겪음.
▶ 특히 학교에서의 교육 방식, 학교생활에 대한 이해가 부족함.

(3) 사회적 배려와 이해 부족
▶ 자신의 문화적, 언어적 배경으로 다른 학생들과의 관계 형성에서 어려움을 겪음.
▶ 사회적 이해와 배려가 필요하나 이러한 부분에서 부족함을 느낄 수 있음.

(4) 학업 문제
▶ 언어 능력 및 문화적 배경에 따라 학업적 과제를 해결하는 데 어려움을 겪음.
▶ 학업 성취도가 저하됨.

(5) 차별과 편견
▶ 주변 사람들의 편견으로 인한 차별 대우의 가능성이 존재함.
▶ 학교생활에 대한 자신감 저하, 한국 사회 적응의 어려움.

5. 다문화 교육이 나아가야 할 방향
(1) 문화적 다양성 존중과 인권 증진

▶ 학생들에게 다양한 문화적 배경을 인식하고 존중하는 태도 교육
▶ 모든 학생이 인권을 존중받고 공평한 기회를 가질 수 있도록 지원

(2) 한국어 교육 강화
▶ 다문화 학생에게 한국어 교육을 강화하여 한국 학교에 빠르게 적응할 수 있는 토대 마련
▶ 한국어 교육 프로그램의 제공 및 학교생활 적응을 위한 이중언어 지원 시스템 마련

(3) 다문화 교사 교육 강화
▶ 다문화 학생 지원을 위한 교사들의 다문화 교육, 문화적 다양성에 대한 이해를 높이는 것이 필요
▶ 교사 교육 프로그램의 강화, 다문화 교육에 대한 교사들의 역량 강화 자원 제공, 다문화 교육 관련 업무 경감을 위한 행정적, 제도적 기반 마련

(4) 다문화 학생 지원 프로그램 제공
▶ 다문화 학생을 위한 학업·생활 관련 추가 지원 프로그램 제공
▶ 학업 성취도, 한국 사회 적응력 향상을 위한 환경 조성 필요
▶ 언어 지원, 문화 교류 활동, 상담 등의 심리적 지원 등

(5) 학부모 소통 강화
▶ 다문화 학생의 올바른 학교 적응을 위한 학교와 학부모 간 협력 중요
▶ 가정과 학교의 원활한 소통 체계 구축으로 학부모의 학교 이해도 제고 필요

6. 미래 교육에서 다문화 교육이 중요한 이유
(1) 글로벌 시대의 도래
▶ 글로벌 시대에서는 문화적 다양성을 인식하고 존중하는 능력이 중요함.
▶ 학생들이 다문화적인 환경에서 상호 이해와 협력을 통해 성공적으로 대응할

수 있는 능력을 갖추어야 함.

(2) 문화적 이해와 통합
▶ 다문화 교육은 학생들에게 다양한 문화와 가치관을 이해하고 존중하는 데 도움을 줌.
▶ 이는 사회적 통합을 촉진하고 문화적 갈등을 해소하는 데 기여함.

(3) 글로벌 시장에서의 경쟁력 강화
▶ 다문화 환경에서 자란 학생들은 다양한 언어와 문화적 배경을 활용하여 글로벌 시장에서 경쟁력을 갖출 수 있음.
▶ 미래 교육에서는 다문화적 역량을 개발하여 이를 활용하는 것이 중요함.

(4) 인간적 가치 강화
▶ 다문화 교육은 학생들이 인간 가치를 존중하고 평등을 추구하게 하는 데 기여함.
▶ 다문화 다양성을 포용하는 교육은 학생들에게 편견과 차별을 극복하고 평화로운 공존을 실천하는 데 도움을 줌.

(5) 미래 사회를 위한 대비
▶ 미래 사회는 문화 다양성이 두드러질 가능성이 큼.
▶ 다문화 교육은 미래 사회에 대비하여 학생들을 미래 인재로 육성하는 데 필수임.
▶ 다문화 다양성을 이해하고 존중하는 능력은 미래 사회에서 성공적인 삶을 살아가는 데 필수임.

59차시

모두를 위한 다문화 교육

1. 반편견 교육
▶ 학생들에게 편견과 선입견을 극복하고 다양성을 존중하는 태도를 배우도록 하는 교육 방법
 - 다른 문화, 인종, 종교, 성별 등에 대한 선입견 인식 및 극복
 - 서로를 이해하고 존중할 수 있는 능력 함양 목표
▶ 반편견 교육 프로젝트 학습 예시(10차시)

주제	우리는 다양한 문화를 존중합니다.		
학습 목표	다양한 문화에 대한 이해를 바탕으로 편견과 선입견 극복하고 문화 다양성을 존중하는 태도를 함양		
차시	관련 교과	소주제	내용
1	사회 도덕	- 문화와 편견의 이해	- 문화와 편견의 정의 - 우리가 가지고 있는 편견에 대한 토의 및 토론
2	사회 역사	- 다문화 사회의 현실	- 다문화 사회의 특징과 다양성 - 다문화 가정의 현실에 대한 사례 탐구
3	국어	- 다문화 문학 탐구	- 다문화 관련 문학 작품 읽기 및 분석 - 작품 속 비슷한 삶의 경험 공유
4	국어 도덕	- 미디어와 편견	- 미디어 속 다문화 인물 및 문화에 대한 분석 - 광고 및 뉴스에서 나타난 편견 분석
5	미술 체육 음악	- 문화 체험과 이해	- 다양한 문화의 요리 체험 - 전통 의상 및 춤 체험
6	역사	- 역사와 다문화	- 역사 속 다문화 사회의 다양성과 갈등 연구

7	사회	- 다문화 사회의 도전과 기회	- 다문화 사회에서의 갈등 사례 분석 - 다문화 사회에서의 협력 사례 분석 - 문제 상황에 대한 해결책 모색
8	사회 도덕	- 문화 통합과 공존	- 다문화 사회에서의 문화 통합 사례 분석 - '공존'에 대한 토의 및 토론
9	사회 도덕	- 다문화 사회와 인권	- 다문화 사회에서의 인권 문제 탐구 - 다문화 사회에서의 편견 극복 방안 탐색
10	미술 정보	- 다문화 사회와 나의 역할	- 다문화 사회의 긍정적 통합과 공존을 위한 홍보 활동 계획 수립 - 캠페인 활동, UCC 공익광고 제작

2. 문화 다양성 이해 교육

▶ 학생들이 다양한 문화적 배경을 이해하고 존중하는 태도를 기르는 교육
▶ 학생들이 서로 다른 문화적 배경을 가진 사람들에 대한 편견과 선입견을 불식시키고 원만하게 소통하고 협력하며 다양한 문화에 대한 유연한 태도를 기르는 것을 목표
▶ 문화 다양성 이해 교육의 내용
  - 문화의 다양성 이해: 다양한 문화의 차이를 이해하고 존중하는 태도 함양
  - 문화 간 의사소통: 서로 다른 문화적 배경을 가진 사람들과 존중하며 의사소통 방법 학습
  - 편견과 선입견의 인식: 자신의 편견과 선입견을 인식하고 극복하는 방법 학습과 편견과 선입견에 대한 비판적 사고 함양
  - 문화 간 공존과 협력: 다문화 사회에서의 공존과 협력의 중요성 이해와 서로 다른 문화적 배경을 가진 사람들과 함께 살아가는 방법 학습
  - 세계 시민성 함양: 세계 시민으로서의 역할 이해 교육과 문화 간 상호 이해를 통한 세계적, 범지구적 문제에 대한 해결책 모색
▶ 문화 다양성 이해 교육을 위한 교육활동 예시

구분	내용
다문화 축제	- 다양한 문화를 체험할 수 있는 축제 행사 기획 - 다양한 문화권의 춤, 음악 체험 부스 - 다양한 문화권의 전통놀이 체험 부스 - 다양한 문화권의 예술 작품 전시회 - 다양한 문화권의 전통음식 시식 행사
문화 교류 프로그램	- 다른 국가, 지역 학생들과 교류하는 프로그램 개최 - 유관기관, 지역사회 프로그램, 교육청 지원 프로그램 활용
다문화 토론 및 토의	- 다양한 문화적 이슈에 대한 토의 및 토론 활동 진행 - 다른 관점의 이해 및 존중하는 법에 대한 학습
다문화 공연	- 문화 다양성을 경험할 수 공연 개최 - 음악, 무용, 미술 작품 전시 공연 등
친구 집 방문	- 학급 내 다문화 가정 방문 - 문화적으로 다른 가정 경험 및 이해의 기회 제공
다문화 교육 특강	- 다문화 교육 전문가, 관련 단체 초빙하여 다문화 관련 특강 개최 - 전문적 지식, 경험 등을 통해 다문화에 대한 깊은 이해 가능

3. 다문화 교육 실제 사례

(1) 사례 학교 설명

▶ 인천광역시 소재의 공립 초등학교

▶ 전교생의 60% 이상이 다문화 학생

▶ 다문화 학생의 90% 이상이 러시아어를 모국어로 하는 외국인 학생

▶ 다문화 교육 연구학교이며 대부분의 교육활동이 다문화교육과 연계하여 운영

(2) 실제 운영 사례

구분	실제 모습	내용
학급 첫 맞이 환영 문구	우주최강 문남6-2 환영합니다! Добро пожаловать!	- 새 학년도 첫 학기 학생 환영 문구 작성 시 다문화 학생 모국어 인사말 병기 - 중도 입국 다문화 학생의 학교생활 적응 도모

친구사랑주간 친구 백과사전 만들기		- 담임교사, 학습 보조교사가 한국어 쓰기가 어려운 다문화 학생 모둠의 활동 결과물 제작 지원 - 러시아어-한국어 통역 인력 활용 - 어느 정도 한국어가 익숙한 학생들은 번역 앱 또는 주변 친구들의 도움으로 활동 결과물 작성 가능
진로캠프 전문 직업인 특강		- 다양한 전문 직업인을 만나 보고 진로 인식 역량 함양 - 한국 사회의 다양한 직업에 대한 탐색 및 자기 진로 인식에 기여
안전교육 - 심폐소생술 실습		- 한국어로 주변에 도움을 요청하고 심폐소생술을 즉시 시행할 수 있도록 체험 중심의 교육 실시
교통 안전교육 - 자전거 안전 교육		- 올바른 자전거 이용 방법 학습 - 한국의 교통규칙을 이해하고 실생활에서 실천할 수 있도록 독려
생명존중교육 주간 - 마리모 키우기		- 마리모 키우기를 통해 생명의 소중함을 느끼고 감수성을 증진 - 나의 마리모가 소중하듯 내 친구의 마리모도 소중하고, 학급에서 함께 지내는 다문화-비다문화 친구들이 모두 소중하다는 마음을 함양
다문화이해교육주간 - 고려인 역사 이해 교육		- 학교 내 상당수를 차지하는 고려인의 자기 뿌리 인식을 통한 정체성 확립 - 한국인 학생들에게는 주변 다문화 친구들에 대한 이해도 제고 - 한국어-러시아어 병기 교재를 활용하여 모두가 함께 참여할 수 있는 다문화 이해교육 여건 마련 - 한국어-러시아어 통역 인력 지원

구분		내용
다문화이해교육주간 - 우즈베키스탄 전통 의상 체험		- 학교 내 다문화 학생들의 고향 나라인 러시아, 우즈베키스탄, 카자흐스탄 등의 국가 문화 이해 교육 - 의복 체험 등을 통해 다른 문화에 대한 이해도를 높이고 문화 다양성에 대한 감수성 증진
세계시민교육주간 - 세계 플립북 만들기		- 한국/러시아/중앙아시아 이외의 다양한 국가와 문화가 존재함을 이해하고 세계시민으로서 성장하기 위한 발판 마련 - 각 나라의 국기, 국명, 언어, 문화에 대한 탐색 및 이해
한국어 교육 - 응원의 말 캘리그라피		- 응원의 말, 감사의 말, 칭찬의 말 등을 한국어로 알아보고 이를 캘리그라피로 표현하고 주변 친구에게 선물하기
다문화 학생 멘토링 - 한국어/영어 교육		- 학생이 좋아하는 관심사를 바탕으로 주제를 선정하여 한국어 및 영어를 함께 학습하는 다문화 학생 멘토링 교육 - 러시아어로 제작된 한국어 교육 영상 활용
수준별 맞춤형 국어 수업		- 국어 수업 시 학습자 수준에 맞추어 모둠을 구성하고 수준별 활동을 제시하여 맞춤형 교육 활동 진행
지역 다문화 가정 학부모 연수		- 한국 학교생활 이해도를 높이는 다문화 가정 학부모 연수 - 학교 수업, 생활, 담임교사 연락, 알림장 확인 등 전반적인 한국 학교생활 안내 - 문화권 차이에서 오는 학교와 학부모 간 오해를 줄이고 협력적인 관계에서 학생들을 지도

영어과 학습지 번역		- 한국어 의사소통 역량이 부족한 학생들을 위하여 필요한 경우 학습지에 러시아어 병기 - 한국어가 익숙하지 않은 상황에서 다른 외국어를 배우는 것에 대한 학생 부담 경감
가정통신문 러시아어 번역		- 학부모의 학교 교육 이해 및 오해가 발생하지 않도록 가정통신문을 번역하여 배부(통번역 실무사 활용) - 상당수의 학부모가 한국어를 이해하지 못하므로 의사소통 오류로 인한 학생 학습 결손 및 발생할 수 있는 문제 상황 예방의 목적
알림장 번역		- 학교 교육활동에 대한 학부모 안내 - 학급과 학부모 간 의사소통 오류로 인한 학생 학습 결손, 준비사항 누락, 오해 발생 여지 등의 문제 상황을 줄이고 학교 교육에 대한 학부모 이해도 제고 - 한국어 → 영어 → 러시아어로 번역(필요한 경우 교차 번역을 통해 번역 과정 중 발생할 수 있는 오류 방지) - 과목명은 번역하지 않고 한국어 그대로 안내
현수막 러시아어 병기		- 학교 행사 홍보 등 다양한 상황에서의 현수막에 러시아어를 병기하여 학교 활동을 안내함으로써 학교 교육에 대한 관심도 및 이해도 제고 - 다문화 학생 차별, 한국 학생 역차별이 아닌 모두가 함께하는 학교 교육임을 강조하기 위해 러시아어 병기

4. 다문화 교육에 임하는 교사의 자세
(1) 문화적 이해와 존중
▶ 다양한 문화적 배경을 가진 학생들을 이해하고 존중하는 자세 필요
▶ 각 학생의 문화적 특성을 인정하고 그들의 다양성을 존중하는 마음가짐 필요

(2) 열린 마음과 태도
▶ 새로운 문화와 다양성에 대해 열린 마음과 태도 필요
▶ 교사 자신의 선입견이나 편견을 극복하고, 새로운 경험과 관점을 수용할 준비 필요

(3) 적응과 융통성
▶ 다문화 교실에서는 다양한 학습 스타일과 문화적 특성을 고려하여 수업 진행
▶ 학생들의 다양한 학습 수준과 요구를 파악하고 그에 맞추어 유연하게 대응할 수 있는 교수 역량 필요

(4) 소통과 협력
▶ 학생, 학부모, 학교 관계자 등과의 원활한 소통과 협력 필요
▶ 학생들의 다양한 필요에 따라 학습지원을 제공하고 학생들의 성장과 발전을 돕는 데 중요한 역할

(5) 지속적인 전문 역량 강화
▶ 다문화 교육에 필요한 전문적인 지식과 기술을 지속적으로 강화
▶ 다문화 교육에 관련된 연수 등에 적극적으로 참여하여 교사의 전문성을 향상시키는 것이 필요

60차시
저출생으로 달라지는 학교의 모습과 교육

1. 저출산 vs 저출생

(1) 저출산(Low Fertility)
▶ 여성 한 명이 평균적으로 출산하는 자녀의 수가 2.1명 미만인 경우
▶ 인구를 유지하는 데 필요한 출산율인 출생률과 비교될 수 있음.

(2) 저출생(Low Birth Rate)
▶ 특정 기간의 출생아 수가 일정 수준 이하인 경우를 의미
▶ 일반적으로 1천명당 출생아 수로 표시
▶ 특정 지역, 국가 또는 시간대에 대한 출생 통계를 기반으로 함.

(3) 우리나라의 합계출산율

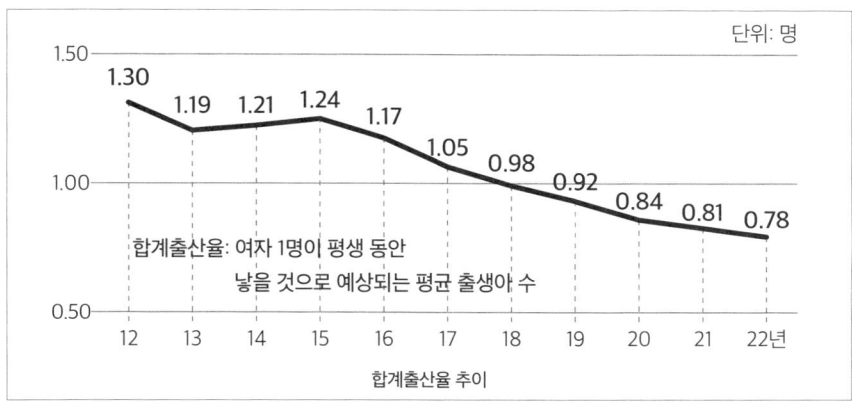

출처: https://tbs.seoul.kr/news/newsView.do?seq_800=20483070&typ_800=6

- ▶ 지속적인 감소 추세이며 2017년 이후 0명대 기록
- ▶ OECD 평균의 절반 미만 수준
- ▶ 2023년 합계출산율 0.72명

2. 저출생이 사회에 끼치는 영향
- ▶ 국가나 지역, 문화, 경제 상황에 따라 다를 수 있으며 적절한 정책 및 대응 필요

(1) 고령화와 인구 감소
- ▶ 인구의 고령화가 가속화, 인구 감소 초래
- ▶ 노동인구의 감소 및 노인 인구의 증가 초래 → 사회적, 경제적 부담 증가

(2) 경제적 영향
- ▶ 노동력 공급의 감소로 경제 성장에 부정적 영향
- ▶ 소비와 투자 감소
- ▶ 사회보호 프로그램 및 사회 서비스에 대한 부담 증가

(3) 사회적 구조 변화
- ▶ 가족 구조와 사회 구조 변화
- ▶ 가족의 크기가 작아지고 혼인율 감소
- ▶ 가족 내 소외감 발생 및 가족 간 관계의 변화 초래

(4) 인력 부족 및 경쟁력 감소
- ▶ 노동인구의 감소로 인한 인력 부족 발생
- ▶ 기업, 산업 부문에서 인력 확보가 어려워 경쟁력 감소 초래

(5) 사회적 문제 증가
- ▶ 가족의 사회적 지원 체계 약화, 불안정화

▶ 고독 사회, 노인 지원 부족, 사회적 배려 부족 등의 문제 발생

3. 저출생이 학교에 끼치는 영향
(1) 학생 수 감소

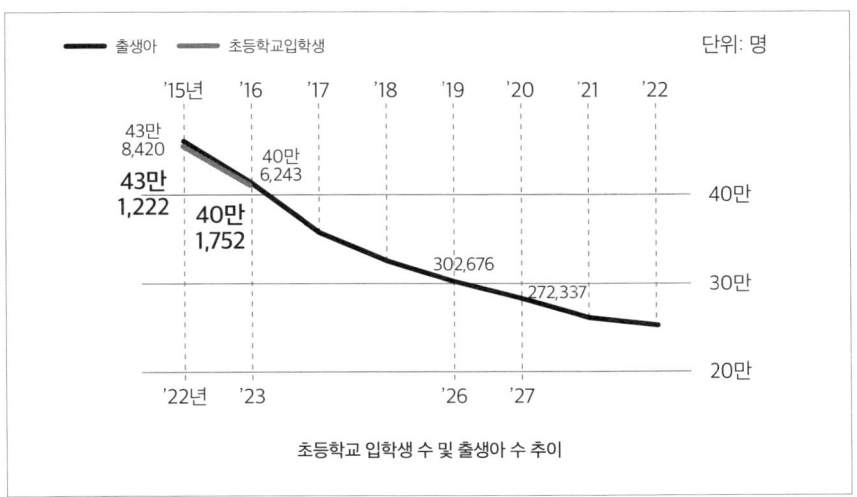

초등학교 입학생 수 및 출생아 수 추이

출처: 통계청

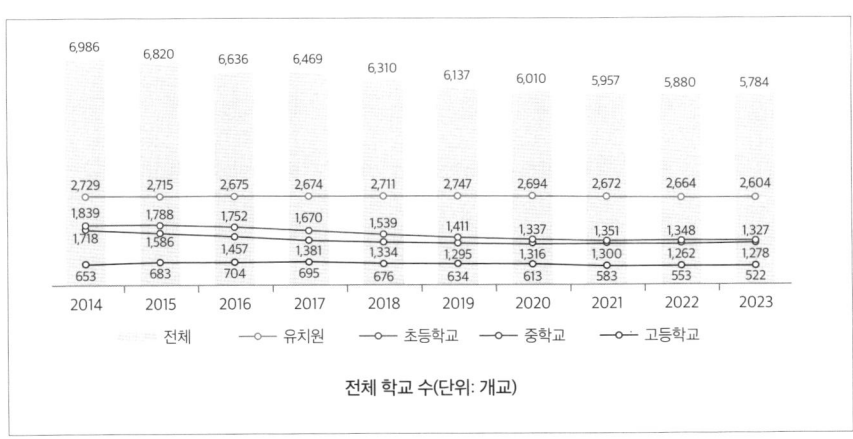

전체 학교 수(단위: 개교)

출처: 교육부(2023.08.31. 조간보도자료). 2023년 교육기본통계 조사 결과 발표

(2) 교원 감소

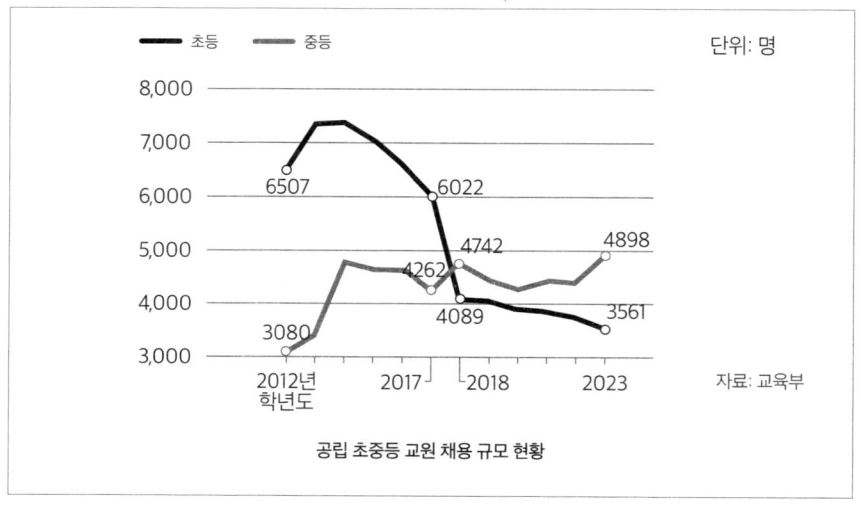

출처: 교육부

(3) 학교 폐교 증가

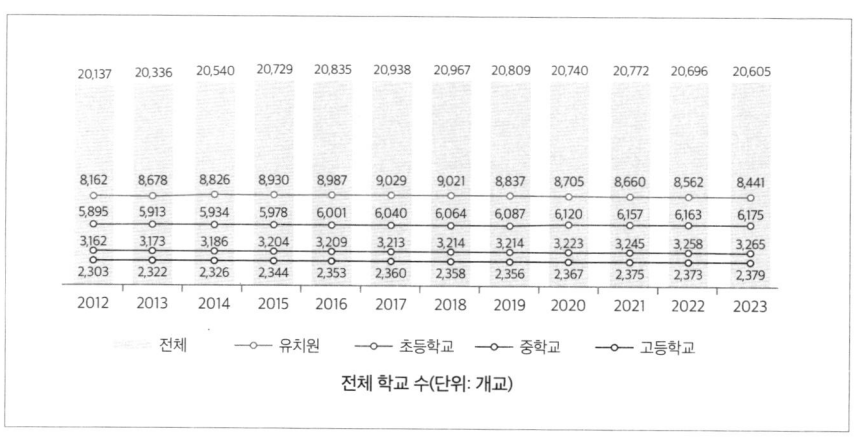

출처: 교육부(2023.08.31. 조간보도자료). 2023년 교육기본통계 조사 결과 발

4. 저출생 심화에 따른 학교 교육의 양극화

(1) 교육 접근성의 차이

▶ 저출생으로 인한 학생 수의 감소는 지역마다 학교의 폐교나 학급의 감축 등

의 조치를 유발함.
▶ 일부 지역의 경우에는 학교 접근성이 감소하고 학생들이 원활한 교육의 기회 얻기 곤란함.

(2) 교육 자원의 불균형
▶ 학생 수 감소에 따라 교육 예산이 감소하거나 분배가 재조정될 수 있음.
▶ 교육 자원 분배의 불균형으로 일부 지역이나 학교의 경우에는 교육시설, 교재, 교사 등의 자원 부족으로 인한 교육의 질 저하가 우려됨.

(3) 교사의 양극화
▶ 학생 수 감소에 따라 일부 지역이나 학교의 교사 수요가 감소 → 유휴 교사의 발생 또는 교사의 업무 부담이 증가함.
▶ 교사 기피 현상으로 일부 지역은 교사의 질적 부족이 발생할 수 있음.

(4) 학업 성취도의 차이
▶ 학생 수의 감소로 인해 교육 환경이 변화하면서 학업 성취도의 차이가 발생할 수 있음.
▶ 학생 수의 감소는 일부 학교의 학생 간 경쟁이 심화되거나 교육 자원 부족으로 인해 학업 지원이 충분하지 못해 일부 학생들이 양질의 교육을 보장받지 못할 가능성이 있음.
  - 저출생으로 인한 교육 양극화는 지역 간, 학교 간, 학생 간의 차별화를 더욱 심화시킬 수 있음.
  - 사회 전반에 걸친 평등한 교육 기회 제공을 위해 정책적 조치와 교육 제도의 변화가 필요함.

5. 저출생 심화에 따라 교사가 갖추어야 할 역량
(1) 유연성과 대처 능력
▶ 빠르게 변화하는 교육 환경에 대응할 수 있는 유연성과 대처 능력 필요

▶ 학급 구성의 변화, 교육 자원의 부족 등 다양한 상황에 유연하게 대응할 수 있는 능력 필요

(2) 다양한 학습 방법과 자료 활용 능력
▶ 다양한 학생의 학습 스타일과 수준에 맞추어 다양한 학습 방법과 자료를 활용할 수 있는 능력 필요
▶ 학생들 간의 학습 성취도 차이를 줄이고 모든 학생이 학습에 참여할 수 있도록 지원할 수 있는 방안 강구

(3) 학생 지원 능력
▶ 다양한 학생의 수준과 학습적 요구를 고려하여 개별 학생에게 적절한 지원을 제공할 수 있는 능력 필요
▶ 학생들의 학습 어려움을 조기에 발견하고 적절한 지원을 할 수 있는 역량 필요

(4) 협력과 소통 능력
▶ 학생, 학부모, 교육기관, 지역사회와의 협력과 소통이 원활하게 이루어질 수 있는 능력 필요
▶ 다양한 이해관계자와의 협력을 통해 교육의 질을 향상시키고 학생들의 성공을 위해 노력

(5) 자기계발과 전문성 강화
▶ 지속적인 자기계발과 전문성 강화 필요
▶ 교육 환경의 변화에 발맞추어 최신 교육 이론과 방법을 학습하고, 이를 통한 전문성의 지속적 계발 요구
  - 이러한 역량 함양 및 제고를 통해 저출생으로 인한 학교의 변화와 학생들의 상황에 적절히 대응하여 교육의 질을 향상시키고 교육의 공평성, 효율성 확보에 노력